戦国の城と一揆

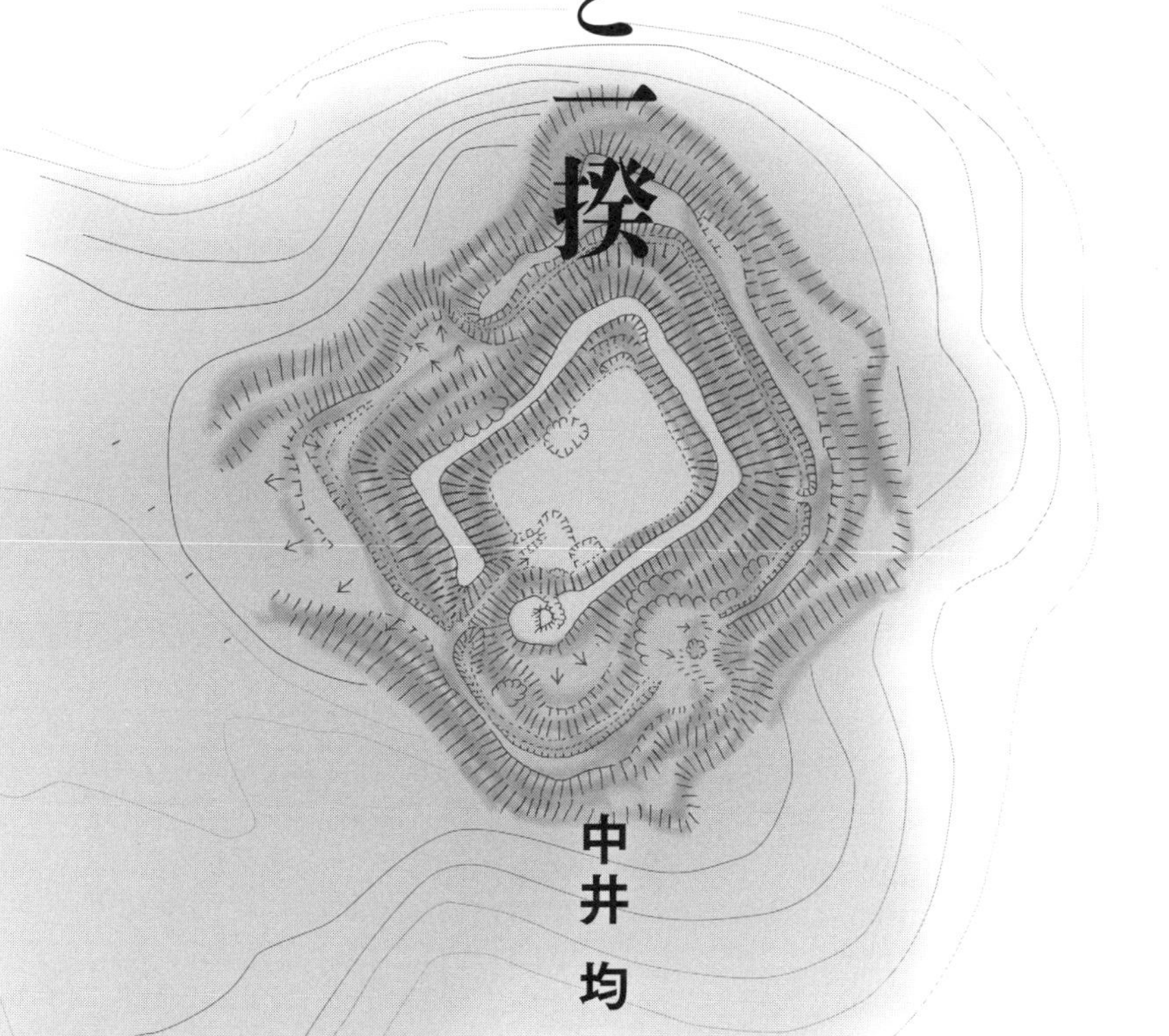

中井　均　編

はじめに

「手はしの城」。なんとも不思議な言葉ではないか。

このなぞめいた言葉は、永禄十三年(一五七〇)成立の「大原同名中与掟条々」に登場するだけで、ほかの中世文書や古記録にはまったく出てこない。中世の一揆契状の中でも著名な史料の一つである与掟条々は、すでに中世史家の勝俣鎮夫氏によって「国一揆」(惣国一揆)の典型例とされていながら(勝俣『一揆』岩波新書)、「手はしの城」がなにを意味しているのかは、まだわかっていなかった。そこで、この言葉の意味が理解できれば、戦国の城と一揆の歴史に少しでも近づけるのではないか。そう思い立って編んだのが本書である。

本書は三部編成をとった。柱になるのは城郭研究と文献史学の二本である。Ⅰ部は、編者の専門でもある城郭研究・考古学研究の論文、Ⅱ部は与掟条々の現代語訳である。Ⅲ部は与掟条々の内容を理解するための参考史料を掲載している。

Ⅰ部では、与掟条々の成立した近江国甲賀郡(現甲賀市・湖南市)の城跡と、国一揆の史料が残る伊賀・伊勢・大和等の城跡を対象とした。これらの地域では、曲輪が一つだけあって、しかも四角四面の方形に造成されている小規模な城跡が色濃く分布している。城郭研究者の間で「単郭方形」と呼んでいる構造だが、城跡を歴史資料として活用せよと提言する村田修三氏は、この城跡を「一揆の城」と評価されている(村田「中世の城館」永原慶二他編『講座・日本技術の社会史』日本評論社)。戦国時代の国一揆と単郭方形の城跡が地域的に重なっているのは確かだが、なぜそうなるのだろうか。そのなぞに迫ってみたのがI部である。

II部の「大原同名中与掟条々」の現代語訳は、中世史家の桜井英治氏・清水克行氏・村井章介氏にお願いすることができた。史料原本の写真と原文の翻刻、読み下し文、現代語訳の提示にとどまらず、史料の読み方や用語の意味、条文のもつ意図など、緻密な解説が示されている。史料解釈の確認のため現地を訪ねられた先生方と十箇所以上の城跡を案内しながら意見を交わせたのは幸いであった。

ところで、「大原同名中与掟条々」については、大原勝井家文書と田堵野大原家文書の二本の写本が確認されており、すでに写真版と翻刻は公刊されているものの、大原勝井家文書の所在がよくわかっていなかった。甲賀市教育委員会にも写真版がなく、原本の所在もわからないままの現地踏査だったが、その直後に所蔵者の勝井義景氏と甲賀市教育委員会のあいだで連絡が取れ、勝井氏のご好意によって、教育委員会に与掟を含む大原勝井家文書の史料原本が持ち運ばれたのである。この機に再び桜井氏・清水氏・村井氏が甲賀に赴き、史料調査がおこなわれた。本書を編むにあたって実にタイムリーな史料の再発見となった。II部とIII部はその史料調査の成果である。

このように本書は、城郭研究と文献史学の両輪で戦国時代の城と一揆を考察したものである。意見交換の場を設けなくとも、それぞれの情報を共有しながら、お互いの成果を寄せ合えば、「手はしの城」の言葉ばかりでなく、国一揆の実態、ひいては地域の中世史も明らかにできたのではないかと自負するところである。

今後は伊賀・伊勢・大和・山城なども含めた、国一揆（惣国一揆）の歴史と城跡の構造をリンクさせた比較研究が課題になるが、本書がたたき台として活用されることを願ってやまない。

二〇二三年十月

中井　均

目　次

I　一揆の城

城館遺跡と一揆
～縄張りは歴史の語り部～

中井　均

はじめに―城館遺跡と縄張り―

本稿では「縄張りは歴史の語り部」という副題を設けたように、縄張りから城館遺跡を分析したうえで、歴史を語ろうとする試みであるが、本題に入る前に城館とはなにか、縄張りとはなにかを説明しておきたい。

城館とは、「城」と「館」（タテ・ヤカタ）を総称する学術概念であり、政治・軍事・経済・文化等の多様な機能を果たす複合遺跡をさす。「館」は領主の家・屋敷であり、平地や低丘陵上に選地された居住施設、地域支配の拠点となる。造営主体は武士が中心である（村の領主も含む）。「城」「城郭」は、館の周囲に「櫓」や「堀」等を築いて要害化したものや、自然地形を利用した要害（山城等）をさす。軍事拠点となる施設であり、館の機能を果たす例と、居住性のない軍事に特化した例もある。造営主体には武士以外の百姓を含む場合もある。

縄張りとはこれらの城館遺跡の平面構造をさす。多様な防御施設をもつ城館の基本構造は、「曲輪（または郭）」と呼ばれる削平地、曲輪まわりを人工的に掘り下げた「堀」と呼ばれる遮断線、曲輪や堀の構築で生じた残土を曲輪の周囲に盛り上げた防御壁としての「土塁」がある。さらに山城の場合には、曲輪周囲の斜面地を人工的に削り込んだ「切岸」と呼ばれる遮断面、尾根筋や曲輪間を切り込んだ「堀切」と呼ばれる遮断線といった土木施設が加わってくる。

こうした土木による防御施設の造営を「普請」と呼ぶ。すなわち、縄張りとは、普請の設計なのである。「櫓」「塀」「門」等の造営を「作事」と呼ぶが、縄張りで作事の実態はわからない(設置場所は予測できる)。

この縄張りに着目したのが村田修三氏であった。村田氏は一九八〇年に在地構造分析の史料として縄張りの活用を提唱し[村田 一九八〇]、以後の城館研究では、縄張りの分析が一気に進んだ。この縄張りを図化したものが縄張り図である。曲輪の配置、土塁の屈曲、虎口の構造、城道の付き方などを図化し、どのような防御施設であったのかを明らかにするのが縄張り研究である。

もちろん、城館遺跡の年代や主体者を縄張りだけ分析してもわかるものではない。文献史学や考古学の成果を取り入れながら、築城年代や築城主体をおおよそ想定していくのである(1)。

1 近江国の中の甲賀

まえふりが長すぎた。主題に戻ろう。本書の主題である「一揆」についてはII部を参照願うとして、本稿の主な考察対象は「大原同名中与掟条々」(以下、「与掟」と略す)を伝える近江国甲賀郡(現滋賀県甲賀市・湖南市)の城館遺跡である。同名中とは同じ名乗りをもつ侍身分の集団であり、彼らが一揆を結んで「弓矢・喧嘩」等の紛争に対処していた。甲賀郡内には大原同名中のほかにも、山中同名中、美濃部同名中、佐治同名中など複数の侍集団が小字レベルの村単位に本拠をもって、家ごとに屋敷を構えていた(2)。この屋敷に堀や土塁をめぐらして要害化したものが甲賀郡の中心的な城館遺跡とされている(全てではない)。

滋賀県では、一九八二年より一〇年を費やして県内に所在する中近世城館遺跡の分布調査を実施した結果、県内で約一三〇〇ヶ所の城館遺跡を確認し、その分布数は全国的にも旧一国単位としては極めて濃密であることが明らかとなった（調査成果は『滋賀県中近世城郭分布調査報告』として全一〇冊にまとめられている）。

近江国における城館遺跡の特徴はいくつかあるものの、最大の特徴は甲賀郡における濃密な分布数である。その数は報告書第10巻（全県地名表・分布図）によると、二四九ヶ所に及んでいる。さらに『甲賀市史』第七巻（二〇一〇年刊）では甲賀市内（旧水口町・甲南町・甲賀町・土山町・信楽町）で二四八ヶ所の城館跡を明らかにしている。加えて旧石部町の四ヶ所と旧甲西町の二一ヶ所をあわせれば、旧甲賀郡の城館跡は現在、二七三ヶ所にのぼる。また、従来は城跡として周知されていない場所でも、貴生川遺跡や竜法師城跡のように発掘調査によって城館跡であることが判明したケースもあり、城館の実数はまだ増えるものと考えられる(3)。

一二郡で構成されている近江国の中で、城館跡の分布は甲賀一郡で国全体の約四分の一が集中していることになる。この濃密な分布こそ、近江の中世城館の最大の特徴である。さらに甲賀郡内の分布をみると、必ずしも均等ではなく（本書小谷論文参照）、旧町ごとの分布数は石部町4、甲西町21、水口町60、甲南町59、甲賀町86、土山町25、信楽町21、不明1となっている。この分布傾向を地域的にみると、甲賀下郡（石部町・甲西町）に少なく、甲賀上郡（水口町・甲南町・甲賀町・土山町）に集中し、信楽地域も少ないという偏った傾向を示している。

いまひとつは、立地にも大きな特徴がある。基本的に在地の領主が山城を構えるのは村落背後の山頂部である。さらに領主権力に応じて選地する山の高さにも共通する認識が存在したようである。守護家、戦国大名の居城は山麓の村落との比高が２００㍍以上の高い山頂部に構えられることが多い。たとえば近江の場合、守護六角氏の観音寺城は標高４３２．６㍍（比高約３３０㍍）、江北守護京極氏の上平寺城は標高６６９㍍（比高約３４０㍍）、江北の戦国大名浅井氏の小谷城が標高４９４．６㍍（比高約３９０㍍）となっている。この立地には守護家、戦国大名が支配する領域のすべてを見下ろすことができ、領民からも仰ぎ見られる山を選んで居城としていたことが読み取れる。

同様に有力な国人領主もその領域を見渡す山頂に、村の領主は村落を見下ろす山頂に山城を構える場合が多い。ところが甲賀郡の場合は、村落背後の低丘陵の先端部に城館遺跡が立地している。本来、村の領主が構える山城よりも低い位置にある。通常ならば山城が構えられそうな山頂部に、甲賀では山城が置かれず、現在の村落背後の比高にして約10〜30㍍の低丘陵端部に構えられているのが大きな特徴である。しかも小字単位の旧村に一つの城館があるのではなく、三つも四つも丘陵部に城館が分布しているのだ(Ⅱ部地図2参照)。

こうした甲賀郡の城館遺跡の縄張り図を作成し、最初に分析したのは村田修三氏である。滋賀県の中近世城郭分布調査会の委員であった村田氏は、甲賀郡の城跡を数多く歩いて縄張り図を作成したうえで、甲賀の城を「館城(やかたじろ)」の概念で捉えるべきだと位置づけた。甲賀郡の城館遺跡は、館と城を厳密に区分できない例が数多く、館と城の両方の性格をあわせもったものを「館城」と概念化して、伊賀・甲賀のものは全て「館城」の概念で論じるべきである、と指摘したのである［村田 一九八三］。さらに「館城」はほぼ単郭方形であり、曲輪まわりの土塁も同じような規格で築かれていると初めて評価した。村田氏の研究で注目したいのが、この城館の規模に言及していることである。「館城」は異なる地形に選地していようとも、土塁まわりの寸法はほとんど同じであり、この基準をもとに曲輪縁辺の規模、空堀の構築ラインを含めた規模がほぼ半町四方(一辺約30〜50㍍)の単郭方形であることを村田氏は明らかにしている［村田 一九八五］。

村田氏の成果をふまえて中西裕樹氏は、一揆の城＝甲賀・伊賀という強烈なイメージを持つ研究者は多いとしたうえで、甲賀は特殊な地域であり、違う角度からの理解も可能と述べている［中西 二〇一〇、本書中西論文参照］。守護六角氏の軍事的後背地であった甲賀では、六角氏の戦争が外部に向いていたことも影響して、在地での紛争が主に同名中内部で推移し、他の軍事的後背地が山城の高い軍事性を追求したのとは違い、荘園の政所屋敷と同じ、方形で小規模な日常性の高い「館城」の群在という形へストレートに帰結し、三好氏以降の戦争に備えたとした。

このように甲賀郡の城館遺跡は、先行研究で明らかにされているように、大半が単郭方形であることに最大の特徴がある。これは縄張り図による分析には、厄介な特徴である。城館の構造を読み解く縄張り研究は、自然地形の差異や時代の変化による多種多様な縄張りを比較しながら、城館の特徴を見出すことに主目的がある。ところが甲賀郡の城館遺跡はほぼ同じ構造であり、縄張り図では個々の城館の特徴を見出すことが難しい。加えて特徴的な縄張りをもたないという点でいえば、縄張りから築城年代や築城主体を絞りこむことも難しい。縄張り研究にとっては厄介な城館なのである。縄張り図の資料的な限界を示す城館ともいえよう。

2　甲賀郡の城館構造～縄張りの形式分類～

資料的な限界を承知の上で、甲賀郡の城館遺跡の縄張りを分析したいと思う。分析方法は形式分類を用いる。本書小谷論文でも分類案を示しているが、分類の基準が異なるため、筆者なりの試案を示したい(4)。

城館遺跡の形式は、「曲輪」を基準に分類する。主郭となる曲輪がない城館は存在し得ないからである。曲輪とは、平時には居住空間(屋敷)、戦時には兵(侍衆や百姓衆)が詰める空間となり、居住性のない軍事に特化した曲輪もある。

ここでは大分類・中分類・小分類の三段階に分け、大分類は曲輪の数を基準に、

Ⅰ　単郭形式：一つの曲輪で構成

Ⅱ　複郭形式：二つ以上の曲輪で構成

の二つに分類する。単郭形式の中分類は、堀の付け方と曲輪の形状を基準に、

a　方形型：曲輪の四方に堀がめぐり、曲輪の形状は方形を志向

b　不定形型：曲輪の四方に堀がめぐらず、曲輪の形状は不定形

の二つに分類する。単郭形式はⅠa類・Ⅰb類に分け、小分類は設定しない。

複郭形式の中分類は、曲輪同士をつなぐ城道の設計を基準に分類する。

a　群郭型：曲輪同士を直接結ぶ城道がない。城道は曲輪別に設計

b　連郭型：曲輪同士を直接結ぶ城道がある。城道は主郭に向かって設計

さらに曲輪の形状を基準にした、1種：方形、2種：不定形の小分類を設定する。以上を整理すると、

Ⅰa類　単郭形式方形型
Ⅰb類　単郭形式不定形型
Ⅱa類1種　複郭形式群郭型方形
Ⅱa類2種　複郭形式群郭型不定形
Ⅱb類1種　複郭形式連郭型方形
Ⅱb類2種　複郭形式連郭型不定形

の六類型が基本分類となる。以下、『甲賀市史』第七巻掲載の一八〇ヶ所の縄張り図を使って、分類ごとの特徴と代表的な例をあげておく（比高差・曲輪規模の数値は小谷論文掲載表を参照）。

Ⅰa類　単郭形式方形型（単郭方形と略す）

一つの曲輪で構成される単郭形式。正確には「単郭形式方形型」だが、以下「単郭方形」と略す。曲輪の四周を堀で囲い、曲輪を方形にしようとする強い設計意図が読み取れる。曲輪の四周は土塁で囲うのが原則である。

〔水口〕下山北城跡・虫生野堂の前城跡・嶬峨西城跡、〔土山〕頓宮城跡・音羽野城跡、〔甲賀〕打越城跡・鳥居城跡・大宝寺遺跡・木内城跡・青木城跡（西城館）・梅垣城跡・和田支城跡Ⅲ・伊賀見城跡・高峰南城跡・服部城跡、〔甲南〕井口氏城跡・栢ノ木城跡

Ⅰb類　単郭形式不定形型（単郭不定形と略す）

曲輪の背後にある尾根に堀切を入れるが、曲輪周囲を

堀で囲わない。曲輪の形状は自然地形にあわせて不定形になり、ハの字状に開く用例が多い。曲輪の一辺に土塁がなく、前方への見通しが効くようにしている。

〔甲賀〕滝川支城跡・岡崎城跡・中山城跡・青木城跡（東城館）・多喜南城跡・毛枚北城跡・殿山城跡、〔甲南〕杉谷砦跡・竜法師城跡・望月村嶋城跡、〔信楽〕小川中ノ城跡・多羅尾古城跡・多羅尾城山城跡

Ⅱa類1種　複郭形式群郭型方形（群郭型方形と略す）

単郭方形を主郭とする二つの城館が並列状に配置され、城道をそれぞれに設定している。

〔水口〕山村田引城跡・西迎山城跡と東迎山城跡・高山屋敷跡と御姫屋敷城跡、〔甲賀〕滝川城跡と滝川西城跡・冨田山城跡と観音堂城跡、〔甲南〕望月城跡と望月支城跡・寺前城跡と村雨城跡・新宮城跡と新宮支城跡・池田東城跡と池田西城跡・岡之下城跡と馬杉中城跡・馬杉城跡と馬杉支城跡

Ⅱa類2種　複郭形式群郭型不定形（群郭型不定形と略す）

主郭の周囲に別の曲輪を配置し、城道を曲輪ごとに設定している（全てではない）。主郭以外はほとんどが不定形となる。ただし、甲賀の城館調査では、城道の設定を確認できる例が少なく、この形式が群郭型か連郭型か判断つきかねる場合が多い。連郭型の可能性は排除できない。

〔水口〕下山城跡・津山城跡・北虫生野城跡・平子城跡・奥谷城跡・嶬峨城跡、〔土山〕土山城跡・大河原氏城跡、〔甲賀〕隠岐支城群跡Ⅰ・隠岐支城群跡Ⅱ・隠岐支城群跡Ⅲ・高野城跡・高野東城跡・篠山城跡・油日城跡・多喜北城跡・多喜城跡・多喜南城跡・獅子ヶ谷城跡・公方屋敷支城跡・和田支城跡Ⅱ・和田城跡・高嶺北城跡・高嶺中城跡・高嶺東谷城跡・高嶺山城跡、〔甲南〕杉谷城跡・坊谷城跡・野川城跡・馬杉本城跡

Ⅱb類1種　複郭形式連郭型方形（連郭型方形と略す）

二つ以上の単郭方形の曲輪が土塁を共有しながら連結している。現状では城道の確認が取れない事例もあって、群郭型に属する可能性はある。

〔水口〕山村城跡・北脇城跡・植城跡・北内貴城跡・山

下Ⅰ城跡・伊佐野城跡、〔土山〕今宿城跡・大野山本城跡・黒川氏城跡、〔甲賀〕佐治城跡・大鳥神社遺跡・垂井城跡・櫟野大原城跡・大原城跡・上野城跡・山岡城跡・和田支城跡Ⅰ、〔甲南〕竹中城跡、〔信楽〕小川西ノ城跡

Ⅱb類2種　複郭形式連郭型不定形（連郭型山城と略す）

主郭に対して階段状に別の曲輪を配置する。曲輪の形状は不定形なものがほとんどである。全国的にも類例の多い山城の形式である。本稿では「連郭型山城」と略す。

〔土山〕鮎河城跡・高尾城跡、〔甲賀〕砂坂城跡・神保城跡・大原上田城跡・北上野城跡A・前山城跡、〔甲南〕望月青木城跡・村嶋支城跡・西出城跡・谷出城跡・小池城跡・染田砦跡・馬杉北城跡、〔信楽〕小川城跡・多羅尾砦跡・朝宮城山城跡

3　縄張りが語る甲賀の城館

甲賀の城館を形式分類すると、単郭方形以外の多様な形式で構成されていたことが指摘できる。全体に占める各類型の比率は今後の課題だが、分類ごとの特徴を紹介したい。

(1)　Ⅰa類　単郭方形

単郭方形の曲輪の規模は、一辺の外周で50㍍（半町）、内周は約30㍍前後、比高差10〜30㍍以下の低丘陵部に選地する。甲賀の城館で最も代表的な形式で、いわゆる「甲賀型の城」と呼ばれている。列島規模で比較しても低丘陵部に単郭方形の城館が分布する地域は珍しく、甲賀特有のあり方である。他地域の単郭方形は平地（村や町の中）に分布している。

図1の音羽野城跡をみると、曲輪の四周に横堀を入れ、意図的に方形区画を作り出しているのがわかる。なかには嶬峨西城跡（52㌻参照）のように、自然地形を無視してまでも強引に単郭方形を作る例もある。尾根筋とは別方向に堀を構えて方形を作り出すには多くの労力が必要になるが、甲賀ではそれを実行している。方形への強いこだわりが読み取れよう。

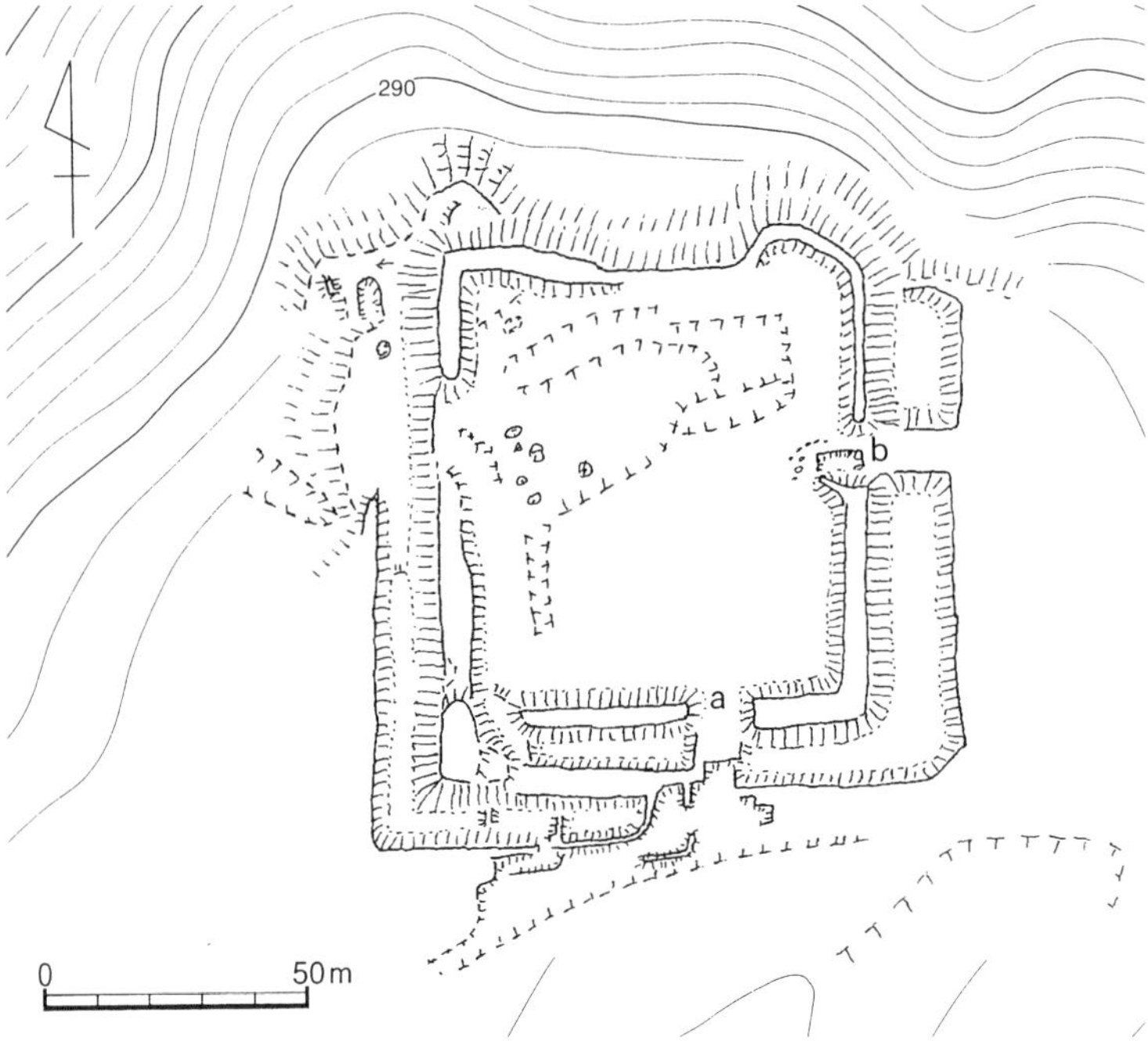

図１　音羽野城跡概要図（石川浩治作図）

なお、土塁に関しては、曲輪四周を土塁で囲い込むが原則であると考えている。土塁は後世の改変で消滅していることが多く、土塁を基準に分類するのは難しい。方形の設計意図は堀の付け方で読み取るほうがよい。

この単郭形式の構築技法に関しては、伊賀中世城館研究会の福井健二氏によって次の四つに分類されている。①掻揚形式：平地を掘り、そのあまった土を内側にもりあげるもの。②切込形式：集落背後の山の際に城をつくる場合、斜面の土を取り込んで背後に堀切を構える構造となるもの。③切込・掻揚形式：ゆるやかな丘の場合に掻揚形式と切込形式を併用して築くもので、甲賀郡はこのタイプが多いとされている。④削平形式：山頂に築かれる場合、山の頂上を平らにして周囲に堀を構えるものである［福井　一九八三］。甲賀の場合も構築技法に関しては福井分類が援用できる。

⑵　Ｉｂ類　単郭不定形

比高差10～30㍍ほどの低丘陵部に分布するのは、単郭

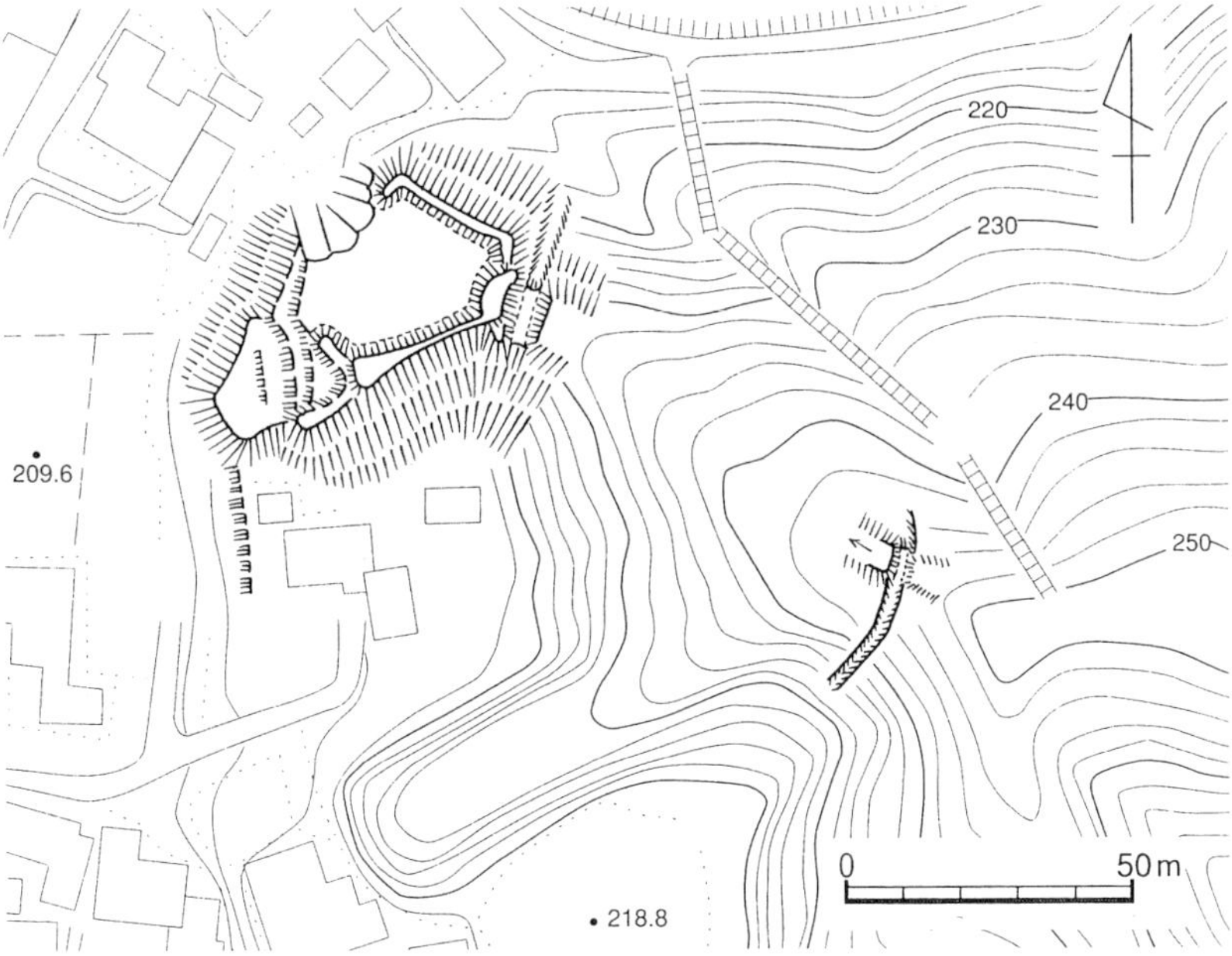

図2　殿村城跡概要図(中井均作図)

方形と同じである。曲輪背後の尾根に堀切を一本入れ、曲輪周囲に横堀をまわさず、曲輪の形状は自然地形にあわせる。殿山城(図2)の場合、尾根筋を切断する切込形式の構築技法で造成されており、ハの字状に土塁を構えながら前面だけ開口している。この開口部は前方監視の意図があると考えている。和田谷の入り口に選地されている殿山城は、谷への侵入者を監視するように築かれたものであろう。類例としては、後述の竜法師城跡がある(図9)。曲輪背後を堀で遮断するだけで、曲輪周囲に堀をまわさず、曲輪はハの字状に開き、前方部を開放している。竜法師城跡の発掘調査では建物が検出されず、居住性のない城館であることが確認されており、監視用の施設だと考えている。Ⅰa類の単郭方形が居住性のある館・屋敷とすれば、Ⅰb類の単郭不定形は軍事に特化した用途を想定できる(後述)。

(3)　Ⅱa類1種　群郭型方形

従来は本城と支城の関係にあると評価されていた形式

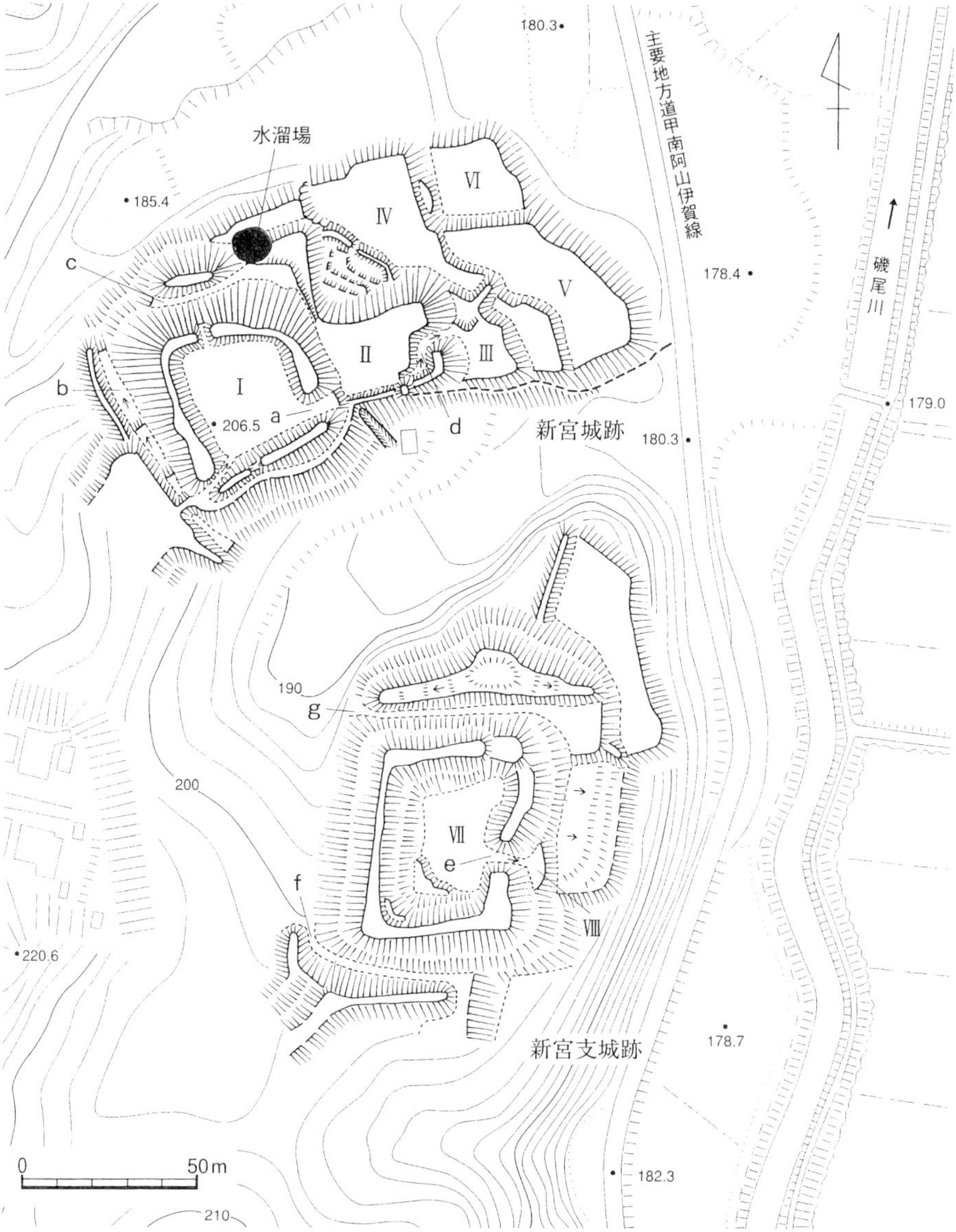

図３　新宮城跡・新宮支城跡概要図（中井均作図）

写真１　新宮支城跡の土塁

である。たとえば望月城跡と望月支城、新宮城跡と新宮支城跡（図３）といった具合である。ところが望月城跡では支城跡と規模的にはまったく同じであり、本・支城とは考えられない。新宮城跡では支城跡の土塁の規模が圧倒的に大きく、遺跡名称のような本・支城関係は成り立たないと考える。新宮城と新宮支城を個別にみれば、新宮城の城道は主郭Ⅰに向け、新宮支城の城道は主郭Ⅶに向かって別の曲輪を経由する設定であるから、連郭型不定形（Ⅱｂ類２種）になる。しかし、谷を挟んで相対する尾根筋の先端に、近接している縄張りは本・支城ではなく、別々の城でもなく、谷底からのルートを別に設定した一つの城館であって、複郭形式群郭型の縄張りと評価した。

同じ丘陵尾根の先端に近接して並んでいる例もある。寺前城跡と村雨城跡が典型である（図は59ページ参照）。両城間には丘陵尾根が走っており、その尾根を詳細に観察すると、小規模ながら土塁状の仕切りが確認でき、決して自然地形のままではない。個々に独立した別の城とみる

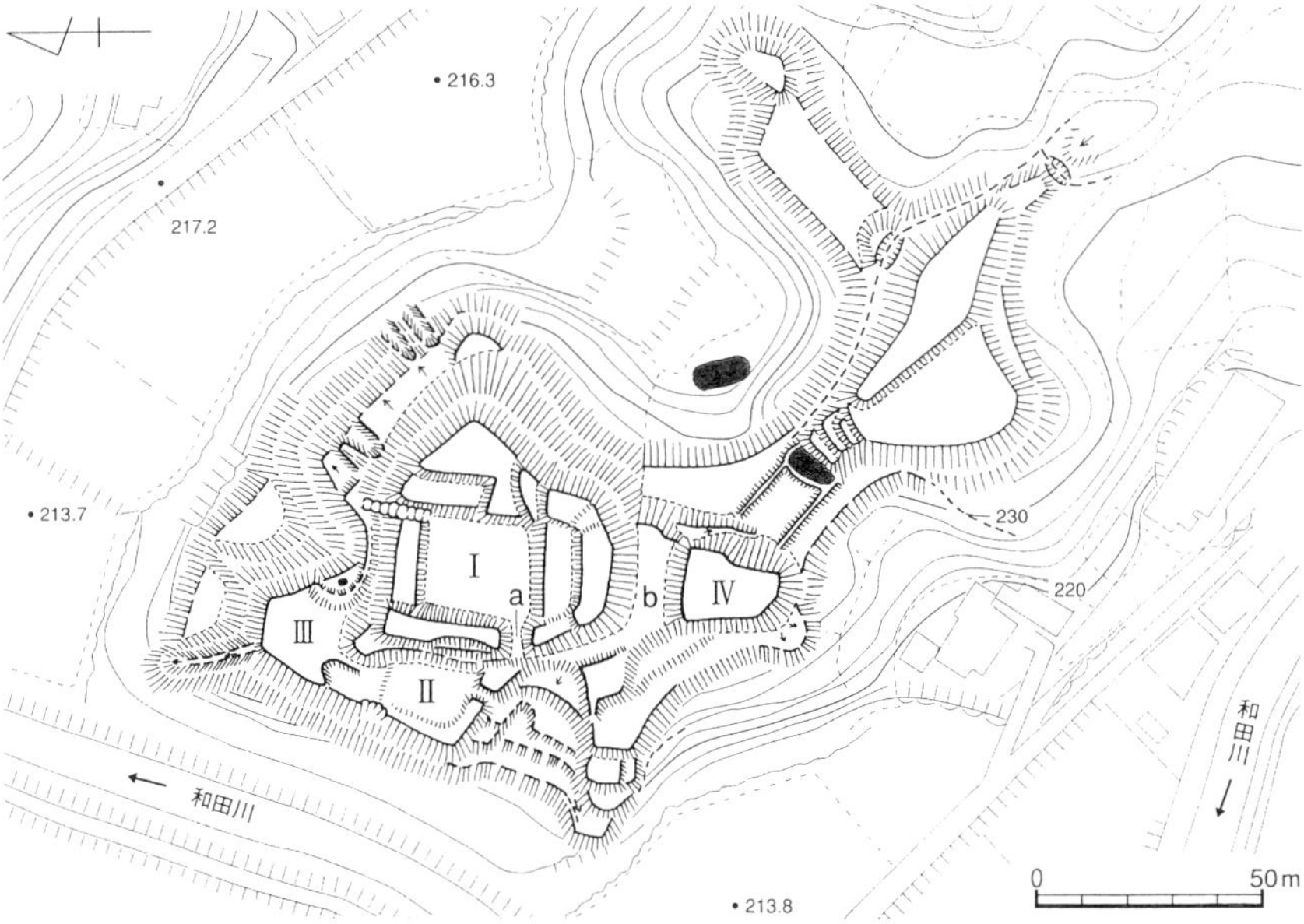

図4　和田城跡概要図（中井均作図）

には、あまりにも距離が近いため、寺前・村雨両城は群郭型方形の城館と評価した。なお比高差は単郭形式と変わらない。

(4)　Ⅱa類2種　群郭型不定形

主郭とは別に、不定形な曲輪がいくつか配置される。比高差は他の類型と同じである。和田城（図4）では、主郭の曲輪Ⅰは方形だが、曲輪Ⅱ・Ⅲ・Ⅳは不定形である。和田川を越えて曲輪Ⅱに入り、曲輪Ⅰに向かう城道と曲輪Ⅲにつながる城道が設定されているものの、曲輪Ⅳはルートが別になっているので群郭型とした。曲輪ⅠとⅡの関係は連郭型の城道設定ではなく、曲輪Ⅱは虎口受けの機能を果たす空間であろう。この形式は群郭型か連郭型かの判断は今後検討を要するものの、単郭形式と主郭規模が変わらないため、単郭方形の拡張・発展形ではないかと想定している。

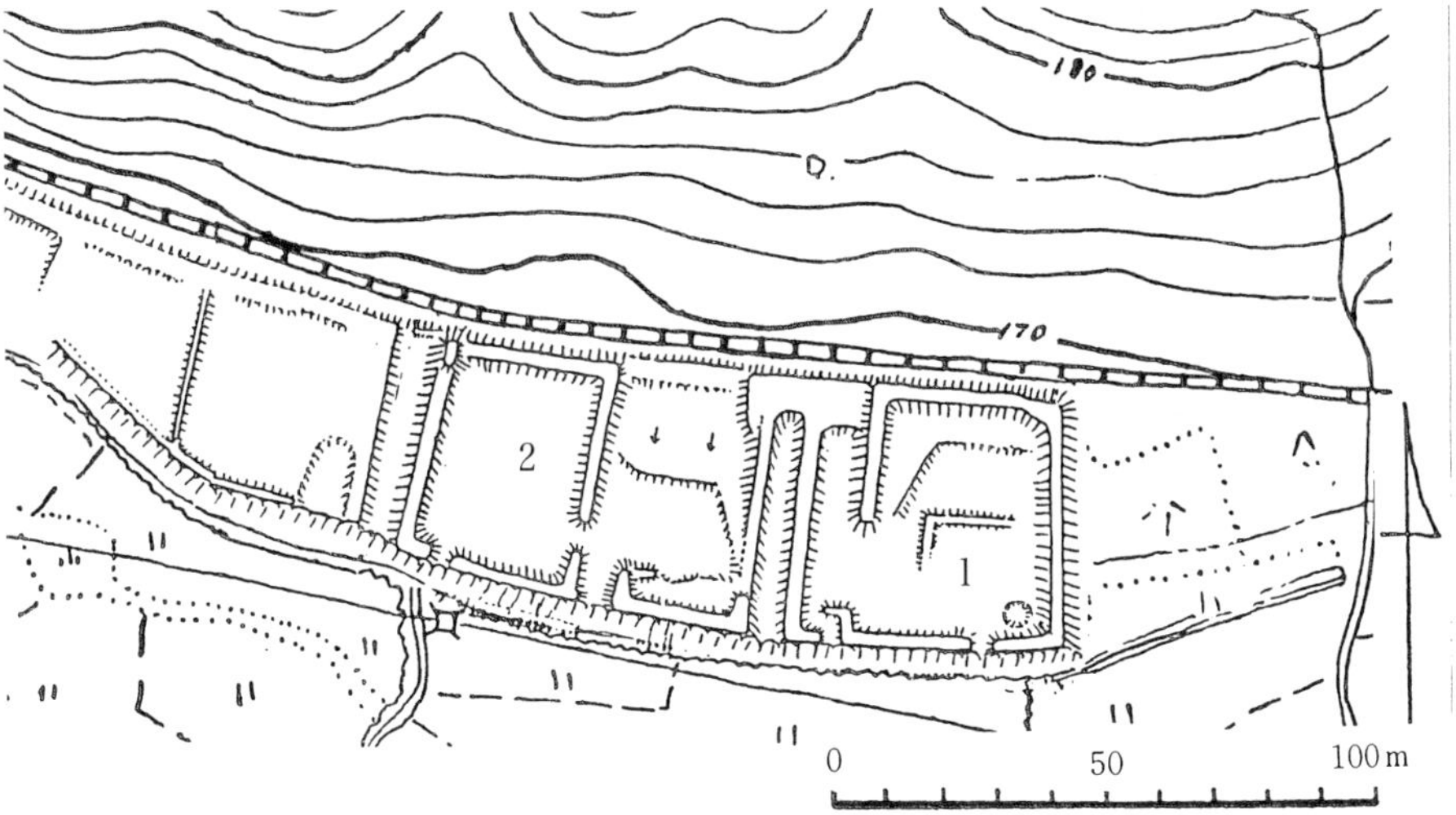

図5　北脇城跡概要図(村田 1985)

(5) Ⅱb類1種　連郭型方形

この縄張りの特徴は二つの曲輪が土塁を共有して連結していることにある。たとえば図5の北脇城跡は、単郭方形の曲輪1・2が横並びに配置されており、二つの曲輪を土塁で仕切りながら通路を設けてつないでいる。曲輪1・2はともに虎口があるので群郭型の範疇に入るが、曲輪1・2を囲う横堀が北側で確認されており(図は41ページ参照)、二つの曲輪に共有の虎口があったとすれば、連郭型とみても問題はない。要検討である。

なお、単郭方形の曲輪を同名中の侍衆が住まう屋敷とみれば、同じ規模の屋敷が並んでいたことになる。同名中の一族・親類が曲輪1・2に分住していた状況を示しているのかもしれない。

(6) Ⅱb類2種　連郭型不定形(連郭型山城)

従来、甲賀には単郭方形の城しか存在しないといわれていたイメージに再考を迫る形式で、全国的によくみる山城の縄張りである(以下、連郭型山城とする)。図6は

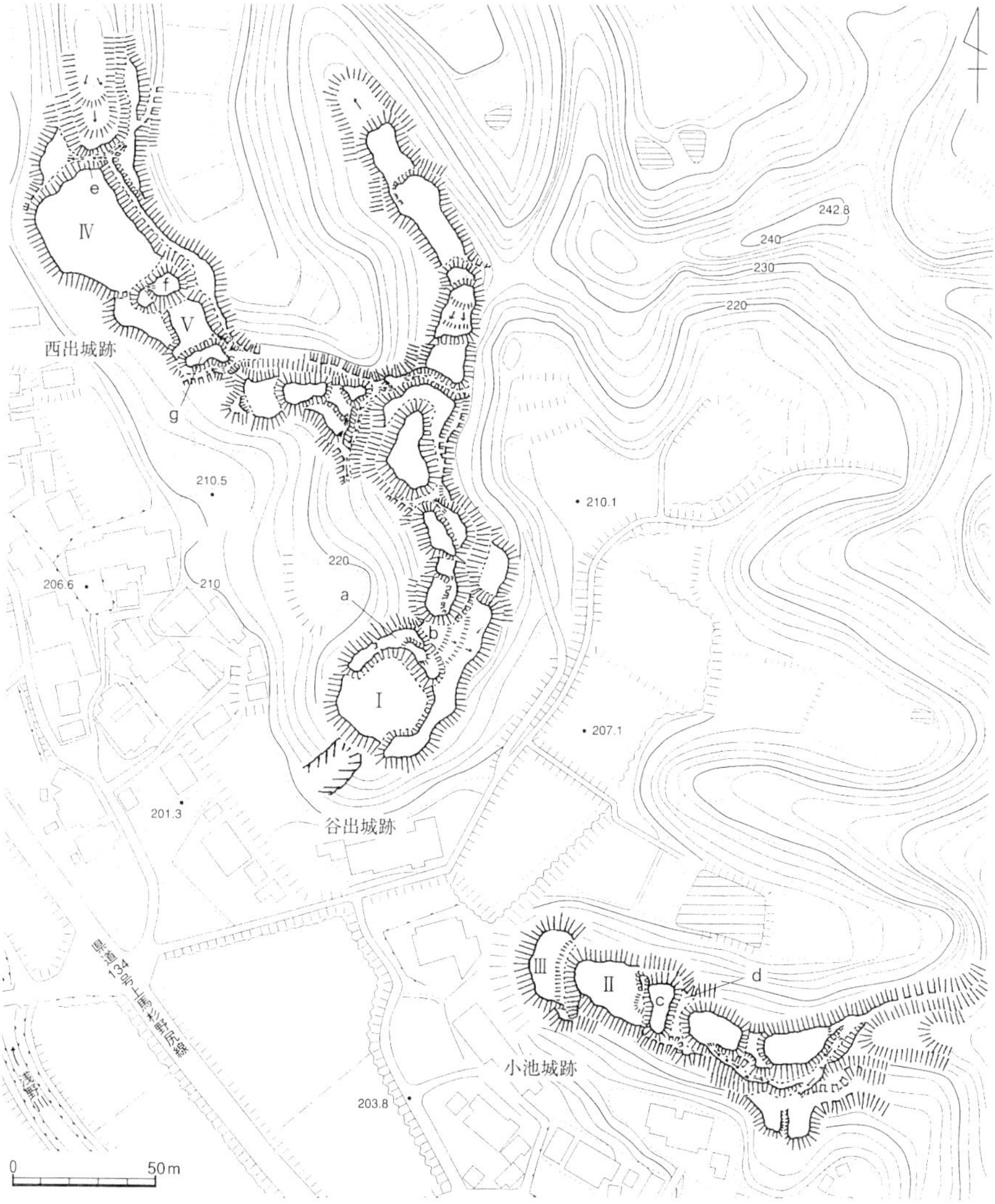

図5　西出城跡・谷出城跡・小池城跡概要図(福永清治作図、甲賀市史 2010)

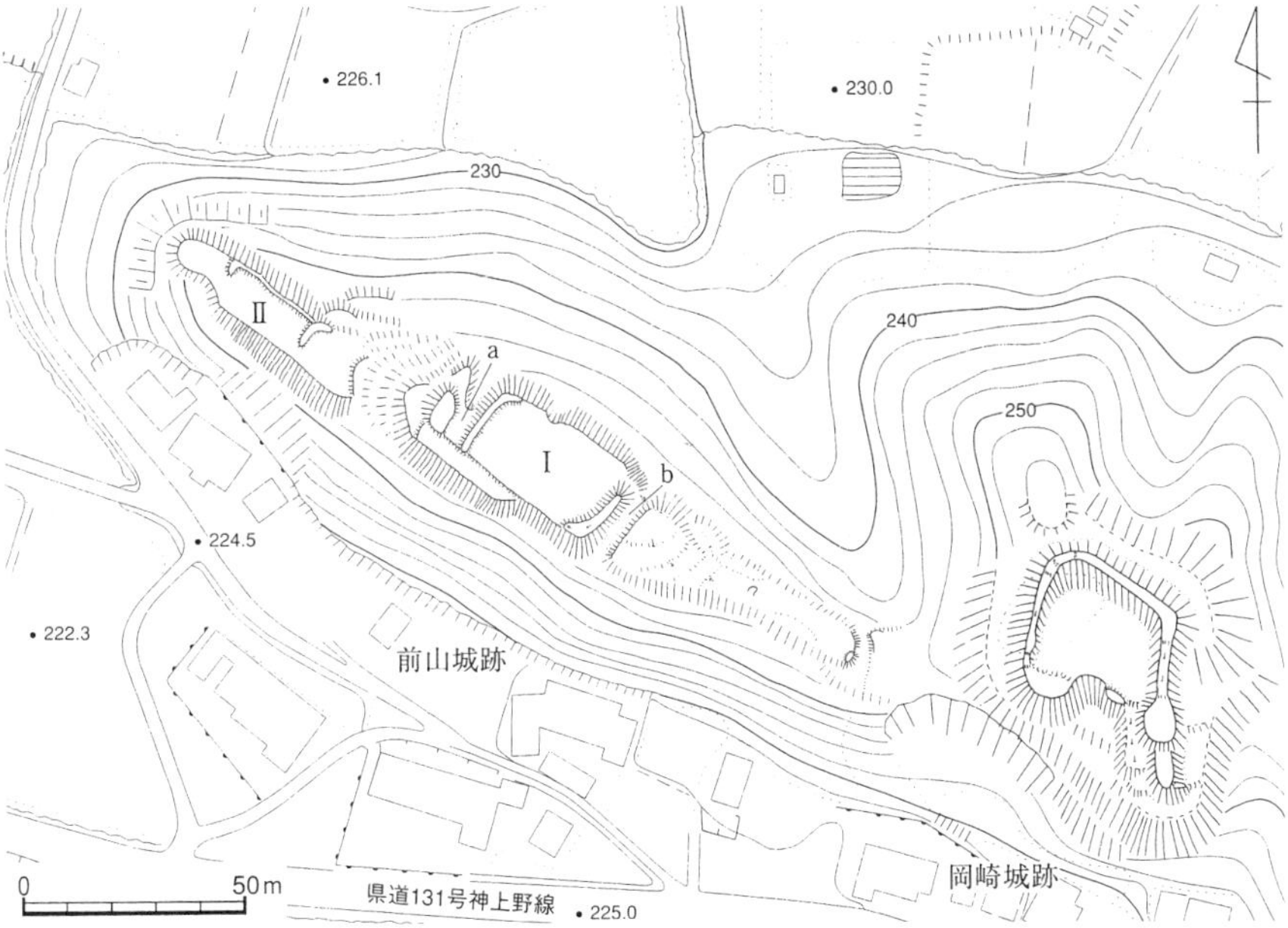

図7　前山城跡概要図（正岡義明作図、甲賀市史 2010）

典型例である（西出城跡・谷出城跡・小池城跡）。村田修三氏はこの連郭型山城を「形式を捨てた城」と評価して、伊賀との国境に接する上馬杉や下馬杉の事例を挙げ、国境の前線に配された陣城とみたが〔村田 二〇一〇〕、連郭型山城のすべてが伊賀国境に面しているわけではない。

注目したいのは、丘陵尾根上の連郭型山城である（鮎河城跡・砂坂城跡・前山城跡など）。前山城跡（図7）は主郭にあたる方形の曲輪ⅠとⅡを尾根上に配置しているが、こうした曲輪配置を考えると、多喜南城跡（単郭不定形）や高嶺山城跡（図8、群郭型不定形）の縄張りは興味深い。ともに主郭は方形ながら曲輪周囲に段状遺構（腰郭）を構えるだけでなく、主郭より派生する尾根筋に堀切や別の曲輪を備えている。Ⅰa類の単郭方形でまったく注意の払われなかった尾根筋に防御施設を構える縄張りは、単郭方形が連郭型山城に変化する過程を示すものとして評価できるのではないだろうか。

連郭型山城の分布が濃いのは、旧信楽町である（小川城跡・小川西ノ城跡・朝宮城山城跡）。その一方で信楽地

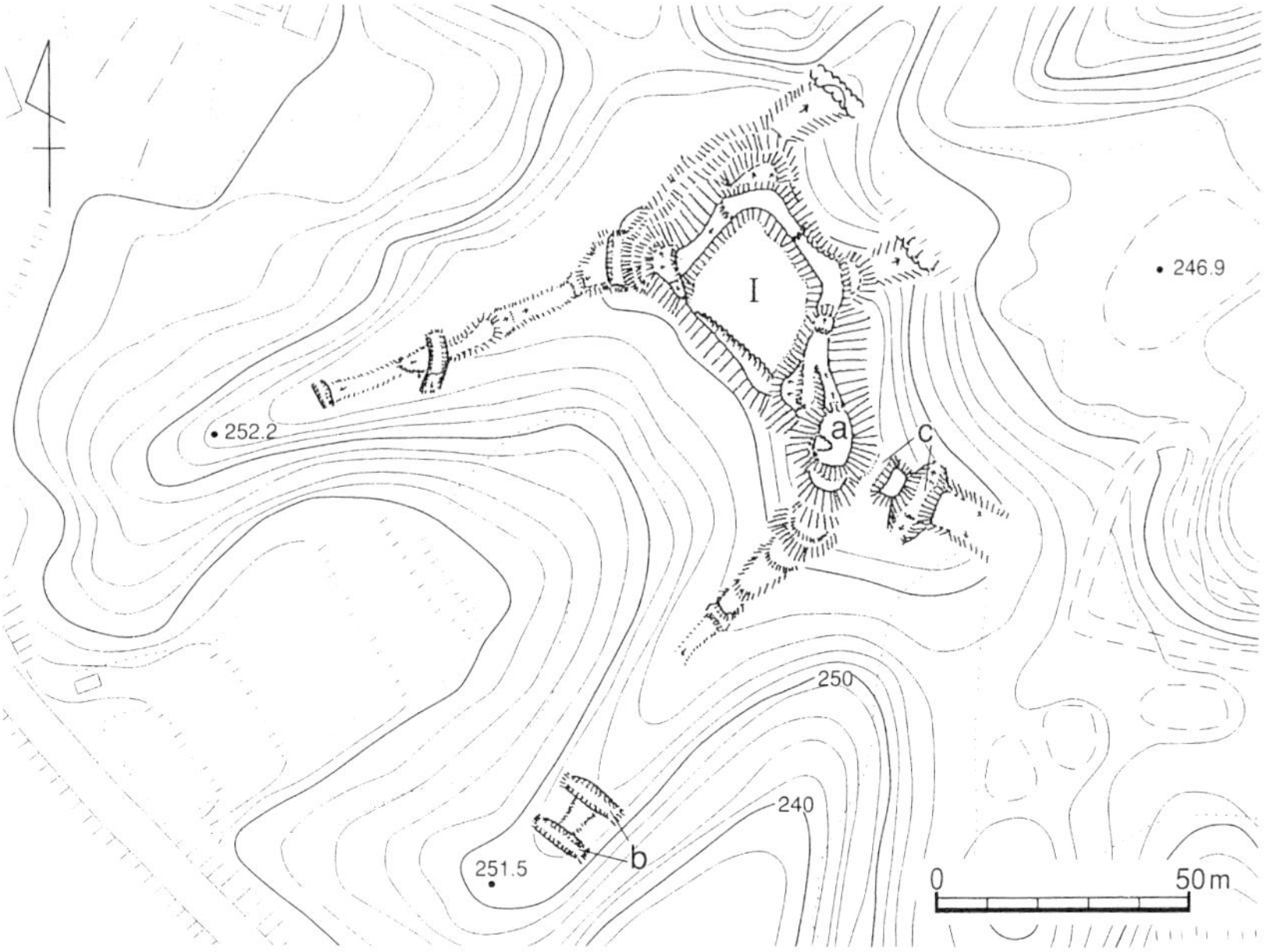

図８　高嶺山城跡概要図（藤岡英礼作図、甲賀市史 2010）

域には、丘陵先端部に選地して、曲輪背面を堀切によって切断するⅠｂ類の単郭不定形の城跡が認められる。小川中ノ城跡・多羅尾古城跡・多羅尾城山城跡などが典型例である。この三城跡の縄張りは甲賀郡からの影響であろうが、信楽地域にⅠａ類の単郭方形が確認できないのは、水口・甲南・甲賀地域とは一線を画していたのかもしれない。

なぜ信楽地域には連郭型山城が多く分布するのだろうか。ここではそのなかのひとつ、朝宮城山城跡の縄張りについて分析しておきたい（図は54ﾍﾟｰｼﾞ参照）。朝宮城山城跡の最大の特徴は、東面と西南面に畝状竪堀群を構えている縄張りにある。畝状竪堀群は戦国時代後半、天文〜永禄年間（一五三二〜一五七〇）に多用された防御施設である。信楽周辺では南山城の鹿背山城跡にも認められる。鹿背山城は永禄年間（一五五八〜七〇）に松永久秀によって改修されている。木津川を眼下に見下ろす位置にあり、京都から大和街道を南下する三好三人衆に対する渡河点を押さえるために築かれた城であったと考えられる。一方、三好三人衆は松永久秀の北上を監視するために鳶ヶ城を築いて木津川を監視していた。

このため松永氏は、大和街道を使わずに京都へ進出する別のルートとして、南山城の和束を経由して信楽に入り、甲賀から京都に進む方策を立て、信楽を掌握しようとしていたのではないかと考えている。戦国時代の信楽は多羅尾氏が支配していたが、多羅尾氏は松永久秀と織田信長の取次をしており、当主の多羅尾光俊は久秀の重臣竹中氏の女を妻としている。

こうした状況から信楽では山城国などとの交流もあって、朝宮城山城跡のような連郭型山城が築城されることになったのであろうと想定しておきたい。

(7) 甲賀の城と同名中

以上、形式分類ごとの特徴をいくつか指摘してきた。単郭方形はもちろん、複郭形式群郭型・連郭型でも、主郭だけは方形に作ろうとする設計意図は読み取れよう。甲賀の城館はやはり方形が基本なのである。

この甲賀の城館を築いた主体者は、従来から在地の侍衆とされている。甲賀には、同じ名乗りをもつ侍衆が同名中を結成し、郷・村を単位とする地域的な連合体としての一揆(国一揆・惣国一揆)を結んでいた(Ⅱ部参照)。平等をタテマエとする同名中が造営主体だからこそ、同じ形式・同じ規模の方形プランが採用されたと考えざるを得ない。もちろん、同名中といっても実際には格差があって、村の領主層、領主の軍役とつとめる地侍層(地主を含む)、彼らの下知に従う被官層がある(与掟7条)。同名中でも城館を造営できるのは、村の領主か地主層が中心だったと思う。たとえば大原の与掟には三二〇名が連署しているが、大原同名中は十〜二十人程度(Ⅲ部1勝井家文書5号・7号)[5]、村の領主や地主はもっと少数だったのであろう。同名中の侍衆以外の一揆メンバーは百姓等であって、身分をこえて一揆しているところに国一揆の特徴がある(Ⅱ部参照)。

甲賀の同名中は、本拠となる村を単位に一揆を結んでいる。大原同名中は大原谷、和田同名中は和田谷という

写真２　和田城跡曲輪Ⅰ（主郭）

ひとまとまりの地縁集団を形成し、年貢徴収や検断、祭礼の執行等の責任者として村の運営にあたっていたと考えられる。そのためか甲賀の城館分布には、極めて近い距離に複数の城館を構えている地域がいくつも確認できる。たとえば和田谷は、幅約１００㍍、長さ約７００㍍の狭小な谷筋ながら、分布調査の結果、この谷筋の両側尾根の先端に七ヶ所もの城館が構えられていることが明らかになった（和田谷の全体図は70㌻参照）。これら七つの城館は和田同名中が主体となって築かれたものと見ているが、中心となるのは谷の最奥部にある和田城（図４）であり、前述の殿山城（図２）が谷入り口の監視施設として機能していたと考えている。

このように隣接して複数の城館が構えられるのは、和田谷以外でも隠岐・高嶺・馬杉・大原などに認められる。ただし大原では和田城のような中心とみなせる城館が存在しない。その理由は今後の課題である。

同名中の侍衆を造営主体とする城館の中には、同名中内部の共同作業を想定させる城館がいくつか認められる。たとえば、望月城跡や新宮支城跡では、高さが8㍍に及ぶ土塁が囲繞している(写真1参照)。その姿は圧巻であり、土塁のみを取り上げれば列島最大の土塁といっても過言ではないだろう。望月城跡や新宮支城跡以外でも、曲輪の周囲を取り巻く分厚くて高い土塁を備えた城館のうち、高さ3㍍以上の土塁は、現存の遺構でみれば19件ほどが確認できる(小谷論文掲載表参照)。こうした土塁構築をはじめ、自然地形を無視した単郭方形の造営や、複郭形式など土木量の多い城館は、同名中の侍衆だけではなく、侍衆の下知に従う一揆メンバー(百姓・僧侶等)を総動員しての共同作業で築かれたものではなかろうか(与掟3条参照)。

4 城館の年代を探る

縄張りだけでは、築城・存続・廃城の年代は判断しにくいので、発掘調査の成果を確認したい。貴生川遺跡と竜法師城跡である。

貴生川遺跡は平地で発掘された遺跡であり、半町四方の単郭方形の城館(Ⅰa類)を検出している(図版は56㌻参照)。出土遺物は十六世紀後半に限られており、貴生川遺跡が短期間に築かれ、廃城になったことが確認できる。報告書ではこのような短期間の築城・廃城の事実を踏まえ、さらに堀が人為的に埋められたこと、城の歴史が一切後世に伝わらないことも配慮して、貴生川遺跡を与掟6条に記されている「手はしの城」ではないかと推定している[甲賀市教委他 二〇一七]。ところが、貴生川遺跡では石組みの井戸を検出しており、居住性のある空間と評価できる。「手はしの城」は同名中の侍衆が城番を派遣する城であることから(Ⅱ部参照)、居住性は低いと考えるべきで、貴生川遺跡は単郭方形(Ⅰa類)の城館が平地で検出された調査例と考えたい。

もうひとつの竜法師城跡(図9)は、貴生川遺跡と様相が異なる。発掘調査の結果、十六世紀後半の土師器皿だけが出土しており、短期間の存続であったことは共通しているものの、縄張りが異なる。竜法師城跡は、背面の

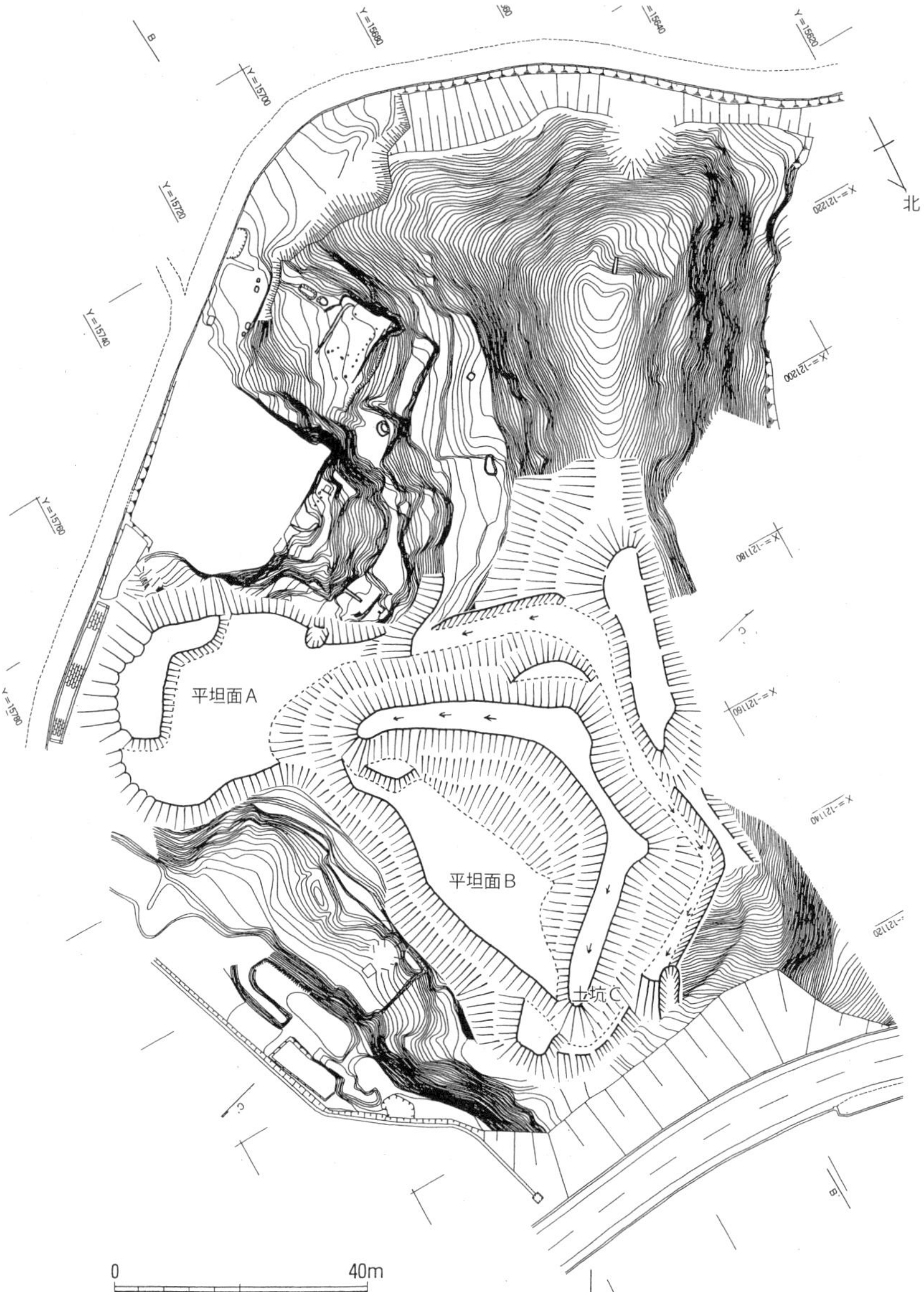

図９　竜法師城跡概要図（滋賀県教委他 2006 をベースに中井均作図）

みに堀切をめぐらせる単郭不定形（Ⅰｂ類）の縄張りであり、平坦面Ｂの調査では建物・井戸など一切検出されなかった。注目できるのは土師器皿の出土状況で、土塁上端に掘られた土坑Ｃ内の一括投棄であり、直径7～8㌢のものが42枚、12～13㌢のものが20枚であった［滋賀県教委他 二〇〇六］。

建物や井戸もなく、土師器皿しか出土しないという状況は、竜法師城跡が生活空間ではないことを示唆している。すなわち、土塁や堀のみを構え、合戦になると楯をめぐらせていたと考えられる。一括投棄された土師器皿は、築城を担当した同名中たちが用いたもので（大皿の数からして二十人ヵ）、築城に際して同名中の侍衆が一味神水に使ったことを想定させる［中井 二〇一九］。このように同名中の共同作業で構築され、なおかつ居住性の低い竜法師城跡こそ、同名中の侍衆が城番を組んで他所との合戦に備えた「手はしの城」だったと考える。Ⅰｂ類の単郭不定形を発掘で検出した事例と評価できよう。

さて、両遺跡が示す年代は、十六世紀後半である。ほかの発掘例でも上野城跡（連郭型方形）や小川城跡（連郭型山城）等では、遺物の年代は十六世紀後半を上限としている。廃城年は十七世紀代の例が多い（本書小谷論文参照）。貴生川遺跡では十三世紀代の溝跡を検出しているので、平地に屋敷地があったのは確かだが、問題は、いつから村の背後にある丘陵端部に城館を築き始めたのかである。

文献史学の成果をみておこう。与掟の成立は永禄十三年（一五七〇）だから考古学の年代と整合性はとれるものの、甲賀郡の同名中に関する史料初見は、延徳四年（一四九二）の「山中一家中・同名諸氏連署状案」（山中文書一八九号）である［甲賀市史 二〇一二］。大原同名中の初見は永正二年（一五〇五）の「大原惣一族中」である（Ⅲ部1勝井家文書2号）。この文献が示す年代を踏まえれば、甲賀の侍衆は十五世紀後半・十六世紀初頭には同名中を結成していたと想定してよい。

同名中の侍衆を城館の主体者だとみている本稿の立場からすれば、丘陵部に城館が築かれた年代は、考古学の示す十六世紀後半だけでなく、十五世紀後半も視野に入ってくる。

村の中に屋敷を持つ同名中が丘陵部に城館を築くのは、軍事的な緊張が高まった状況が考えられる。甲賀の場合、十五世紀後半には足利将軍家による二度の六角氏攻め、十六世紀後半には織田信長による近江侵攻が起こる。ともに郡内が戦場になることはなかったが、守護六角氏の当主は敵に攻め込まれると、甲賀郡に逃げ込むのを常としていた（本書中西論文参照）。十五世紀後半も十六世紀後半も、甲賀郡に軍事的緊張が生じていたことに変わりはない。いうまでもなく、十六世紀後半は軍勢の大規模化、鉄砲の普及、雑兵の活動などもあって緊張の度合いはちがっていただろう。

縄張りの視点から考えてみたい。通常、平野部に屋敷を構え、山頂に詰としての城を築くが（根小屋と山城）、甲賀では単郭・複郭の形式を問わず、集落背後の低い丘陵端部に城館を築いている。なかには村から離れた詰の城を思わせる連郭型山城もあるが、ほとんどは比高10～30㍍内の丘陵端部である。

館（屋敷）と詰の城が同じ場所に選地されることはないので、同名中内部でも平野部に館（屋敷）を構える侍衆と、丘陵部に城館を築いて平野部から離れる侍衆とに分かれ、しばらくは同時併存していた時代があったのではなかろうか。城館の形式はおそらく単郭方形が中心であり、時期は十五世紀後半にまで遡る可能性は排除できない。その後、十六世紀後半になって、軍事的な緊張度が高まると、先述の同名中による共同作業の城館が構築され、短期使用の城館（竜法師城跡・貴生川城跡）も築かれたのだろう。十六世紀後半には、現存遺構の三〇〇ヶ所に近いすべての城館が甲賀郡内に存在したと考えざるを得ないが、すべてが機能していたかどうかは要検討である。

甲賀の城館群に関わる年代は、縄張りだけではわからないので、文献史学と考古学の成果を踏まえて、十五世紀後半～十六世紀後半のタイムスパンで捉えておくのが今のところは穏当であろう。

以上の年代観と各形式の特徴を整理しておこう。

単郭方形（Ⅰa類）は、同名中の屋敷を要害化したものである。平野部の屋敷と同じ方形プランが丘陵端部にも構築されたのである。時期は十五世紀後半〜十六世紀後半となる。貴生川遺跡は平野部にとどまった十六世紀後半の事例になる。

単郭不定形（Ⅰb類）は、同名中たちの共同管理の施設と想定した。敵方監視を目的とした「手はしの城」がこの形式を採用していた可能性がある。立地や村との関係などは精査が必要だが、時期の下限は竜法師城跡の調査成果から十六世紀後半となる。ただし、十五世紀後半には存在しなかったとは言い切れない。

複郭形式の群郭型方形（Ⅱa類1種）は、二つの城館が並列しているように見え、同名中の共同作業による構築も想定できる。時期は十六世紀後半がふさわしいように思えるが、新旧関係がないとも言い切れない。要検討である。寺前・村雨両城にはまわりに村がないのも気になる点である。

群郭型不定形（Ⅱa類2種）は、単郭形式の拡張・発展形だろうと想定した。主郭の守りを固めるため、周囲に別の曲輪を配置しているように見える。時期は十五世紀後半〜十六世紀後半とみるしかない。群郭型か連郭型かも含めて、今後の精査が必要である。

連郭型方形（Ⅱb類1種）は、単郭方形の曲輪を連結する形式で、侍衆の分譲住宅の感を抱かせるが、時期を確定できる材料がない。単郭方形と同じ時期幅だろう。

連郭型不定形（Ⅱb類2種）は、山城である。単郭形式や群郭型にくらべて、防御に重きをおいた縄張りとなる。分布は信楽に偏るが用例は少ない。合戦時の軍事に特化した用途なのか、居住性があるのかはわからない。時期は単郭形式よりも後出するだろうと思う。

おわりに—方形への固執—

以上、甲賀の城館跡を中心に縄張りから何が語れるのかを考えてみたが、最後に甲賀ではなぜ方形の城館を志向していたのか、見通しだけ触れておきたい。

方形へのこだわりは、新宮支城の縄張りがわかりやすい（図4）。甲賀の城は土塁背面に巨大な堀切を設ける例は珍しくないが、新宮支城跡では背面を掘り切るだけでなく、方形に区画するため尾根筋の前面にも堀切を設け、一辺を形作っている。自然地形を無視してまでも、方形に成形しようとしている設計意図がよく読み取れよう。甲賀の事例ではないが、大和国東山内の北村城跡（図10）の縄張りも同じである。[6] 尾根筋に沿う方形ではなく、約45度自然地形に対してずらして築いており、正確に方形プランを形成している。このように自然地形に沿うのではなく、方形を意識した構造こそが重要なのであろう。

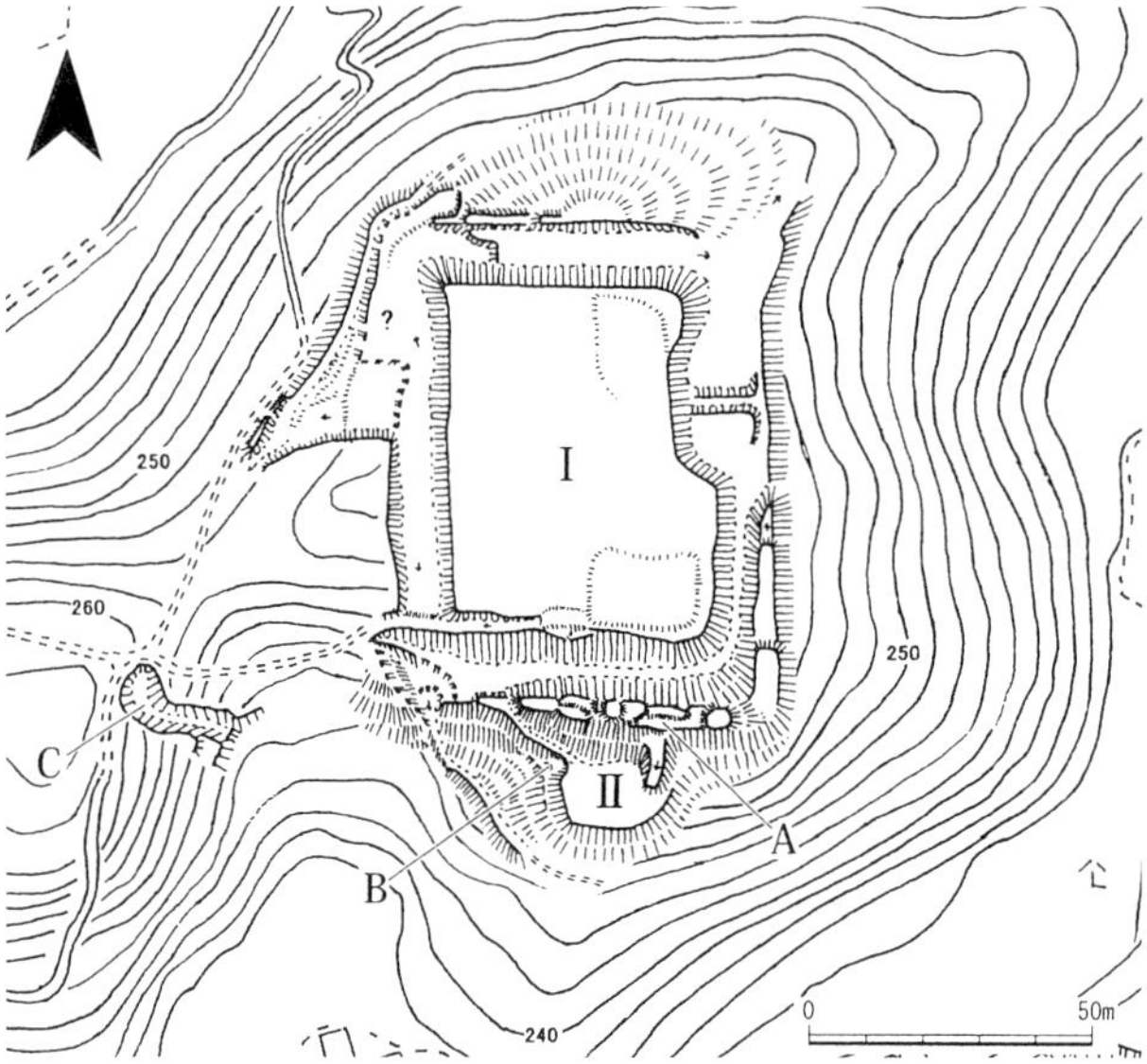

図10　北村城跡概要図（内野和彦作図）

方形プランの城館は、もちろん甲賀だけではない。京都府福知山市に位置する大内城跡の発掘調査は驚きであった。十二世紀後半から十三世紀にいたる山城が発掘されたのである。さらにその構造は一辺約70㍍の単郭方形の山城であった［京都府埋文 一九八四］。西国では条里を基軸として十二世紀には長原遺跡（大阪府）など平地に方形館が出現する。こうした平地の方形館が防御施設として山に移動したのが大内城跡だったのではないだろうか。それは武家屋敷として定型化しつつあった方形館を山城に採用したものと考える。[7]

武家の方形館として著名な遺跡に、越前一乗谷の朝倉

図11　西迎山城跡概要図(山下晃誉作図、甲賀市史2010)

義景館跡がある(朝倉氏遺跡群)。この構造に注目した村田修三氏は、興味深い指摘をしている。義景館跡では土塁はめぐるものの、背後に堀切を持たないのは、上城戸・下城戸と山頂部の一乗谷城で守られた居館では、三面を囲む壮大な土塁と前面の堀は「格式」を示すものと考え、そのスケールを三分の一にした甲賀の西迎山城(図11)でも格式を示す土塁であったのか、と問題提起している。しかしながら、村田氏は他の甲賀の城では背後を掘り切った城は無数にあるとし、ここには微妙な条件の差があったともみている。さらに「そこまでしなくていいという何らかの安心なり了解があった」ともしている。そしてそれこそが「甲賀の世界」だったという[村田二〇一〇]。甲賀の世界とは、同名中の世界とも言い換えられるだろう。

村田氏は義景館跡の土塁を格式とみたが、本来将軍邸や守護館、有力国人の館は土塁で囲繞されているのではなく、築地に囲まれている。それが十六世紀後半の大規模な戦争ではまったく意味がなくなってしまう。そこで守護家、有力国人の館は築地から土塁へと改修される。周防の守護所である大内氏館跡では発掘調査の結果、築地から土塁への変遷が明らかとなっているし、信濃の国人高梨氏の館跡でも発掘調査の結果、土塁の内部から築地を検出している。このように築地から土塁への改修は考古学的に立証されている。

格式としての築地は十六世紀後半には通用しなくなり、防御力を強固にした土塁と堀に改修される。しかし、その平面構造は守護所でも国人領主の館でも、最後まで方形を堅持している。土塁は村田氏が指摘するように格式なのかもしれないが、武士の本拠となる方形プランは、格式というよりも、武士としてのステータス・シンボルだったとは考えられないだろうか。

この単郭方形の縄張りを「館城」と評価した村田修三氏は、「高い尾根を越えてまで攻めるようなあこぎな戦を仕掛ける相手は想定しなくていい、一揆地帯ならではの産物なのだろうか。」と指摘している。村田氏がいうように、単郭方形の城館は、同名中内部での「弓矢喧嘩」（与掟7・10条）や他所との「弓矢」[8]（与掟2・3・6条）には十分に対応できても、対外勢力の軍事侵攻に備えた縄張りとはいえそうもない。

単郭方形の城館を構築していたのは、同名中のなかでも小字レベルの村を所領とする小さな領主たちである。所領の規模は小さかろうと、彼らの意識の中には、村の領主であることの誇りや自負心は根強かったのではなかろうか。領主であることを主張せんがために、彼らは丘陵部であっても単郭方形の城館を求め、複郭形式の城館を築くにしても主郭だけは方形に固執していたのではなかろうか。城館に軍事性を求めるのではなく、村の領主であることの自己主張が単郭方形の城館には込められていたように思うのだが、いかがであろうか。

もちろん、新宮支城のように分厚く高い土塁の造成や、城番を編成する「手はしの城」（単郭不定形の竜法師城跡・殿山城等）は、同名中の下知に従う一揆メンバー（百姓・僧侶等）を総動員して築かれたものと思われる。一揆衆の全員が合力して築く城こそ「一揆の城」とするならば、一揆の城は単郭方形以外の多様な形式の縄張りで構成されていたことも指摘しておきたい。とはいえ、防御性の高い縄張りを採用するわけでもなく、主郭まわりの土塁を高くするか、主郭以外の曲輪を付属させる複郭形式を採用するくらいで、自然の要害を利用した連郭型山城はごく少数であった。城の要である虎口も平入虎口が主体で特段の工夫は認められない。

軍事性を求めないこうした縄張りの城館では、永禄段階の対外勢力(織田家)の前にはむろん無力である。甲賀の侍衆は、守護六角方と織田方に分かれ、最終的に織田方に従属する道を選択した結果、一揆の城での攻城戦は回避できた。しかし、天正十三年(一五八五)、羽柴秀吉に軍事上の失策を咎められた甲賀の侍衆二十人は、改易処分を受けて甲賀から離れていく(甲賀ゆれと呼ばれる)。この年、秀吉による水口岡山城の築城が開始されると、一揆の城は歴史の幕を閉じ、甲賀の地には石垣づくりの巨大な山城が初めて誕生するのである。

註

(1) かつては、近世の地誌類や軍記物の情報をもとに、現存する縄張りの築城主体を著名な城主のものとして信じて疑うことはなかった。しかし、現存する縄張りは最終年代を示すものでしかない。決して築城段階や著名な城主の時代の遺構ではないのである。さらに縄張り図を恣意的・主観的なものと批判する向きもかつてはあったが、近年では微地形測量の技術が著しく進化し、特にレーザーによる航空測量によって実際の地形まで測れるようになった。従来の写真測量では樹木の上部でしか測れなかったのとは大きなちがいである。この航空測量を図化したのが赤色(着色)立体図であり、曲輪・堀切などの遺構が詳細に把握できるようになった。それをもとに作製された縄張り図は、方位・寸法を正確に図化しており、もはや恣意性などを危惧する心配はまったくない。縄張り図の客観性については、土器や瓦の実測図とまったく同じで、経験の積み重ねによるところが大きい。自然地形を遺構とみなして図化するのは経験不足によるものである(学校教育では習得できないが)。もちろん、ありもしない遺構を想像で図化するのは論外だ。

また、縄張り図と発掘調査の成果が食い違うことを指摘して、縄張り図の信用性は低いと批判されることもある。しかし、これは城館遺跡に限ったことではない。たとえば古墳にしても現状の墳丘測量をして円墳と認識していたものが、発掘調査によって前方後円墳であったことが確認できた事例はいくらでもある。縄張り図も同じである。縄張り研究は、地表に残る現存の遺構を図化し、時代や築城主体を考察するわけで、医療に例えれば問診の段階にあたる。その城館跡が発掘調査され、遺物によって年代が絞り込めるのは外科的手術といってもよいだろう。問診の判断ミスは再検証すればよいのである。ただし、発掘調査で検出された遺構は縄張りの一部であって、遺構をもとに城館の防御性も考察しなければ、城館遺跡の発掘調査は完結しない。

（2）　甲賀郡では、郡内の同名中が連帯して「郡中惣」を形成するが、城館遺跡で郡中惣が共同して築いた遺跡は確認できない。同名中内の共同作業を想定できる城館遺跡はあるものの、基本的には同名中の侍衆が拠点とする「家」単位で構築されていると考えている。

（3）　筆者も滋賀県の分布調査に参加して縄張り図を作成したが、一九八〇年代当時、地元の方には城跡との認識すらなく、「溜め池跡」だと教えられたのを鮮明に覚えている。甲賀では「〇〇氏館跡」の伝承もほとんどなく、かつての同名中の存在や屋敷・館跡の影は非常に薄いと感じたものである。天正十三年（一五八五）の「甲賀ゆれ」で同名中の侍衆が在地から離れてしまったのが影響しているのだろう。

（4）　本稿の形式分類はあくまで試案だが、形式分類は全国的な城館の比較研究にも有効なものが望まれる。複郭形式の中分類に「城道」を基準としたのは、齋藤慎一・竹井英文・中井均編『東北中世の城』（高志書院、近刊）の議論で得た知見である。今後も検討を深めたいが、「群郭型」に関しては別稿を準備中である（「群郭型を問う」『東北中世の城』所収）。

（5）　Ⅲ部参考史料に掲載された1勝井家文書の翻刻は、本書の刊行にあたって、所蔵者の勝井義景氏のご協力を得て、村井章介・桜井英治・清水克行各氏の史料調査による成果である。

（6）　本稿では甲賀周辺の城館をとりあげなかったが、伊賀・伊勢・南山城・大和東山内などでは、単郭方形の城館が確認できる（伊賀は笠井論文、伊勢は竹田論文、東山内は中西論文を参照）。いずれの地域にも甲賀と同じく国一揆が結成されているが、甲賀との比較研究は今後の課題である。

（7）　現在発掘調査が進められている岐阜県郡上市の篠脇城跡では、十五世紀後半頃の庭園遺構が山城から検出されている。篠脇城跡の山麓には東氏館跡があるが、館跡は十五世紀後半に廃絶している。おそらく山麓の居館を廃して、庭園を伴う居館そのものを山上に移したのであろう。また、トレンチ調査のため全貌は不明であるが、曲輪の縁辺部に石列状の遺構が検出されており、庭園は築地か土塀によって方形に区画されていたと考えられる。

（8）与掟の「他所」は大原以外の地域をさす（Ⅱ部参照）。周辺の村のほか他国・他郡・他郷（21条）も「他所」の範疇に入るが、固有名詞は一切出てこない。伊賀の惣国一揆掟書（Ⅲ部2―6号）では、「他国」との戦争を規定した条文がみられるのに対して、与掟には他国との軍事的な緊張を示す文言がなく、すべて「他所」との「弓矢」として出てくる。

参考文献

甲賀市教育委員会・（公財）滋賀県文化財保護協会　二〇一七『貴生川遺跡発掘調査報告書』

甲賀市史編さん委員会編　二〇一〇『甲賀市史』第七巻

甲賀市史編さん委員会編　二〇一二『甲賀市史』第二巻

㈶京都府埋蔵文化財調査研究センター　一九八四『京都府遺跡調査報告書3 大内城跡』

滋賀県教育委員会・（公財）滋賀県文化財保護協会　二〇〇六『県道柑子塩野線緊急地方道路整備事業に伴う発掘調査報告書竜法師城遺跡・池ノ尻遺跡』

中井　均　二〇一九「手はしの城について―滋賀県甲賀市竜法師城跡の再検討―」『歴史・民族・考古学論攷Ⅰ』辻尾榮市氏古稀記念論攷刊行会（のち同著『戦国期城館と西国』高志書院、二〇二一年所収）

中西裕樹　二〇一〇「畿内近国の城」『甲賀市史』第七巻 甲賀の城 滋賀県甲賀市

福井健二　一九八三「伊賀城館調査の立場から」『滋賀県中世城郭分布調査1』滋賀県教育委員会・㈶滋賀総合研究所

村田修三　一九八〇「城跡調査と戦国史研究」『日本史研究』二一一号

村田修三　一九八三「中世城郭史の立場から」『滋賀県中世城郭分布調査1』滋賀県教育委員会・㈶滋賀総合研究所

村田修三　一九八五「甲賀の城郭調査の課題」『滋賀県中世城郭分布調査3（旧野洲・栗太郡の城）』滋賀県教育委員会・㈶滋賀総合研究所

村田修三　二〇一〇「甲賀の城」『甲賀市史』第七巻 甲賀の城 滋賀県甲賀市

甲賀の城～考古学が語る実像～

小谷　徳彦

はじめに

甲賀には多くの城跡があり、その数は二〇〇とも三〇〇とも言われるが、『甲賀市史』の編纂に伴う調査で、市内に一八〇の城跡が存在することが明らかになった［甲賀市史 二〇一〇］。これらのうち、織豊期の水口岡山城や近世の水口城などを除けば、そのほとんどが土づくりの城である。

これらの城は、一辺が半町（約50㍍）四方の「単郭方形四方土塁」と一般的に形容される小規模な城館が多く、そのような同規模・同構造の城館が集落に隣接した丘陵上に密集して存在することが大きな特徴で、同名中や郡中惣との関係性が注目された［村田 一九九八］。

一方、城跡の悉皆調査の進展［滋賀県教委 一九八六、甲賀市史 二〇一〇］により甲賀の城跡の様相が明らかになると、個別の城跡と築城主を単純に整理した見解［甲賀郡志 一九二六］にも疑問が提示され［中井 二〇〇五］、一元的な捉え方を修正する動きもある［村田 二〇〇八・二〇一〇a］。

このような研究動向にある甲賀の城であるが、そのほとんどは発掘調査がおこなわれておらず、地表面観察による縄張研究の成果によるところが大きい。本稿では『甲賀市史』第七巻（以下、市史）の悉皆調査で明らかになった城跡と、その後の発掘調査で確認された貴生川遺跡を対象に、考古学の型式学的研究法を用いて城跡の構造や形態から甲賀の城の様相に迫りたい。

図1　甲賀の城の分布

1　分析対象と分類

本稿では市史に掲載された一八〇の城跡のうち、遺構が確認できず、地籍図などから推定された城跡や、一部の土塁や堀がわずかに残るのみで、構造が不明な城跡は分析の対象から除外し、市史の刊行以後に発見された貴生川遺跡を分析対象に加える。分析対象となる城跡は一四三である(文末の表参照)。

分析の手法は、城跡の立地を第一の分類基準(大分類)とし、その立地別に主郭の形態で分類(小分類)する。その上で、各分類(大分類＋小分類)において、主郭の虎口・土塁・堀の様相を比較検討する。大分類と小分類については、以下の通り。

大分類：立地による分類

1類　平地に立地　城跡の周囲と高低差がない。

2類　丘陵裾　城跡の前面との高低差はなく、背後に丘陵がある。
3　類　丘陵先端　丘陵上に位置しながらも、最高所ではなく、平地を見下ろす位置にある。
4　類　丘陵頂部　丘陵の最高所付近に位置する。

小分類：主郭の形態による分類
1A類　正方形ないし正方形に近い方形。
1B類　長方形　長辺と短辺をもつ。
1C類　不整方形　正方形にも長方形にも分類できないが、方形を志向する。
2A類　台形　明確な台形を呈する。
2B類　不整台形　台形を志向するが、不整形となる。
3　類　楕円形　角が明確でない形状。
4　類　馬蹄形　一辺は直線であっても、残り三辺の角が不明確。
5　類　L字形。
6　類　不定形　定形の分類に当てはめられない。
7　類　その他　主郭が特定できず、分類できない。

大分類1類

1類に該当する城跡は25例ある。これらのうち、小分類の1A類は、推定も含めて17例を数える。次いで、小分類の7類：5例、1B類：2例(推定含む)、1C類：1例である。7類を除けば、形状に多少の差異はあるものの、主郭は方形を基本にしている。

平地に立地する7類以外の主郭の規模は、山中氏屋敷跡(1A類：推定70㍍×60㍍)、山本神社遺跡(1B類：35㍍×95㍍)、市場陣山城(1B類：推定50㍍×80㍍)、野尻城(1A類：推定60㍍四方)以外の16例が50㍍四方におさまる。さらに、そのうち7例が50㍍四方の規模(推定含む)であり、鳥居野城と竹中城(図2)もこの規模に近い。

次に、7類以外の主郭に付随する諸要素を比較する。虎口の形状は6例で確認でき、いずれも平入虎口である。山本神社遺跡のみ虎口が2箇所あるが、それ以外は1箇所である。

主郭の土塁は、存在が不明な柏木神社遺跡を除き、二方向以上に存在する。大分類1類は平地に立地している

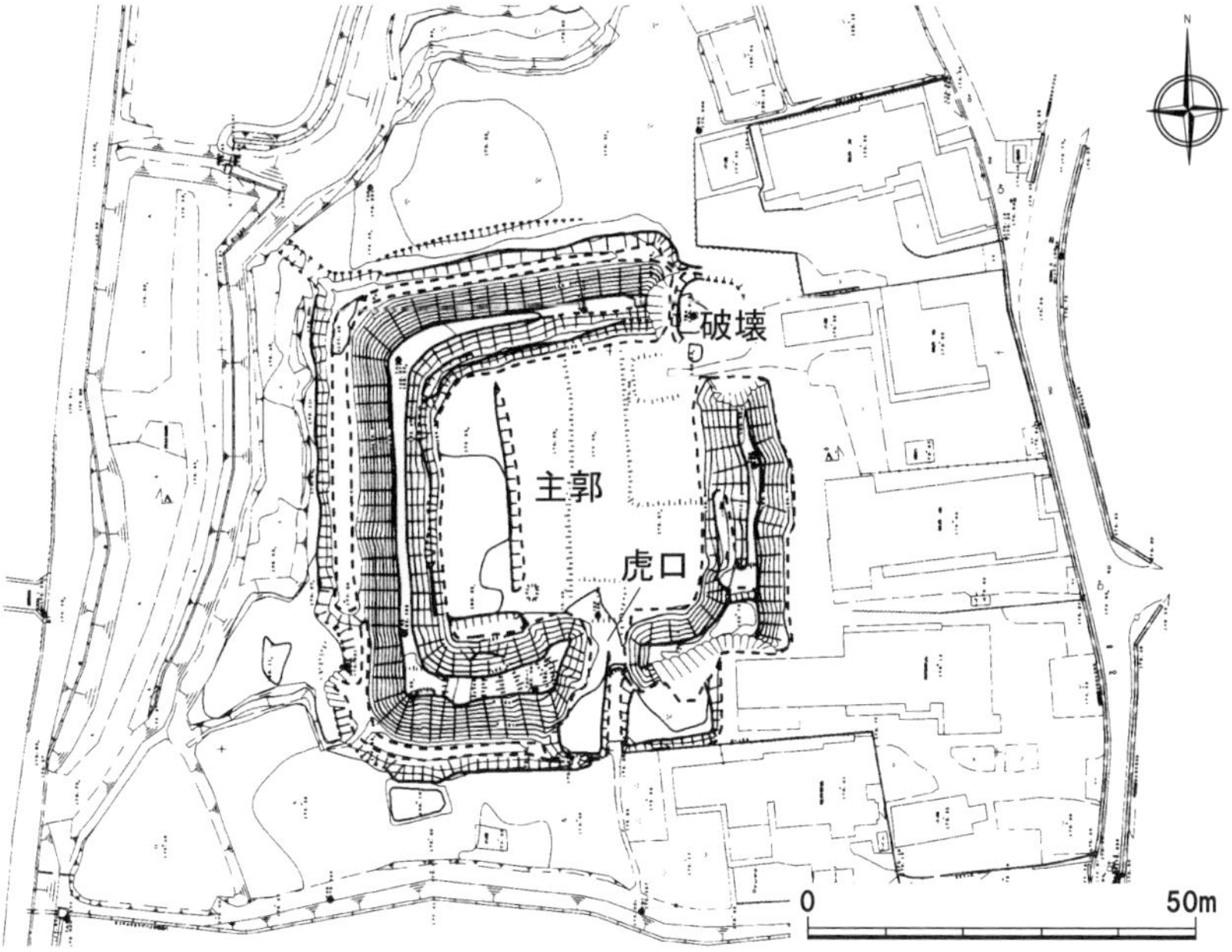

竹中城平面図(甲賀市教委 2008 より引用　一部加筆)

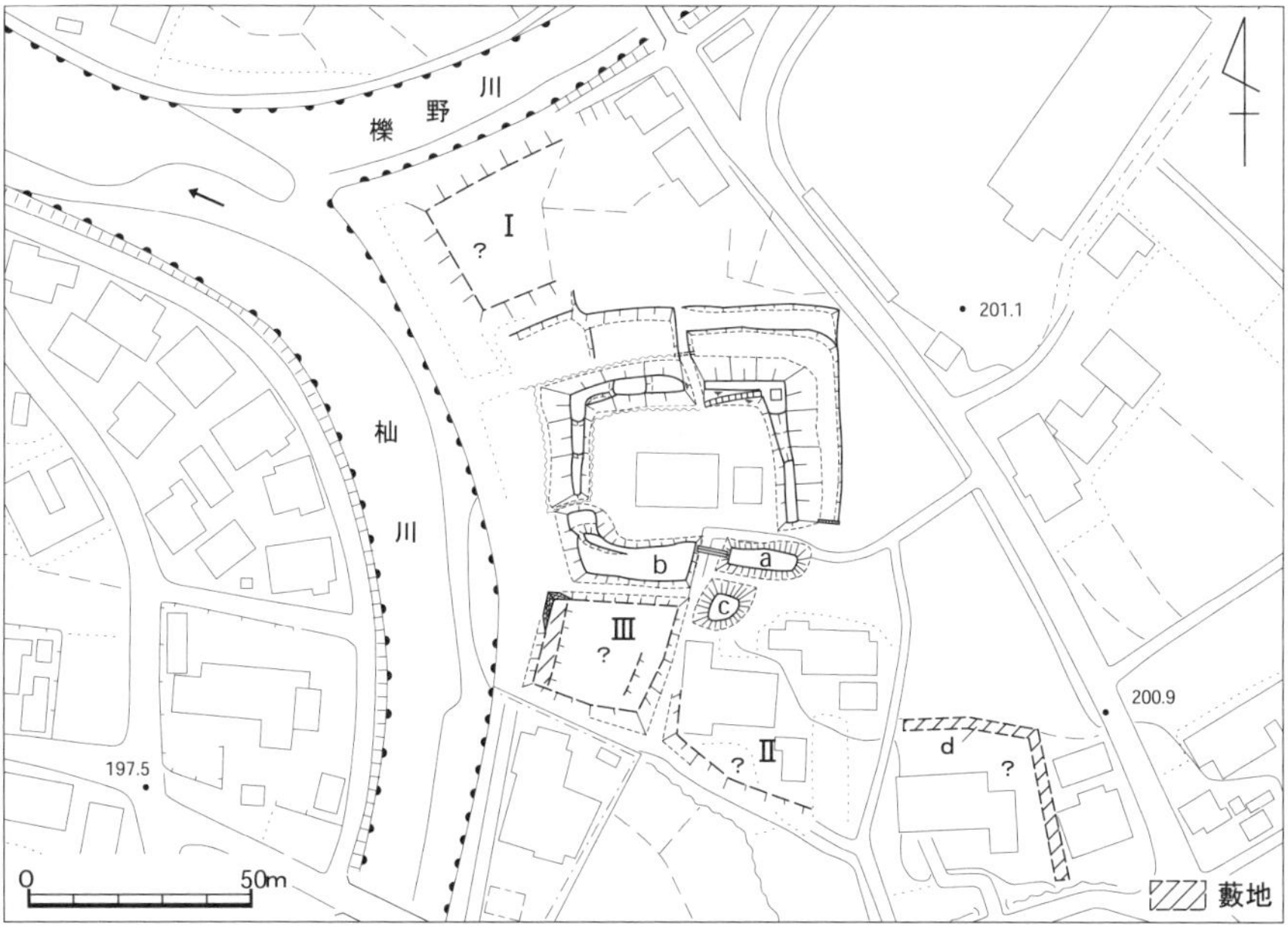

大原城概要図(遠藤啓輔作図　甲賀市史 2010 より引用)

図２　大分類１類の城

ため、後世の削平や地形改変によって破壊されたとみられるものもあることから、四方に土塁をめぐらす形態が基本であったと考えるのが妥当であろう。また、主郭の堀も土塁と同様に、四方にめぐることが基本と考えられる。岩室城と補陀楽寺城では堀の痕跡を確認できないが、埋没している可能性もある。

鳥居野城は三方に高低差のある土塁がめぐり、北面にのみ堀が確認できる。平地の立地ではあるが、大橋川と大原川の合流付近に位置し、段丘の縁にあることから自然地形を利用して、四方に土塁と堀をめぐらさなかった可能性が高い［遠藤 二〇一〇b］。

副郭は、篠山城・大鳥神社遺跡・古屋敷館の3例で確認できるが、不明な市場陣山城と判然としない柏木神社遺跡を除けば、それ以外は副郭をもたない。7類以外の城は、単郭を基本すると判断できる。典型例としては、大原城や竹中城（図2）が挙げられ、発掘調査で確認された貴生川遺跡（図12）も典型例と言えよう。

一方、7類は、植城・伊佐野城・今宿城・大野山本城・垂井城の5例である。植城は35㍍×255㍍の範囲に土塁や堀で区切られた12の区画が［中井 二〇一〇］、伊佐野城は200㍍×150㍍の範囲に土塁と堀で隔てた複数の区画が存在し［藤岡 二〇一〇a］、城域の中に同規模・同構造の曲輪が並立する群郭形式［八巻 一九九二］に位置づけられている。また、今宿城は現状で二つの同規模の曲輪が確認できるが、それ以外にも曲輪が存在した可能性があり、群郭形式になる可能性もある［山下 二〇一〇］。

垂井城は、独立性の高い同規模な方形曲輪が並立する形式であり［高田 二〇一〇］、前述の群郭形式の一部と考えることもできるが、後述する二城並立型とみることも可能である。

大分類2類

2類は5例と少ない。このうち、小分類7類の北脇城（図3）は複数の曲輪が並立的にあり［下高 二〇一〇］、群郭形式となる可能性がある。また、6類の公方屋敷跡は、

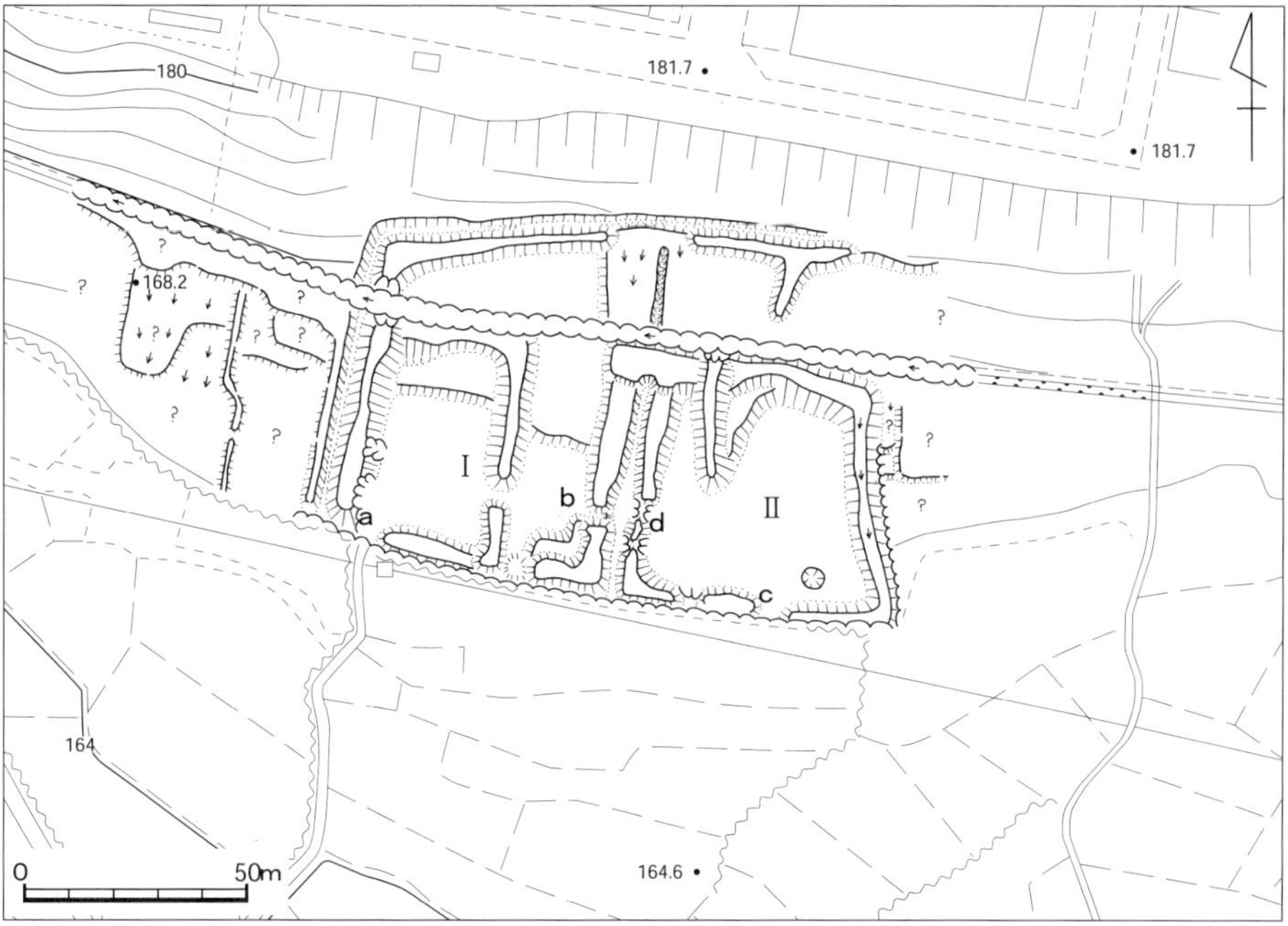

図3　大分類2類の城　北脇城概要図（下高大輔作図　甲賀市史 2010 より引用）

三方を尾根に囲まれ、自然地形を利用している。
残りの3例は、高さ1～1.5㍍の土塁をもつ方形もしくは長方形の主郭で、小山城と富田城は四方に土塁がめぐっていた可能性もある。堀は小山城のみ北面と東面の二方向にあるが、富田城と五反田口城では確認できない。副郭は富田城と五反田口城に存在する。

大分類3類

3類は、麓との比高30㍍以下の丘陵先端に立地する。その数は87例で最も多い。主郭の形態で内訳をみると、

1A類：44例　1B類：8例　1C類：3例
2A類：1例　3類：4例　4類：1例　5類：1例
6類：13例　7類：3例　不明：1例

である。

1A類の主郭の規模は、下山城・東迎山城・平子城・音羽野城以外、50㍍四方以内におさまり、下山城（図4）と東迎山城は50㍍四方をわずかに超える。1A類の主郭はほとんど土塁を伴うが、北虫生野城（図4）の南城の主

郭は10㍍×10㍍と非常に小規模で土塁がなく、丘陵の尾根を段々に造成して複数の曲輪を築いている。北虫生野城は、谷を挟んで北城と南城に分かれ、それぞれが別の城と考えられているが〔遠藤二〇一〇a〕、1C類の北城は副郭をもたないので、別の尾根に築かれた北城と南城で一つの城として機能した可能性もある。また、井口氏城も15㍍四方と非常に小規模で、背面土塁に見張り台状の土壇があることが特徴的である。

土塁を伴う1A類のうち、三方もしくは四方に土塁をもつ城が34例ある。その半数の17例は各面の土塁に高低差があり、主郭の背面となる丘陵側の土塁が高く、前面となる丘陵裾側が低い傾向にある。立地に応じて土塁を構築している様子がうかがえる一方で、丘陵先端という立地にもかかわらず、高低差のない土塁を四方にめぐらす城が8例（推定を含めると9例）あることも注目される。

主郭に土塁が伴う43例のうち、四方に堀が伴う城はなく、二方向もしくは三方向に堀がめぐるものが14例、一方向のみに堀が伴うものが20例である。背後の丘陵尾根を堀切で仕切る手法を基本とし、城の両脇もしくは片側にも堀をめぐらせた様相が確認でき、地形に応じて築城手法が選択されたと考えられる。

主郭の虎口は、隠岐城と大宝寺遺跡が食い違いの形状となる以外、平入虎口である。副郭をもつ城は25例（推定を含む）を数え、副郭が一つの城は9例、副郭が二つの城は11例、副郭が三つの城は5例である。虎口の形状、副郭の数、主郭の規模、土塁の高さ、堀の有無に有機的な関係性はみられない。

要素の違いは、城が立地する地形に影響されたと考えられる。ただし、土山城（図17）の二つの副郭は主郭に対して規模が大きく、城域も広い。主郭前面に馬出状の小曲輪があり、甲賀では非常にめずらしい構造である。

1B類で一辺が50㍍超える主郭の城は、西迎山城・山村城・青木城の東城館（図5）で、それ以外は一辺50㍍以下におさまる。しかし、規模の大きな西迎山城とそれほど規模の大きくない奥谷城は、主郭の虎口が2箇所と同じ数で、規模の大小と虎口の数に相関関係はない。なお、

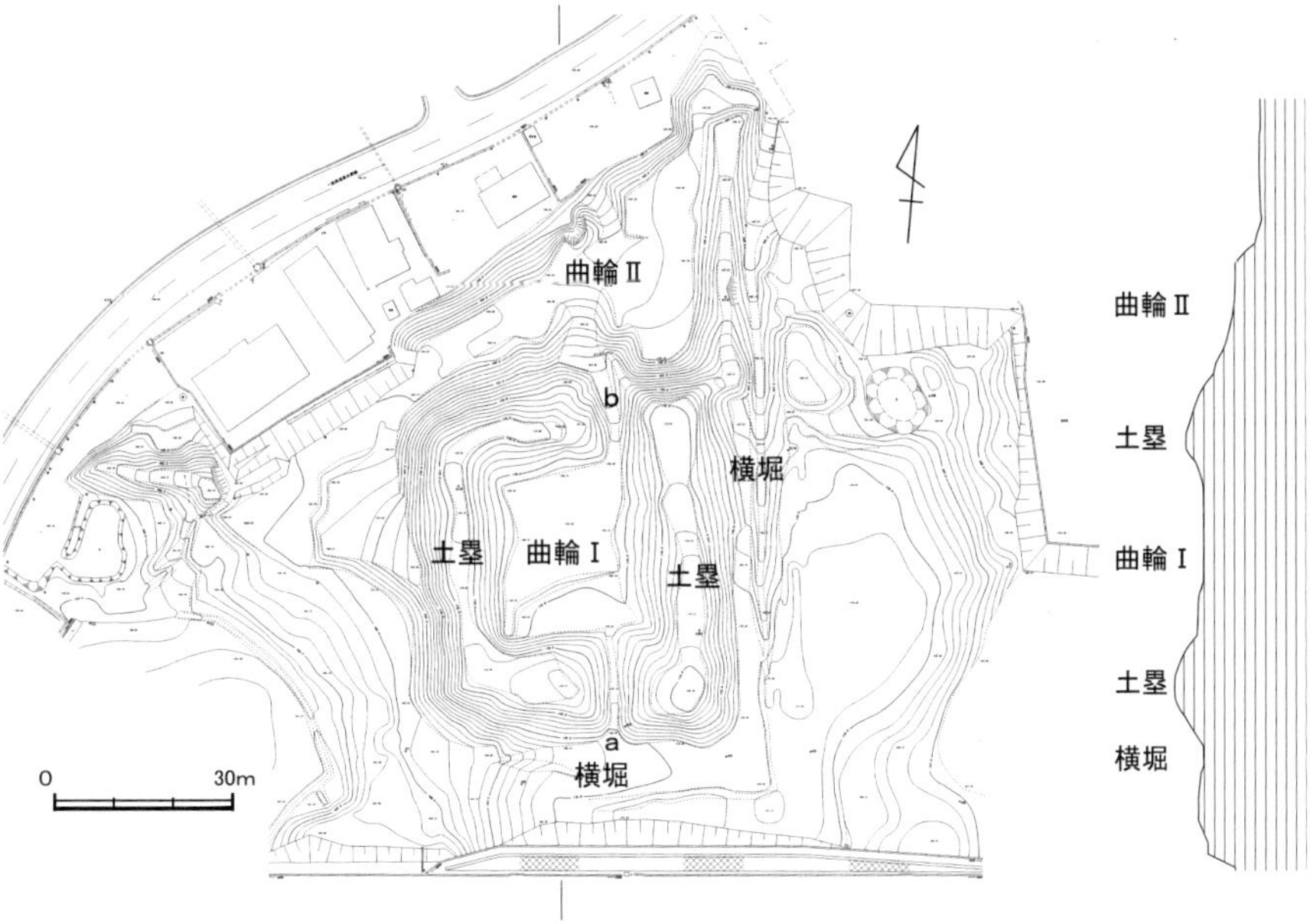

下山城跡測量図（甲賀市史 2010 より引用　一部加筆）

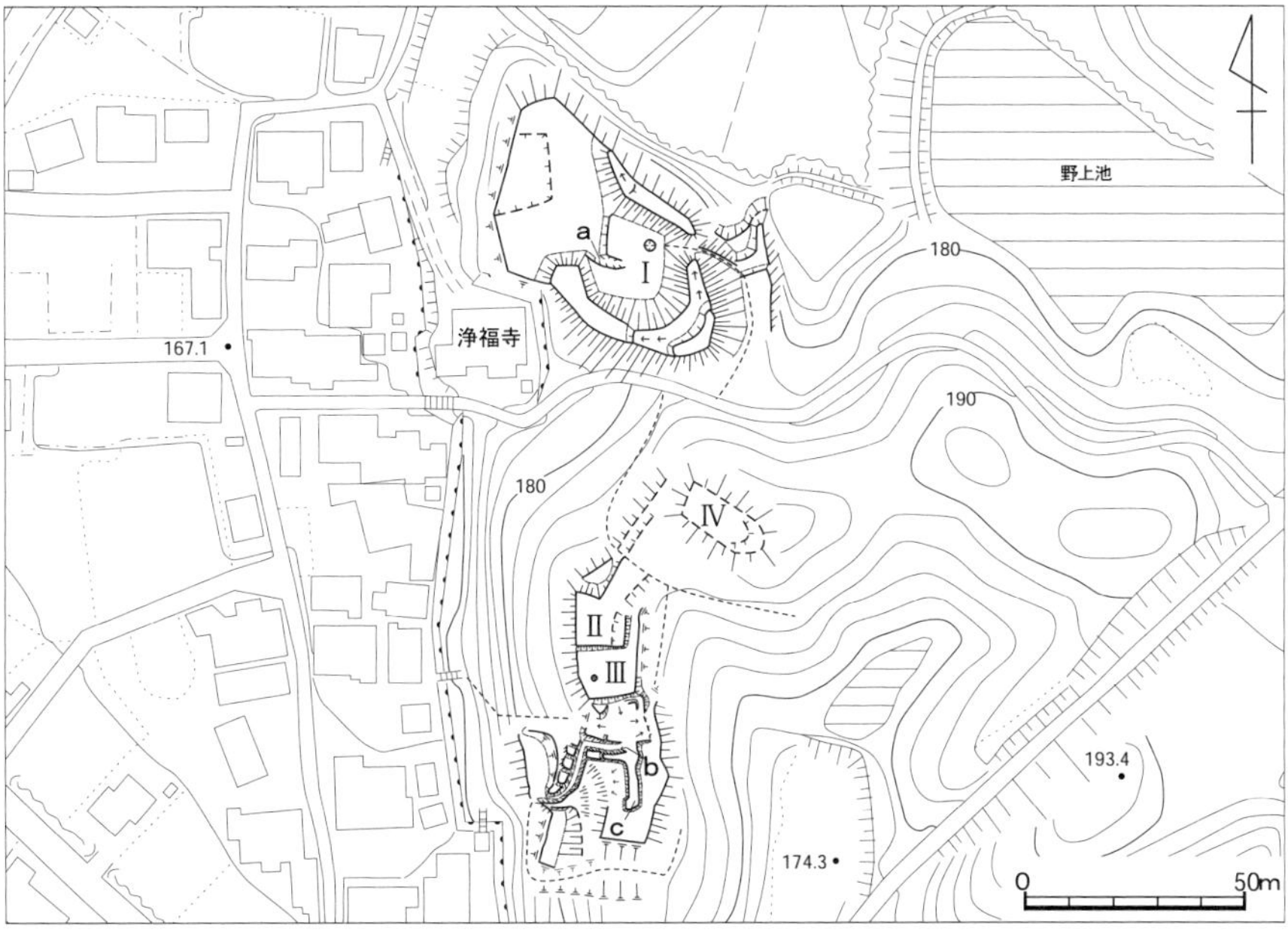

北虫生野城跡概要図（遠藤啓輔作図　甲賀市史 2010 より引用）

図４　大分類３類の城①

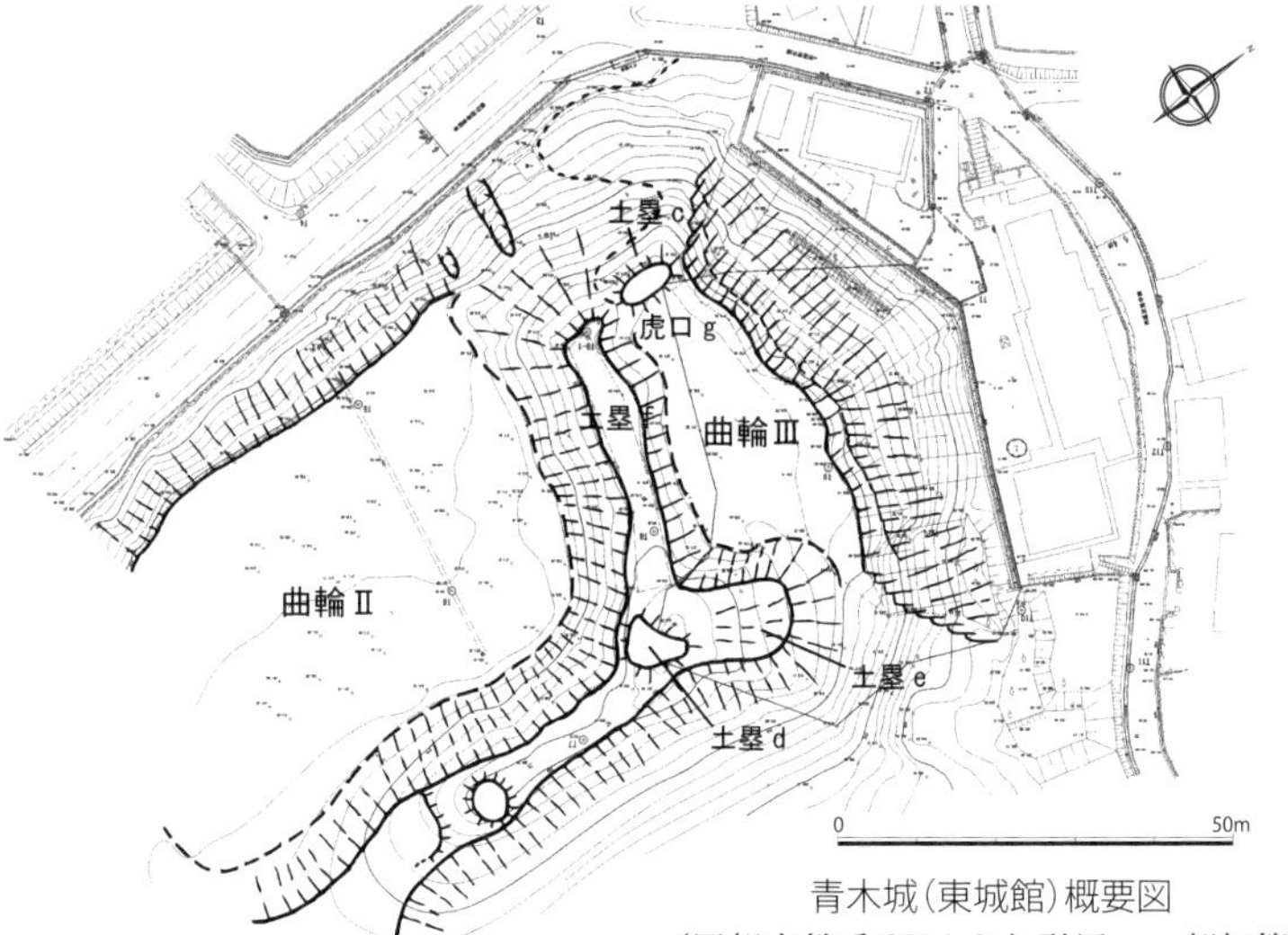

青木城（東城館）概要図
（甲賀市教委 2014 より引用　一部加筆）

小川中ノ城概要図（高橋成計作図　甲賀市史 2010 より引用）

図５　大分類３類の城②

虎口はすべて平入虎口である。

主郭の土塁は公方屋敷支城を除く7例にあり、四方を囲むものが4例、三方にあるものが1例、二方向のみが2例である。1A類のように四方を同じ高さの土塁が囲む事例はみられず、1A類よりも地形に応じて築城された様子が垣間見える。

堀が四方にめぐる事例はなく、西迎山城のみが三方に堀がある。堀をもたない城も4例ある。また、副郭は西迎山城以外にあり、1A類と同様に、主郭の規模と副郭の数に関係性はみられない。

1B類の中で特徴的なのは、主郭に竪堀をもつ青木城の東城館である。甲賀の城で青木城の東城館のほか竪堀をもつ事例には高尾城・小川西ノ城・朝宮城山城があるが、これらは畝状竪堀で様相が異なる。青木城の東城館の竪堀の捉え方は検討が必要であろう。青木城の東城館では、二〇一二(平成二四)年に副郭の発掘調査がおこなわれているが、城の性格を決定づけるような成果は上がっていない[甲賀市教委二〇一四]。

主郭が不整方形となる1C類のうち、一辺50㍍を超えるのは小川西ノ城のみで、残りは50㍍以内におさまる。村雨城は40㍍×60㍍の規模であるが、面積は50㍍四方よりも小さくなるため、一辺50㍍以内の城と同規模とみて問題ない。主郭の虎口は規模にかかわらず1箇所で、源田屋敷跡が食い違い虎口である以外は平入虎口である。

小川西ノ城は五つの副郭をもち、ほかよりも格段に規模が大きい。畝状竪堀も伴っており、規模および構造でほかの城とは明らかに様相が異なる。小川西ノ城の除く10例では、小出城以外が三方もしくは四方に高低差のある土塁がめぐり、6例で二方向または一方向に堀が伴う。主郭が不整方形となることも含め、1B類と同じように、地形に応じた築城であると考えられる。

主郭が台形となる2A類は、殿山城のみである。主郭の三方を土塁で囲み、丘陵尾根側を堀切で区切り、丘陵裾側には土塁がない。主郭は30㍍×30㍍とやや小規模で、副郭をもたない。

主郭が楕円形となる3類は4例ある。頓宮城と滝川支

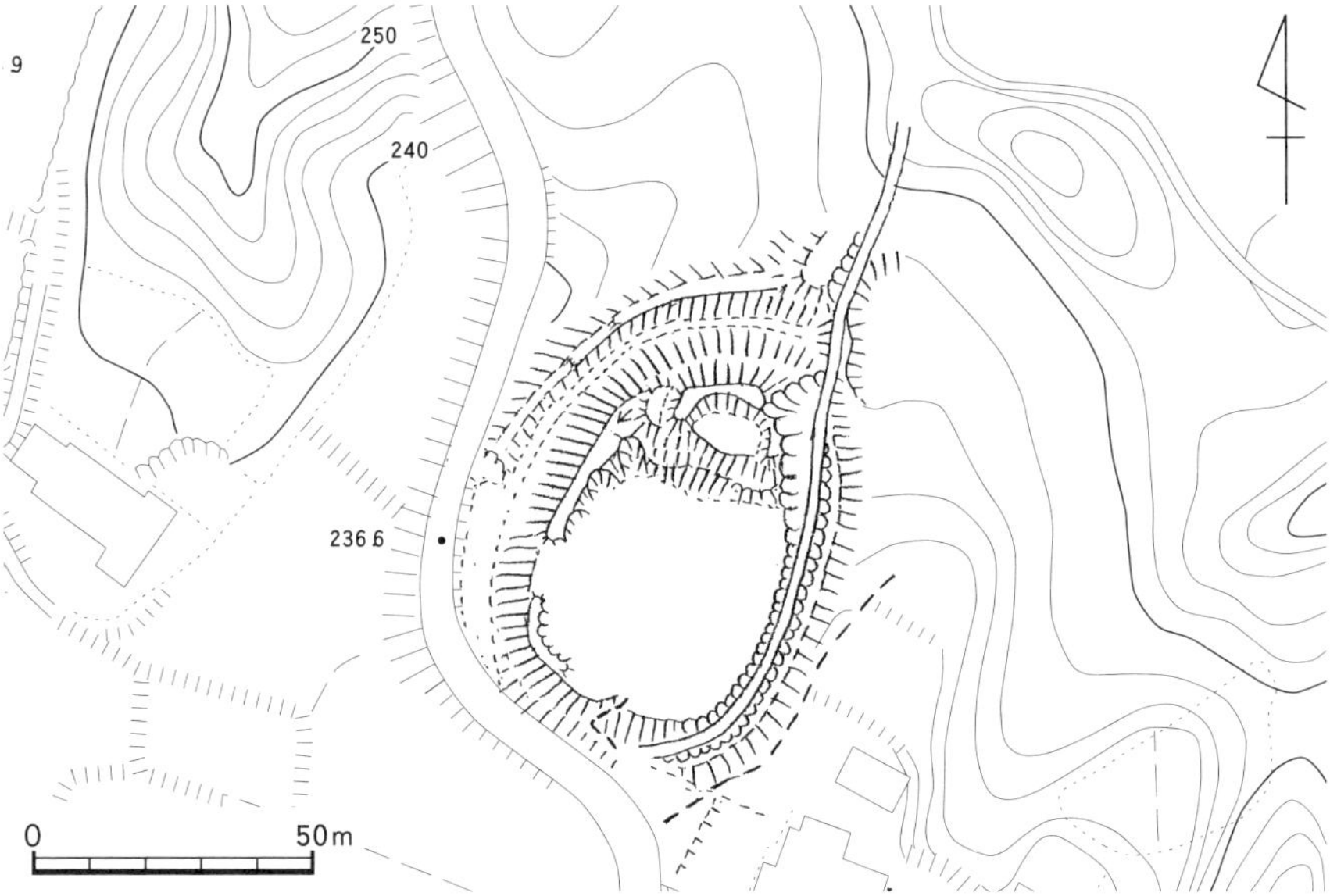

滝川支城概要図(村田修三作図　甲賀市史 2010 より引用)

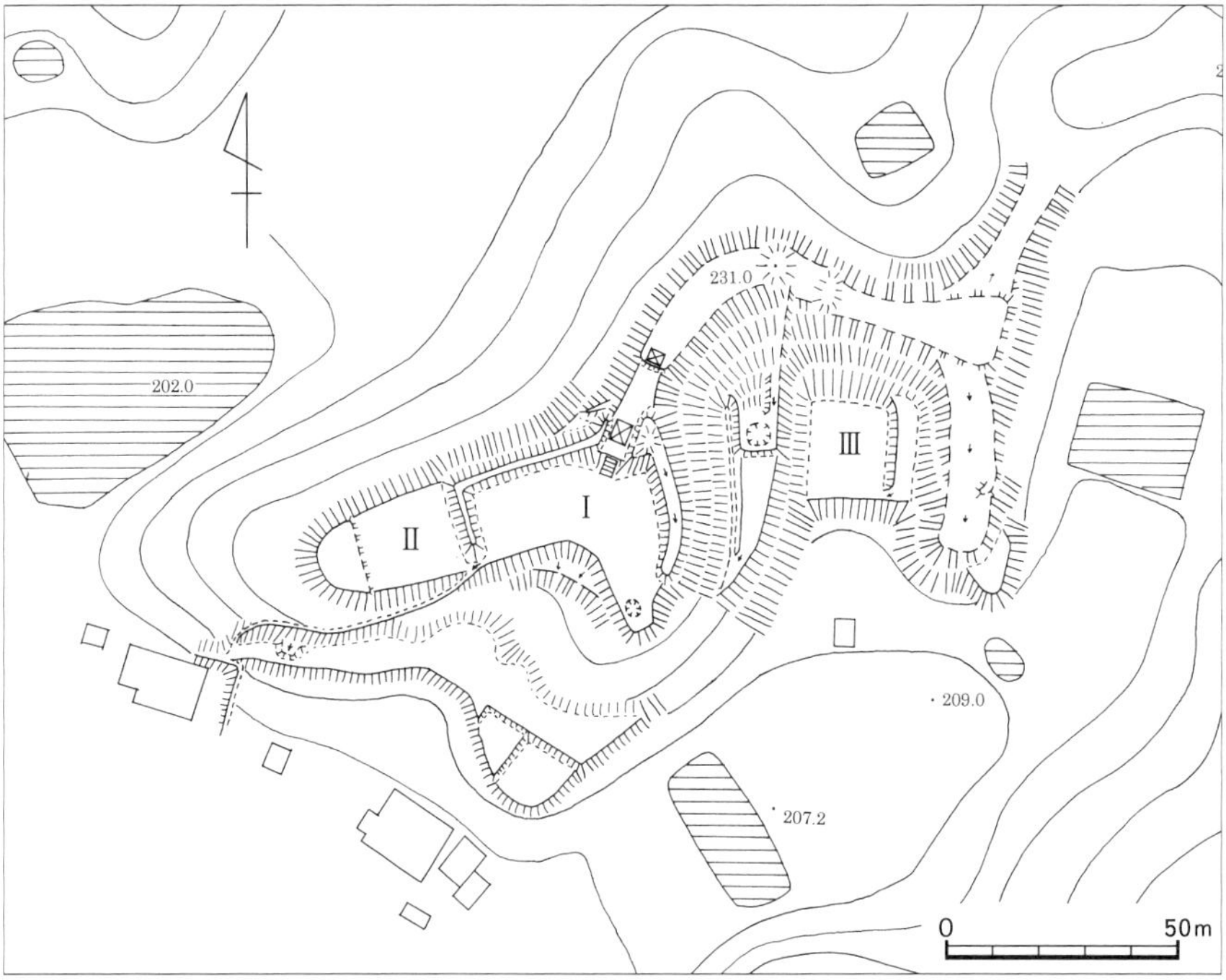

高野東城概要図(早川圭作図　甲賀市史 2010 より引用)

図 6　大分類 3 類の城③

城（図6）は、ともに高低差のある土塁が囲み、尾根側の背後の土塁が高く、尾根を堀切で区切る構造である。和田支城Ⅲは高さ約5㍍の土塁が四方にめぐる。

一方、小川中ノ城（図5）は副郭をもち、背後の尾根を幅の広い堀切と土塁で区切り、自然地形を利用した構造となっている。また、城の背後に続く尾根に三重の堀切を置き、ほかの城とは様相が異なる。

主郭が馬蹄形をなす4類は津山城のみ。高低差のある土塁が主郭の三方を囲み、背面から両側面にかけて堀がめぐる。丘陵裾側には土塁がなく、背面の土塁は最高所で高さ6㍍である。三つの副郭をもち、丘陵裾に位置する曲輪も土塁で囲まれた構造となっている。やや規模の大きな城である。

5類は主郭がL字形となる。高野東城（図6）のみ。主郭の背面と側面を高低差のある土塁が囲む。堀はなく、背後の尾根に堀切も認められない。主郭がL字形になるのは、地形に応じた築城によるものと考えられる。

主郭が不定形な6類は13例ある。小規模な主郭の城が多いが、13例のうち8例が副郭をもち、望月青木城（図7）には四つの副郭がある。いずれの城も地形に応じた築城であるため、主郭は定形にならず、小規模でも副郭をもつと考えられる。6類の中でやや規模の大きな多羅尾城山城は、主郭の虎口が内枡形であり、平入が大半を占める甲賀の城では珍しい。

7類は3例あり、それぞれが異なる特徴をもつ。山村田引城（図7）は、谷を挟んだ東西の尾根先端にそれぞれ別の城が築かれたように存在する。両者に主郭とみられる同規模の曲輪があり、主郭を特定することが難しい。別々の城として機能した可能性もあり、前述した虫生野北城と同様の事例と考えられる。御姫屋敷城は、丘陵先端に五つの曲輪が分散し、曲輪間の関係性がはっきりしない。主郭を特定できず、甲賀のほかの城と異なる様相を示す。野川城は、自然地形を利用して築城されており、土塁と堀をもたない城である。これら三つの城はそれぞれの性格が異なる可能性が高い。

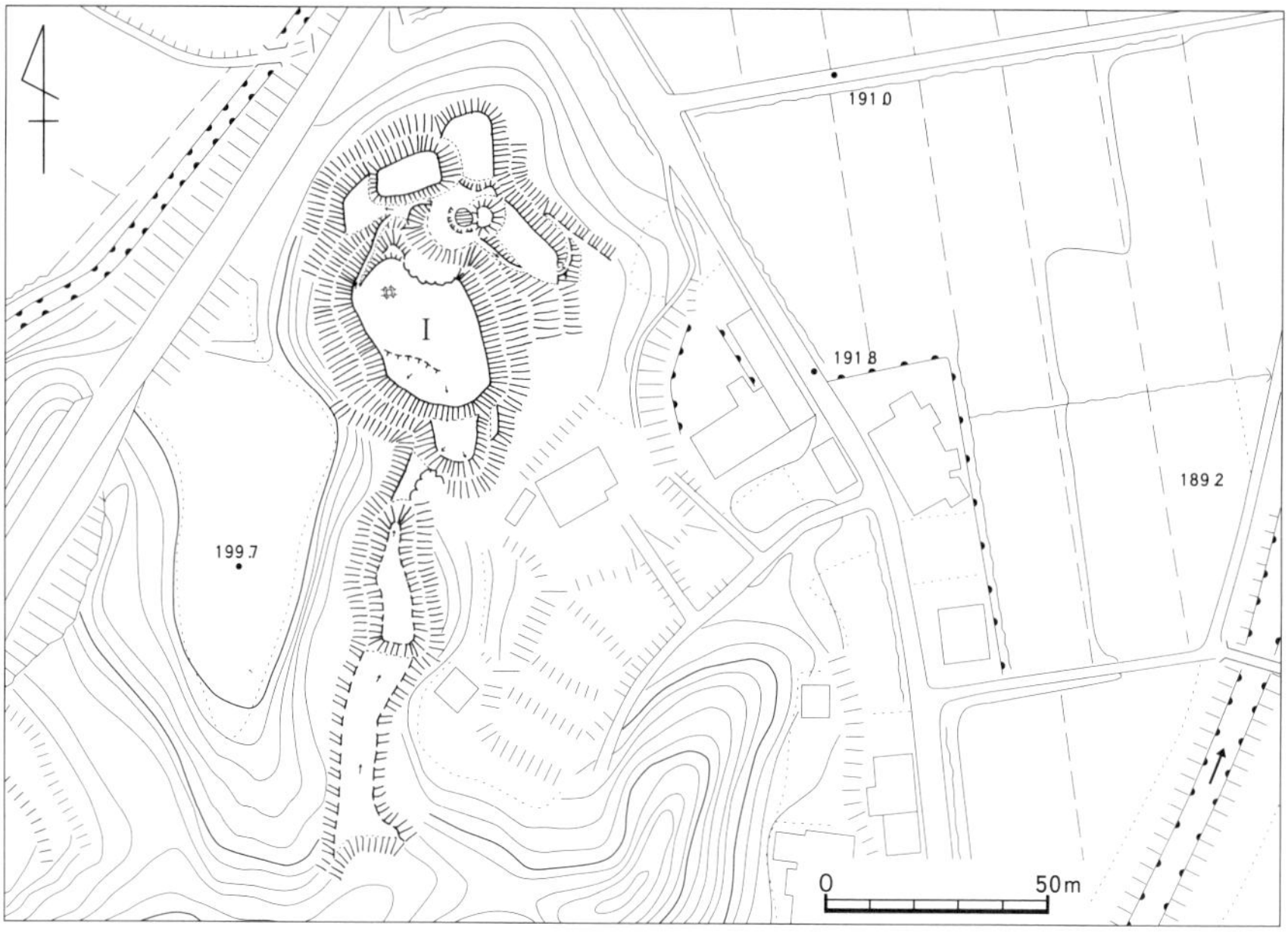

望月青木城概要図(早川圭作図　甲賀市史 2010 より引用)

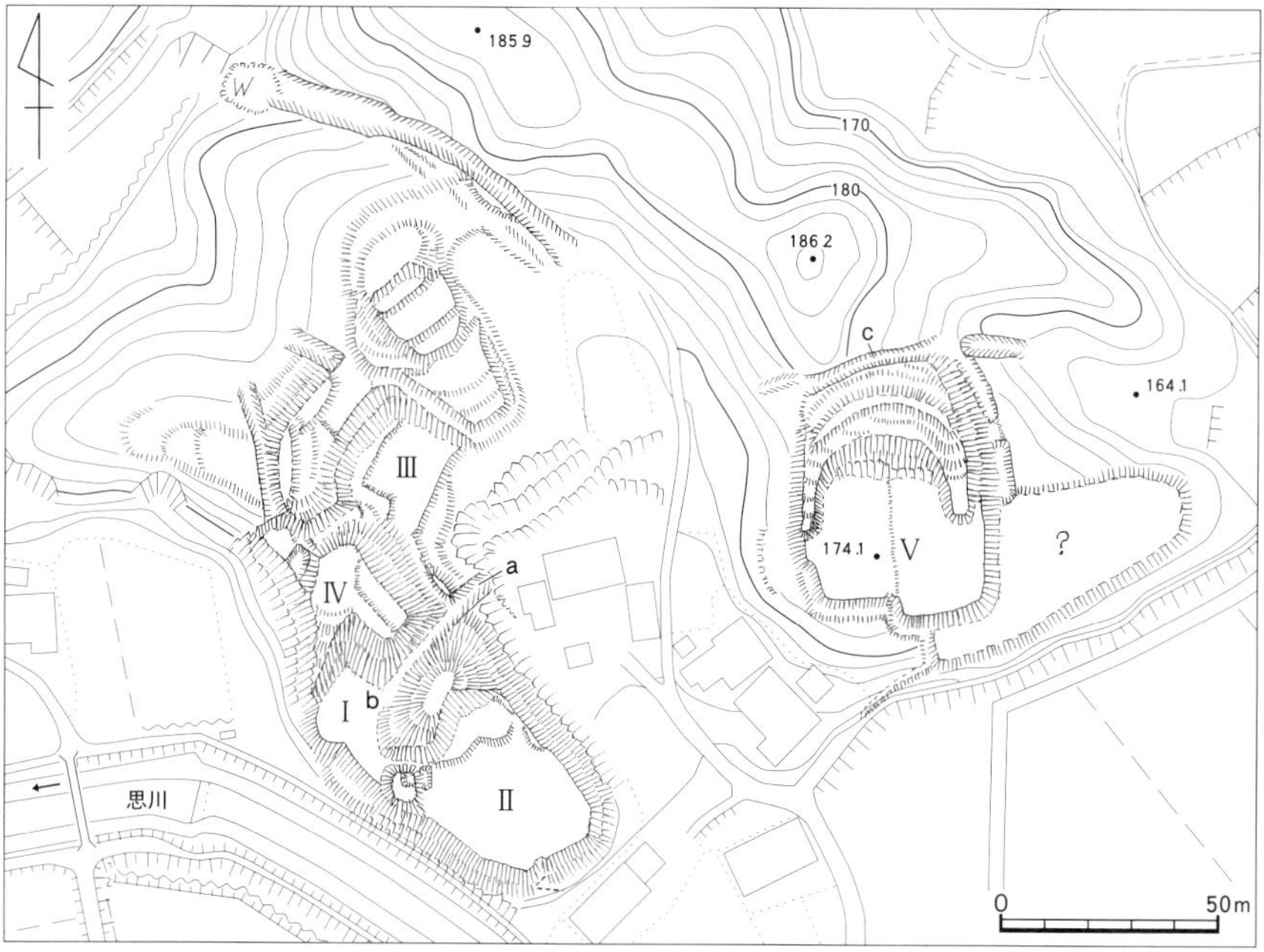

図 7　大分類 3 類の城④

山村田引城概要図(高橋成計作図　甲賀市史 2010 より引用)

大分類４類

４類は、丘陵の頂部に立地する。丘陵の最高所付近に城が位置する。その数は26例である。麓との比高が30㍍未満の城は8例あるが、それ以外は比高30㍍以上で、50㍍以上の城も8例ある。主郭の形態でその内訳をみると、

１Ａ類（推定を含む）：13例　１Ｂ類：４例
２Ａ類：１例　２Ｂ類：１例
６類：４例、７類：２例

である。１Ａ類が全体の半数を占める。

１Ａ類は、佐治城を除けば、主郭の規模が50㍍四方以内で、そのうち30㍍四方以下が7例ある。佐治城の主郭は１００㍍四方と推定されており、およそ一町四方の規模となる。半町四方以下の規模が多い甲賀にあって、かなり特殊な存在といえる。佐治城の主郭周辺は地形改変が著しく、遺構の詳細が不明な点も多いが、主郭と離れた位置に複数の曲輪があり、一つの城ではなく、群郭形式の可能性もある［藤岡二〇一〇ｂ］。

佐治城以外に特徴的なのが、大河原氏城（図8）と小川城（図9）である。前者は麓との比高が80㍍、後者は１４０㍍と、ほかの城と比べると非常に高い。小川城は、15㍍四方と主郭が狭いものの、主郭内に礎石建物と石垣がある。礎石建物は発掘調査で検出され、出土遺物から十六世紀後半に建てられた建物と推定されている［信楽町教委一九七九・一九八〇］。

大河原氏城は、副郭とみられる比較的大きな曲輪以外にも、主郭のある丘陵頂部から延びる尾根上に、複数の小規模な曲輪が階段状に並ぶ特徴がある。また、石垣を備えた城であったとの推定もある［石川二〇一〇］。

佐治城・大河原氏城・小川城以外の城は、主郭の規模が50㍍四方以下で、北内貴城（図10）と嶬峨西城（図10）を除くと、比高30㍍以下で共通する。一方、北内貴城は比高が50㍍、嶬峨西城は比高が40㍍とやや高く、集落と離れた位置にある。上野城は、高さ3～6㍍のやや高低差のある土塁で主郭の四方を囲み、土塁の外側には堀がめぐる甲賀に類例の多い構造である。ただし、主郭の規模が30㍍四方程度であるにもかかわらず、六つの副郭をも

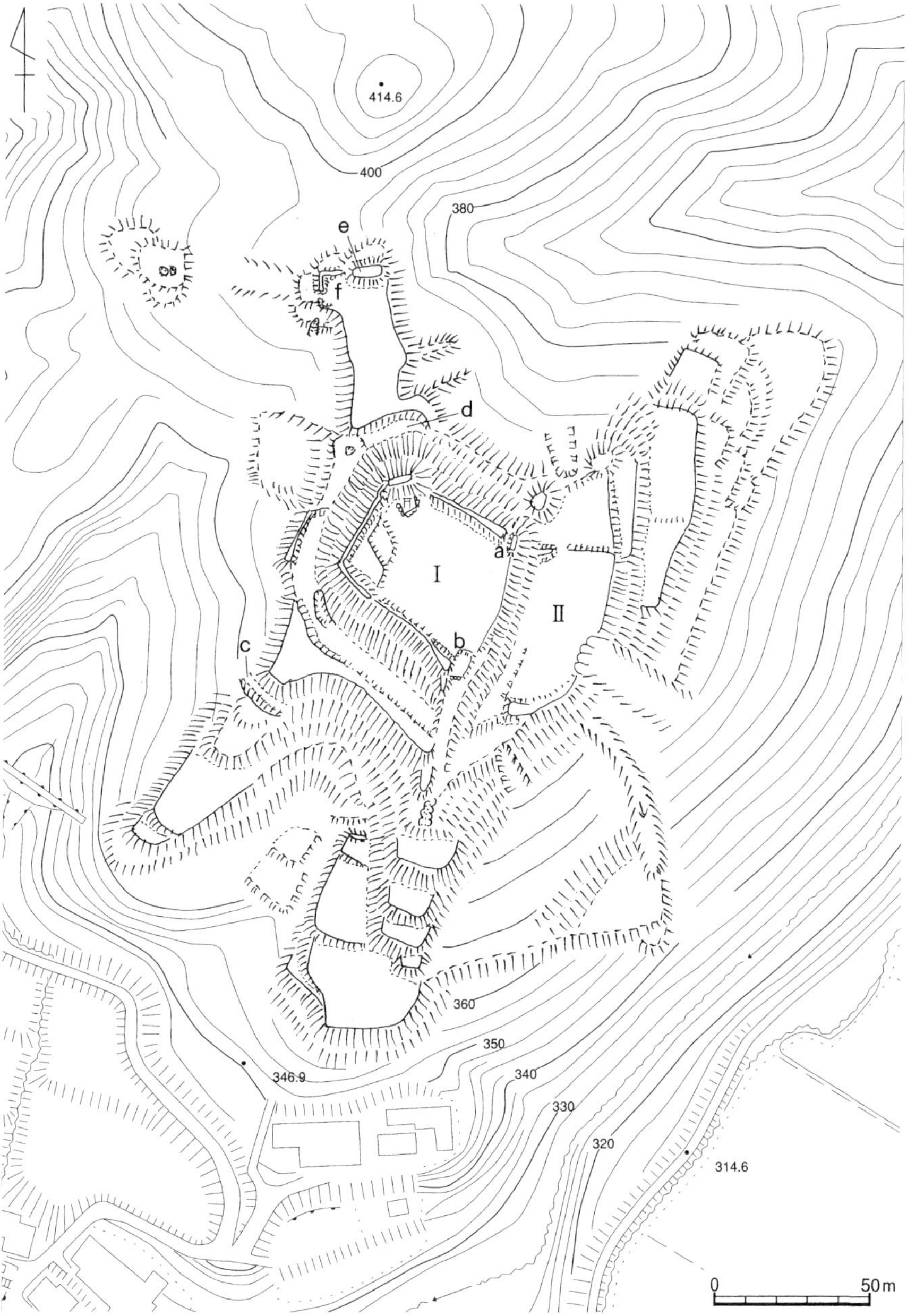

図８　大分類４類の城①　大河原氏城概要図（石川浩治作図　甲賀市史 2010 より引用）

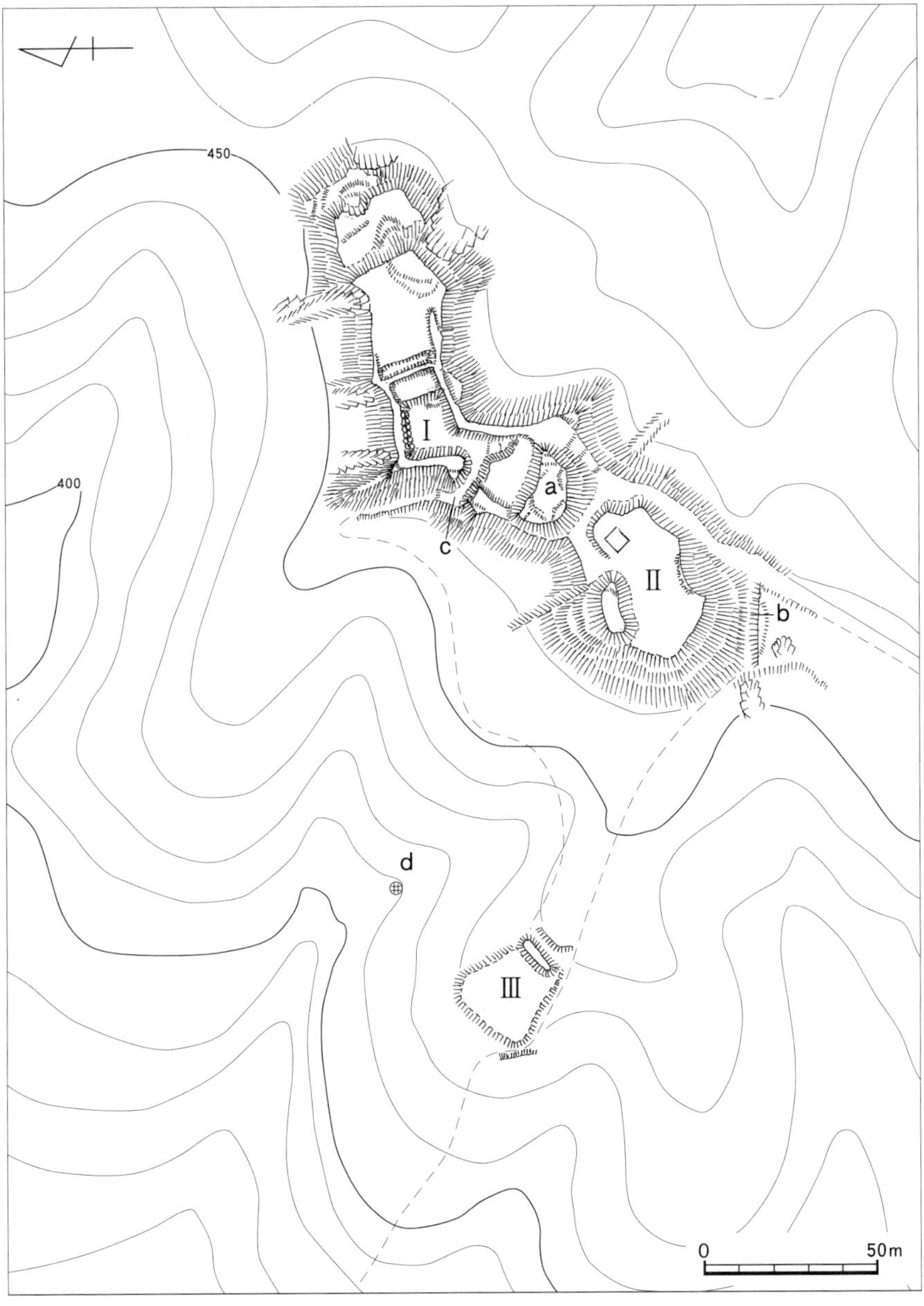

図９　大分類４類の城②　小川城概要図(高橋成計作図　甲賀市史 2010 より引用)

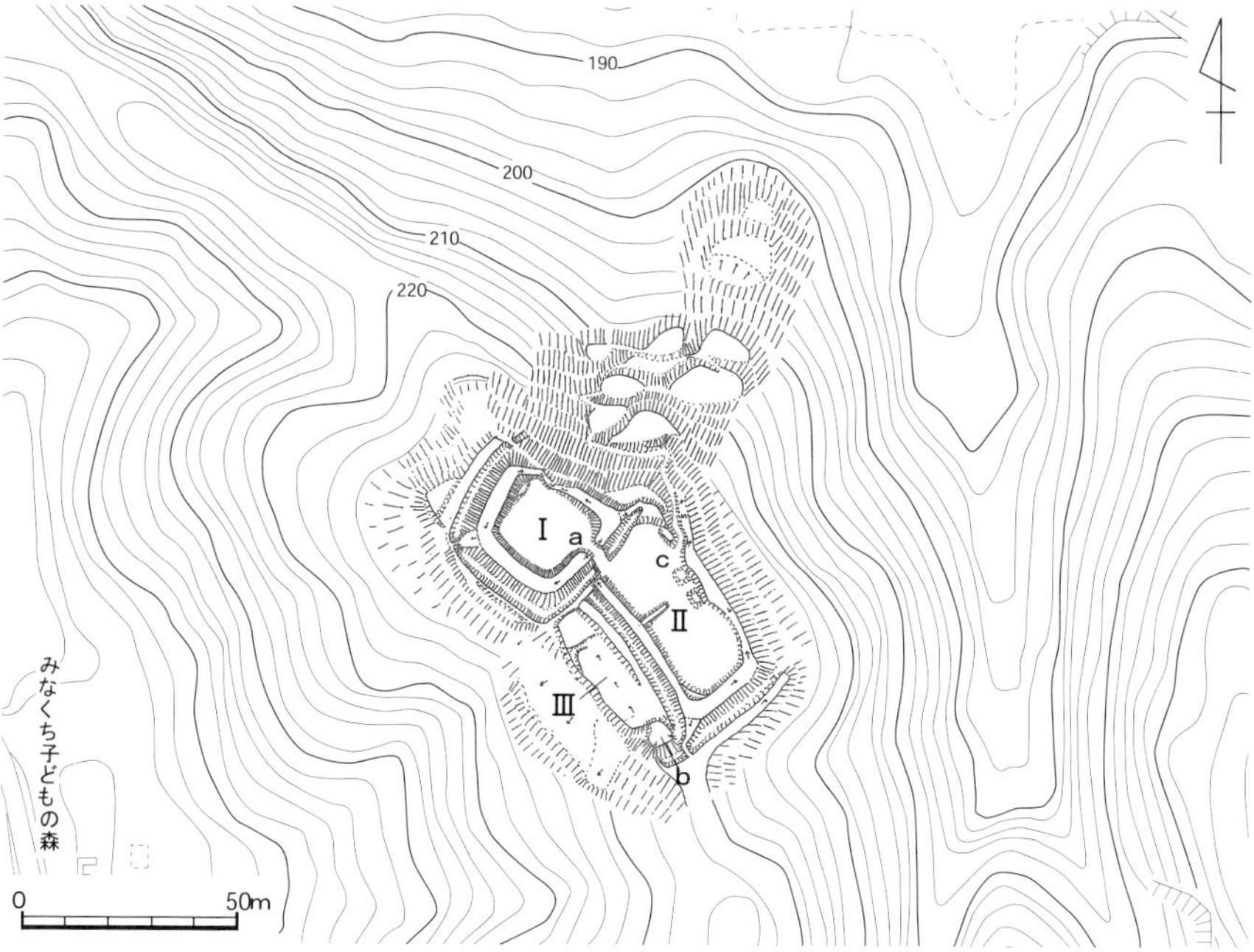

北内貴城概要図(正岡義朗作図　甲賀市史 2010 より引用)

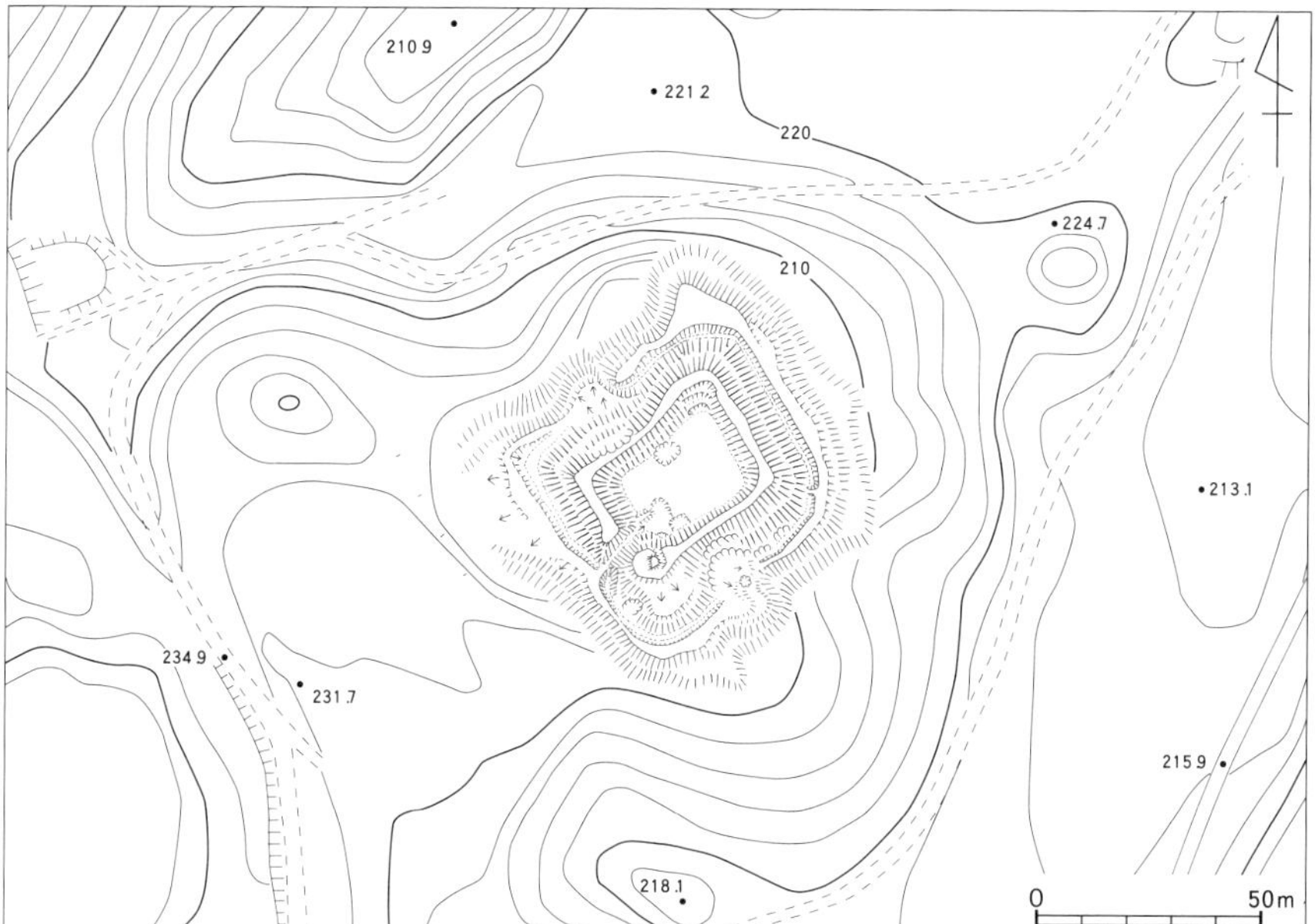

嶬峨西城概要図(村田修三作図　甲賀市史 2010 より引用)

図 10　大分類 4 類の城③

つ規模の大きな城であり、副郭の中には主郭よりも広い曲輪もある。それらのうち、最も外側に位置する曲輪で発掘調査がおこなわれ、多くの土器類や石臼、砥石などの生活用具が出土し、居住性を伴った城だと考えられている[甲賀町教委 一九八九]。

1B類は5例ある。黒川氏城・鮎河城・高尾城は比高が高く、黒川砦と前山城は比高が低い。規模の面では黒川氏城が大きく、黒川砦・前山城・鮎河城は小規模で、低い土塁が二方向に伴う共通性がある。高尾城には畝状竪堀がある。

黒川氏城は、四方を土塁で囲む30㍍×45㍍規模の主郭をもつが、主郭の周囲に九つの曲輪があり、城域が220㍍×330㍍の広範囲に及ぶ。これは、市内に分布する城の中で、水口岡山城に次ぐ規模である。また、黒川氏城は虎口に石垣や石段が用いられているほか、主郭の土塁内側に雁木をもつ。甲賀の中では特異な存在である。

2A類の馬杉城と2B類の嶬峨城(図11)は、主郭が台形となる。いずれも主郭が30㍍四方程度の規模である。馬杉城は、城の前面と背面に土塁があり、背面の土塁が高い。また、丘陵の斜面に階段状の曲輪をもつ。嶬峨城は、主郭の四方を土塁で囲む。丘陵先端に主郭とは別の曲輪状の平坦面があるが、主郭の虎口前面に二重の土塁と堀切を配置しており、この平坦面は城の遺構ではない可能性が高い[村田 二〇一〇b]。2A類と2B類は、主郭が同規模の台形で、比高も同程度であるが、土塁や堀の様相が異なり、築城に対する考え方が異なる可能性がある。

主郭が不定形の6類は4例あり、高山氏城と朝宮城山城(図11)は比高60㍍と高く、村嶋支城と馬杉北城は比高30㍍と低い。比高の違いはあるが、いずれの城も自然地形を利用して築城されており、朝宮城山城は丘陵頂部の三方向に延びた尾根に主郭を含む三つの似たような規模の曲輪を配置する、いわゆる「連郭式」の山城とみられる。また、朝宮城山城には畝状竪堀もある。

7類は神保城と北上野城の2例で、いずれも地形に応じて曲輪を築き、主郭を特定できない。曲輪を囲むような土塁もない。

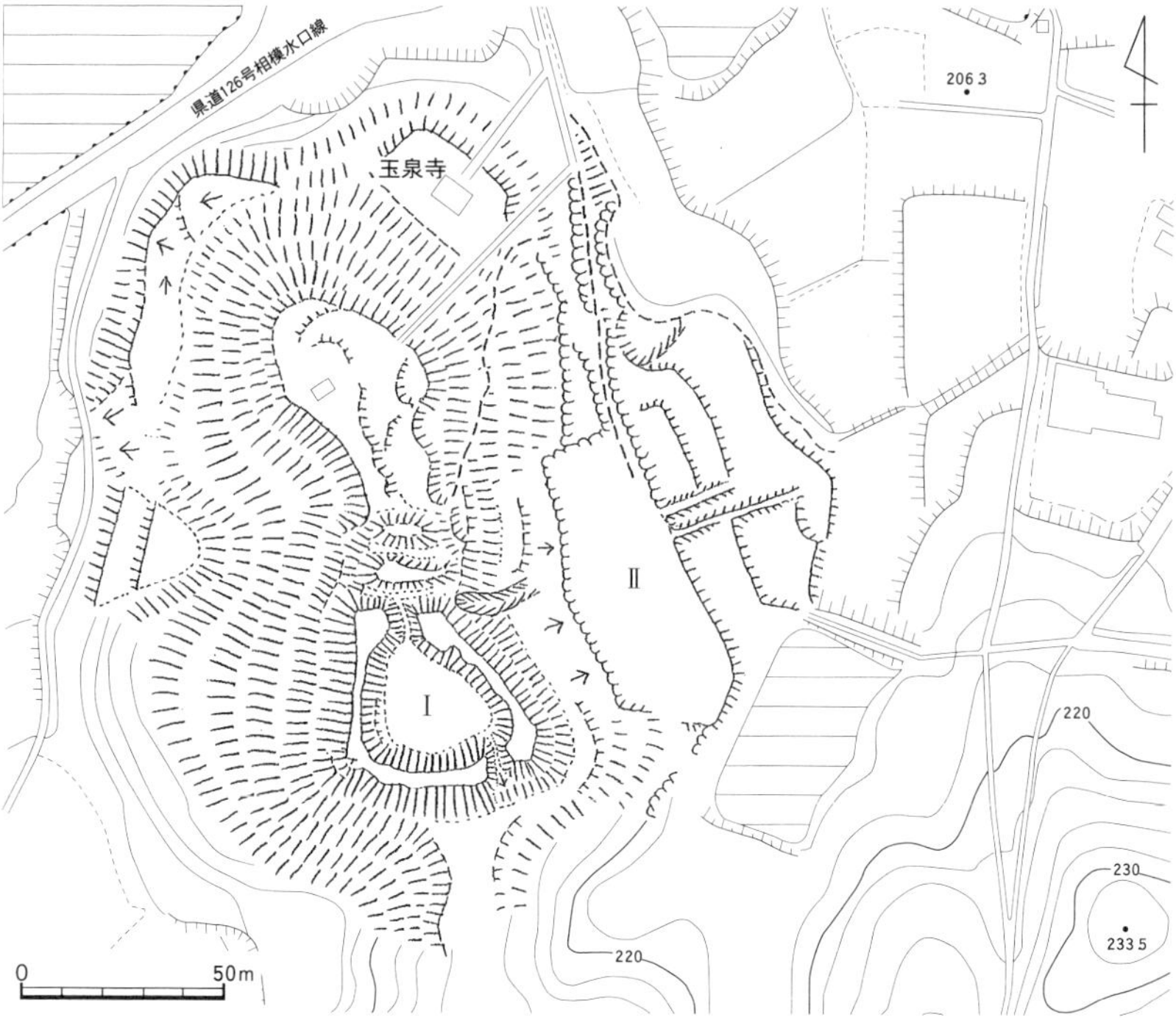

嶬峨城概要図(村田修三作図　甲賀市史 2010 より引用)

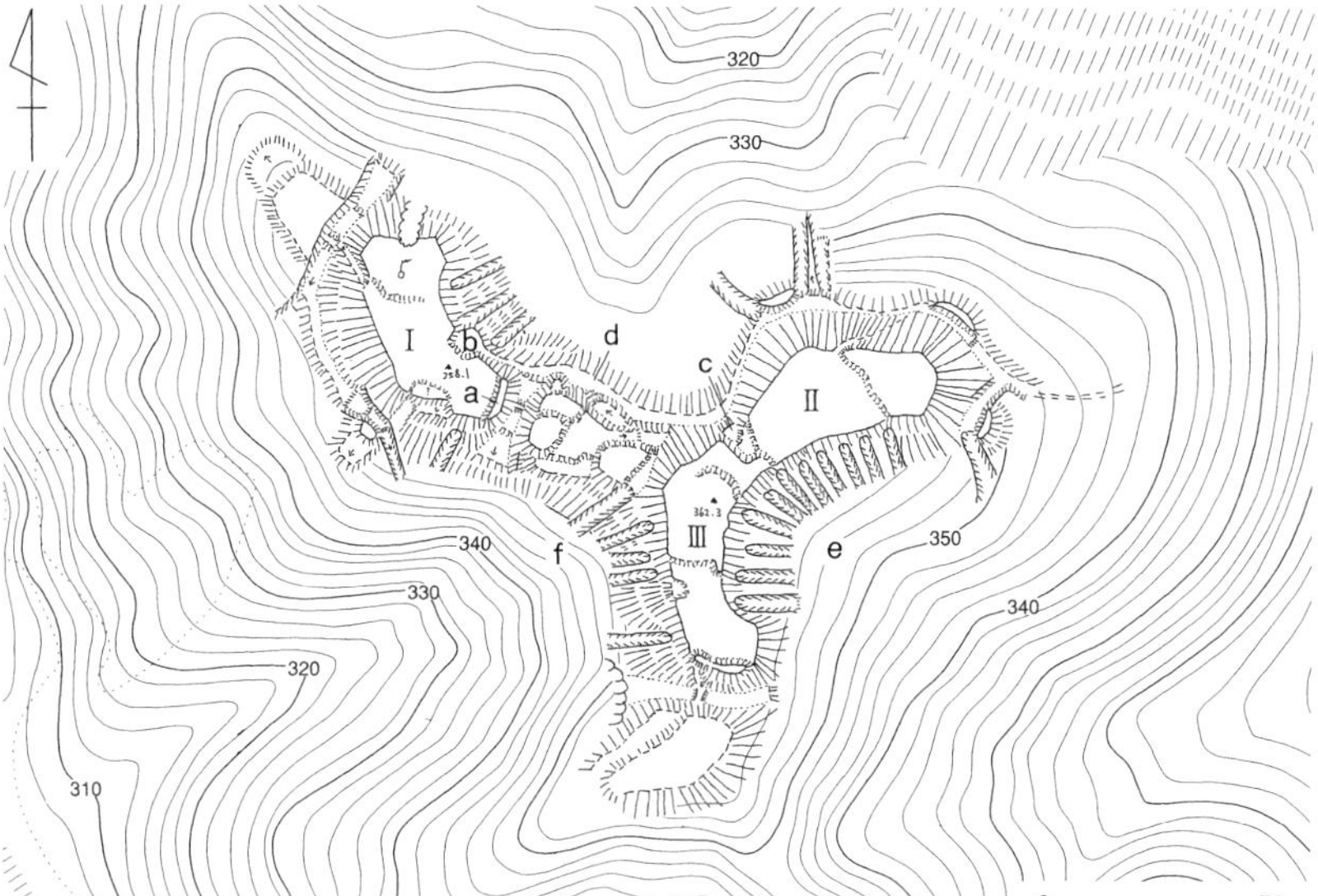

朝宮城山城概要図(藤岡英礼作図　甲賀市史 2010 より引用)

図 11　大分類４類の城④

2 甲賀の城と方形城館

本稿で検討した地表面観察による分類では、立地が異なっても主郭の形態は方形を志向する城が非常に多い。特に主郭の規模が一辺約50㍍以下の城は98例で68．5％を占める。また比高のない1類・2類も含め、麓との比高が30㍍以下の城は91例を数える。甲賀でもっとも多いのは、主郭が一辺約50㍍以下の方形を志向し、比高30㍍以下に立地する城である。この91例の城を甲賀の中で地域別にみると、

水口地域：18例　　土山地域：3例
甲賀地域：46例　　甲南地域：23例
信楽地域：1例

となる。甲賀地域に約半数の城が分布し、土山地域と信楽地域が希薄である。さらに、ともに杣川流域である甲賀地域と甲南地域には、その75％が分布する。

一辺約50㍍（半町）四方の土塁で囲まれた城という特徴は、これまで通説的に言われてきた甲賀の城の特徴に符合し、平地であっても丘陵上であっても、立地を問わず、同じ傾向を示している。ただし、この特徴は主郭に限ったことであり、副郭をもつ城が91例のうち44例あるという事実は、「単郭方形」を甲賀の城の特徴と言い切るには躊躇せざるを得ない。

一般的に方形で土塁囲みの城は方形城館と呼ばれるが、その定義については水澤幸一氏が平地の方形館・方形区画の発掘調査成果を分析し、

Ⅰ　周囲の方形堀幅が概ね4㍍以上で、虎口部分を含めて途切れていないこと。
Ⅱ　土塁は、最終的に内部の動きがみえない2㍍以上の高さをもつもの。
Ⅲ　内部で土器を用いた儀礼を行っていること。

の三つの条件を備えているものを方形城館と定義している［水澤 二〇一四］。

甲賀の城のうちで、この定義に完全に一致する事例は現在のところ1例もない。Ⅱに該当するものは多いが、

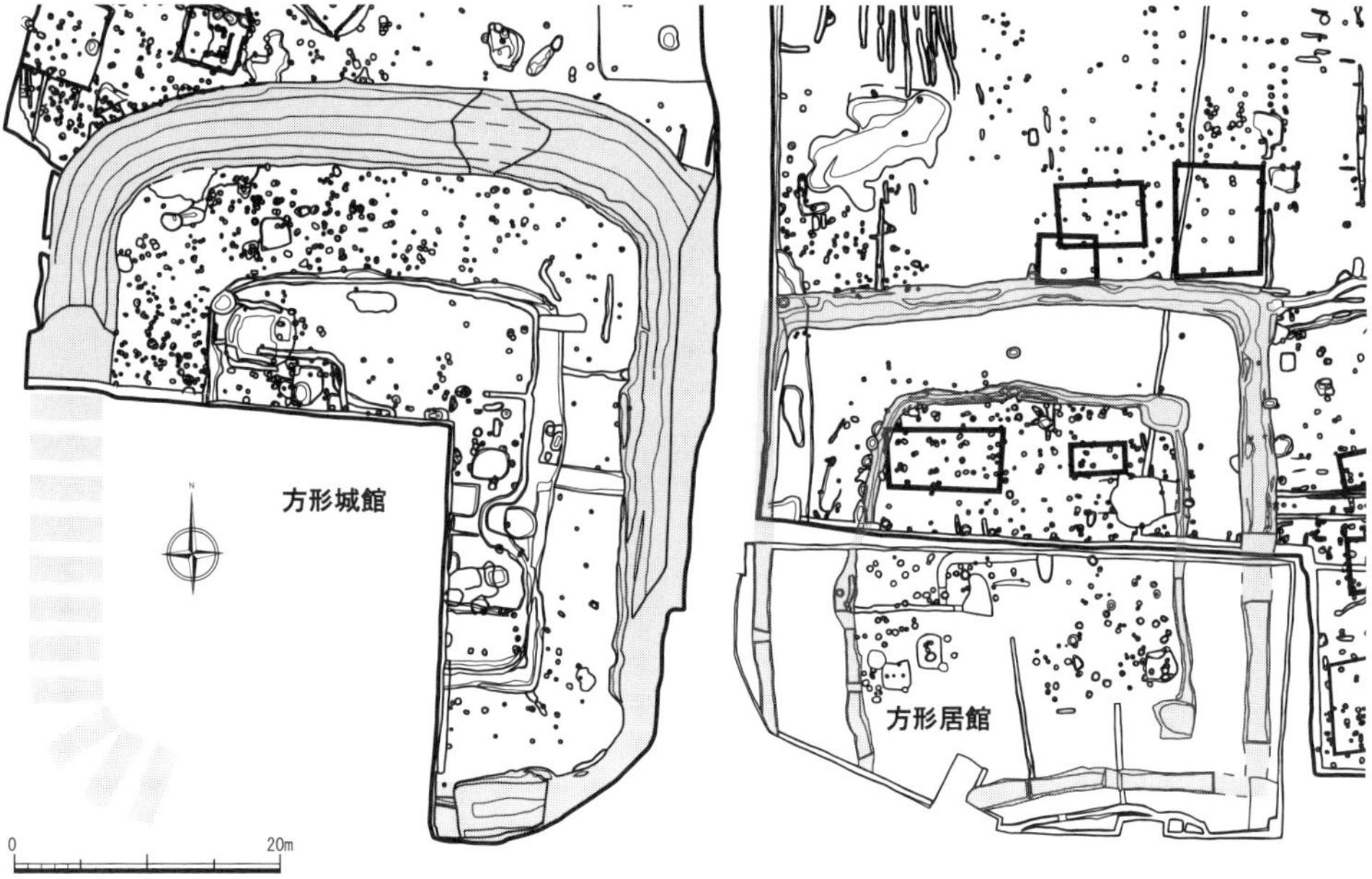

図12　貴生川遺跡の方形城館と方形居館

Ⅰについては平地の城で虎口の状況がわかる事例がなく、丘陵上の城では該当する事例がない。さらに、Ⅲについても発掘調査の事例が少なく不明である。城の四分の三程度の範囲に対して発掘調査をおこなった貴生川遺跡（図12）でも、虎口を確認できておらず、Ⅲを示す痕跡も検出できていない。したがって、甲賀では水澤氏の定義と完全に一致する方形城館はみられないことになる。

しかし、甲賀には主郭の四方を高い土塁で囲む事例は多く、堀を伴うものも多い。貴生川遺跡の発掘調査成果から考えても、主郭が方形（長方形、台形含む）を志向し、四方に土塁と堀をめぐらせる築城手法は、方形城館を強く意識した可能性が非常に高く、甲賀における方形城館の要素としては四方に高い土塁と堀がめぐる点を重視したい。また、貴生川遺跡では曲輪内部で井戸が検出されており［甲賀市教委 二〇一七］、ある程度の居住性があったとみられる。方形城館を考える上では、居住性は重要な指標になろう。

以上の点から、甲賀の方形城館を絞り込むと、その数は6例のみとなる。このうち、平地に立地する1類が5例、丘陵頂部に立地する4類が1例である。この傾向からすると、甲賀においても狭義の方形城館は、基本的に平地に築かれたと定義づけるのが妥当であろう。

一方で、丘陵上に立地し、四方を土塁で囲む城が38例もあるが、四方に堀がめぐるのは上野城のみである。また、四方に土塁がめぐりながらも、四方の土塁が同じ高さではなく、高低差をもつものが22例ある。この状況は、丘陵上に立地するために地形的な制約をうけ、四方を堀で囲むことができず、城の背後に尾根が続くような地形の場合、背後の尾根を区切る必要性から背面の土塁が高くなり、四方の土塁に高低差が生じたと考えられる。なお、これらの居住性については検討資料に乏しいものの、平地の方形城館と同じ形態の城館を丘陵の上に築こうとする意図があったのだろう。

また、丘陵上で土塁をもつ城のうち、三方を土塁で囲む城は21例ある。これらのうち、丘陵先端に立地する3類が19例とほとんどを占めており、丘陵先端という立地から城の前面は丘陵の下を見渡せるように土塁を構築せず、背後は防御性を高めるために土塁を高くし、尾根を区切る堀切を設けた可能性が高い。主郭の三方を土塁で囲む城は、居住性を求めた方形城館として築かれたのではなく、丘陵上に方形城館と同規模の城を地形に応じて築いたものと考えられる。

したがって、平地に築かれた方形城館と丘陵上で四方を土塁で囲む城は、同じ設計思想にもとづいて築かれ、居住性を求めた城と位置づけられる。一方、丘陵上で三方を土塁で囲む城は、方形城館と同規模であるものの、谷や平地を見下ろし、背後に対して防御を固める意思が強く、館としての機能よりも砦や陣といった有事に備えた城であったと考えられる。甲賀に多く分布する半町四方規模の城は、立地と形態に着目することで、城のもつ性格を想定することが可能となる。

3　二城並立型の城

主郭の規模や形態は前述した甲賀の方形を志向する城の範疇に入るが、同規模・同形態の城が二つ並立する事例が新宮城と新宮支城（図13）、寺前城と村雨城（図14）、望月城と望月支城の三組ある。寺前城と村雨城は同じ丘陵の先端と背後で約50㍍離れて並立しており、新宮城と新宮支城、望月城と望月支城は谷を挟んで50㍍隔てて並立している。寺前城は現状、主郭の土塁が三方を囲むが、本来は四方を囲んでいたものと推定され、寺前城以外は主郭の四方を土塁が囲んでいる。方形城館の形態を丘陵上に求めた城が並立するのが特徴的で、三組とも甲南地域の新治・杉谷地区に位置している。

また、平地に立地する垂井城は、ほぼ同じ規模の土塁囲みの曲輪が二つ並び、両者の間を幅広い堀で区切っている。立地の違いはあるものの、前述の三組と同様の様相を示しており、二城並立型と考えることも可能である。ただし、前述の三組とは異なる甲賀地域に位置している。

谷を挟んで二つの城（一つの城とされてい

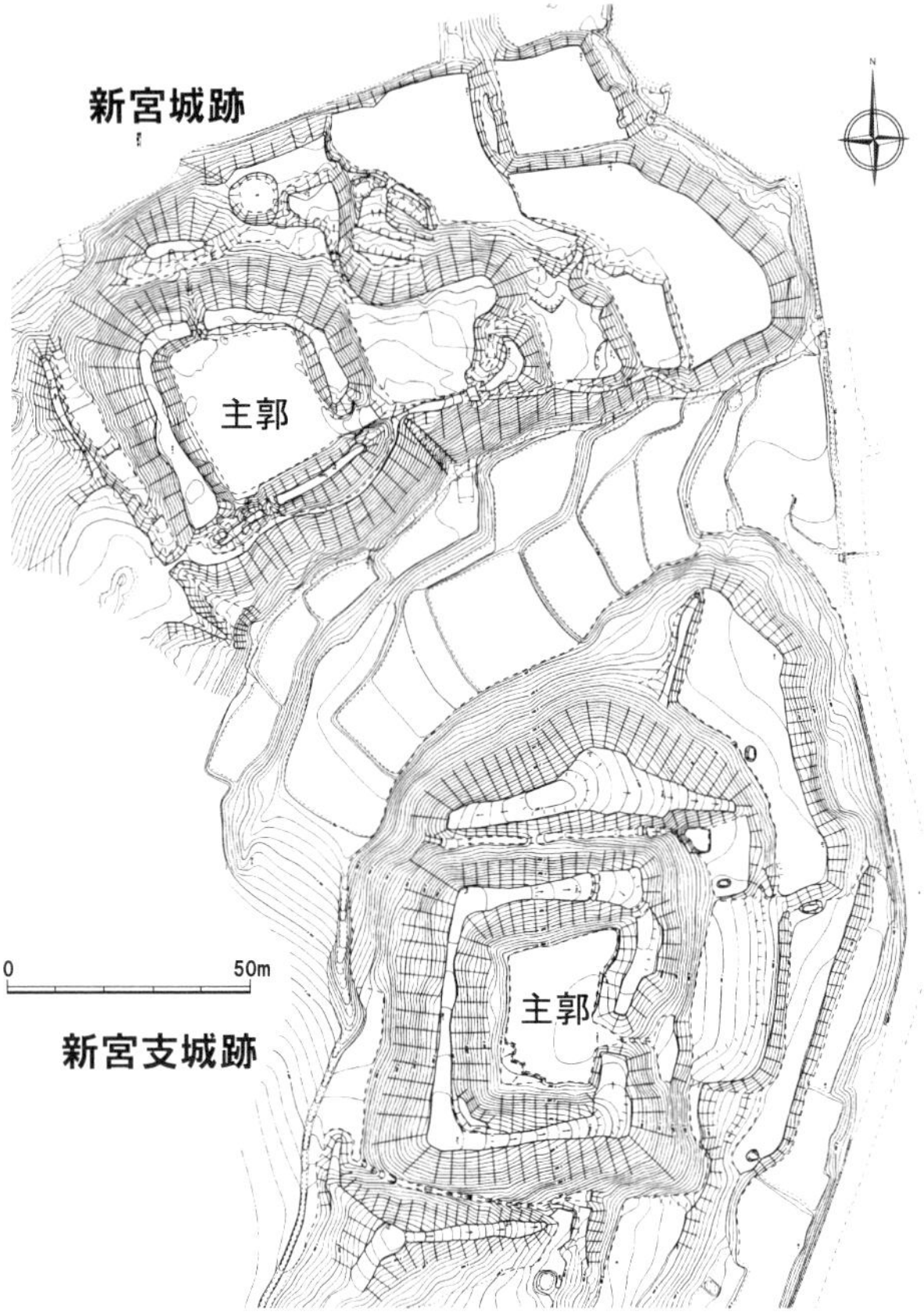

図13　二城並立型の城①（甲賀市教委 2008 より引用　一部加筆）

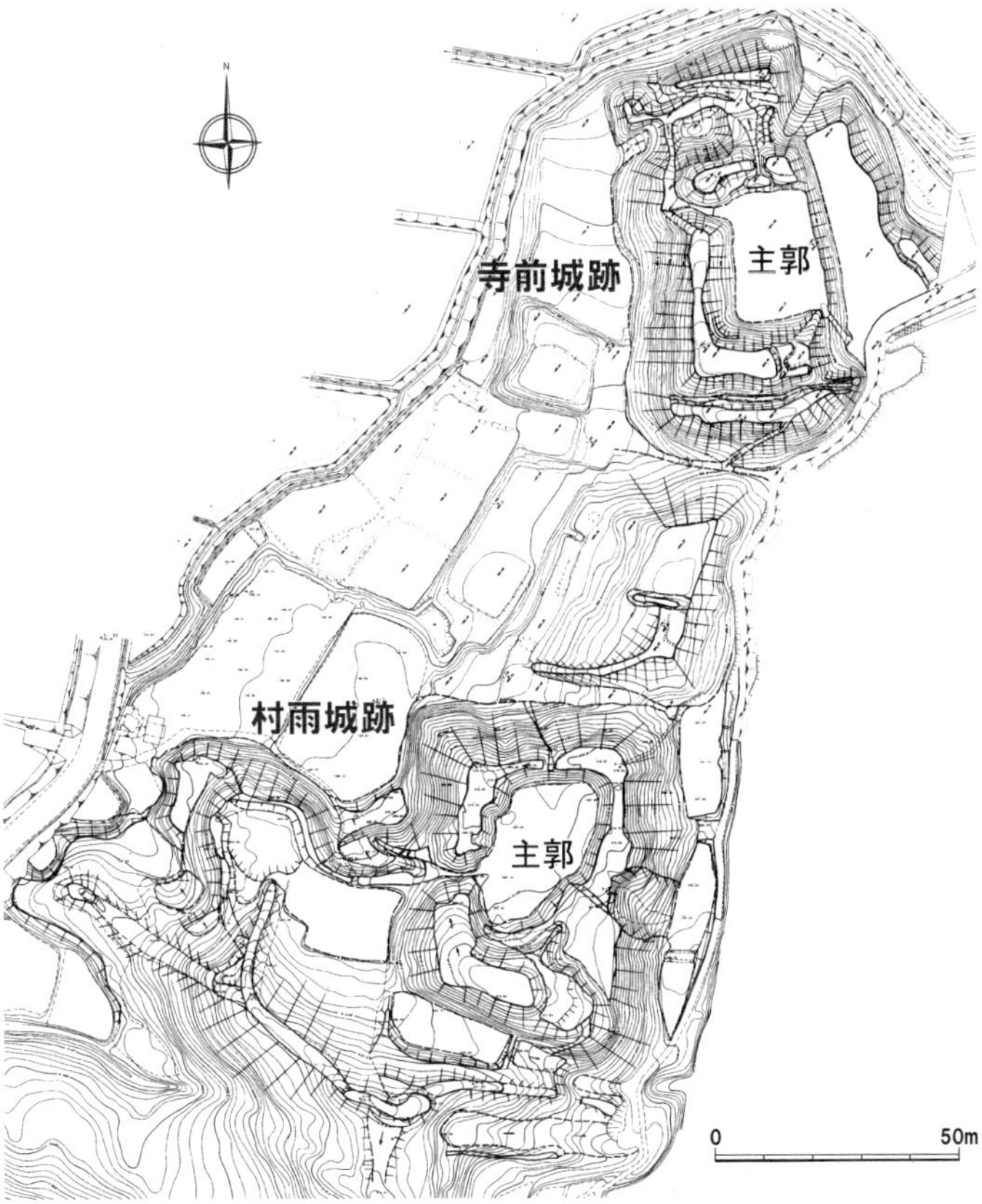

図14　二城並立型の城②（甲賀市教委 2008 より引用　一部加筆）

るものも含む）が近接する事例には、山村田引城、虫生野北城の北城と南城、大宝寺城と大原上田城、青木城の西城館と東城館もあるが、これらはそれぞれの城の形態や規模が異なり、同規模・同形態の並立とは言いがたい。

二城並立型は、方形城館型式が二つ並ぶことを定義としたい。

4　大規模な甲賀の城

半町四方の小規模な城が多いと言われる甲賀であっても、それを超える規模の城が二パターンある。

一つ目は、主郭が確定できない小分類7類の植城（図15）と伊佐野城（図16）で、群郭形式と言われる城である。群郭形式は城域内部を同規模の複数の区画に分ける形式で、植城が35㍍×２５５㍍の範囲を12に区画し、伊佐野城は２００㍍×１５０㍍の範囲に七つの曲輪を配置する。

二つ目は、丘陵上に立地する土山城（図

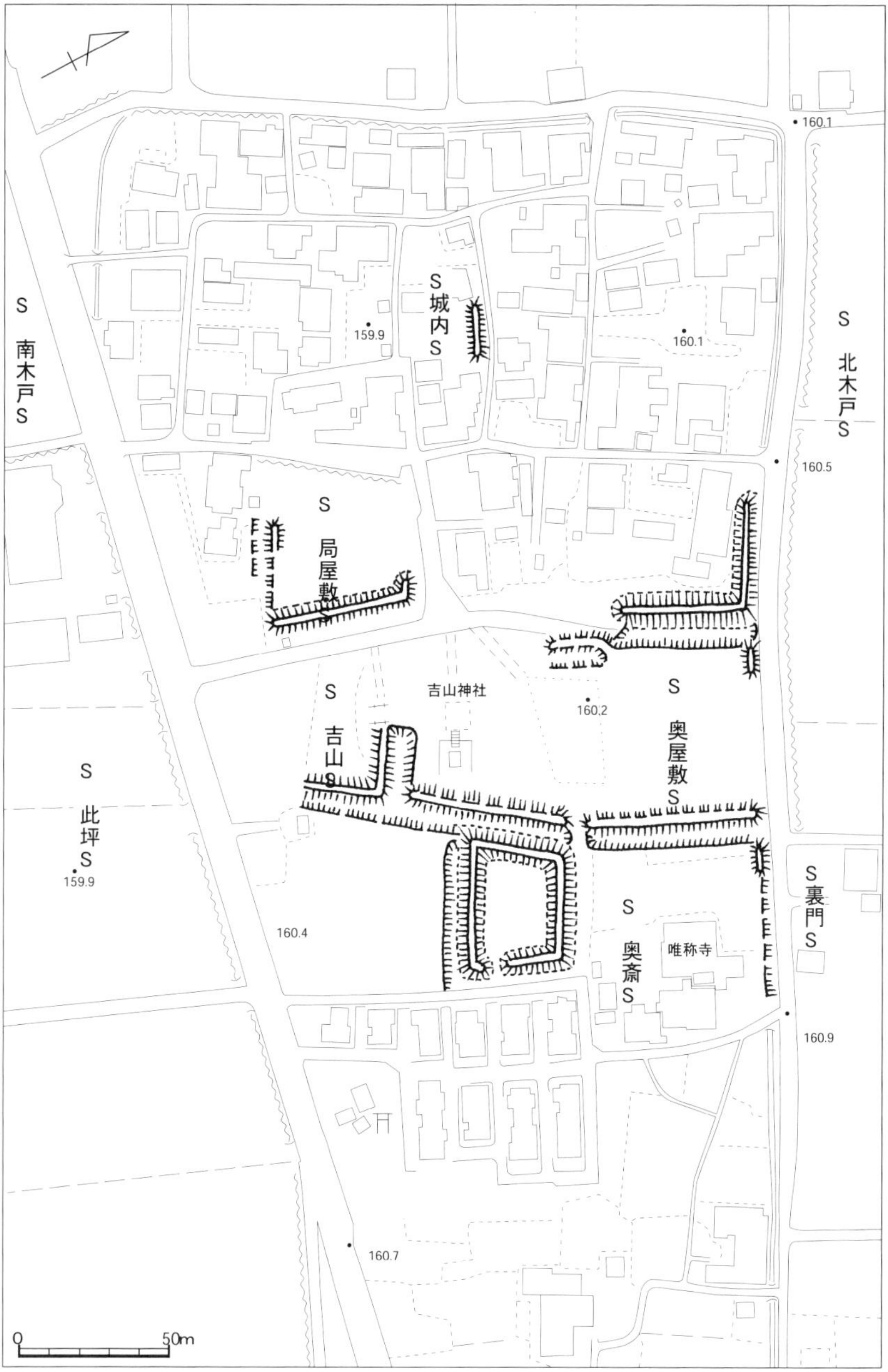

図 15　大規模な城①　群郭形式　植城概要図(中井均作図　甲賀市史 2010 より引用)

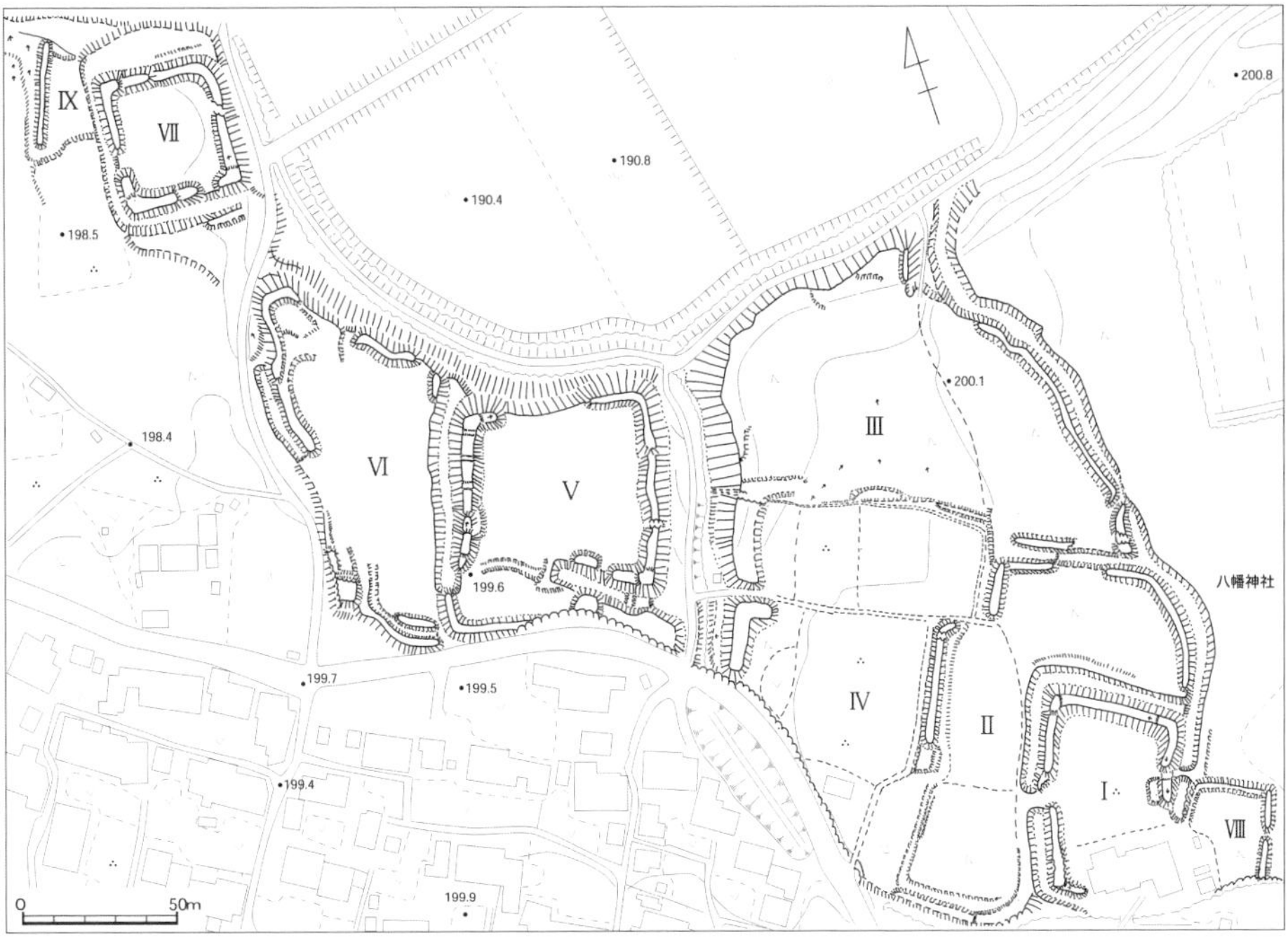

図16　大規模な城②　伊佐野城概要図(藤岡英礼作図　甲賀市史2010より引用)

17)・黒川氏城(図18)・上野城(図19)・小川西ノ城(図19)である。小川西ノ城は主郭の規模が70㍍×50㍍で半町四方規模を超え、五つの副郭も規模が大きい上、畝状竪堀をもつ。土山城・黒川氏城・上野城は半町規模の主郭をもつが、いずれも規模の大きな副郭をもつ。土山城は主郭の前面に馬出状の小曲輪があり、黒川氏城は主郭内部に雁木、虎口に石垣が伴い、甲賀では非常にめずらしい。いずれにしても、これらの城は前述した甲賀の方形を志向する城とは一線を画す存在である。

5　甲賀の城の築城年代

以上、甲賀に分布する城を分類し、これまでの通説とは異なり、多様性があることを述べてきた。では、これらの城の築城時期はいつなのか。千田嘉博氏は、虎口の形態に注目して織豊系城郭を編年したが[千田 一九八七・二〇〇〇]、甲賀では主郭が方形となる

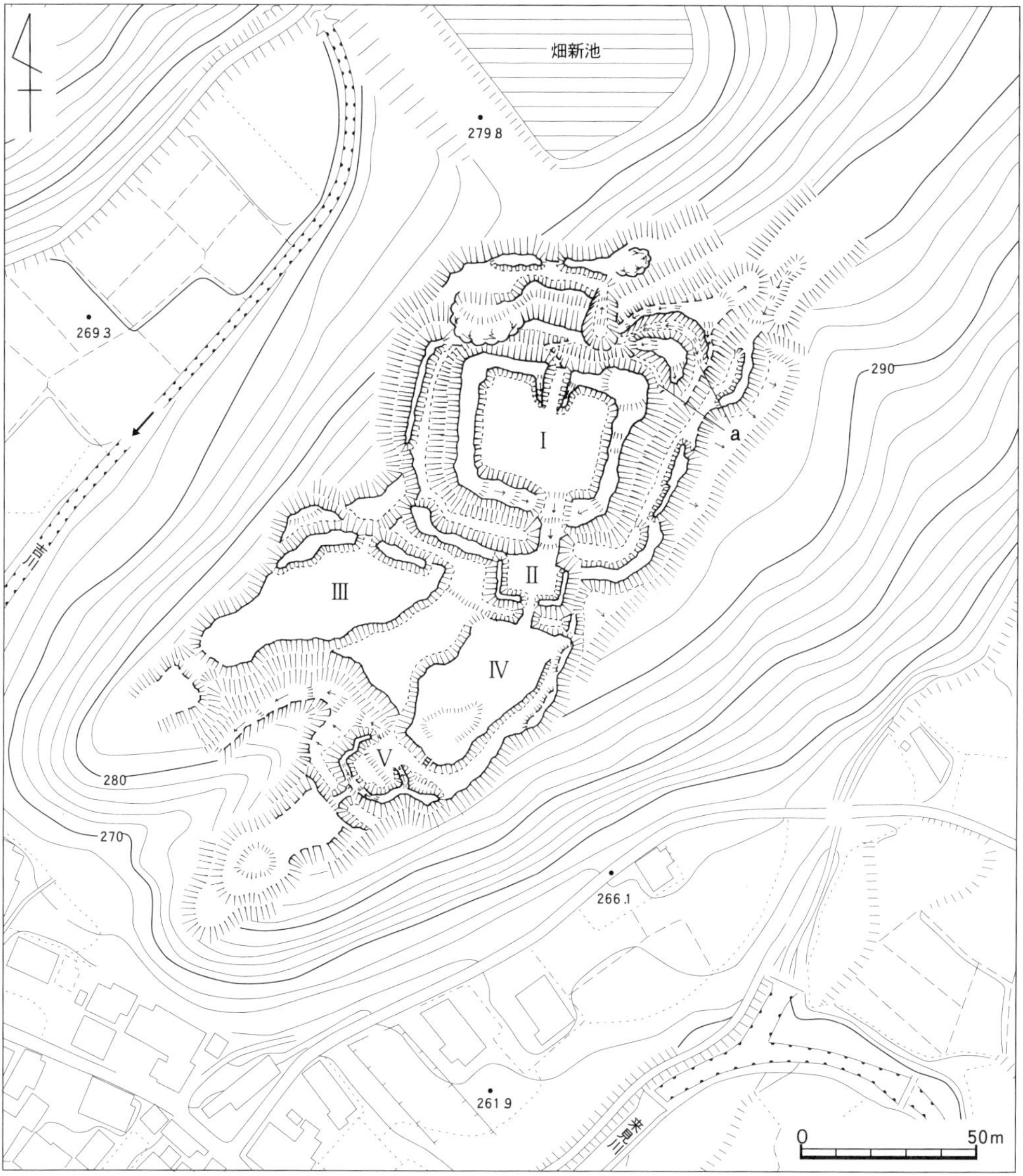

図 17　大規模な城③　土山城概要図(福永清治作図　甲賀市史 2010 より引用)

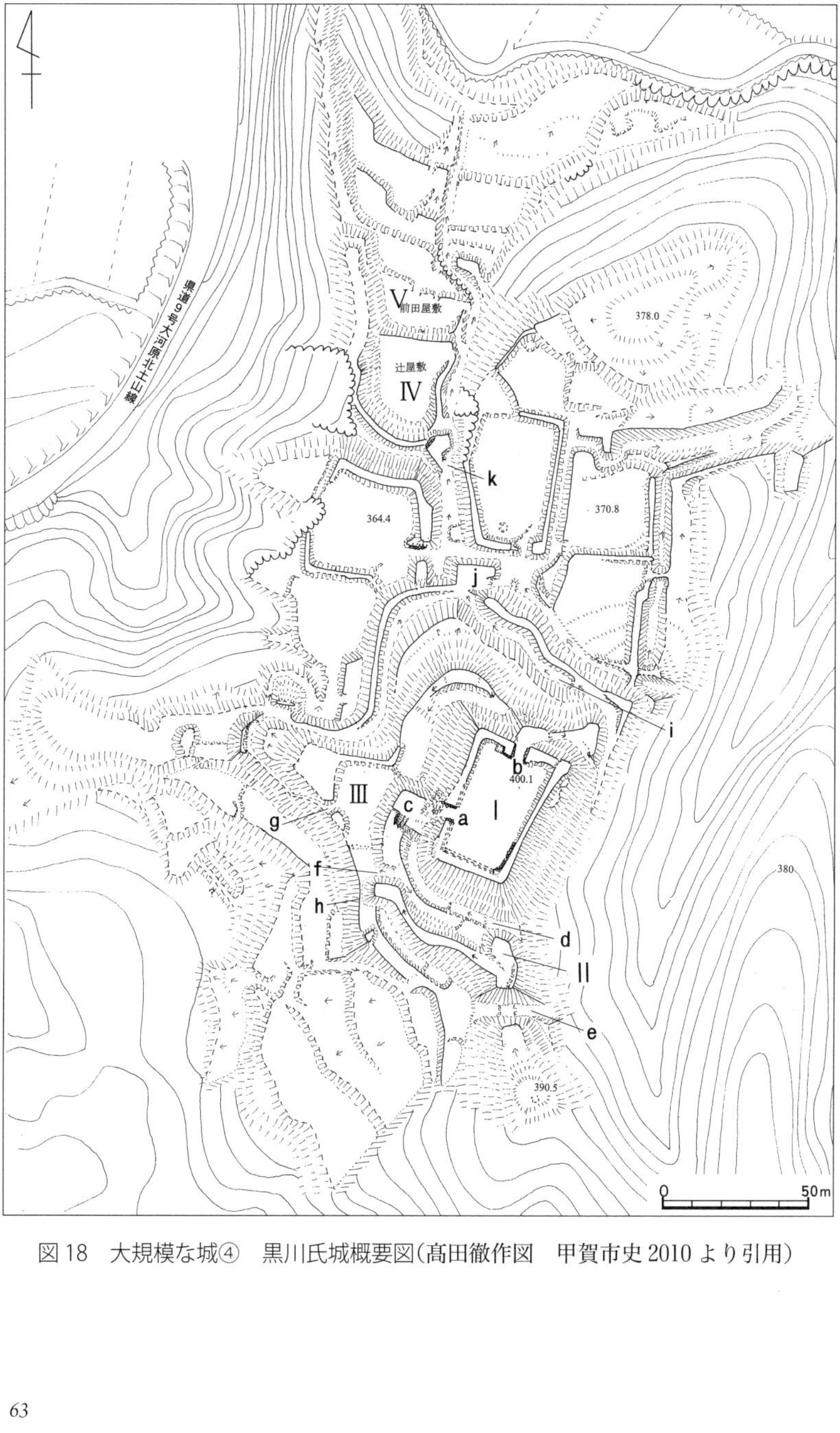

図 18　大規模な城④　黒川氏城概要図(髙田徹作図　甲賀市史 2010 より引用)

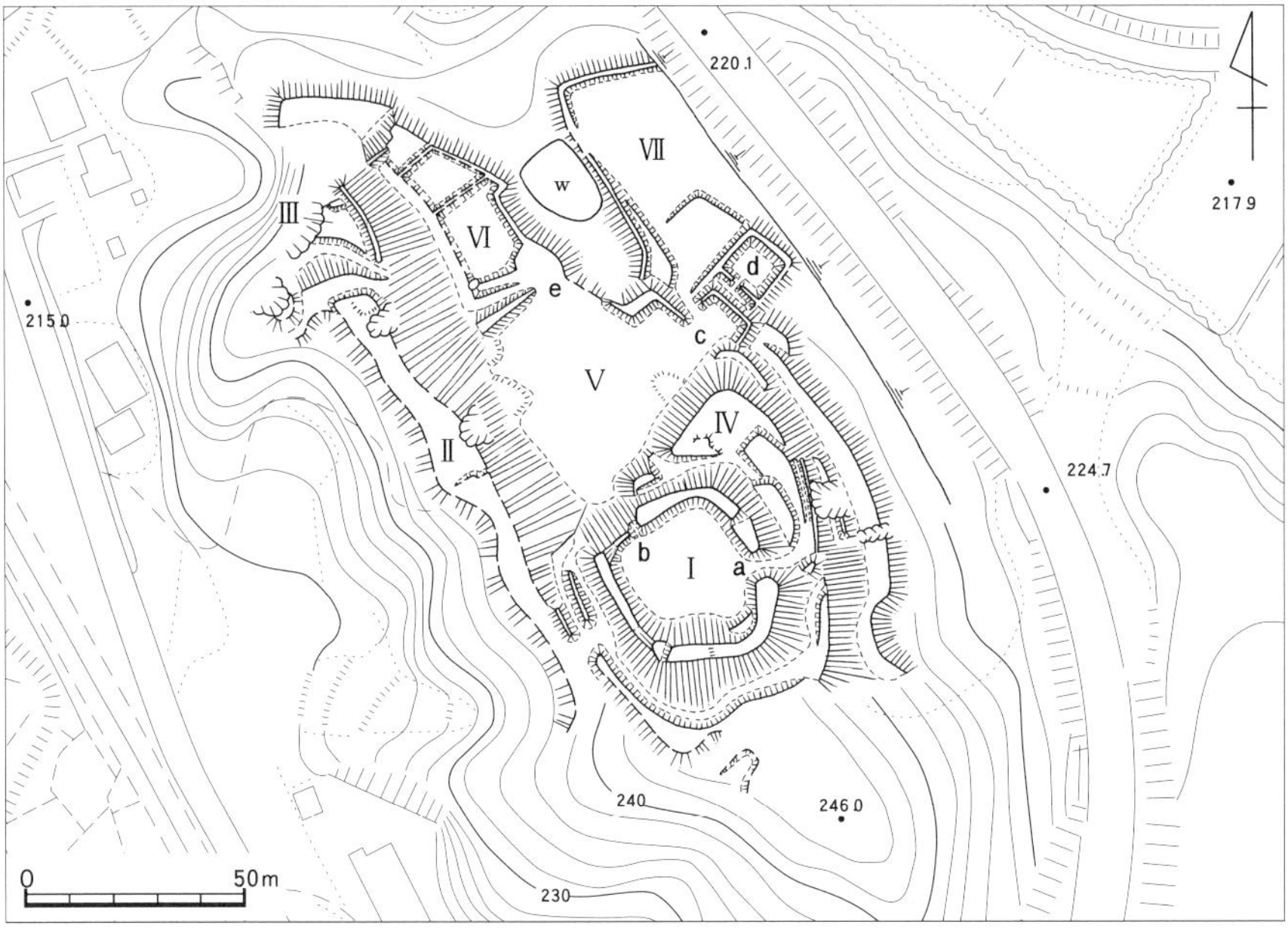

上野城概要図（堀口健弐作図　甲賀市史 2010 より引用）

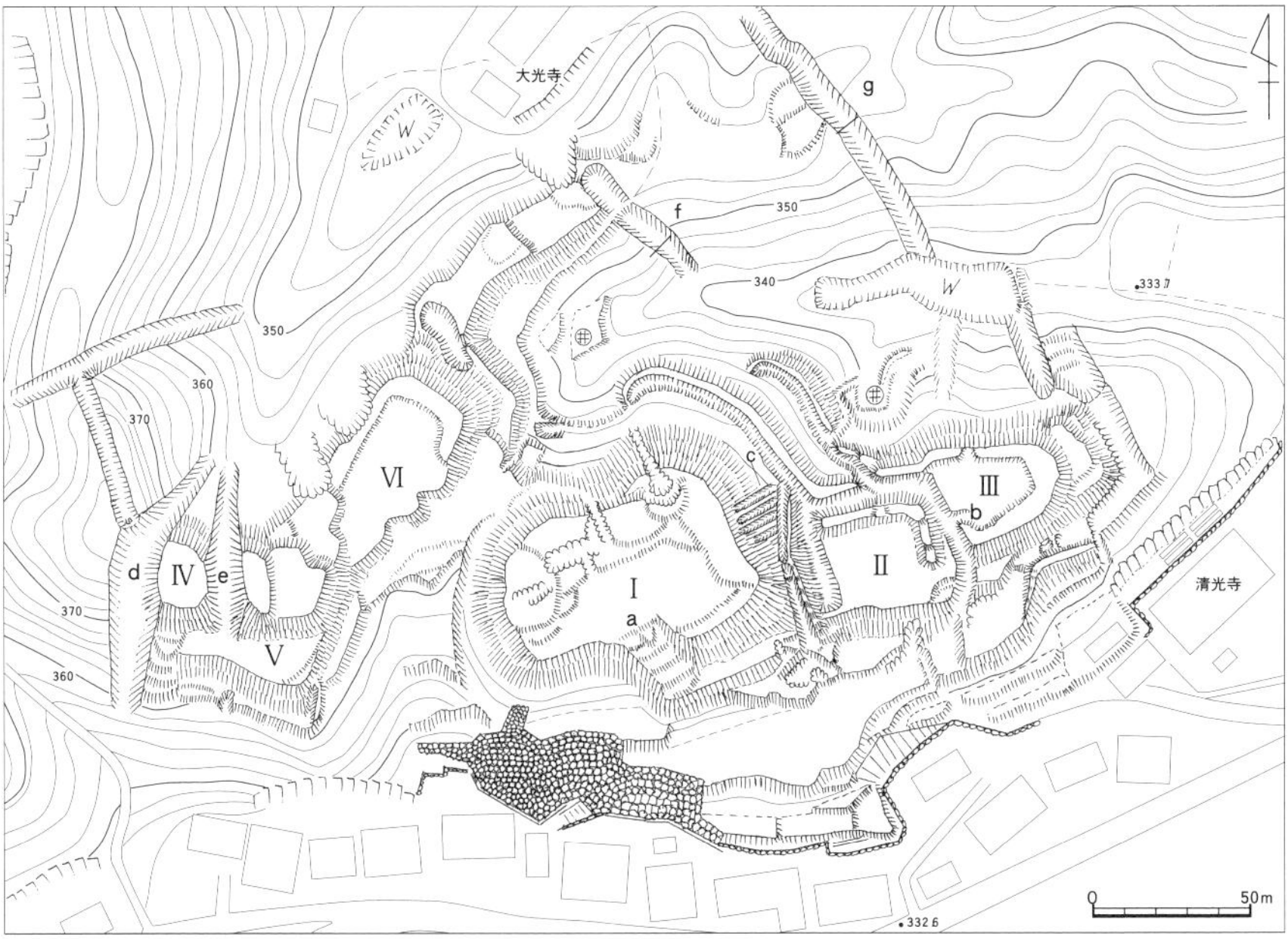

小川西ノ城概要図（高橋成計作図　甲賀市史 2010 より引用）

図 19　大規模な城⑤

城のうち、46例が平入虎口で、その割合は95．7％を占める。甲賀においては虎口形態の違いで年代差を推定することは難しい。

築城年代の一つの指標となるのが発掘調査の成果であるが、甲賀の城で発掘調査がおこなわれたのは、天正十三年（一五八五）に築城されたことが明らかな水口岡山城を除くと、10箇所しかない。以下、その成果をまとめておく。

小川城　一九七八～一九七九（昭和五三～五四）年に発掘調査が実施された。主郭内部で礎石建物を1棟検出し、内側に土倉をもった倉庫のような建物であったと推定されている［信楽町教委　一九七九・一九八〇］。また、十六世紀後半とみられる土師皿、瀬戸美濃の天目茶碗、輸入白磁・青磁、古瀬戸の壺、備前焼の鉢、信楽焼の甕・壺・擂鉢、瓦質土器の小型羽釜・硯、鉄釘、銭などが出土している。

上野城　一九八八（昭和六三）年に城域北東隅の曲輪で発掘調査がおこなわれ、土坑や小穴が検出されたが、建物などの遺構は確認されなかった［甲賀町教委　一九八九］。遺物は、信楽焼の甕・壺・擂鉢、瀬戸美濃の灰釉皿・天目茶碗、唐津焼の皿などのほか、石臼や砥石など、十六世紀後半から十七世紀前半のものが出土しており、居住性のある曲輪であったと推定されている。

補陀楽寺城（図20）　現在は土塁の一部が失われているが、一九九四（平成六）年に実施された発掘調査で、土塁の下層から幅1．0～1．2メートル、深さ0．5メートルの溝が検出された［甲賀町教委　一九九六］。この溝の埋土から十六世紀後半とみられる信楽焼の甕・擂鉢が出土しており、十六世紀後半に溝囲みの区画から土塁に囲まれた城へ転換したと考えられる。

市原Ⅱ城　かつて土塁の一部が残っていたが、二〇〇一（平成一三）年に住宅が建設され、現在は消滅している。その際に発掘調査が実施され、調査区から十五世紀代の土師皿や信楽焼の甕・擂鉢が出土している［甲南町教委　二〇〇四］。なお、市原Ⅱ城は城全体の様相が不明なため、本稿の分析対象からは除外している。

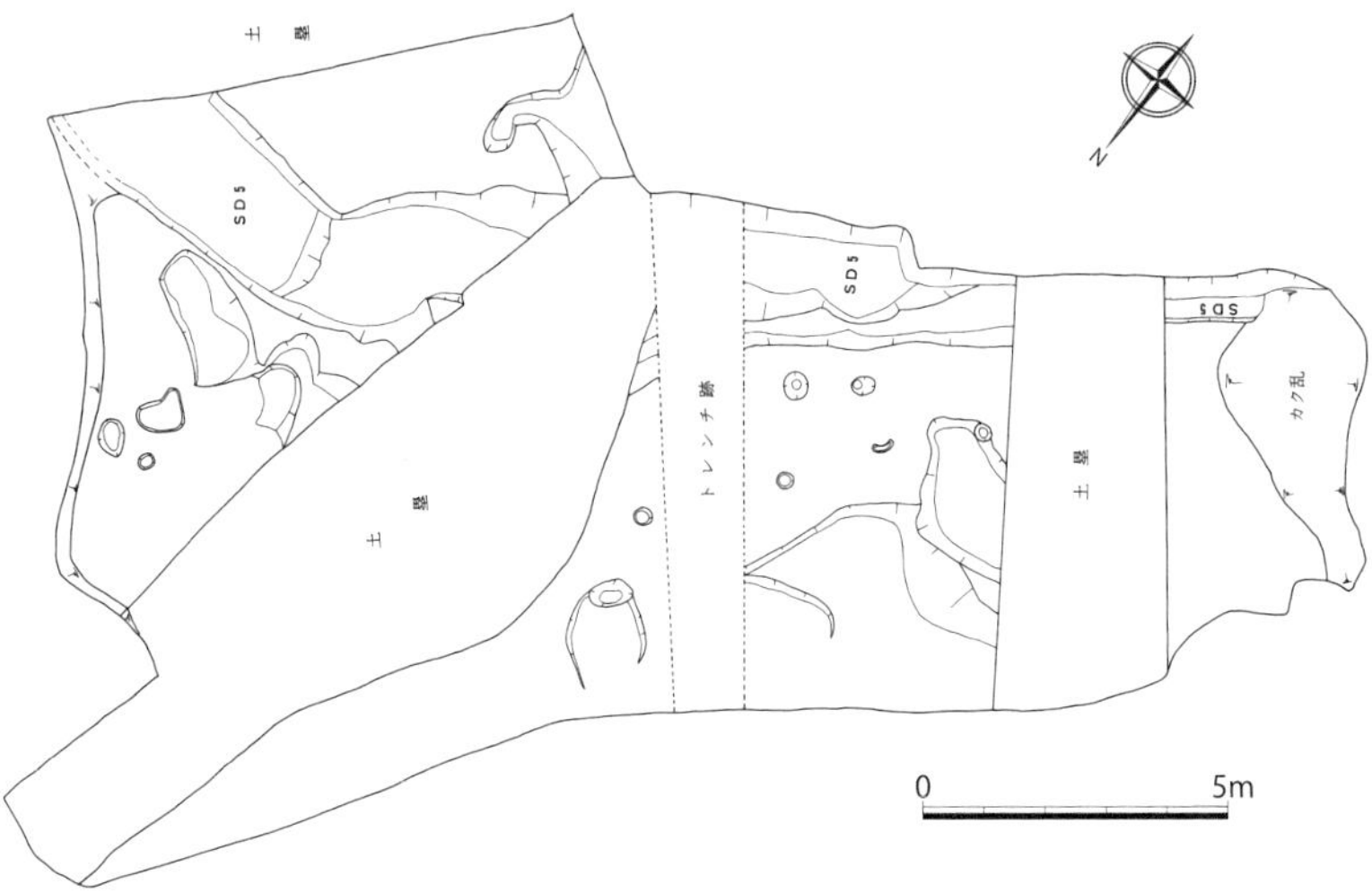

補陀楽寺城の土塁下層で検出された溝（SD05）（甲賀町教委 1996 より引用）

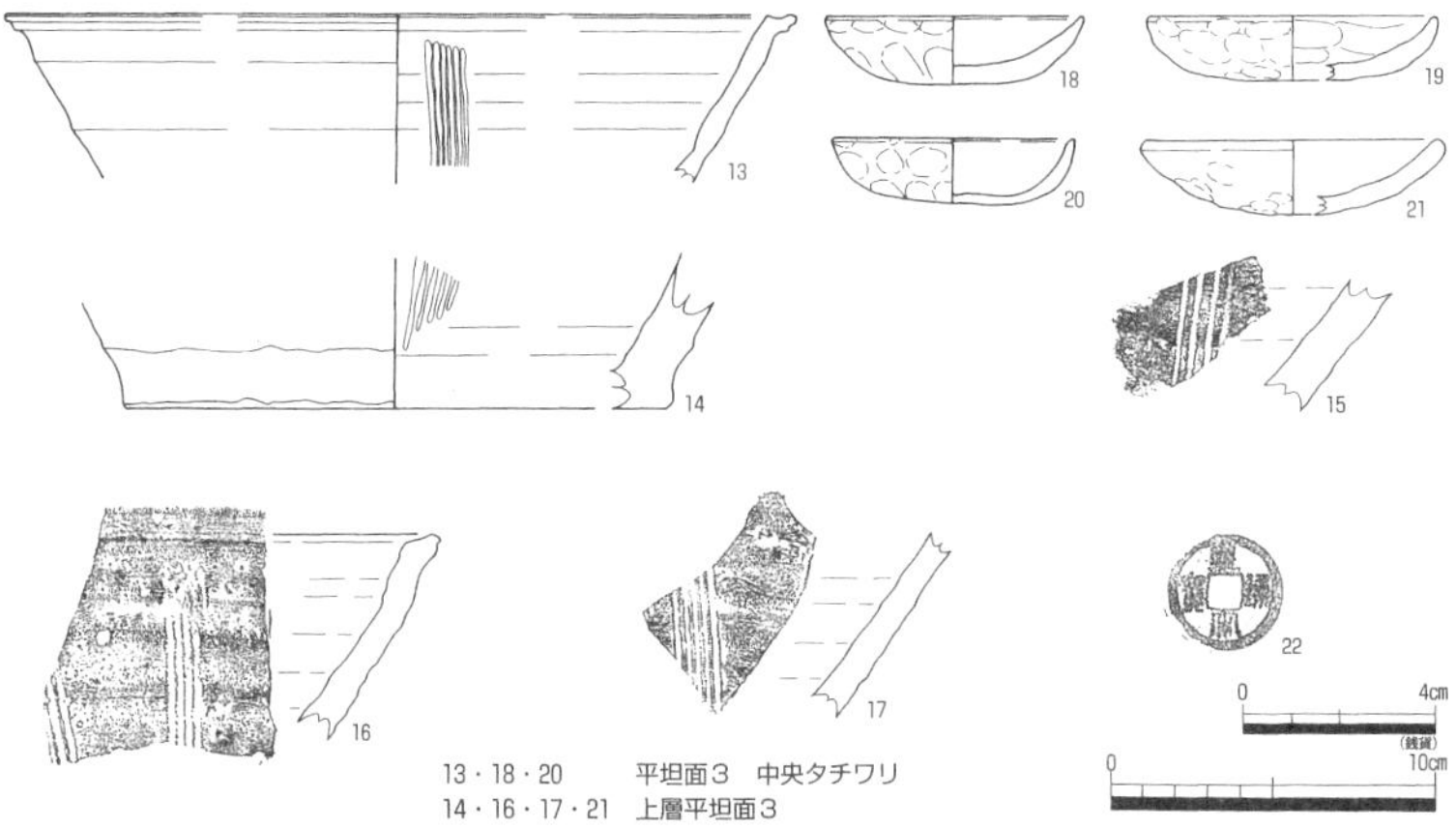

竜法師城の主郭から出土した遺物（滋賀県教委 2006b より引用）

図 20　甲賀の城の発掘調査成果

竜法師城（図20）　新名神高速道路の建設に伴い、二〇〇三（平成一五）年に城域全体を対象に発掘調査が実施された。発掘調査の結果、建物などの遺構は検出されていないが、曲輪内からまとまった数の土師皿や十六世紀後半の信楽焼が出土し、城の機能した年代は十六世紀後半と考えられている［滋賀県教委二〇〇六a・b］。

高野城　二〇〇四（平成一六）年に新名神高速道路の建設に伴い、主郭北側の丘陵上で発掘調査がおこなわれたが、城にかかわる遺構や遺物は確認されず、主郭のみの単郭の城であることが判明した［滋賀県教委二〇〇八］。

植　城　現在の集落と城跡が重複している植城では、集落内の道路拡幅に伴い二〇〇四（平成一六）年に発掘調査が実施され、城域内を区画する堀の一部が検出されるとともに、十五世紀から十六世紀前半の信楽焼の甕・擂鉢が出土している［滋賀県教委二〇〇六c］。また、曲輪面でおこなわれた調査では、礎石とみられる石列や柱穴、溝が検出されたが、建物などの様相は判明していない。

青木城（東城館）　二〇一二（平成二四）年に副郭の曲輪面で発掘調査がおこなわれ、曲輪造成時の盛土や土坑などの遺構が検出されたが、建物は確認されていない［甲賀市教委二〇一四］。また、出土した遺物はすべて二次堆積層に含まれたものであったが、十六世紀後半よりも古い遺物が出土していないことから、十六世紀後半に築城されたと推定されている。

杣中城　二〇一五（平成二七）年の発掘調査で主郭を囲む堀の一部を検出し、50㍍四方の規模をもつ城であったことが確定した［甲賀市教委二〇一六］。この調査では土師皿、瀬戸美濃の天目茶碗、信楽焼など十三〜十七世紀の遺物が出土しており、少なくとも十七世紀には堀が埋められたと推定される。

貴生川遺跡　二〇一三・二〇一四・二〇一七（平成二五・二六・二九）年に発掘調査がおこなわれた。発掘調査以前は城跡の存在が知られていなかったが、二〇一四年の調査で土塁と堀に囲まれた方形城館が検出された［甲賀市教委二〇一七］。検出された堀は幅約6㍍、深さ約2.6〜2.8㍍、土塁は基底部のみが検出され、幅約6.5

～8㍍で、曲輪内部の規模は約26㍍×約30㍍である。曲輪内部では溝や石組井戸が検出されており、明確な建物は見つかっていないものの、居住性のある空間だったとみられる。堀および曲輪の埋土から、十六世紀後半～十七世紀前半の瀬戸美濃、信楽焼、輸入陶磁器などが出土しており、少なくとも十七世紀前半には土塁が崩され、堀と曲輪が埋められたと考えられる。

また、二〇一三・二〇一七年の調査では、方形城館に隣接して、二条の溝で囲まれた十三世紀代の方形区画が検出された［甲賀市教委二〇一七・二〇一八］。

これらの発掘調査事例のうち、補陀楽寺城の土塁下層から検出された溝に注目したい。補陀楽寺城の土塁は、この溝を埋めて構築されていることから、溝の埋没年代が土塁の構築年代の上限を示す。土塁下層の溝の埋土からは十六世紀後半の遺物が出土しており、土塁の構築年代は十六世紀後半を遡らないことが明らかである。また、貴生川遺跡の堀では十七世紀前半、杣中城の堀では十七世紀の遺物が出土しており、堀の埋められた時期は少なくとも十七世紀に入ることが判明する。

これらの調査成果から考えて、土塁と堀で囲まれた平地の方形城館は、十六世紀後半に築かれ、十七世紀に入ってから廃絶したと推定される。なお、貴生川遺跡では方形城館に隣接して、十三世紀の溝囲いの方形の屋敷地が検出されており、甲賀では十六世紀中頃まで溝囲みの屋敷地が主流で、十六世紀後半に入って、土塁と堀で防御性を高めた方形城館が成立したと推定されている［伊藤二〇一九］。

市原Ⅱ城や杣中城で出土する十六世紀中頃以前の遺物は、方形城館が成立する以前に、同じ場所に存在した屋敷に伴う可能性があり、補陀楽寺城の土塁下層で検出された溝も屋敷の区画施設だった可能性が高い。

丘陵上の城で発掘調査がおこなわれたのは上野城・青木城（東城館）・小川城・竜法師城である。このうち、比高30㍍以下の方形を志向する上野城と青木城（東城館）は、いずれも主郭の調査ではないが、十六世紀後半に城が機能していたと考えられる成果が出ている。一方、小川城と竜法師城は甲賀で主流の城ではないものの、両者ともに十六世紀後半に機能したと考えられており、上野城・青木城（東城館）も含めて、甲賀の方形城館が成立する時期と一致するのは注目に値する。

これらの発掘調査成果から、伊藤航貴氏が推定するように、十六世紀後半に方形区画の屋敷から方形城館へ防御性を高めるとともに、丘陵上に築城していたと考えるのが妥当であろう。

まとめにかえて〜甲賀の城が守るもの〜

ここまで城の形態と要素に着目して甲賀の城を考察してきた。その結果、「単郭方形四方土塁」という通説的な甲賀の城とは異なる姿が浮かび上がり、甲賀の城にも多様性があることを明らかにできた。その成果を用いて、甲賀の城のもう一つの特徴である密集性について最後に検討しておきたい。

甲賀の城の密集性については、同規模・同形態の城が密集して築城された状況を同名中や郡中惣といった中世甲賀の社会体制と関連づける見解が通説となっている。かつては、甲賀二十一家や甲賀五十三家と城の築城主体を関連づけて理解していたが［甲賀郡志　一九二六］、甲賀の城にも多様性があり、本稿で検討したようにすべての城が同じであるわけではない。

中井均氏は、和田谷に分布する和田城、和田支城Ⅰ・Ⅱ・Ⅲ、公方屋敷跡、公方屋敷支城、殿山城が連携することで谷全体を守る一つの城郭として機能すると考えた（図21）［中井　二〇〇五］。

和田谷に分布する城のうち、公方屋敷跡のみ平地に立地し、三方を丘陵尾根に囲まれている。発掘調査がおこなわれていないので、詳細な構造は不明だが、平地に立地した館と考えるのが妥当であろう。

一方、丘陵上に立地する六つの城は、主郭の四方を土塁が囲む和田城と四方に土塁があったと推定される和田支城Ⅱが方形城館型式、殿山城と和田支城Ⅰが丘陵裾側に土塁をもたない型式、公方屋敷支城が土塁のない型式、

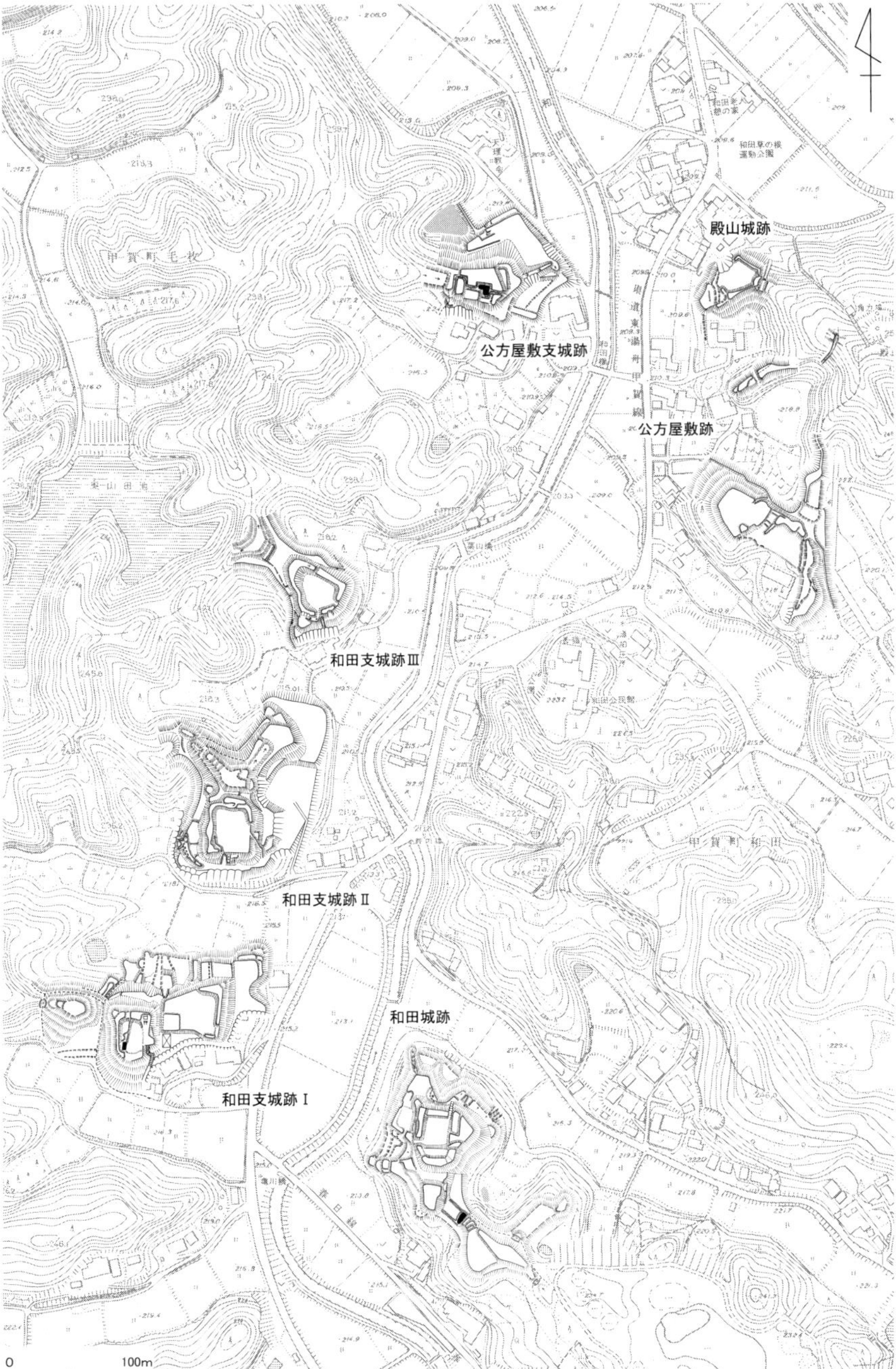

図 21　和田城館群概要図(中井均作図　甲賀市史 2010 より引用)

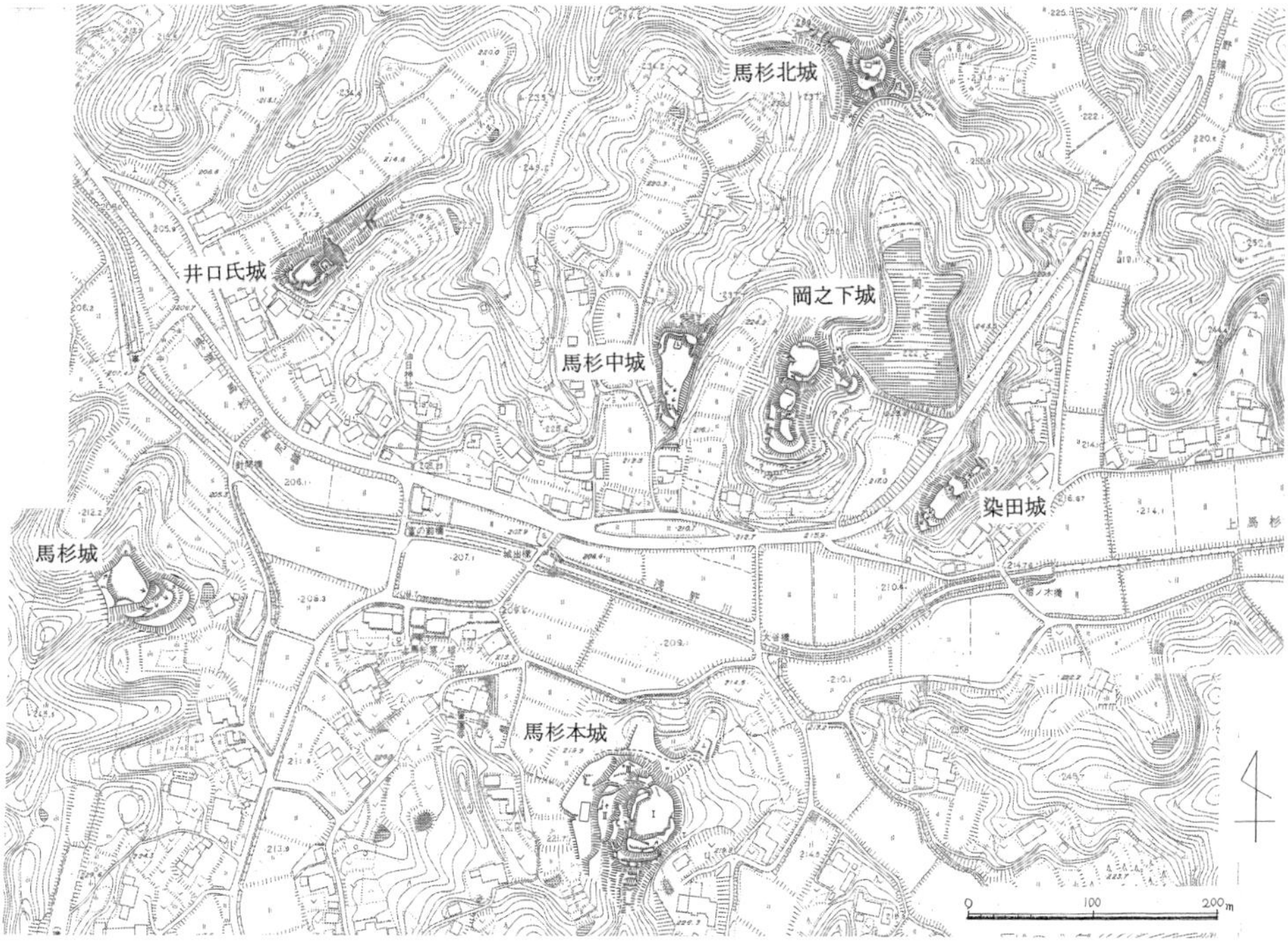

図22　上馬杉の城館群（村田修三作図　甲賀市史2010より引用）

和田支城Ⅲが楕円形の主郭形態の型式である。本稿で定義した方形城館のあり方からすると、丘陵上の六つの城のうち、三分の一の二つの城が居住性のある方形城館で、残りが陣城や詰城のような役割を担ったと考えられる。さらに、方形城館型式のうち和田城のみが三つの副郭をもち、城域が広い。誤解を恐れずに言えば、平地の館である公方屋敷跡と丘陵上の方形城館である和田城が和田谷の中核をなすと見ることも可能である。

和田谷と同様の様相は、上馬杉（図22）と隠岐にもみられる。上馬杉には染田砦・岡之下城・馬杉中城・井口氏城・馬杉北城・馬杉城・馬杉本城の七つの城がある。このうち、方形城館型式となるのは馬杉本城のみである。井口氏城は主郭の四方を土塁で囲むが、主郭の規模が15㍍四方と小規模であり、北側の土塁の上に見張り台が存在することから、方形城館型式とは言いがたい。また、染田砦は自然地形を利用して曲輪を築き、土塁をもたない小規模な城である。上馬杉は、馬杉本城を中心に城が展開したことを示していよう。

一方、隠岐には隠岐城・打越城・砂坂城と隠岐支城群Ⅰ・Ⅱ・Ⅲ・Ⅳの七つの城があり、谷の北側に隠岐城、南側にそれ以外の六つの城が分布する。方形城館型式となるのは隠岐城と打越城で、隠岐支城群Ⅰは土塁をもたず、隠岐支城群Ⅲ・Ⅳは土塁が一方向のみ、砂坂城と隠岐支城群Ⅱは土塁が二方向につく。隠岐城は、主郭の虎口が食い違い虎口で、副郭をもつ。城の規模と要素からみて、隠岐谷の中心的な城と考えられる。

前述した和田・隠岐・上馬杉ほど明確ではないが、大原上田・油日・高峰・滝・杉谷・伴谷などの地域も谷筋を守るように城が分布し、甲賀の広い範囲で同様の傾向を確認することができる。このことから、甲賀の城はある一定範囲の地域を守るために城が密集して築かれたと推定される。

本稿では物質資料として甲賀の城を分析し、その様相を考察した。甲賀の城にも多様性があることを浮き彫りにできたのではないかと考える。しかし、これらの地域を守る城がどのように築城され、どのように運用されたかは、考古学的な城の分析だけでは明らかにすることができない。同名中や郡中惣との関係性を推察することはできるにしても、文献史料の研究成果を加味して検討することが必要不可欠であり、筆者の力量では現状でその点を明確にすることは難しく、十分な結論に達しなかった点は否めない。ご容赦いただきたい。

参考文献

石川浩治　二〇一〇「六二　大河原氏城」『甲賀市史』第七巻
伊藤航貴　二〇一九「甲賀地域における城の築城に関する一考察」『淡海文化財論叢』第十一輯
遠藤啓輔　二〇一〇a「二七　北虫生野跡」『甲賀市史』第七巻
遠藤啓輔　二〇一〇b「七七　鳥居野城跡」『甲賀市史』第七巻
甲賀市史編さん委員会　二〇一〇『甲賀市史』第七巻
甲賀市教委　二〇一四『青木城遺跡第一次発掘調査報告書』
甲賀市教委　二〇一六「杣中城遺跡第一次発掘調査」『平成二十七年度　市内遺跡発掘調査報告書』
甲賀市教委・㈶滋賀県文化財保護協会　二〇一七『貴生川遺跡発掘調査報告書』
甲賀市教委　二〇一八『貴生川遺跡第四次発掘調査報告書』
甲賀町教委　一九八九『上野城発掘調査報告書』
甲賀町教委　一九九六『補陀楽寺城遺跡発掘調査報告書』
甲南町教委　二〇〇四『平成十一～十四年度甲南町内遺跡発掘調

査報告書』
滋賀県甲賀郡教育会　一九二六『甲賀郡志』上・下
滋賀県教委　一九八六『滋賀県中世城郭分布調査』四
滋賀県教委・㈶滋賀県文化財保護協会　二〇〇六a『竜法師城遺跡』
滋賀県教委・㈶滋賀県文化財保護協会　二〇〇六b『竜法師城遺跡・池ノ尻遺跡』
滋賀県教委・㈶滋賀県文化財保護協会　二〇〇六c『植城遺跡』
滋賀県教委・㈶滋賀県文化財保護協会　二〇〇八『高野城遺跡』
信楽町教委　一九七九『小川城跡発掘調査報告書』一
信楽町教委　一九八〇『小川城跡発掘調査報告書』二
下高大輔　二〇一〇「一二　北脇城跡」『甲賀市史』第七巻
千田嘉博　一九八七「織豊系城郭の構造」『史林』第七〇巻第二号
千田嘉博　二〇〇〇「織豊系城郭の成立」『織豊系城郭の形成』東京大学出版会
髙田　徹　二〇一〇「八〇　垂井城跡」『甲賀市史』第七巻
中井　均　二〇〇五「戦国社会と土豪居館」『京都乙訓・西岡の戦国時代と物集女城』文理閣
中井　均　二〇一〇「一五　植城跡」『甲賀市史』第七巻
藤岡英礼　二〇一〇a「四八　伊佐野城跡」『甲賀市史』第七巻
藤岡英礼　二〇一〇b「七〇　佐治城跡」『甲賀市史』第七巻
水澤幸一　二〇一四「平地の方形城館」『中世城館の考古学』高志書院
村田修三　一九九八「国人一揆と惣国一揆」『古代中世の社会と国家』大阪大学文学部日本史研究室創立50周年論文集上巻　大阪大学文学部日本史研究室
村田修三　二〇〇八「第四章　特論　甲賀の城と甲賀郡中惣」『中世城館遺跡(甲南地域)調査報告書』甲賀市文化財報告書第十一集　甲賀市教委
村田修三　二〇一〇a「第一章第三節　甲賀の城」『甲賀市史』第七巻
村田修三　二〇一〇b「四六　嶬峨城跡」『甲賀市史』第七巻
八巻孝夫　一九九一「都之城について　縄張検討による現状把握」『平成二年度遺跡発掘調査概報』都城市教委
山下晃誉　二〇一〇「四九　今宿城跡」『甲賀市史』第七巻

4：馬蹄形　5：L字形　6：不定形　7：その他　　主郭虎口　形態＋箇所数(数字)

主郭		副郭		備考
土塁高さ(m)	堀	有無	個数	
5	二方	○	1	
4~5	三方	×	―	四方土塁だった可能性あり
高低差あり	三方	×	―	
高低差あり	三方	○	3	
高低差あり	二方	×	―	
低い	一方	×	―	
	あり			丘陵に5つの曲輪。いずれの曲輪も背後にのみ土塁や堀切
	一方	○	1	主郭内に井戸「享禄四年」銘の瓦採集
1.5				約50m四方の土塁囲みの区画が2つ並存群郭形式か
?	四方	△	1?	主郭外に土塁と空堀あり
3	あり			35m×255mの範囲に12ヶ所の区画群郭形式
	二方	×	―	
	三方	○	2	集落から離れた立地
	一方	?	?	
6	一方	?	?	
高低差あり	×	×	―	
―	×	○	1	城道に土塁が伴う
高低差あり	×	×	―	
?	四方	×	―	発掘調査で発見
	三方	○	3	主郭内部に堀と土塁あり
高低差あり	×	?	?	主郭の外側に小規模な削平地が複数あり
	×			5つの曲輪が分散して点在
―	二方	×	―	
1	二方	×	―	西側の破壊が著しい
	一方	○	2	
高低差あり	一方	○	2?	
1.5	×	×	―	独立丘陵　北側は破壊を受ける
3	四方(推定)	×	―	発掘調査で規模を推定
6	四方	×	―	集落から離れた立地
	一方	×	―	
2	一方	×	―	南側は破壊を受ける
				200m×150mの範囲を土塁と堀で区画。群郭形式
?	あり			同規模の曲輪が2つ存在　群郭形式か
				土塁で区画された複数の曲輪あり
1	一方	×	―	城郭類似遺構
高低差あり	一方	?	?	
3	三方	×	―	集落から離れた立地
2	三方	○	2	馬出状空間をもつ　大規模
1	四方	×	―	
1.5	二方	○	9	石垣・石段・雁木あり　大規模城郭
	二方	○	1	石垣あり?尾根筋に階段状の小規模な曲輪が複数あり
0.5	二方	×	―	曲輪から離れた尾根上に2つの堀切あり
―	二方	×	―	畝状竪堀あり
?	×	○	1	
	三方	×	―	土塁内部にも溝あり　北と東の堀外側にも土塁あり
	×	○	1	

表　甲賀の城一覧
大分類（立地）　1：平地　2：丘陵裾　3：丘陵先端　4：丘陵頂部
小分類（主郭の形態）　1A：方形　1B：長方形　1C：不整方形　2A：台形　2B：不整台形　3：楕円形

No.	大分類（立地）	小分類（形態）	地域	名称	麓との比高（m）	主郭		
						規模（m）	虎口	土塁方向
1	3	1A	水口	下山城	15	50 × 55	平入 2	四方
2	3	1A	水口	東迎山城	15	60 × 50	平入 1	二方
3	3	1B	水口	西迎山城	12	50 × 70	平入 2	四方
4	3	4	水口	津山城	20~30	35 四方	？	三方
5	3	1A	水口	下山北城	15	50 四方	平入 2	四方
6	3	6	水口	畑村城	10	20 × 30	平入 2	一方
7	3	7	水口	山村田引城跡	20	？		あり
8	3	1B	水口	山村城	15	40 × 70	平入 1	四方
9	2	7	水口	北脇城	−	？		あり
10	1	1A ？	水口	柏木神社遺跡	−	50 四方	？	？
11	1	7	水口	植城	−	？		あり
12	1	1A ？	水口	山中氏屋敷跡	−	70 × 60（推定）	？	二方
13	4	1A	水口	北内貴城	50	30 × 30	平入 1	四方
14	3	1A	水口	内貴川田山城	10	10 × 10	？	三方
15	1	1A ？	水口	内貴殿屋敷跡	−	50 四方（推定）	？	二方
16	3	1C	水口	北虫生野城（北城）	20	35 × 30	平入 1	三方
17	3	1A	水口	北虫生野城（南城）	20	10 × 10	？	×
18	3	1A	水口	虫生野堂の前城	15	40 × 50	平入 1	四方
19	1	1A	水口	貴生川遺跡	−	39 × 42	？	四方
20	3	1A	水口	平子城	30	60 × 60	？	三方
21	3	1C	水口	源太屋敷城	20	？	食違 1	三方
22	3	7	水口	御姫屋敷城	10~20	？		
23	4	6	水口	高山氏城	60	60 × 50	？	×
24	2	1A ？	水口	小山城	−	35 以上 × 50	？	三方
25	3	1B	水口	奥谷城	10	22 × 40	平入 2	四方
26	3	1A	水口	山上Ⅰ城	10	30 × 30	？	三方
27	4	1A	水口	山上城	10	30 × 20	平入 1	三方
28	1	1A ？	水口	杣中城	−	50 四方（推定）	？	四方？
29	4	1A	水口	嶬峨西城	40	30 × 20	枡形？ 1	四方
30	4	2B	水口	嶬峨城	20	30 × 25	平入 2 ？	四方
31	1	1A ？	水口	平野城	−	50 四方（推定）	？	三方
32	1	7	水口	伊佐野城	−	？		
33	1	7	土山	今宿城	−	？		あり
34	1	7	土山	大野山本城	−	？		
35	1	1B	土山	山本神社遺跡	−	35 × 95	平入 2	四方
36	3	3	土山	頓宮城	20	35 × 25	？	三方
37	3	1A	土山	音羽野城	30	60 × 70	平入 2	四方
38	3	1A	土山	土山城	30	50 × 40	平入 2	四方
39	4	1B	土山	黒川砦	30	15 × 25	？	二方
40	4	1B	土山	黒川氏城	80	30 × 45	平入 2	四方
41	4	1A	土山	大河原氏城	80	40 × 35	平入 1	三方
42	4	1B	土山	鮎河城	100	10 × 25	？	二方
43	4	1B	土山	高尾城	60	30 × 10	？	×
44	3	1A ？	甲賀	隠岐城	10	50 四方？	食違 1	四方？
45	3	1A	甲賀	打越城	15	30 × 25	？	四方
46	3	1B	甲賀	砂坂城	20	30 × 20	？	二方

主郭		副郭		備考
土塁高さ（m）	堀	有無	個数	
－	×	○	2	地形改変を大きく受ける
？	一方	○	2	急斜面に階段状の小規模曲輪群あり
	一方	○	2	自然地形を利用
	×	？	？	地形改変が著しい
	？			尾根上に自然地形に沿った平坦面を造成
	あり	○	1	地形改変が著しい　群郭形式か？
1.8	×	×	－	
高低差あり	×	×	－	
高低差あり	×	○	2	
2~2.5	×	×	－	南面は破壊　西面は発掘調査後に消滅
3	？	？	？	地形改変が著しい
高低差あり	一方	×	－	
	二方	○	1	南面は破壊
2	四方	○	2	
	あり			40 m× 60 mと 50 m× 80 mの方形曲輪が並立
3	一方	×	－	両者は谷を隔てて 80 mの間隔
1	二方	×	－	自然地形を利用　谷を隔てて 80 mの間隔
	一方	○	2	
	×	○	3	地形改変が著しい
高低差あり	二方	×	－	東側の地形改変が著しい
高低差あり	三方	○	2	独立丘陵
4	二方	×	－	
				自然地形を利用　竪堀あり
違いあり	×	×	－	不定形の曲輪が 2 箇所
高低差あり	一方	○	1	
3	四方？	×	－	
3	三方	×	－	
高低差あり	×	×	－	
低い	二方	○	1	尾根上に堀切で区画
高低差あり	二方	×	－	
高低差あり	×	○	2	
3~6	四方	○	6	大規模城郭　城の外郭部で発掘調査を実施
1	×	○	1	主郭の東半は削平される
1~1.5	×	○	1	北側土塁はテラス状
	一方	×	－	
	×	○	1	竪堀あり
	×	△	1？	
	×	○	1	
高低差あり	三方	○	2	
	×	○	1	主郭の東側は削平される
高低差あり	二方	○	1	
	×	○	3	本来の形状は不明
高低差あり	×	△	1？	
	一方	×	－	
－	？	？	？	三方の尾根上のテラス面は曲輪？
－	二方	○	1	
高低差あり	一方	○	2	
	二方	×	－	

No.	大分類（立地）	小分類（形態）	地域	名称	麓との比高（m）	主郭		
						規模（m）	虎口	土塁方向
47	3	6	甲賀	隠岐支城群Ⅰ	15	25 × 45	?	×
48	3	1A	甲賀	隠岐支城群Ⅱ	15	30 四方	?	二方
49	3	6	甲賀	隠岐支城群Ⅲ	20	25 × 50	?	一方
50	3	1A	甲賀	隠岐支城群Ⅳ	15	30 四方	?	一方
51	4	7	甲賀	神保城	20	?		一方
52	4	1A ?	甲賀	佐治城	40	100 四方？	?	四方？
53	1	1A ?	甲賀	岩室城	—	50 四方（推定）	平入 1	四方？
54	3	1A	甲賀	高野城	25	30 四方	?	二方
55	3	5	甲賀	高野東城	30	20 × 30	?	三方
56	1	1A ?	甲賀	補陀楽寺城	—	50 四方（推定）	?	三方
57	1	1B ?	甲賀	市場陣山城	—	50 × 80（推定）	?	二方
58	1	1A	甲賀	鳥居野城	—	40 × 50	平入 1	三方
59	1	1A	甲賀	篠山城	—	40 × 40	?	二方
60	1	1A	甲賀	大鳥神社遺跡	—	50 × 30	平入 1	四方
61	1	7	甲賀	垂井城	—	?		四方
62	3	1A	甲賀	大宝寺遺跡	30	40 × 50	食違 1 平入 1	四方
63	3	6	甲賀	大原上田城	30	20 × 30	平入 1	一方
64	3	1A	甲賀	滝川城	30	46 × 30	?	四方？
65	3	1A ?	甲賀	滝川西城	15	30 × 35	?	三方？
66	3	3 ?	甲賀	滝川支城	10	30 × 40	?	四方？
67	4	1A	甲賀	櫟野大原城	25	18 × 19	平入 1	四方
68	1	1A	甲賀	大原城	—	40 × 30	平入 1	四方
69	4	7	甲賀	北上野城Ａ	10	?		
70	3	1C	甲賀	冨田山城	30	20 × 30	平入 1	四方
71	3	1A	甲賀	観音堂城	25	25 × 20	? 1	三方
72	1	1A ?	甲賀	北上野城Ｂ	—	50 四方（推定）	?	四方？
73	1	1C	甲賀	木内城	—	40 × 40	?	三方
74	4	1A	甲賀	岡崎城	30	25 × 20	平入 1	四方
75	4	1B	甲賀	前山城	20	30 × 20	?	二方
76	3	1C	甲賀	中山城	20	20 × 20	平入 1	三方
77	3	1A	甲賀	油日城	10	40 × 40	平入 2	四方
78	4	1A	甲賀	上野城	30	24 × 26	平入 1	四方
79	2	1A ?	甲賀	富田城	—	15 以上 × 25	?	三方
80	2	1B	甲賀	五反田口城	—	25 × 50	?	三方
81	3	1A	甲賀	青木城（西城館）	15	30 × 40	平入 1	四方
82	3	1B	甲賀	青木城（東城館）	20	40 × 90	?	二方
83	3	1A	甲賀	梅垣城	10	30 四方	平入 1	四方
84	3	1B	甲賀	多喜北城	25	20 × 40	平入 1	四方
85	3	1A	甲賀	多喜城	20	40 四方	平入 2	三方
86	3	1B	甲賀	多喜南城	20	20 × 40	?	三方
87	3	1A	甲賀	毛枚北城	10	30 × 40	?	三方
88	3	?	甲賀	山岡城	15	35 × 30	?	×
89	3	1C	甲賀	獅子ヶ谷城	15	40 四方	?	四方
90	3	2A	甲賀	殿山城	10	30 × 30	?	三方
91	2	6	甲賀	公方屋敷	—	50 × 50	?	×
92	3	1B	甲賀	公方屋敷支城	20	50 × 30	?	×
93	3	1A	甲賀	和田支城Ⅰ	20	25 × 35	?	三方
94	3	1A	甲賀	和田支城Ⅱ	15	30 四方	?	四方？

主郭		副郭		備考
土塁高さ(m)	堀	有無	個数	
5	×	×	−	
違いあり	一方	○	3	
高低差あり	四隅	○	1	
高低差あり	二方	○	2	
	一方	○	1	
	×	×	−	尾根を切る堀切あり
高低差あり	三方	×	−	国境付近
高低差あり	二方	×	−	国境付近
2	四方？	○	1	
5	一方	×	−	東側と南側は破壊
4~9	三方	○	3	谷を挟んで50 mの間隔に並立
	一方	○	1	谷を挟んで50 mの間隔に並立
	一方	×	−	
	一方	○	1	同じ丘陵尾根に並立
高低差あり	二方	○	1	同じ丘陵尾根に並立
4	二方	○	3	谷を挟んで50 mの間隔に並立
3~10	二方	×	−	谷を挟んで50 mの間隔に並立
高低差あり	一方	×	−	
	四方？	×	−	北東隅は破壊
−	一方	○	1	発掘調査後に消滅
3	三方	×	−	南側は不明　破壊か
1.5	一方	×	−	南側は不明　破壊か
高低差あり	一方	×	−	
高低差あり	一方	？	？	
高低差あり	一方	○	2	
高低差あり	一方	○	2	
−	×	○	4	
高低差あり	×	×	−	
	一方	○	1	自然地形を利用
−	×			尾根を階段状に曲輪を造成
高低差あり	一方	？	？	
	一方	○	1	尾根先端部に2つの曲輪を形成
	一方	○	1	自然地形の尾根を利用して築城
	×	○	1	自然地形の尾根を利用して築城
	一方	○	2	
	一方	×	−	破壊が著しく、本来の姿は不明
	一方	×	−	
	あり	○	1？	主郭の四方に尾根
	×	○	2	副郭は帯曲輪　南西の土塁背面は破壊
	一方	○	2	主郭南の堀切の外側に2本の堀切あり
高低差あり	一方	○	2	
	？	○	1	破壊が著しい
	×	○	4	主郭に礎石建物と石垣　発掘調査
	一方	○	1	自然地形を利用して築城
	一方	○	5	大規模城郭　畝状竪堀あり
	一方	○	1	自然地形を利用して築城
	一方	×	−	自然地形を利用して築城
	×	×	−	自然地形を利用して築城
	二方	○	2	畝状竪堀あり

No.	大分類（立地）	小分類（形態）	地域	名称	麓との比高（m）	主郭		
						規模（m）	虎口	土塁方向
95	3	3	甲賀	和田支城Ⅲ	20	45 × 50	平入1	四方
96	3	1A	甲賀	和田城	30	50四方	平入1	四方
97	4	1A	甲賀	高峰北城	30	50 × 40	平入2	四方
98	3	1A	甲賀	高峰中城	15	40 × 50	平入1	四方
99	3	1A	甲賀	高峰東谷城	15	40 × 45	？	四方？
100	4	1A	甲賀	高峰山城	30	30 × 25	？	三方
101	4	1A	甲賀	伊賀見城	20	45四方	平入1	四方
102	4	1A	甲賀	高峰南城	10	45 × 40	平入1	四方
103	1	1A？	甲南	古屋敷館	－	25 ×？	？	四方？
104	3	1A？	甲南	杉谷城	20	20以上× 10以上	？	二方
105	3	1A	甲南	望月城	30	35 × 30	平入1	四方
106	3	1A	甲南	望月支城	20	30 × 40	平入1	四方
107	3	1A	甲南	杉谷砦	10	15 × 16.5	？	三方
108	3	1A	甲南	寺前城	15	30 × 44	平入2	四方？
109	3	1C	甲南	村雨城	15	40 × 60	平入1	四方
110	3	1A	甲南	新宮城	15	25 × 30	平入1	四方
111	3	1A	甲南	新宮支城	15	18 × 30	平入1	四方
112	3	1A	甲南	服部城	10	35 × 35	？2	三方
113	1	1A	甲南	竹中城	－	45 × 50	平入1	四方
114	3	6	甲南	竜法師城	30	20 × 30	？	×
115	1	1A？	甲南	野尻城	－	推定60四方	？	三方
116	1	1A	甲南	野尻支城	－	20 × 15以上	？	三方
117	3	1C	甲南	小出城	10以下	45 × 50	？	二方
118	3	1C	甲南	池田西城	25	30 × 35	平入1	四方
119	3	1C	甲南	池田東城	25	15 × 15	？	三方
120	3	1A	甲南	坊谷城	15	25四方	平入1	四方
121	3	6	甲南	望月青木城	30	20 × 30	？	×
122	3	1A	甲南	望月村嶋城	30	30 × 25	？	三方
123	4	6	甲南	村嶋支城	30	5 × 30	？	三方
124	3	7	甲南	野川城	25	？		×
125	3	1A	甲南	谷出城	20	30四方	？	三方
126	3	6	甲南	小池城	20	30 × 20	？	一方
127	3	6	甲南	西出城	15	25 × 40	？	一方
128	3	6	甲南	染田砦	15	8 × 20	？	×
129	3	1C	甲南	岡之下城	20	20四方	平入1	三方
130	3	6	甲南	馬杉中城	15	25 × 60	？	一方
131	3	1A	甲南	井口氏城	15	15四方	平入1	四方
132	4	6	甲南	馬杉北城	30	20 × 15	？	あり
133	4	2A	甲南	馬杉城	30	25 × 35	？	二方
134	3	1A	甲南	馬杉本城	25	25 × 30	平入2	四方
135	3	1A	甲南	栢ノ木城	20	20四方	平入1	四方
136	3	1A	信楽	神山城	15	50四方	？	四方？
137	4	1A	信楽	小川城	140	15四方	平入1	四方
138	3	3	信楽	小川中ノ城	30	40 × 30	？	一方
139	3	1C	信楽	小川西ノ城	20	70 × 50	平入1	三方
140	3	6	信楽	多羅尾古城	30	35 × 25	？	一方
141	3	6	信楽	多羅尾城山城	20	30 × 70	内枡形1	一方
142	3	6	信楽	多羅尾砦	25	10 × 50	平入1	一方
143	4	6	信楽	朝宮城山城	60	20 × 45	枡形1	一方

畿内近国の権力動向と甲賀の城館

中西 裕樹

はじめに

近江国甲賀郡は、国内屈指の城館群が成立した地域であり、現在の甲賀市内だけでも約一八〇余が確認されている。その多くは、約半町(50㍍)四方の単郭が基本の小規模城館で、集落内部や周辺の丘陵上にある。この小規模城館群の築城主体は、集落(小字単位の村)の領主層であろうと伝承され、彼らは名乗りを同じくする「同名中」を形成し(山中同名中・大原同名中など)、村の地侍や百姓衆らを被官に抱えて、「甲賀郡中惣」という郷・村を越えた広域な一揆を結んでいる。甲賀郡内の城主は、同名中の侍衆、とくに村落領主層なのであろう。

甲賀では、大名が拠点とするような大規模な山城が確認できない。その様相は村落領主が家ごとに城館を持ち、一揆が平等を前提とする集団であることを反映して等質な多くの城館を成立させたことを表す。隣国伊賀の城館構成も甲賀に近く、「伊賀惣国」という一揆が成立する。

これらの地域の城館の様相について、村田修三氏は「一揆の城」と評した〔村田 一九八四〕。ただし甲賀でも村ごとに城館のありようには違いがあり、千田嘉博氏は単郭方形の小規模城館を「小型」、これに堀切や削平地群が加わる城館を「大型」とみて武士層の惣領・庶子の関係に置き換え、村との関係もあわせて考察を加えている〔千田 一九九一〕。このような甲賀の城館への理解は、個々の城を村落領主が日常生活を営む館・屋敷とみている。しかし、甲賀には集落と離れた場所や集落の居住域から離れた場所にも城館群が存在している。

甲賀町和田の城館群に注目した中井均氏は、これら全体を一つの城と理解し、その成立契機を一揆による軍事的対応に求めた［中井 二〇〇五］。甲南町上馬杉の城館群を取り上げた村田修三氏は、小規模な連郭式山城を含む村の居住域を超える分布について、広域の軍事動向への緊急対応で単郭方形のこだわりを捨てたものと解した。そして和田の城館群を事例にあげ、緊急対応の具体的な契機を足利義昭と織田信長の上洛、つまり永禄十一年（一五六八）の畿内近国における政治秩序の激変に重ねた［村田 二〇一〇］。

規範性が高い甲賀や伊賀のような小規模城館群の分布は、隣接する山城国南部の一部や大和国東山内を除いて他にはないと指摘される［福島 二〇〇九］。一方で後述のように甲賀の村落領主には近江守護六角氏の他、畿内の中央権力であった足利将軍家や細川氏（京兆家）と関係を結び、郡外で勢力を伸ばしたものがいた。甲賀の城館には村落領主による一揆という地域内部の視点だけでなく、外部との関係による評価も必要で、中井・村田両氏が均質な小規模城館群の成立を「外」からの軍事的脅威にみたことは示唆に富む。

甲賀の城館については、著者も水口町高山・岩坂周辺の城館を検討し、やはり広範囲な軍事動向を念頭に小規模城館群を理解したことがある［中西 二〇一〇a］。また、畿内近国の軍事的動向と地域の城館構成の視点からその成立背景を考えた［中西二〇一〇b］。小文ではこの前稿をまとめ、あらためて畿内近国の権力動向から甲賀の城館を考えてみたい。なお、特に註を設けない甲賀の地勢・歴史などの知見については、『甲賀市史』第二巻に所収の各論に依拠させていただいた［甲賀市史 二〇一二］。また、注記のない図面については『甲賀市史』第七巻拙稿からの転載である。

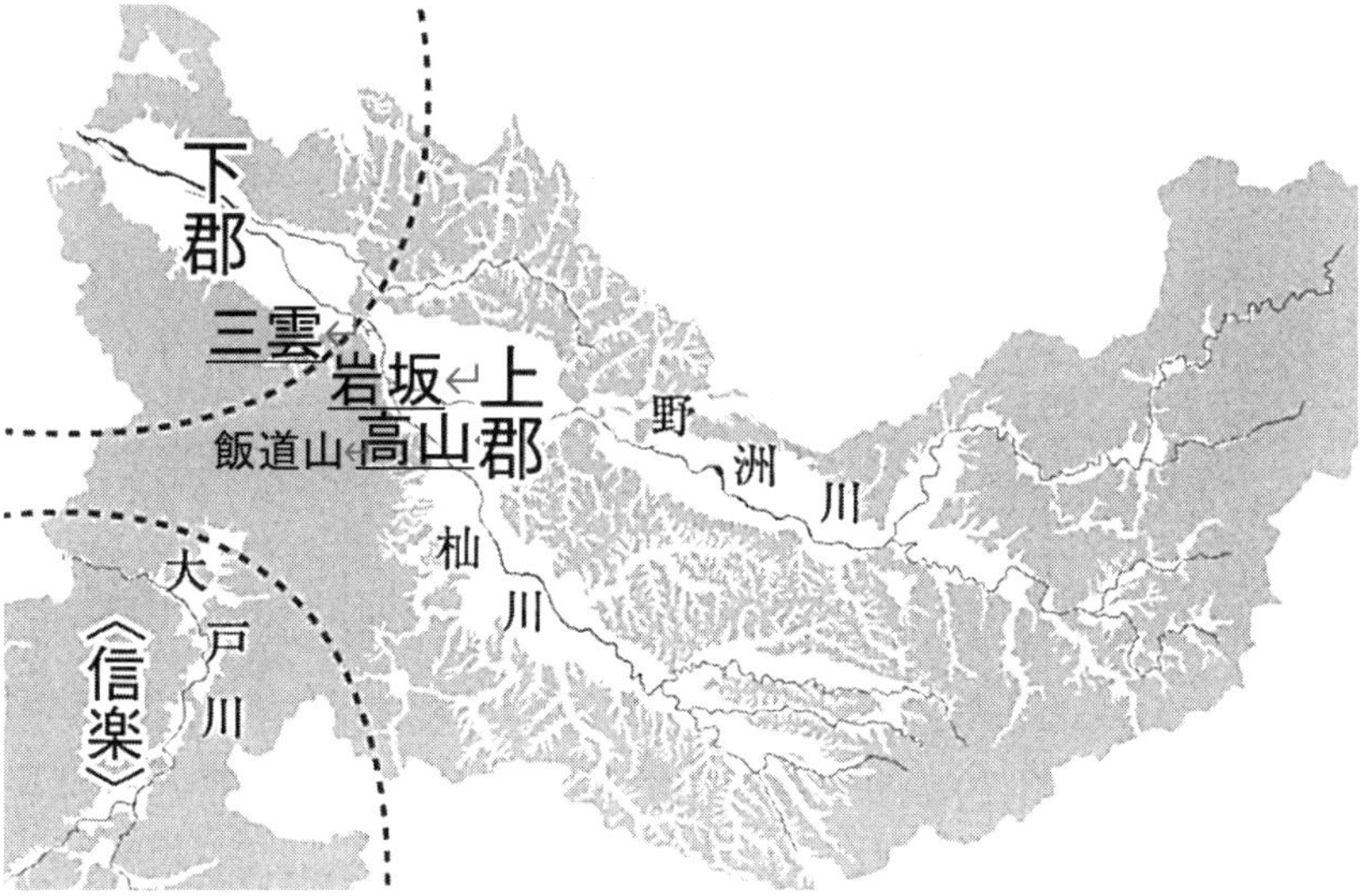

図1　甲賀郡における高山・岩坂の位置（甲賀市史２所収図を改変）

1　高山・岩坂の城館群

(1) 位置と伝承

高山と岩坂は霊峰として知られる飯道山（標高664㍍）北東山麓に位置する隣村で、その北側を杣川が流れる（図1）。東海道が並走する野洲川の合流点に近く、杣川沿いには東海道から分岐した杣街道が通った。この道は伊賀へと抜けた後、伊勢国の鈴鹿で再び東海道に合流する。中世の甲賀は東を「上郡」、西を「下郡」と呼び、互いにまとまった地域と認識された（信楽地域は別）。甲賀郡中惣の中心は上郡であり、濃密な城館分布がみられるのも上郡である。

野洲川沿いの平地は西の三雲（滋賀県湖南市）付近で山並みが迫る隘路となり、その境界となった。高山と岩坂は上郡に属するが、下郡との境目というべきロケーションにある。飯道山は信仰の対象として鎌倉後期に修験が最盛期を迎え、領主層の他、民衆も参詣をしたという。

南北朝期には南朝方の飯道寺城が構えられ、高山には反幕府方として活動する高山氏がいた。

一九二六年刊の『甲賀郡志』の「高山氏城址」には、「平石山の頂上」に堀跡を残す「高山源太左衛門」の城の他、「お屋敷」と称する高山氏の「邸」があり、光照寺も同様とする。平石山の城跡が高山氏城跡、邸が高山屋敷跡・御姫屋敷城跡を指す。光照寺の境内は城館遺構ではないが［藤岡 二〇一〇］、「邸」が複数あるとの認識は遺構の概況に合致している。

また、『甲賀郡志』は岩坂に「土豪篠原源太の邸址」と衛藤氏の砦跡「ゑんどう屋敷」を記載し、源太屋敷城跡と平子城跡の遺構が現在でも残る。岩坂には、甲賀郡中惣の有力者山中氏の同名中である山中岩坂氏がいた。なお、源太屋敷跡と高山の御姫屋敷城跡との間はわずか３００メートルの距離であり、立地条件も類似する。

(2) 高山屋敷跡・御姫屋敷城跡

高山屋敷跡は一ヶ所だが、御姫屋敷城跡は五ヶ所に曲

図２　高山屋敷跡などの位置図

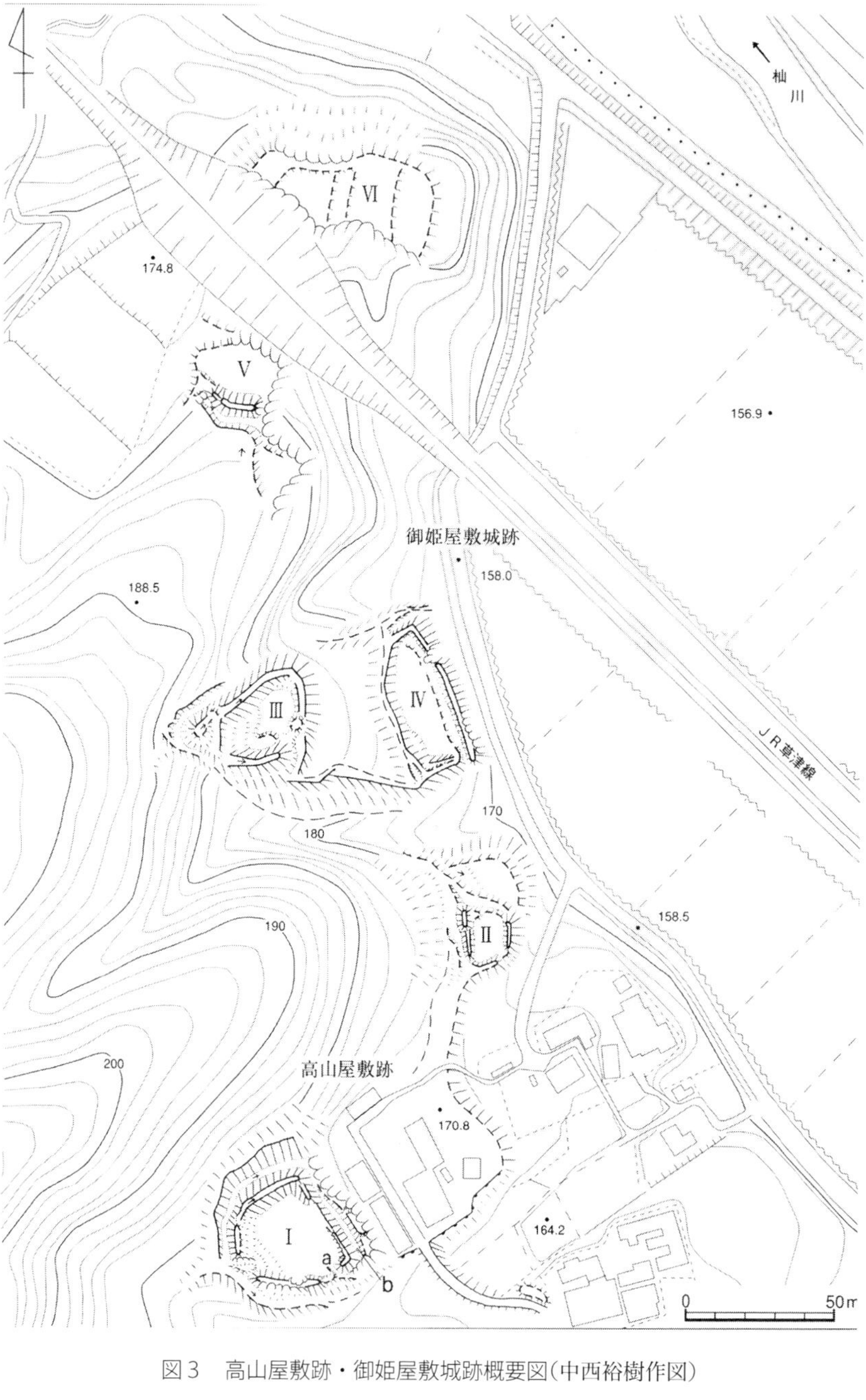

図３　高山屋敷跡・御姫屋敷城跡概要図（中西裕樹作図）

輪群が分散し、岩坂との間の尾根先端に等間隔で並ぶ。Ⅰが高山屋敷跡、Ⅱ～Ⅵが御姫屋敷城跡に該当する（図2・3）。

Ⅰは尾根の裾部に所在し、高山集落内に収まる。約40㍍四方のプランで高さ約5㍍の土塁をめぐらせ、南東隅aに虎口が想定できる。西・北側に堀を設け、東側にも堀bが認められる。東側はⅡと同レベルの宅地となり、周辺も同様である。典型的な甲賀の集落に近接する城館と評価できるだろう。

Ⅱは集落北端を画す尾根先端にあり、約20㍍四方で高さ約1～2㍍の土塁を東・南・西側にめぐらす。Ⅰ東側の宅地北端を掘り込む形であり、規模と位置をふまえるとⅠとⅢ・Ⅳをつなぐ役割が想定される。

Ⅲは尾根上の直径40㍍の楕円形の曲輪で、西側尾根続きを土壇状にして堀切を設ける。全体を土塁で囲み、南東の開口部がⅣに連絡する虎口となる。Ⅲの内部が傾斜するのに対し、Ⅳ内部は安定した平坦面となる。三方向を土塁で囲み、Ⅱに近い南東の開口部が虎口であろう。ⅢとⅣとの関係は「詰城」「居館」という根小屋式城郭のイメージに近い。

ⅤとⅥは鉄道で分断されるが、同じ尾根上にある。Ⅴは堀切と高さ3㍍の土塁を伴う曲輪であり、Ⅵは低い高低差を伴う削平地群で周囲は急斜面となる。後世の改変も大きいが、位置的に本来は一体の連郭式山城であったと推定できる。

全体として、Ⅰ～Ⅵの曲輪群はそれぞれ独立しているが、曲輪の配置は高山集落の北側を起点にして西で一つにまとまる尾根筋内に収まっている。それぞれの縄張りは方形の館跡（Ⅰ）、いわゆる根小屋式城郭（Ⅲ・Ⅳ）、連郭式山城（Ⅴ・Ⅵ）とバラエティに富み、集落を起点に外へと展開した城館群と評価できる。

(3) 源太屋敷城跡・岩坂屋敷跡・平子城跡

源太屋敷城跡は岩坂集落の南東端にあり、高山の御姫屋敷城跡Ⅴ・Ⅵとは隣の尾根筋だが直接は向き合わない（図4）。見下ろす集落には、元禄八年（一六九五）の絵図

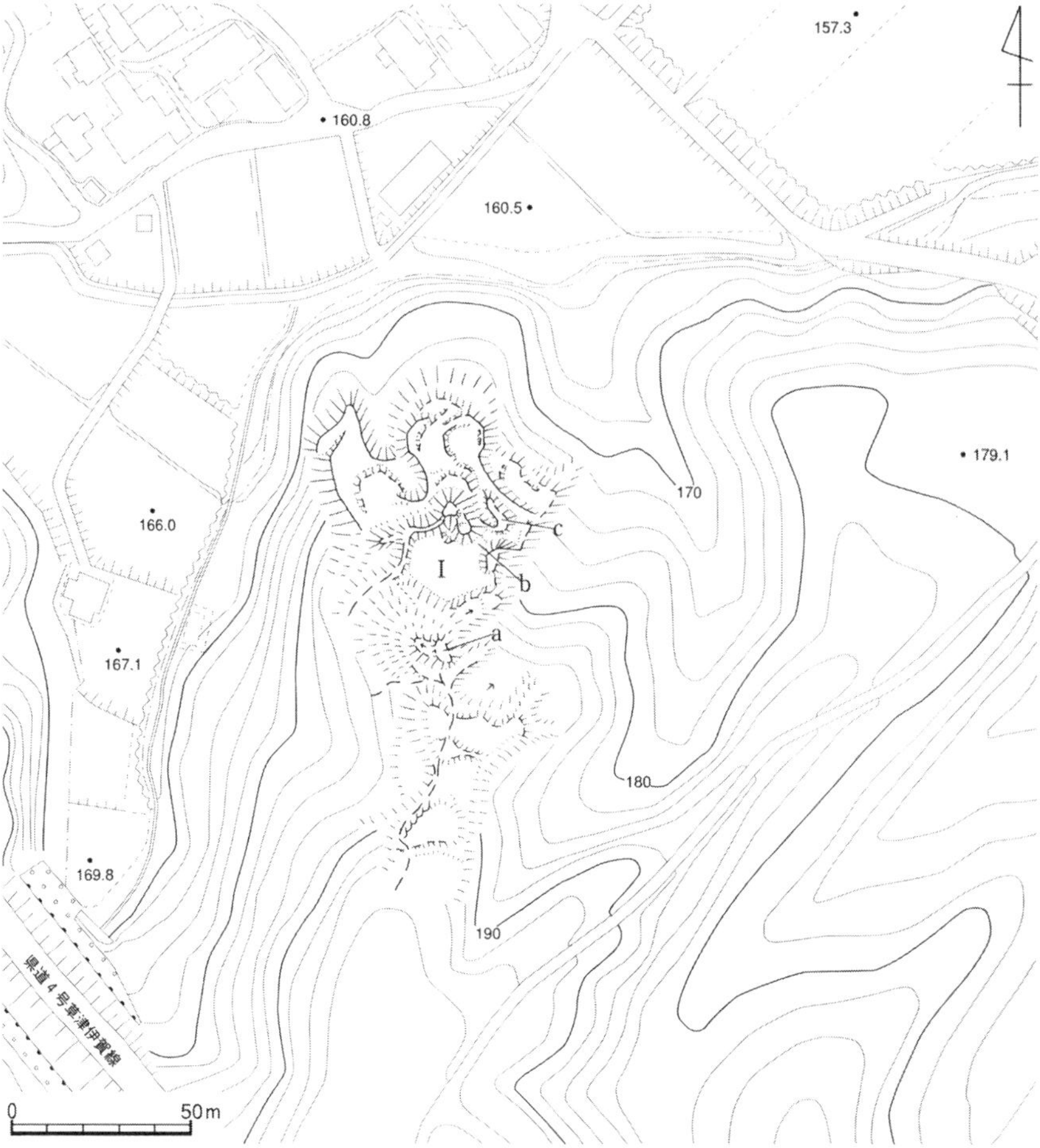

図４　源太屋敷城跡概要図（中西裕樹作図）

に基づき土塁をめぐらす半町四方の城館（岩坂屋敷跡）が復元されている［藤岡 二〇一〇］。

Ｉは尾根上の約30㍍四方の曲輪で西・北・東側を土塁とし、南の尾根続きの斜面も土塁に見立てる。その頂部ａは内部からの高さが約10㍍の土壇状となり、その南側は堀切状で外側にも削平地が認められる。土塁が食い違う開口部ｂが虎口で土塁の高さが約３㍍、上面幅が約２㍍と最も城内で規模が大きく、竪土塁ｃが虎口への導線を複雑にしている。Ｉは曲輪の面積も狭く、土塁のほかに遺構がないのに対して、虎口の規模とプランは不相応に造作されているが、土壇ａ南側の削平地を城域に理解すれば違和感は薄れよう。

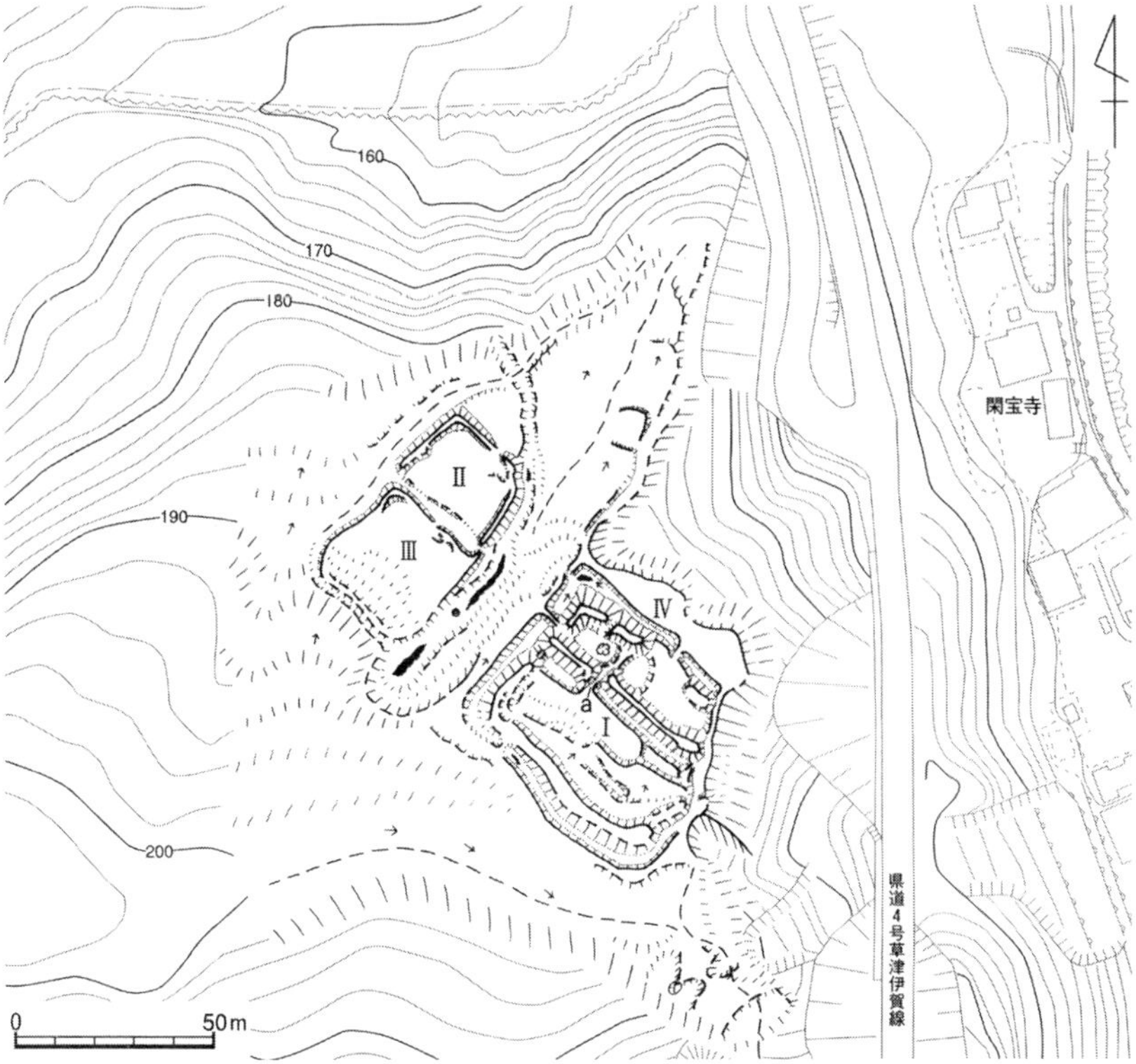

図5　平子城跡概要図（中西裕樹作図）

平子城跡は岩坂集落西の尾根を下った傾斜地のⅠとⅡ・Ⅲ・Ⅳで構成される（図5）。Ⅰは約60㍍四方で南・西・北側に堀をめぐらせる。土塁囲みの内部は傾斜し、平坦面は確保できていないが、全体では方形プランとなる。曲輪の中央の堀で南北に分割して両端を低土塁で閉塞している。堀の北側には高さ約3㍍の土塁があり、土橋aを挟んで食い違う。その北に曲輪Ⅳがある。

Ⅱ・Ⅲは方形の区画が南北に並ぶ形で、Ⅱが約30㍍×約20㍍、Ⅲが約30㍍四方である。Ⅱは西・北・東側に高さ約1～1.5㍍の土塁を設ける。Ⅲが上位の曲輪にあたるが内部は傾斜し、平坦な地形となる南側尾根続きを遮断する堀切は設けない。Ⅰに比べると土木量は劣り、Ⅱ・Ⅲとは機能や時期に差が想定できるが、安定した平坦面が少ないという点でともに恒常的な施設が推定できない。全体として南側の地形続きとの連続性を意識した臨時的な機能が想定される。

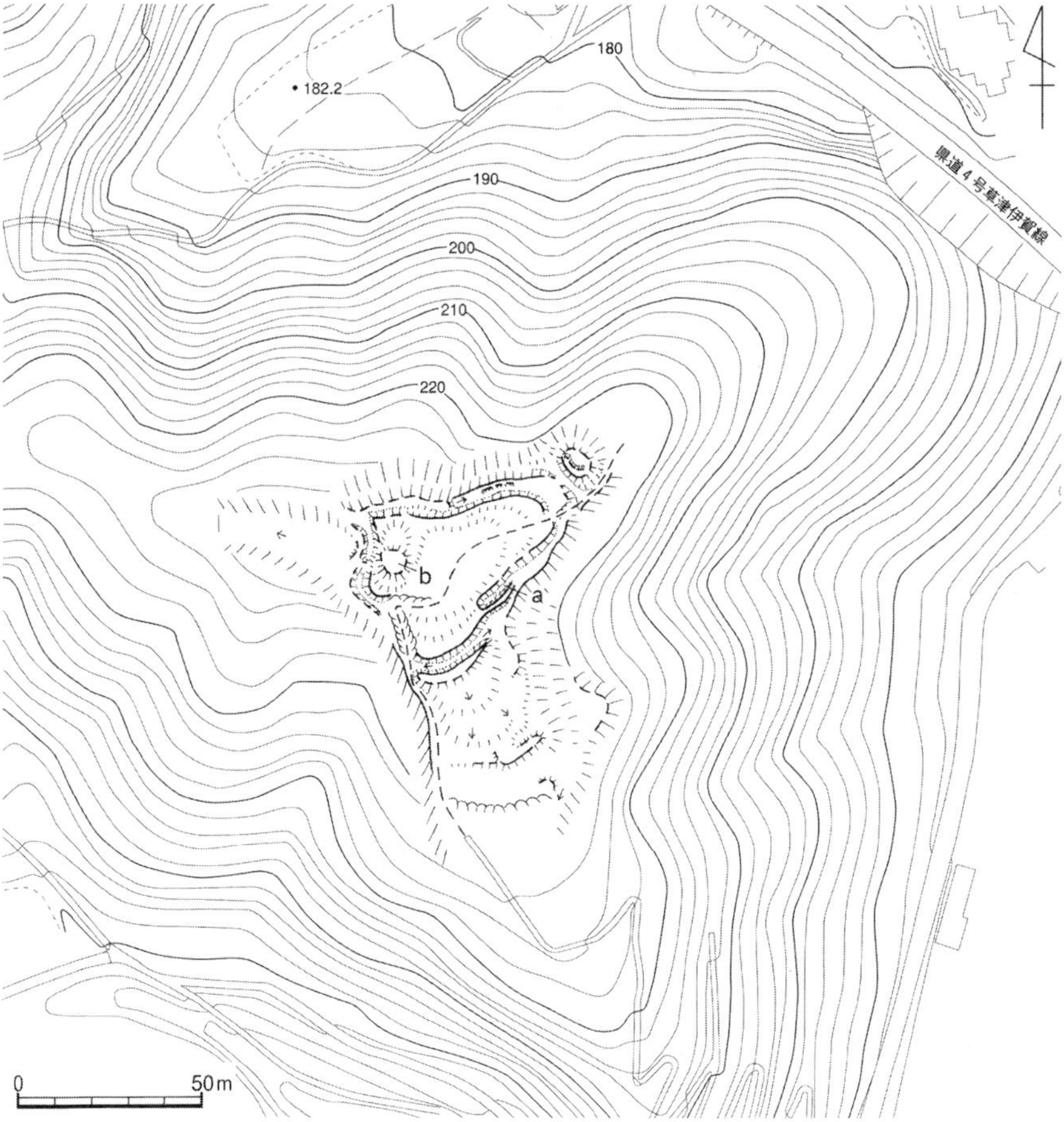

図6　高山氏城跡概要図（中西裕樹作図）

(4) 高山氏城跡と全体の評価

高山氏城跡は、高山集落の南側を区切る平石山山頂（標高229.9㍍）に所在する。横堀と連続する帯曲輪で山頂部の東半分に城域を設定し、西側には高さ約3㍍の土壇（古墳）bがある。東側には高山集落がある（図6）。規模は約60㍍×約50㍍で、内部はほぼ削平された跡がうかがえない。横堀と帯曲輪の転換点に塹壕状の堀込aと通路幅の平坦地形が残るため、ここに城外からのルートが達したのかもしれない。このような構造は、京都周辺における永禄元年（一五五八）前後の陣城に通じる［中西 一九九九］。山頂での立地も含め、単郭方形の城館が多く分布する甲賀では特異な山城である。

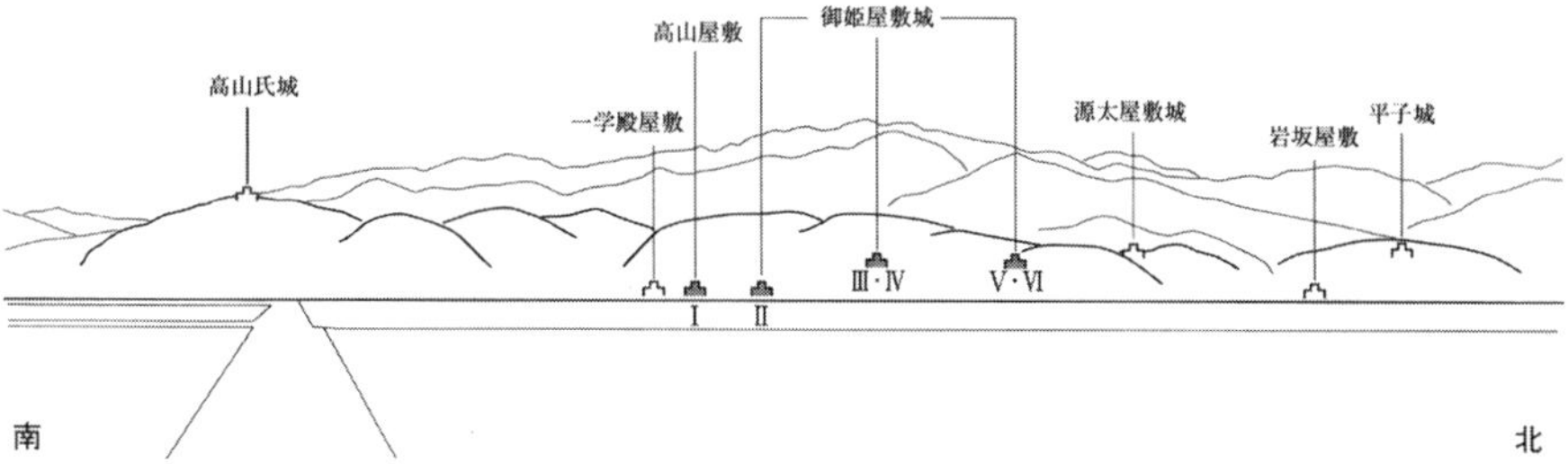

図７　飯道山麓に点在する高山・岩坂の城館群を北東からのぞむ

　この高山氏城跡の特徴をふまえ、高山・岩坂の城館群を考えたい。高山氏城跡と高山集落との比高は約62㍍と隔絶したものではなく、集落を挟む反対の尾根から外部にかけて高山屋敷跡・御姫屋敷城跡が分布した。岩坂の城館も集落を挟んで存在し、近距離ながら高山の御姫屋敷城跡とは向き合わない。また、個々の規模は甲賀の城館が基本とする半町(50㍍)四方を大きく超えるものではなかった。これらを鑑みると、高山と岩坂の城館はそれぞれが村を意識し、そのベースには村落領主層が並び立つ地域構造があったことをうかがわせる。

　ただし巨視的にみると、見事に城館群は飯道山から伸びる尾根先端、つまり杣川や野洲川が流れる盆地を南西から見下ろし、甲賀下郡との境目エリアに分布している(図7)。高山では単郭方形の館タイプを含みつつ根小屋式城郭、連郭式山城、そして横堀で城域を画する戦国末期の陣城と多様で、岩坂では背後の尾根続きを遮断しない臨時性＝陣城的な様相を示す。これらの城館群は地域構造を内包しつつ、集落の範囲を超えた軍事的緊張に対応した臨時性が強い城館群だと思われる。時期比定は難しいが、高山氏城跡の様相から広く十六世紀半ば以降のものととらえたい。

　村田修三氏は、これらの城館群が飯道山という甲賀の「聖地」を後背とするため、村落領主の精神性や飯道寺僧徒との関連も指摘する。また、城館群が見下ろす盆地が山中氏の本拠であるため山中同名中の関与を想定しつつ、甲賀全域に及ぶ軍事動向への対応とみた［村田二〇一〇・二〇一二］。次節で述べる「六角征伐」の際、六角氏当主の六角高頼は上・下郡の境目であった三雲や飯道山に拠った。この事実からも、村田氏の評価は首肯できる。

2　甲賀と六角氏・畿内の中央権力

⑴ 近江守護六角氏と甲賀

本節では、甲賀の村落領主と近江守護六角氏、足利将軍家と細川京兆家という畿内中央の権力との関わりを取り上げる。

六角氏は応仁の乱後、押領した寺社や公家の領地返還を幕府に命じられるが拒否し、押領の対象は幕府奉公衆の所領にも及んでいた。その結果、長享元年（一四八七）に将軍足利義尚、延徳三年（一四九一）に将軍足利義稙による近江親征（第一次・第二次六角征伐）が実行された。

第一次六角征伐の際、早々に当主の六角高頼は甲賀の山中氏に出陣を命じ（『酒人山中文書』）、九月に幕府勢が本拠地の観音寺城（滋賀県近江八幡市）へと迫る前に甲賀へ逃れ、高山・岩坂に近い下郡の三雲の城に入った。十月に義尚が鈎（滋賀県栗東市）に陣を据えると幕府勢は甲賀に侵入し、三雲の城を放火した。しかし親征に参加した多くの大名は積極的でなく、十二月に撤退をはじめると「牢人数千」が蜂起した（『後法興院記』長享元年十二月三日条）。この「牢人」とは甲賀の村落領主だと考えられ、戦功をあげたとする大原・望月・和田・山中氏らが江戸期後半には「甲賀二十一家」という由緒で語られた。この後、伊賀に移った高頼は翌年に「伊賀衆」二百人を家臣とし、義尚開陣後に近江へ攻め入るとの話があった（『蔭凉軒日録』長享二年三月二十二日条）。長享三年三月に義尚が陣没すると、七月に赦免された高頼は復帰を果たした。

延徳三年、義尚の跡を継いだ足利義稙が再び親征を進め、高頼との間に入った細川政元を取り込んで八月に出陣した。この第二次六角征伐の直前、やはり高頼らの六角勢は甲賀に逃亡し、翌年五月の赤松・武田・斯波氏ら幕府勢の甲賀攻撃に際して高頼は飯道寺に立て籠った（『大乗院寺社雑事記』延徳四年五月十一日条）。一方で甲賀の「郡衆」が将軍の出陣回避を嘆願し（『同』延徳四年五月十八日条）、高頼は甲賀にいないとの告文を提出する

(『同』明応元年十一月二十六日条)。この「郡衆」も甲賀の村落領主層だと思われる。やはり幕府勢の動きは鈍く、十二月には高頼が「甲賀郡之奥ニ隠籠」ことを承知で義稙は帰洛した(『同』明応元年十二月十六日条)。

二度にわたり、六角氏は没落先の甲賀や伊賀の村落領主を味方に本拠回復に成功した。後述のように戦国期の畿内近国では、守護などの国レベルの支配権力が特定の山間地域へと没落し、村落領主層の支持を得て平野部の本拠を奪還するパターンの軍事行動をとる。特定の山間部が守護らの軍事的後背地として機能したのである。六角氏も同様の軍事パターンをとっており、甲賀は六角氏の本拠奪還へ向けた軍事的後背地の役割を担ったといえる。

反対に甲賀の村落領主にとっては六角氏との関係構築が勢力拡大の契機となり、郡外へと進出する機会となった。例えば山中氏は、以前から六角氏の内部抗争に関わって栗太郡山田(草津市)と瀬田(大津市)に権益を宛がわれ、第一次六角征伐で命じられた出陣先は山田であった。三雲氏は六角征伐を通じて六角氏との関係を深め、甲賀下郡に影響力を持つに至っている[新谷 二〇二一]。

ただし、以降の六角氏は守護代伊庭氏の反乱を鎮圧し、安定した権力となる。永正七年(一五一〇)に細川高国が伊庭氏攻めの軍勢を差し向け、国内では京極氏や浅井氏と戦うものの、六角氏が甲賀へと没落することは久しく途絶えた。むしろ六角定頼が享禄四年(一五三一)に将軍足利義晴を観音寺城に近い桑実寺に迎えた後、六角氏は畿内政治に強い影響力を持ち、京都方面などの国外に再三出兵していく。

(2) 足利将軍家・細川京兆家と甲賀

一方、以後の甲賀には畿内の動向を左右する足利将軍家、細川京兆家の当主や軍勢が没落してきた。永正四年(一五〇七)と同五年の二度、細川京兆家の内部抗争に敗れた細川澄元は山中氏を頼って甲賀に入っている。細川京兆家は摂津・丹波の守護で幕府管領家としても幕府内や畿内近国に大きな影響力を持ち、応仁の乱後に他の守護家が在国を図る中でも在京を志向した。澄元は甲賀から京都奪還の軍事行動を起こし、このとき望月氏らの「甲賀衆」(『足利季世記』)が従軍した。甲賀は細川澄元の後背地の様相を呈したといえる。

以降の山中氏は細川京兆家の有力家臣となり、近江国外で活動をはじめる。山中新左衛門尉が澄元の摂津国欠郡(およそ大阪市域)の守護代となり、永正八年の船岡山の戦い(京都市北区)では主力を率いて戦死した。享禄三年(一五三〇)には摂津大物(兵庫県尼崎市)で山中遠江守が戦死するが、天文五年(一五三六)には細川晴元(澄元の子)から山中藤左衛門尉・山中橘左衛門尉が欠郡の守護代に任じられた。なお、同七年の将軍足利義晴による晴元邸への御成の際にはこの山中氏の他、望月氏も対応にあたった(『細川亭御成記』)。

また甲賀には将軍家に仕える村落領主がおり、六角征伐では岩室氏が将軍義尚に従った。永正十年、かつて甲賀攻撃を命じた足利義稙は京都を出奔し、「大原同名中」の掟に名がみえる甲賀の玉木氏を頼った。以前にも義稙は将軍職を追われた後、越中国から上洛を目指した明応八年(一四九九)に近江で六角勢に敗れて甲賀に逃れている。将軍に仕える村落領主は「甲賀奉公衆」と呼ばれ、集団で動いて通常の奉公衆とは区別されていた。

後に足利義昭の重臣となった和田惟政は、その兄の足利義輝に仕えた。永禄八年(一五六五)に三好氏らが義輝を殺害すると、奈良で幽閉された義昭の脱出を助けて甲賀の和田に迎える。同十一年に義昭が将軍に就任した後、惟政は在京しつつ三好氏が畿内を支配した芥川城(大阪府高槻市)の城主に抜擢され、義昭の幕府と摂津支配を支えている[中西 二〇二三]。

近江国栗太郡瀬田(大津市)周辺に勢力を築いた山岡氏も元は甲賀郡の出身とされる[井上 一九九六]。山岡景友は義昭の山城国上三郡の守護代となり、元亀四年(一五七三)に石山城(大津市)で反織田氏の兵を挙げた際には「伊賀・甲賀衆」と合流した(『信長公記』)。なお、甲賀町毛枚の山岡城跡の城主は山岡景友と兄の景隆との伝承がある。

甲賀は畿内の東縁にあたる高原地帯であり、幾重の谷筋が入り組む。この地理的条件と郡外での勢力拡大という村落領主の意図、また大名(六角氏)の本拠ではないなどの条件が畿内の中央権力が没落する環境となり、軍事的後背地のような側面を持たせたのだろう。ただし以前の六角征伐時とは異なり、甲賀は外部からの直接的な軍事侵攻を受けなかったことには注意をしたい。

なお、甲賀は東海地方の西縁部でもあり、東海地方に進出した村落領主もいる。信長の家臣・滝川一益は甲賀の同名中を代表する大原氏の一族で、尾張国知多郡の佐治氏(浅井長政の娘・江を妻とした佐治一成の一族)にも甲賀衆出身説があり、甲賀町小佐治の佐治城跡は城主に佐治氏を伝えている。

(3) 三好・織田氏による変化と甲賀

天文十九年(一五五〇)になり、京都から将軍足利義輝を攻める三好氏の軍勢が近江に侵入した。三好氏は阿波の勢力として阿波細川家出身の澄元を支えたが、晴元の代に敵対して天文十八年の江口の戦い(大阪市)で三好長慶が晴元方を倒し、将軍足利義輝を近江に没落させていた。長慶は畿内の中央を押さえ、この翌年に三好勢が近江の志賀(大津市)付近で六角氏の軍勢と衝突したのである。近江にとっては、久しく途絶えていた大規模な国外勢力の侵入となった。

天文二十二年以降、再び将軍義輝を近江に追った長慶は、永禄三年(一五六〇)に義輝と和睦するまでの間、摂津の芥川城を拠点に将軍不在の京都と周辺を支配した。畿内近国における大きな政治秩序の変化であり[天野 二〇一四]、この後に三好勢は丹波の波多野氏を攻撃し、家臣の松永氏が八木城(京都府南丹市・亀岡市)で丹波守護代内藤氏を後見しはじめる。さらに三好勢は河内や大和という畿内の他、播磨東部や若狭などの日本海側、本拠である四国の阿波や讃岐に加えて伊予東部を制圧した。これだけ広域に軍勢を派遣した畿内の権力は前例がなく、かつ一時的な侵攻ではなく支配を伴った。三好氏の勢力拡大は畿内近国に大きな軍事的脅威をもたらしたに違いない。

永禄四年以降の六角氏は河内から紀伊に没落した守護畠山氏と連携し、六角氏が京都、畠山氏が和泉・河内で三好勢と戦うものの形勢は逆転しなかった。この脅威は甲賀も同様であり、伊賀惣国一揆の掟書には、「当国之諸侍又ハあしかるニ不寄、三好方へ奉公被成間敷候事」(本書Ⅲ部参考史料2―6参照)という文言がみえる。「伊賀惣国」、そして「甲賀郡中惣」という地域的一揆体制は、この三好氏侵攻に対応したとも理解されている〔石田一九六二〕。また、あくまで伊賀惣国の掟書であることから、三好氏(大和支配者の松永氏)が伊賀に侵攻してくる危機が迫った永禄三年(一五六〇)との有力な見解もある〔稲本一九八八〕。

永禄七年の長慶の没後に三好氏は分裂し、同十一年に足利義昭を奉じる織田信長が入京への軍事行動を起こすと六角氏は敵対した。結果的に多くの家臣が離反し、第二次六角征伐から七十六年を経て、再び六角氏は観音寺城を捨てて甲賀に没落する。翌年の九月頃、織田氏に対して「甲賀衆・伊賀惣国」が近江で一揆を起こすと噂が流れた(『多聞院日記』永禄十二年九月七日条)。甲賀は、再び六角氏の軍事的後背地となった。

元亀元年(一五七〇)五月には六角義賢・義治父子が甲賀下郡の石部城に二万の軍勢で入り(『言継卿記』永禄十三年五月二十二日条)、翌月に近江南部へ進出したが三雲氏の他、「伊賀・甲賀衆」の七百八十人が討死した。義賢らは三雲氏の菩提寺城に拠るが軍勢が集まらず、やがて織田氏と停戦する(『信長公記』)。

元亀四年に将軍義昭と信長が決裂し、二月に山岡景友が石山城(大津市)で「伊賀・甲賀衆」と挙兵する。夏には織田勢の甲賀攻撃が噂され、甲賀郡中惣は伊賀惣国との連携を確認し、六角氏が石部城で勢力を糾合した。六角征伐以来の大規模な甲賀侵攻がはじまり、天正二年(一五七四)に石部城が攻撃を受けると三月には甲賀衆からも降伏者が出た。翌月に六角氏は甲賀から逃走し、以後の近江復帰は叶わず、甲賀は織田氏に制圧された。

3　軍事的後背地と城館構成

(1) 大和の有力国人と東山内

甲賀は六角氏らの軍事的後背地という地域性を帯びた。この点をふまえ、本節ではその地域に数多く分布する規範性の強い小規模城館を考えるため、畿内近国における守護などの国レベルの支配権力と軍事的後背地、そしてその地域における城館構成の特徴を確認する（位置は図8を参照）。

「軍事的後背地」という考え方は、縄張り研究の画期となった一九七九年度日本史研究会大会の村田修三氏報告「城跡調査と戦国史研究」において言及された［村田 一九八〇a］。戦国期の大和国では奈良盆地を「国中」、東の高原地帯を「東山内」という地域名で呼び、国中に勢力圏を形成した筒井・十市・古市らの有力国人が「山間の後背地を固めて国中の覇権を競」った。この「後背地」が東山内である（本書所収「大和国東山内の城館研究」も参考されたい）。

東山内には筒井・十市・古市氏の支配が及び、三氏は国中との分水嶺に「山ノ城」と呼ぶ山城を設けた。「山ノ城」とは本拠の平地城館に対する詰城にあたり、東山

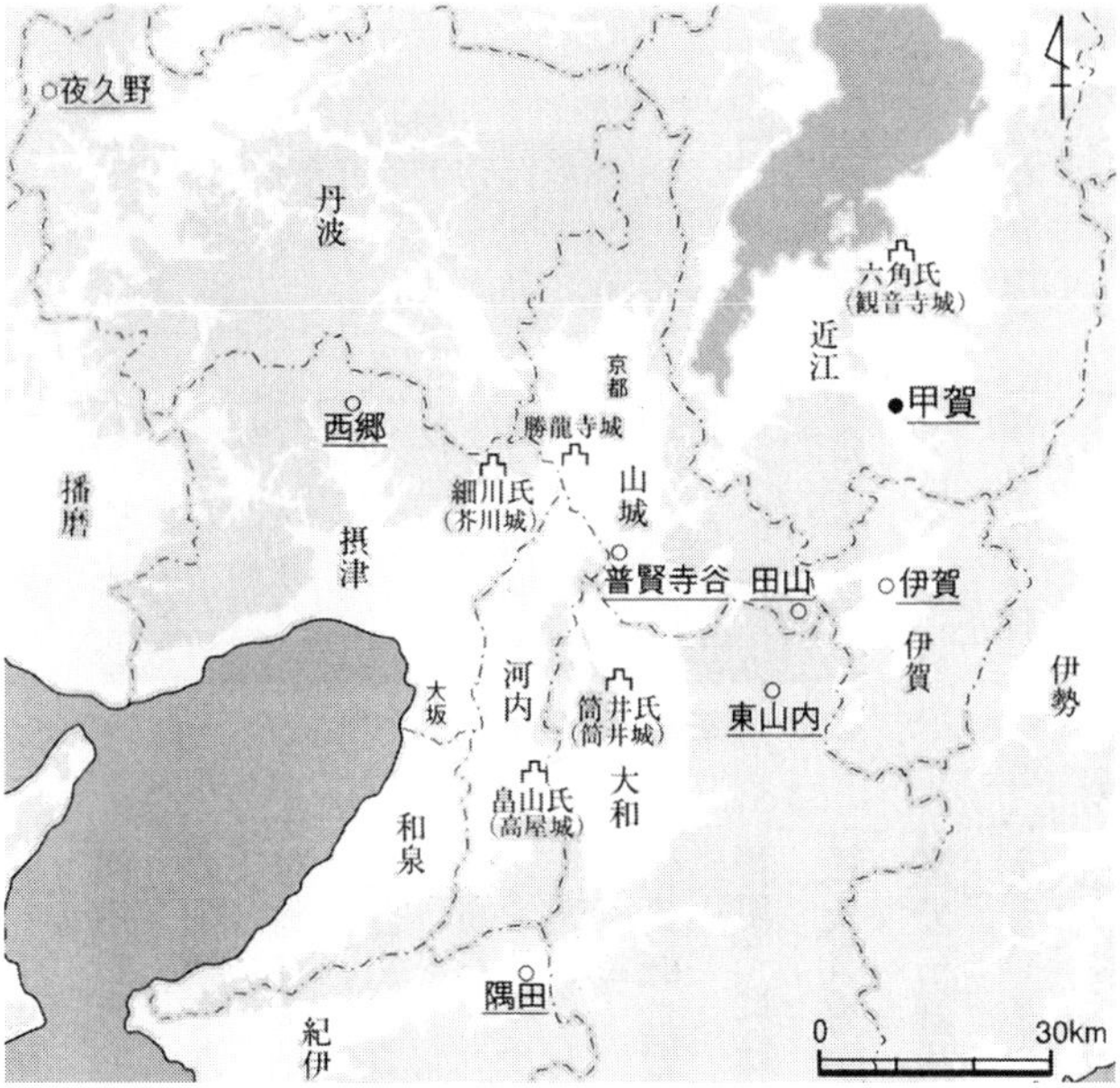

図8　畿内近国における小規模城館分布地域（下線部）

内から国中へ進出する橋頭堡でもあった。後には勢力圏全体の支配拠点に転じ、畝状空堀群や横堀という戦国期後半の縄張りが採用されている［村田 一九八五］。

古い事例では、永正十七年（一五二〇）五月に古市氏が「山ノ城」から国中を攻め、筒井氏に撃退されたことが知られる。同氏は本拠の古市（奈良市）に古市城という平地城館を構えたが、このときは「東山内大平尾ニ被居テ」「大平尾迄帰陣」と東山内の大平尾（奈良市）から出撃と退却を繰り返した（『祐維記』永正十七年五月二十九日条・六月二十二日条）。なお、この「山ノ城」は鉢伏城（奈良市）に比定されている。

筒井氏は、国中の筒井（奈良県大和郡山市）を本拠としつつ福住（奈良県天理市）を東山内の拠点とし、在地の福住氏と強い関係を保って「山ノ城」の椿尾上城（奈良市）を築く［多田 一九九〇］。古くは文明十一年（一四七九）十月に「昨日椿尾ニ出帳、夕部福住ニ引退畢」と椿尾への出陣後に福住に帰陣しており（『大乗院寺社雑事記』文明十一年十月四日条）、後の元亀元年（一五七〇）に本拠の筒井城を松永氏に追われた際も福住に逃れ、後に「福住城」は松永勢の攻撃を受けている（『多聞院日記』元亀元年六月六日条）。

東山内では、甲賀に類似した半町四方の城館が集落近くに群在する。村田氏はこのタイプを「山内型」と呼称し、主体である「在地土豪」が「村落の農民を支配する領主になり切れず」「館・城未分離の姿」とした［村田 一九八〇b］。その分布状況は「山内衆」とも呼ばれた村落領主層の一揆＝地域構造として理解される。ただし「山内型」だけではなく、集落から離れると小規模な非方形の山城が存在し、有力国人による東山内と国中を結ぶルート掌握のための支城だとされる。少数だが大規模な連郭式山城も成立し、その主体には有力国人と結んで一揆から抜け出し、勢力を拡大した在地勢力が比定されている。

例えば東山内の一揆をリードした多田氏は「山内型」の多田下城（奈良県宇陀市）の他、これを拡張した多田佐比山城（同）と延長２００㍍に及ぶ貝那木山城（奈良市）を

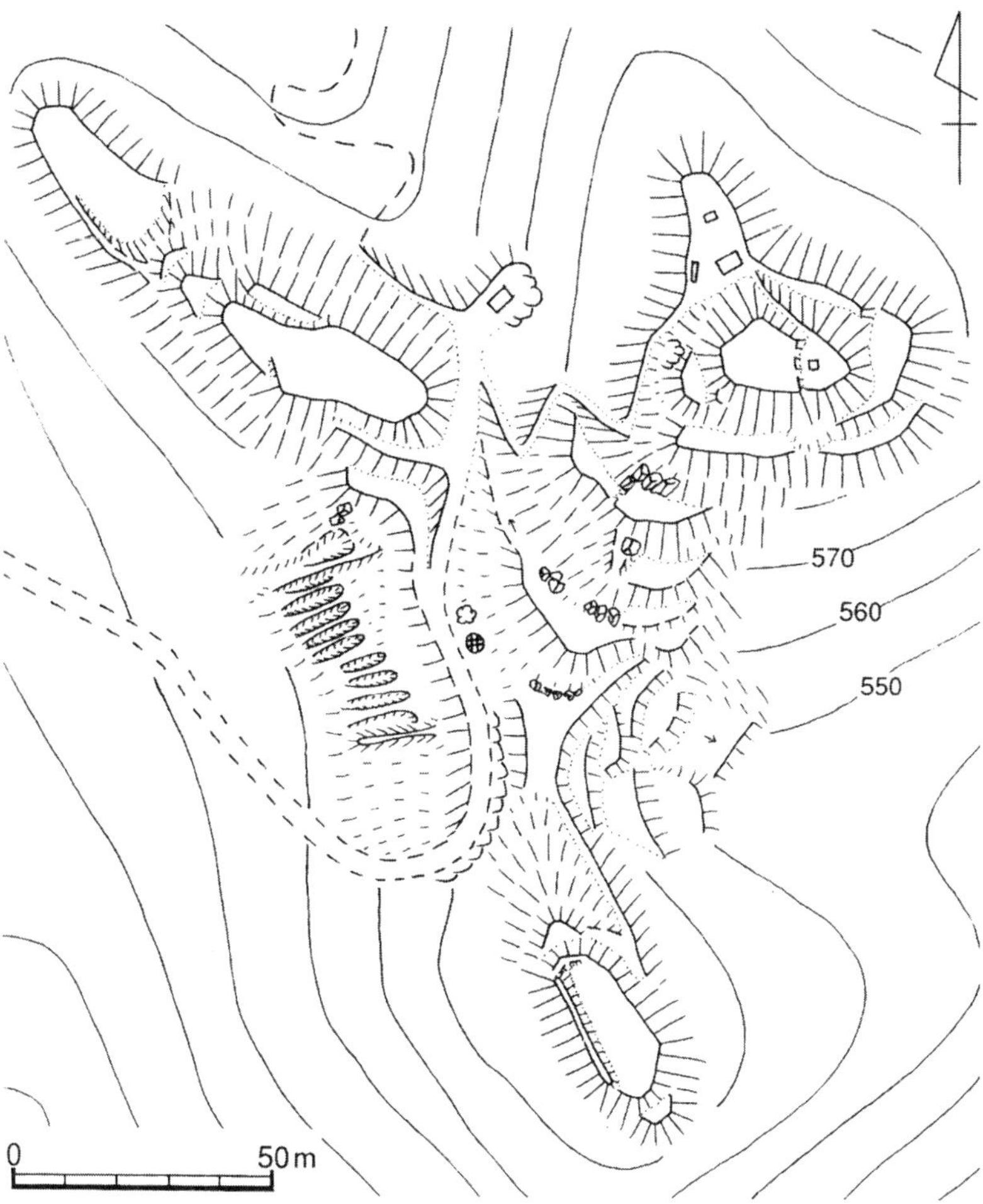

図９　貝那木山城跡概要図(中西裕樹作図)

構え(図９)、周辺では珍しい畝状空堀群という縄張りも確認できる。筒井氏と結んだ福住氏も「山内型」を拡張した福住中定城(奈良県天理市)と連郭式山城の福住井之市城(同前)を築いた。東山内の城館構成は、一揆の村落領主層による「山内型」の群在とともに、少数だが領主的発展を遂げた主体の拡張型と大規模山城、そこに国中国人の小規模山城と大規模山城が併存するものであった。

(2) 細川京兆家と摂津国能勢郡西郷

摂津守護の細川京兆家は丹波守護も兼帯し、一族が各地の守護に任じられて幕府周辺で大きな力を持った。幕府管領家であり、他の守護家が任国に下る中でも在京を基本とした。永正四年(一五〇七)に当主の細川政元が暗殺されると、細川澄元派と細川高国派に分裂し、当初は阿波細川家出身の澄元が有利となったが一族の支持を得た高国が巻き返す。その結果、澄元が阿波から進出を図り、大阪平野で高国が迎え撃つ構図が生まれる。そこで高国は永正十二年(一五一五)に摂津で大阪平野に面した芥川城を築城した。

高国の権力は安定するが大永六年(一五二六)に阿波から細川晴元(澄元子)が進出すると、享禄四年(一五三一)に高国は敗死した。しかし晴元は本願寺勢力や京都の法華一揆に阻まれて入京できず、天文元年(一五三二)～同五年は芥川城にとどまった。入京後、天文八年に家臣の三好長慶が芥川城を占拠すると晴元は京都北部に逃避するが、同十年に木沢長政、同十二年に細川氏綱(高国の養子)が大阪平野で挙兵した際は芥川城に入って対峙した。しかし同十五年の氏綱との戦いでは丹波に没落した。そして摂津山間部を経由した後、大阪平野の敵勢を攻撃している。同十八年に氏綱を擁する三好長慶の挙兵時にも晴元は同様の行動を取ったが、このときは江口の戦い(大阪市東淀川区)に敗れて京都回復は叶わなかった。晴元の軍事行動は、京都から直接芥川城に入るか、丹波への没落を経て摂津山間部から平野部へ進出するパターンに分けて理解できる[中西二〇〇二]。

摂津山間部では、能勢郡西郷(大阪府能勢町)で約3㌔四方に大小合わせて一〇ヶ所の城館が存在することが特筆される[中西二〇一五]。西郷の城館は長辺50㍍をベースに延長100㍍に満たない小規模な山城(単郭か複郭)が村落の境界付近に分布し、その主体には「西郷諸侍中」という一揆的な村落領主が比定できる(図10-1・2)。天文十四年に晴元方の国人がこの「西郷諸侍中」を攻撃し、能勢郡周辺を掌握した。翌年に晴元は先述の対細川氏綱との戦いで丹波没落後に大阪平野に向けた軍事行動

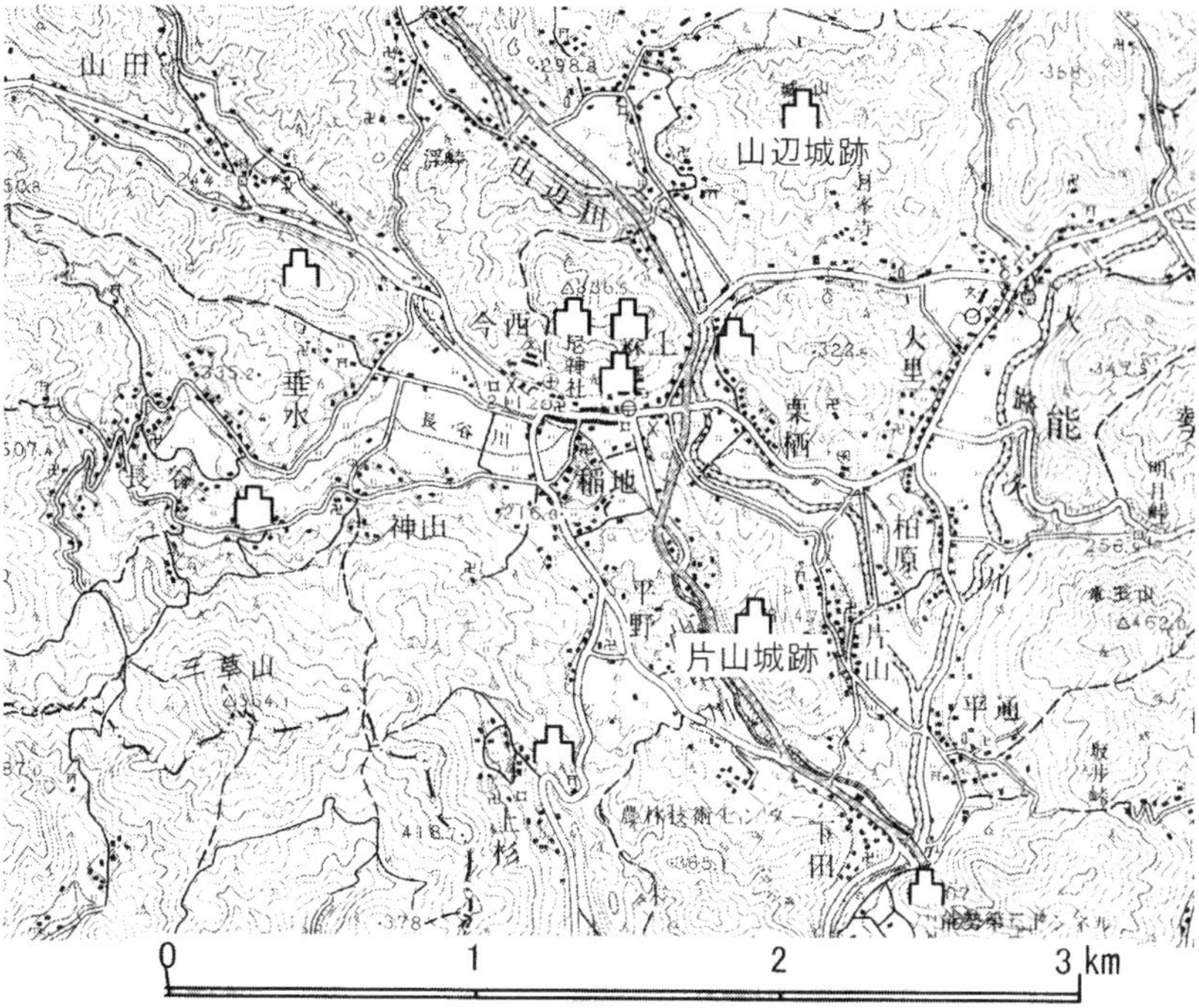

図 10-1　西郷の城館分布

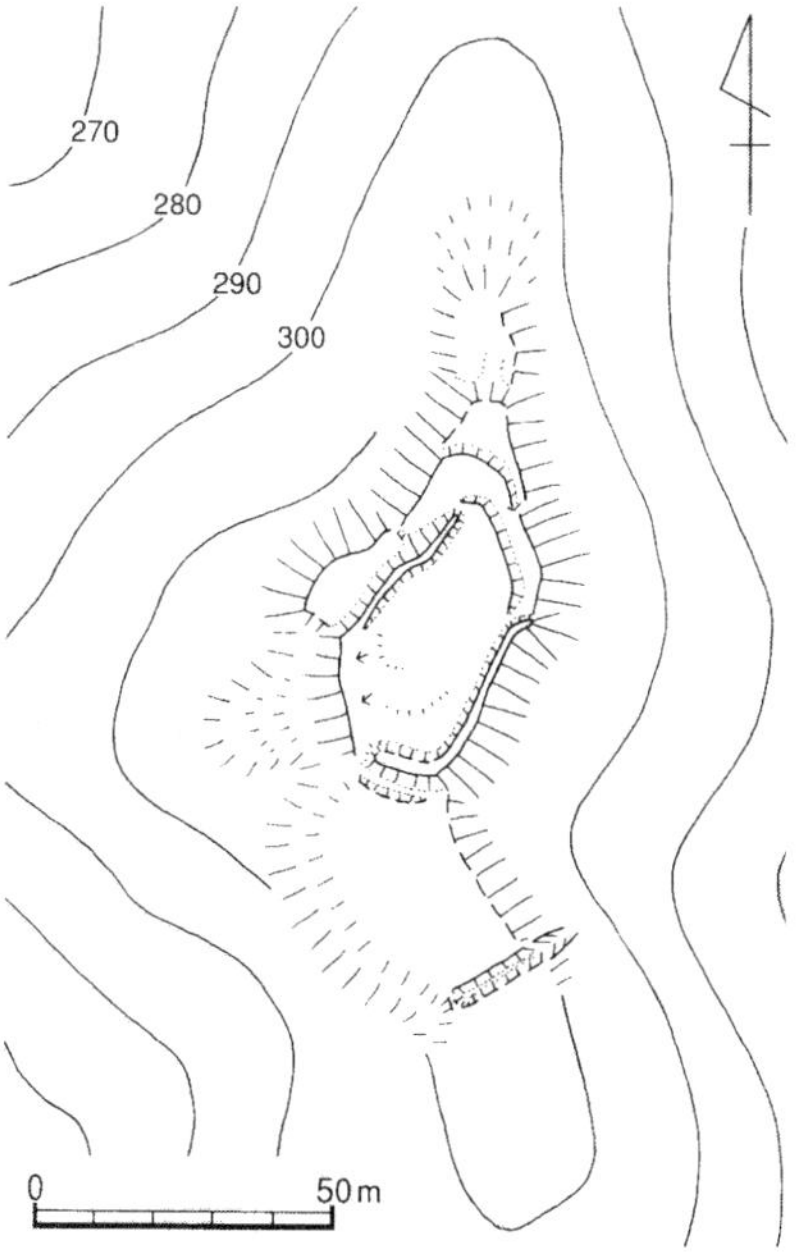

図 10-2　西郷の片山城跡概要図（中西作図）

をとっており、能勢郡の掌握は軍事的な後背地の確保という意味があったと思われる。

一方、西郷では延長２００㍍を越え、独立山塊の山頂に立地する山辺城という大規模な連郭式山城が存在し、石垣の使用も確認される。この主体は永禄元年（一五五八）から間もなくして国人能勢氏に代わって「能勢」を称した大町氏で、三好氏からも能勢郡支配の照会を受けている。また、小規模山城をベースに縄張りを拡張した森上城の森本氏は大町氏と連署状を出している。ともに両氏は「西郷諸侍中」の有力者であったことが地元寺院の水帳から判明する(『月峯寺文書』)。能勢郡西郷の城館構成は、一揆の「諸侍中」による小規模山城をベースに、少数の領主的発展を遂げた主体の拡張型と大規模山城が加わるものとして把握できる。

(3) 畠山氏と紀伊国伊都郡隅田

河内と紀伊の守護を兼帯した畠山氏は十五世紀半ばに家督争いを生じ、畠山政長派と同義就派に分裂する。畠山氏は管領をつとめる家であったが、細川京兆家とは異なって戦国期は河内・紀伊への在国を基本とした。

明応二年(一四九三)の明応の政変で畠山政長が自害すると、河内に細川京兆家の力が及ぶが、両派の和睦を経て畠山氏は大阪平野に接した台地上の高屋城(大阪府羽曳野市)を拠点とするようになる。この後は政長派が優勢となり、畠山尚順(政長の子)が紀伊に在国して和泉国など畿内南部の支配を目指した。しかし子の畠山稙長が家臣の反発を受けた尚順を追放し、京兆家の細川高国と連携して畿内の趨勢を握る。この後は守護代遊佐氏が台頭し、三好氏の影響も及ぶ中、畠山高政らが活動するも力を弱めていった。

これらの過程で高屋城を失った畠山氏当主は紀伊国北部の伊都郡へと没落後、高屋城への復帰を目指す。稙長は天文三年(一五三四)~同十一年の紀伊在国の後に高屋城に復帰した。畠山高政は永禄二年(一五五九)~同十一年の間、四度の紀伊没落と河内復帰を繰り返している。

山間の地である伊都郡隅田周辺(和歌山県橋本市)では、「隅田党」と呼ばれる村落領主の在地結合が存在した。この集団は後に和歌山藩が「隅田組」という地士集団として編成するが、その由緒では永禄三年(一五六〇)に没落した守護畠山高政を隅田に迎え、河内国の金胎寺城(大阪府富田林市)に籠城して奮戦したという〔藤田 一九九六〕。また、和泉国南部では、紀伊北部の根来寺(和歌山県岩出市)が地域権力となるが、その坊院には河内・和泉南部の他、紀伊北部の村落領主の子弟が入寺し、畠山氏の軍事要請に応えていた。畠山氏は高屋城在城を基本とするが、勢力を失うと紀伊北部を軍事的後背地とし、高屋城復帰を目指すパターンを取った。

　伊都郡には、隅田の岩倉城（和歌山県橋本市）のような長辺約50㍍前後の単郭をベースとする小規模山城が分布し、これ以外にも多くの小規模城館が存在したと考えられている（図11）［和歌山城研 二〇一〇］。一方で、１００㍍以上×約１００㍍の規模となる霜山城（同前）が存在する。方形の二つの曲輪に二重堀や外郭を伴う平地城館で、小規模城館が拡張したものとも理解できるだろう。主体には隅田党の野口氏や守護畠山氏が伝わる。

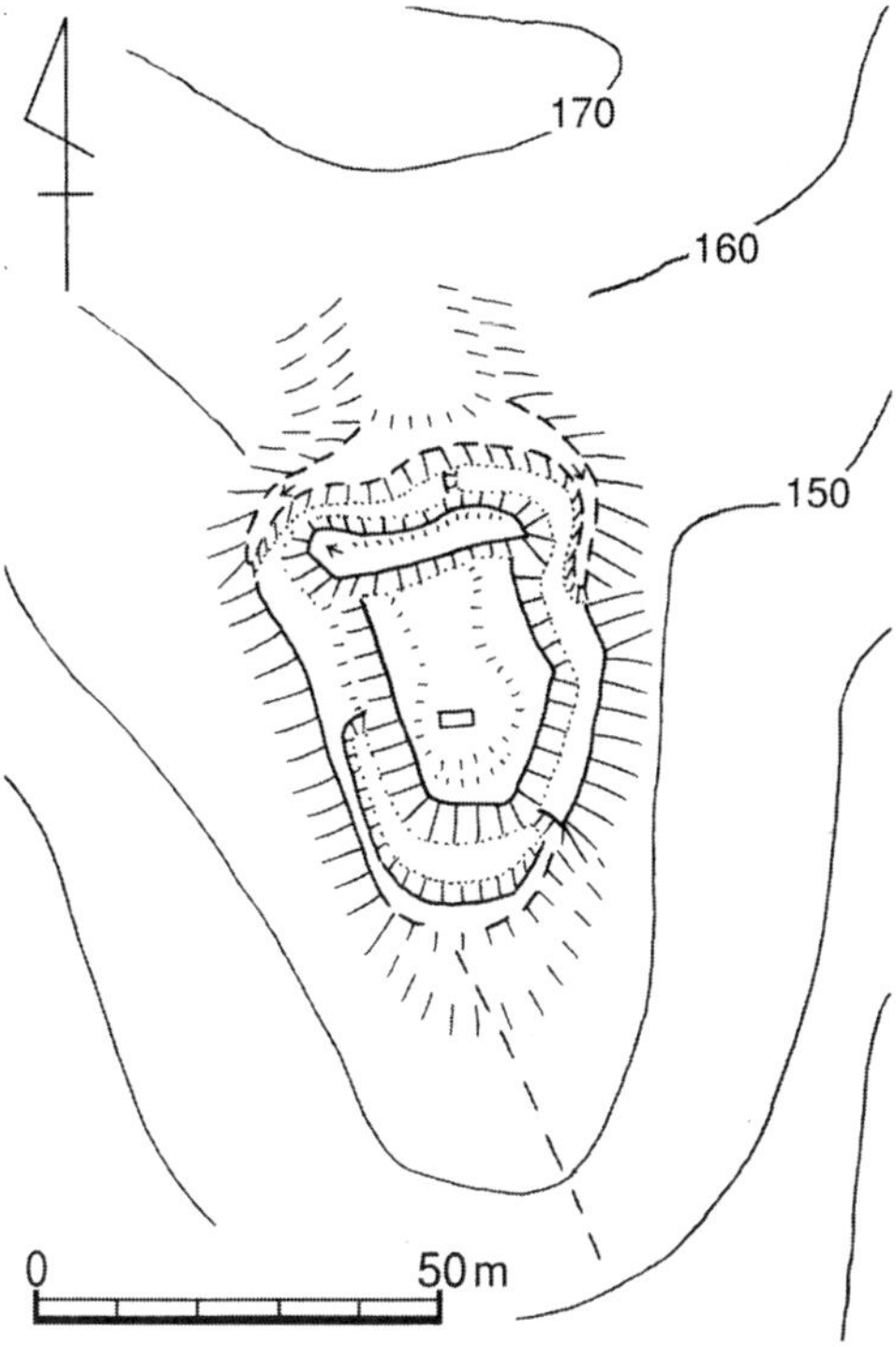

図11　岩倉城跡概要図（中西裕樹作図）

　また地元の贄川氏が築き、畠山氏が拡張したと考えられる長藪城（同前）が大規模な山城となる。この山城では「長藪城衆」（『祐維記』）という畠山氏の軍勢が活動し、実態は贄川氏や隅田党らの地域の村落領主層であったと推測されている。この傾向は隣接する畠山氏が守護をつとめた大和国宇智郡に通じ、ここでは国人と村の侍との重層的な惣郡一揆が成立していた。この国が異なる両地域の有力な侍たちを、畠山氏は一括して軍事動員していた。伊都郡隅田の城館構成は一揆的な村落領主による小規模城館をベースに地元勢力を主体としつつ、守護の関与が想定される大規模な平地城館と大規模山城が加わるものとして把握できる。

4　畿内近国からみた甲賀の城館

(1) 軍事的後背地と小規模城館

前節で紹介した畿内近国の軍事的後背地と城館構成をふまえ、甲賀の小規模城館群を考えてみたい。

まず共通点として、その地域の城館構成が一揆の主力メンバーである村落領主層による小規模城館を軸とした点がある。地域構造と城館の様相が一致したケースと理解して良いだろう。ただし、そもそも畿内近国では村落領主層が一揆的な動きを示した地域は多く、例えば山城国西岡(京都市の一部・京都府向日市・長岡京市)でも「乙訓惣国」が確認できる。しかし甲賀のような小規模城館は西岡地域には群在せず、半町(50㍍)四方を超える物集女城(京都府向日市)や大藪などの環濠集落(京都市南区)、村落領主たちが結集する勝龍寺城(京都府長岡京市)が併存した。元来の勝龍寺城は守護の城館であり、数少ない山城も、主体は地元勢力ではなく守護権力であった。

西岡は都市化が進んだ京都近郊の平野部で、後世の開発による城館遺構の消滅も考慮せねばならない。しかし地表面に遺構を残す近畿地方の平地城館跡を集成した山上雅弘氏によれば、滋賀県が一四二、奈良県が三七、兵庫県が二五、京都府が一二、大阪府が八、和歌山県〇と地域ごとに事例数に大きな隔たりがあった。また兵庫県域では都市化の進んだ大阪—神戸間の摂津西部や、明石から姫路にかけての播磨東部で確認される一方、農村部が主体の播磨西部と淡路が希少、但馬が無という状況となった[山上二〇〇六]。この傾向が示すのは、必ずしも城館と村落領主の存在がイコールではないということだろう。つまり城への視点を領主(村の領主)が日常生活を営む村落支配の館に限定するのではなく、国レベルを支配する守護権力や広域の軍事情勢との関係からとらえる必要がある。

先の軍事的後背地の事例は、地勢的に国境付近の山間部という点も共通する(図8)。甲賀は伊賀・伊勢国境、大和国東山内は伊賀・山城国境、摂津国能勢郡西郷は丹波国境、紀伊国伊都郡隅田は河内・大和国境にあたる。小文では取り上げなかったが、丹波で但馬国境に接した天田郡夜久野(兵庫県福知山市)でも在地の夜久氏一族による小規模山城群が成立していた[福島 二〇一三]。山城国でも河内国境の普賢寺谷(京都府京田辺市)では、「普賢寺衆」という侍層が存在し、小規模城館がまとまって分布した。

国境地域では在地勢力がそれぞれの国の権力に両属する傾向が指摘され、例えば河内・大和国境では河内守護畠山氏と大和興福寺に属する動きを示した[田中 二〇一三]。守護らにとっては領国の周縁山間部にあたり、平野部の本拠周辺と比べると相対的にその支配は緩いと思われる。本拠確保をめぐる合戦を繰り返す守護らにとっては、このような地域の村落領主を引き入れることで平野部の本拠を奪還する軍事パターンを成立させていた。

城館構成からとらえると、例えば細川京兆家の芥川城や畠山氏の高屋城という本拠周辺の城館分布は限られるが、これらの地域にも村落領主は存在した。対する軍事的後背地では、村落領主層を主体とする一揆という地域構造を反映した多数の小規模城館が成立する[中西 二〇〇二]。これは守護らが国境付近の特定山間部の村落領主層に城館という軍事施設を委ね、もしくは許容した結果ではないだろうか。東山内では天文二十二年(一五五三)、筒井氏が村落領主小柳生氏の築城を「留ル」こともあった(『享禄天文之記』天文二十二年四月条)。

(2) 甲賀の城館と軍事的緊張

ただし、甲賀以外では少数だが領主的発展を遂げた主体が大規模山城を成立させた。その背景には守護や有力国人と結びつき、一揆から突出した村落領主による地域内での勢力拡大があった。他方、甲賀の山中氏らが勢力を得たのは郡外や国外で顕著であった。そもそも甲賀では山城自体が発達しないのに対し、摂津西郷や紀伊隅田では村落領主層が小規模な山城を築く。その山城は非方形で甲賀のような規範性は認められず、大きな違いといえる。

山城の出現は要害性に富んだ地形を求めた結果で、館・屋敷のような居住性とは矛盾した［村田 一九八四］。この点をふまえると、甲賀と他事例では村落領主層が要害性を求める要因、つまり地域と軍事的緊張との関係に差が想定できるだろう。

甲賀への六角氏の没落は、十五世紀後半の六角征伐と十六世紀後半の織田勢の侵攻時であった。後者の前には三好氏による近江侵攻があり、甲賀郡中惣の成立契機ともされる。この間は畿内中央の権力が没落したが、権力の本拠や合戦の場は国外であった。近江への大規模な侵攻はなく、甲賀も直接外部からの軍事的緊張を受ける状況はなかった。

一方、摂津西郷では十六世紀半ばに細川晴元の丹波没落を経た軍事行動があり、逆に天文十四年（一五四五）には晴元方国人の攻撃を受けた。紀伊隅田では戦国期後半を通じて畠山氏の没落と河内の高屋城奪還戦が繰り返され、大和の東山内も同様である。甲賀とは異なり、これは直接支配を及ぼす権力の軍事行動であり、合戦は同じ支配領域での出来事となった。

外部からの軍事的緊張は、相対的に他事例が高く甲賀は低い。その時期も甲賀では限定できるのに対し、他事例は継続する傾向にあった。この違いが村落領主層の城館の形態に表れ、甲賀では地域構造を反映した単郭方形の城館、他事例では非方形の山城になったのではないだろうか。村落領主の勢力拡大の場も異なり、外部に勢力を広げる甲賀は地域内で突出した勢力を生み出さず、反対に内部で勢力拡大を図る他事例では特定勢力の大規模山城が出現した。

また、大和では国中と東山内との境に有力国人が「山ノ城」を設けて畝状空堀群や横堀という縄張りを採用し、ルート確保を意図した小規模な山城を設けた。他事例でも、軍事的後背地と本拠との間に類例が確認でき、摂津では能勢郡（西郷）と芥川城の間に横堀や畝状空堀群、虎口などの縄張りが発達した余野本城（大阪府豊能町）や安威砦（大阪府茨木市）などの山城が分布した。概ね縄張りの特徴は戦国期後半を示し、晴元の軍事行動を鑑みるとこれらの山城には山間部の軍事的後背地と本拠をつなぐ機能が想定される。

河内南部の山間部（大阪府千早赤阪村・富田林市・河内長野市）では、南北朝期以来の千早城に加え、紀伊・大和国境から平野部へと下る稜線（国見山城—猫路山城—上赤坂城）と高野街道に沿った山城群（金胎寺城—烏帽子形城—石仏城）が成立した。帯曲輪や横堀が発達し（図12）、やはり戦国期後半の縄張りと理解される。

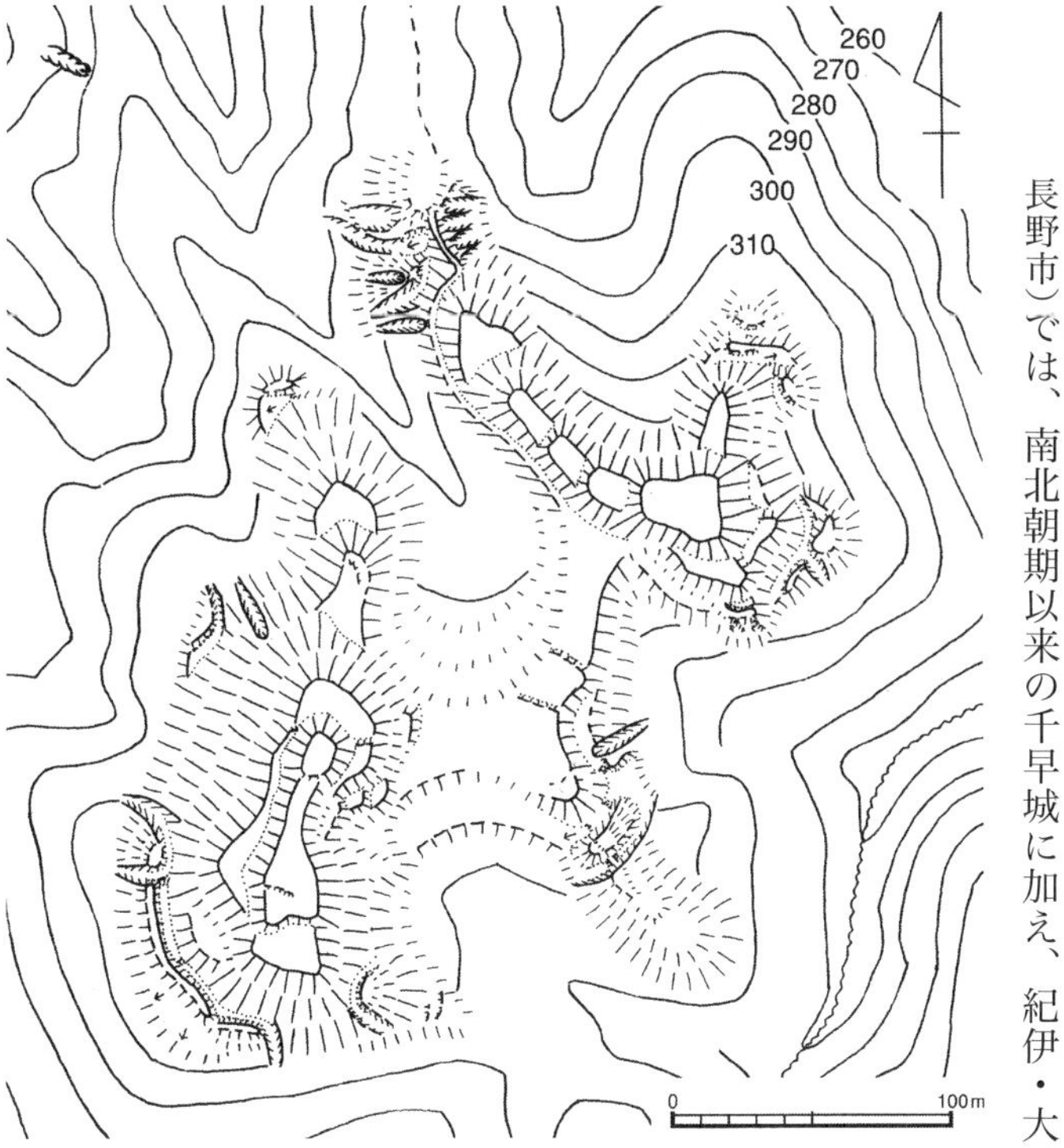

図12　上赤坂城跡概要図（中西裕樹作図）

史料においても、古くは大和・紀伊方面に没落した畠山義就が文正元年（一四六六）に「千破屋城ノ間」から金胎寺に着陣し、烏帽子形城を攻めた（『経覚私要抄』文正元年九月四日・五日条）。大永四年（一五二四）には紀伊を発った畠山義尭を金胎寺城の軍勢が迎え撃ち、畠山稙長が烏帽子形城に進んで義尭を紀伊に追う（『祐維記』大永四年十一月十三日条）。元亀元年（一五七〇）には三好三人衆の軍勢が高政の拠る烏帽子形城を攻撃している（『言継卿記』元亀元年十月二十二日条）。

甲賀では下郡の三雲城、下郡との境界に近い野洲郡の小堤城山城（滋賀県野洲市）に本格的な石垣があり、同様に石垣をそなえる観音寺城を本拠とする六角氏の関与が想定され、本拠の観音寺城と軍事的後背地となる三雲城・小堤城山城をつなぐ機能が指摘される［福永二〇〇三)。ただし、他事例のように戦国期後半の特徴を持つ山城の分布が甲賀周辺にみられない。この点を取り上げても、甲賀は軍事的緊張の度合いが低いように思う。

(3) 甲賀の小規模城館群

とはいえ、外部からの軍事的緊張が低い甲賀においても要害性の高い館は必要とされ、その結果が今に残る小規模城館である。それは館・屋敷が村落領主の村落支配の拠点であり、甲賀内部での争いに対応する軍事施設であったためである。永禄十三年(一五七〇)の大原同名中与掟条々(本書Ⅱ部を参照)には、次の有名な条文がある。

一　同名中惣劇について、他所と弓矢出来の時は、手はしの城へ番等入るることこれあらば、各々談合をいたし、人数をさし入れ申すべく候、そのとき相互に如在申すまじく候事、

不穏な世情により同名中で他所と合戦が起きた時、「手はしの城」へ番衆などを配備することがあれば、(同名中は)それぞれ談合して、人員を派遣するべきである。そのとき相互にいい加減な対応をしてはならない、とある。この「手はしの城」をⅡ部の現代語訳では「前線の城」と意訳されている。甲賀の村々には、このような機能を持つ城があった。

これもまた有名な史料だが、天正二十年(一五九二)の朝鮮出兵で中国北東部の「オランカイ」へ攻め入った加藤清正が豊臣秀吉の側近・木下吉隆に戦況を伝えた書状において、その地は「守護たるべき者」がなく、「むかしの伊賀・甲賀」のように在所ごとで「要害を構え」ているとした(『熊本県史料』中世篇第五「加藤清正文書集」)。当時の武将たちが甲賀、そして伊賀が村ごとに城館を構える様子を奇異に感じたこと示唆している。

また摂津西郷では甲賀のような村落領主による城館は数少ないが、地域内部での争いはあったはずである。これに村落領主は小規模山城で対応したのかもしれないが、もとより摂津では平地城館の数が限られ、西郷の城館には守護の許容があった可能性は先述したとおりである。

一方で天文十年(一五四一)、摂津では「人数三百計」を率いる上田氏を三好氏が「好城を持也」という理由で攻めている(『鹿苑日録』天文十年八月二十日条)。守護らが軍事行動を繰り返す地域では、城館を抱えることにこのようなリスクがあった。摂津西郷の場合、村落領主層の主導する地域社会では積極的に城館を構えず、また在地支配や紛争解決に城館という軍事施設が必須ではなかった可能性を示す。

城館の縄張りには、各地域で築城技術が異なる「軍事的文化圏」があったとの見方がある[木島・中西 一九九八]。山城国南部での甲賀タイプの城館が認められるのは伊賀と東山内に接した田山(京都府南山城村)周辺に限られる。巨視的には甲賀や伊賀は畿内東縁部の高原地帯であり、反対に平地城館が限定された畿内中央からは距離を置く。この地政学的な視点を踏まえて、甲賀の小規模城館群を考えてみる余地がある。

さて、第1節で取り上げた甲賀郡高山・岩坂の城館群は、村の領主層を前提としつつその枠を超えて甲賀下郡との境目エリアに分布した。典型的な単郭方形の城館に非方形の城館タイプが加わり、広域の軍事的緊張に対応した強い臨時性を帯びた城館群である。その時期は広くとって戦国期後半に比定した。村田修三氏は、いくつかの類例を永禄十一年(一五六八)の織田氏の進出にみたが、その変化は天文十八年(一五四九)以降の三好氏の勢力拡大以降にあったとも理解できる。

甲賀の例ではないが、天文十二年(一五四三)に筒井氏が東山内の須(簀)川(奈良市)を攻撃した際、「三ツ」の城のうち「二ノ城」が落ちて「本城」が残った。翌日には本城も開くが六千余騎の筒井勢に多くの手負いが出る一方、五十、六十騎の城方の戦いぶりは古代中国の軍師張良をも嘲るものだったという(『多聞院日記』天文十二年四月十六日・十七日・十八日条)。須川では小規模城館跡しか確認できない。数日で城が落ちたことよりも、ここではその軍事力に注目すべきだろう[永井 一九九六]。高山・岩坂の城館群のようなパターンでも、複数のエリアが連動すれば相当規模の合戦に対応できたと思われる。甲賀は他の軍事的後背地とは異なり、大規模な山城が出現しなかった。そこでこの地域構造を反映した小規模城館群は、戦国最末期の軍事的緊張に対応した、日本城郭史でも稀有な事例として理解しておきたい。

おわりに

甲賀の城館は在地の村落領主・侍層による地域的一揆体制を映し出し、集落近くにその館・屋敷として半町四方の小規模城館が多数成立した。また集落の外部に同様の城館群が存在し、これは従来の甲賀の城館をベースに戦国末期の軍事侵攻に対応したものと評価されてきた。しかし、このような城館構成で地域の軍事的危機に対応した事例は限られる。

小文では甲賀の小規模城館について、畿内近国という外からの視点で検討した。甲賀は守護らの支配が緩い国境地帯にあり、畿内の大規模な軍事動向とは距離を置いていた。その結果、地域内の紛争に対応する地域構造を反映した単郭方形の小規模城館が営まれ、その姿のまま戦国末期に現実化した軍事侵攻への対応を図った。その結果が高山・岩坂の城館群などであったと考える。以上、とりとめもない推論を重ね、可能性の言及に終始してしまった。本来ならば、比較検討の材料とした他地域の事例も丁寧に検証する必要があり、甲賀や近江の動向も詳細に検討しなければならない。今後の大きな課題とし、論理的な説明ができるような作業を進めていきたい。

参考文献

天野忠幸　二〇一四『三好長慶 諸人之を仰ぐこと北斗泰山』ミネルヴァ書房
石田善人　一九六二「甲賀郡中惣と伊賀惣国一揆について」『中世村落と仏教』思文閣出版 一九九六年所収
稲本紀昭　一九八八「室町・戦国期の伊賀国」『国立歴史民俗博物館研究報告』第一七集 国立歴史民俗博物館
井上　優　一九九六「近江湖南の山岡氏」『栗太武士の足跡―山岡一族とその周辺―』栗東歴史民俗博物館
木島孝之・中西義昌　一九九八「天正中・後期の北部九州における城郭の様相」『戦国の城と城下町』II 鳥栖市教育委員会
甲賀市史　二〇一二『甲賀市史』第二巻
新谷和之　二〇二一「六角氏被官三雲氏と甲賀郡西部の城館 三雲

屋敷を中心に」中井均先生退職記念論集刊行会編『城郭研究と考古学』サンライズ出版
千田嘉博　一九九一「村の城をめぐる5つのモデル」『織豊系城郭の形成』東京大学出版会　二〇〇〇年所収
多田暢久　一九九〇「城郭分布と在地構造—戦国期大和国東山内の動向—」村田修三編『中世城郭研究論集』新人物往来社
田中慶治　二〇一三『中世後期畿内近国の権力構造』清文堂出版
中井　均　二〇〇五「戦国社会と土豪居館」中井均・仁木宏編『京都乙訓・西岡の戦国時代と物集女城』文理閣
永井隆之　一九九六「室町・戦国期大和国東山内北部の政治構造—狭川・簀川氏の動向を中心に—」『戦国時代の百姓思想』東北大学出版会　二〇〇七年所収
中西裕樹　一九九九「京都 勝軍山城・如意ヶ岳城の再検討」『愛城研報告』第四号 愛知中世城郭研究会
中西裕樹　二〇〇二「戦国期における地域の城館と守護公権—摂津国、河内国の事例から—」村田修三編『新視点 中世城郭研究論集』新人物往来社
中西裕樹　二〇一〇a「平子城跡」「源太屋敷城跡」「高山屋敷跡・御姫屋敷城跡」「高山氏城跡」『甲賀市史』第七巻
中西裕樹　二〇一〇b「畿内近国の城」『甲賀市史』第七巻
中西裕樹　二〇一五『大阪府中世城館事典』図説日本の城郭シリーズ② 戎光祥出版
中西裕樹　二〇一三「和田惟政—足利義昭を支えた摂津の重臣」天野忠幸編『戦国武将列伝』8 戎光祥出版
福島克彦　二〇〇九「畿内近国における方形城館と単郭山城」『中世城郭研究』第二三号 中世城郭研究会
福島克彦　二〇一三「室町時代の夜久野」『夜久野町史』第四巻
福永清治　二〇〇三「小堤城山城・三雲城の縄張り構造と郡境域における六角氏の城郭運営について」新谷和之編『シリーズ・中世西国武士の研究3 近江六角氏』戎光祥出版　二〇一五年所収
藤岡英礼　二〇一〇「一学殿屋敷跡」「岩坂屋敷跡」『甲賀市史』第七巻
藤田達生　一九九六「兵農分離政策と郷士制度—和歌山藩隅田組を素材として—」『国立歴史民俗博物館研究報告』第六九号
村田修三　一九八〇a「城跡調査と戦国史研究」『日本史研究』第二一一号
村田修三　一九八〇b「東山内の城」『日本城郭大系』第一〇巻 新人物往来社
村田修三　一九八四「中世の城館」永原慶二他編『講座・日本技術の社会史』第六巻土木 日本評論社
村田修三　一九八五「大和の「山ノ城」」岸俊男教授退官記念会編『日本政治社会史研究 下』塙書房
村田修三　二〇一〇「甲賀の城」『甲賀市史』第七巻
村田修三　二〇一二「甲賀の中世城館」『甲賀市史』第二巻
山上雅弘　二〇〇六「戦国期兵庫県下の平地居館」『大手前大学史学研究所紀要』六
和歌山城郭研究会　二〇一〇「特集I 橋本市(旧高野口町)・伊都郡九度山町・高野町の城館跡」『和歌山城郭研究』第九号 和歌山城郭研究会

戦国期の城郭石垣と伊賀・甲賀の一揆

福永清治

はじめに――石垣から一揆を見る視点――

伊賀・甲賀の城の基本的なイメージといえば、やはり概ね半町四方の規模を持つ単郭方形の城館像である。実際には単郭方形構造を基本としながらさまざまなバリエーションの城館が報告されているが、例えば甲賀郡でいう和田城館群・植城館群・伊佐野城など、同質・同規模の城館が求心性なく群在するあり方と、「一揆」「同名中」といった社会の組織や構造とを直接結び付けて理解できるのが戦国期の伊賀・甲賀の特徴であろう。

これらの特徴を前提として、小稿ではこの地域の石垣の城を取り上げる。ただし、伊賀国と近江国甲賀郡において、戦国期の石垣を有する城郭は少ない。伊賀国全体で六〇〇余り、近江国甲賀郡全体で二〇〇に及ぶ城館が報告されている中、戦国期の石垣事例を挙げると、三雲城(近江甲賀)・音羽氏城(伊賀阿拝)・望月城(近江甲賀)・田矢伊予守城(伊賀阿拝)等で、圧倒的に数は少ない。言い換えると一揆衆である「同名中」の城に石垣はほとんど築かれていない。

ところで、戦国期の伊賀・甲賀で突出した城郭を産み出さなかったのは、この地域が戦国末期まで外部からの軍事的圧力と接することがなかったことに要因が求められている[中西 二〇一〇]。戦国末期には、三好・松永や織田など、畿内の広範囲に軍事行動を起こす勢力が出現し、伊賀・甲賀の一揆衆もこれらの勢力に直接の対応を余儀なくされた。その結果、それまで在地の領主や同名中(侍衆)の領域を越えることのなかった城館構成にも変化が生じ、単郭方形構造を基本としつつ土塁や堀の配置などで技巧的な縄張りを採用する城館が複数の領主や同名中の連携のもとで造営される状況が出現するようになったのである。つまり、一揆をとりまく軍事的緊張の度合いや戦局の推移、軍事行動の規模や範囲の変化によって、城郭の縄張りや運用方法も急速に変化していった様相を示しているといえよう。

従来、近江国の守護六角氏の勢力圏内において、戦国期の城郭石垣の事例は限定されており、その城郭には六角氏の強い影響を背景として考えられてきた。前段の状況を踏まえるならば、これらの地域で戦国期の石垣をあえて導入した城館も、縄張り構造の変質の要因を外部勢力からの影響という視点で考えるのは妥当であると考えられる。

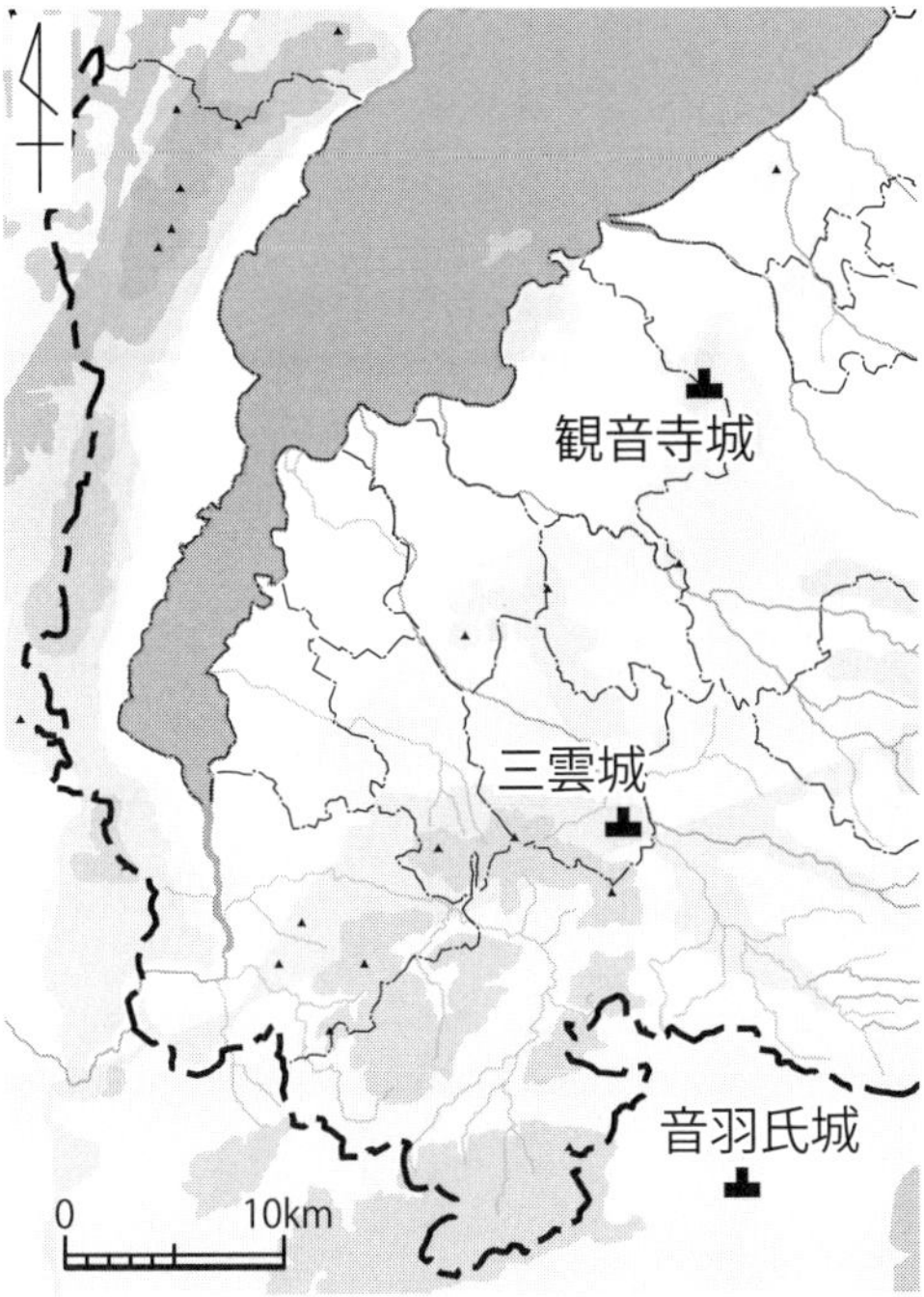

図1　主要城郭の位置

以下では、三雲城の石垣と音羽氏城の石垣を中心に取り上げていく。両城の石垣は、石垣の存在のみをもって六角氏との関係性を指摘する段階にとどまっていたが、具体的に観音寺城の石垣と突き合わせることによって、技術的な発展段階を評価していきたい。これにより、六角氏と伊賀・甲賀の一揆との勢力関係の一端が見えてくるのではないかと考えられる。

1　石垣の検討方法

小稿での石垣の検討は、主に表面観察によるものである。また、筆者は以前観音寺城の石垣について、全体的な観点を整理したこともあるが、問題点も多かった［福永二〇〇七］。それを認識した上で、自然石を主体とした戦国期の石垣における石材使用法の発展の方向性について、以下に改めて整理・提示する。

① **使用石材の大きさ**　一般的に一人の人夫で運べる大きさの石材から、特別な手段を用いないと積み上げられない大きさの石材へと手法は発展していく。使用石材の大きさは、石垣自体の高さとも連動する要素となる。

② **石垣表面の仕上げ方法**　石垣は、「垣」として一定の壁面を形成する以上、表面のツラ(面)の仕上げ方が問題になる。積み上げに際してランダムに石材を選択するか、あるいは整ったツラ(面)の形成に適した形状の石材を選択・配置するかで表面の仕上がりも異なる。前者の石垣から後者の石垣へと手法が発展する。どのような形状の石材を選択しているのかは、全体の「面」としての仕上がり具合に影響し、石垣の強度向上とともに「見せる」機能の美観とも連動する要素となる。

③ **隅角部の構造**　織豊期や近世の石垣と異なり、戦国期石垣の隅部は強度を持たせるための手法が模索されていた段階であると考えられる。一般的には、個々の石材の配列には特段の規則性を持たせることなく、全体として直角に近い隅部を形成する石垣から、長い石材の端部を隅角部で長短交互に組み合わせて積み上げる、いわゆる「算木」状の配列をおこなう石垣へと発展していく。

以上の観点から観音寺城の石垣を見た場合、例えば伝平井丸の石垣(図6)と伝伊庭邸に隣接する見附の石垣(写真1)は、大型の石材を用いてツラを整えようとする意図が読み取れ(①・②の要素)、権現見附の石垣(写真2)は算木状に積み上げていることがわかる(③の要素)。観音寺城においては、以上の3事例の石垣が筆者の考える①〜③の各観点の最も発展的な具体例となる。

写真１　観音寺城伝伊庭邸隣接の見付の石垣

写真２　観音寺城 権現見付の石垣

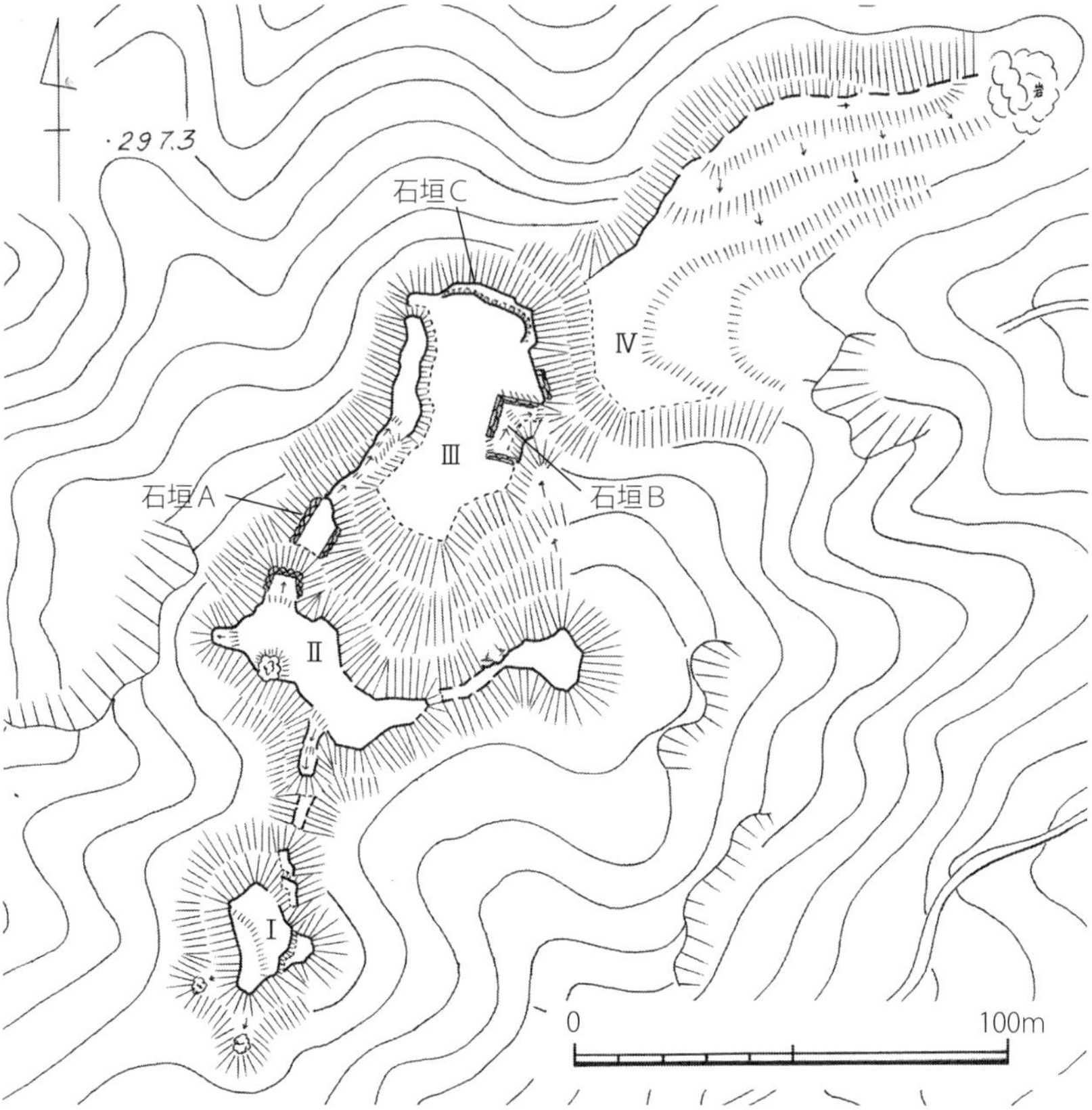

図２　三雲城概要図（作図：福永清治）

写真3　三雲城の石垣C

次項では、三雲城・音羽氏城の石垣を①石材の大きさ、②石垣表面の仕上げ方法、③隅角部の積み方ごとに検討し、両城と同段階とみられる観音寺城の石垣事例も抽出したうえで、両城と観音寺城の石垣構築の発展段階を比較していきたい。

2　石材の使用法の検討・分析

① **三雲城**　城主三雲氏は、もともとは長享年間の幕府将軍による近江親征の折に、六角高頼を支援した「甲賀諸侍」の一家とされる。その後、六角定頼・承禎と代々重臣として仕え、永禄十一年(一五六八)の織田信長の近江侵攻による六角氏の没落後も同氏を支援し、三雲城近辺が六角氏の拠点のひとつとなった。

石垣は、城域内最高所の曲輪Ⅱから北東側の曲輪Ⅲ西辺に伸びる土塁外側(以下、石垣A)、曲輪Ⅲの枡形虎口(石垣B)とその外側(石垣C)に規模の大きなものが存在する。

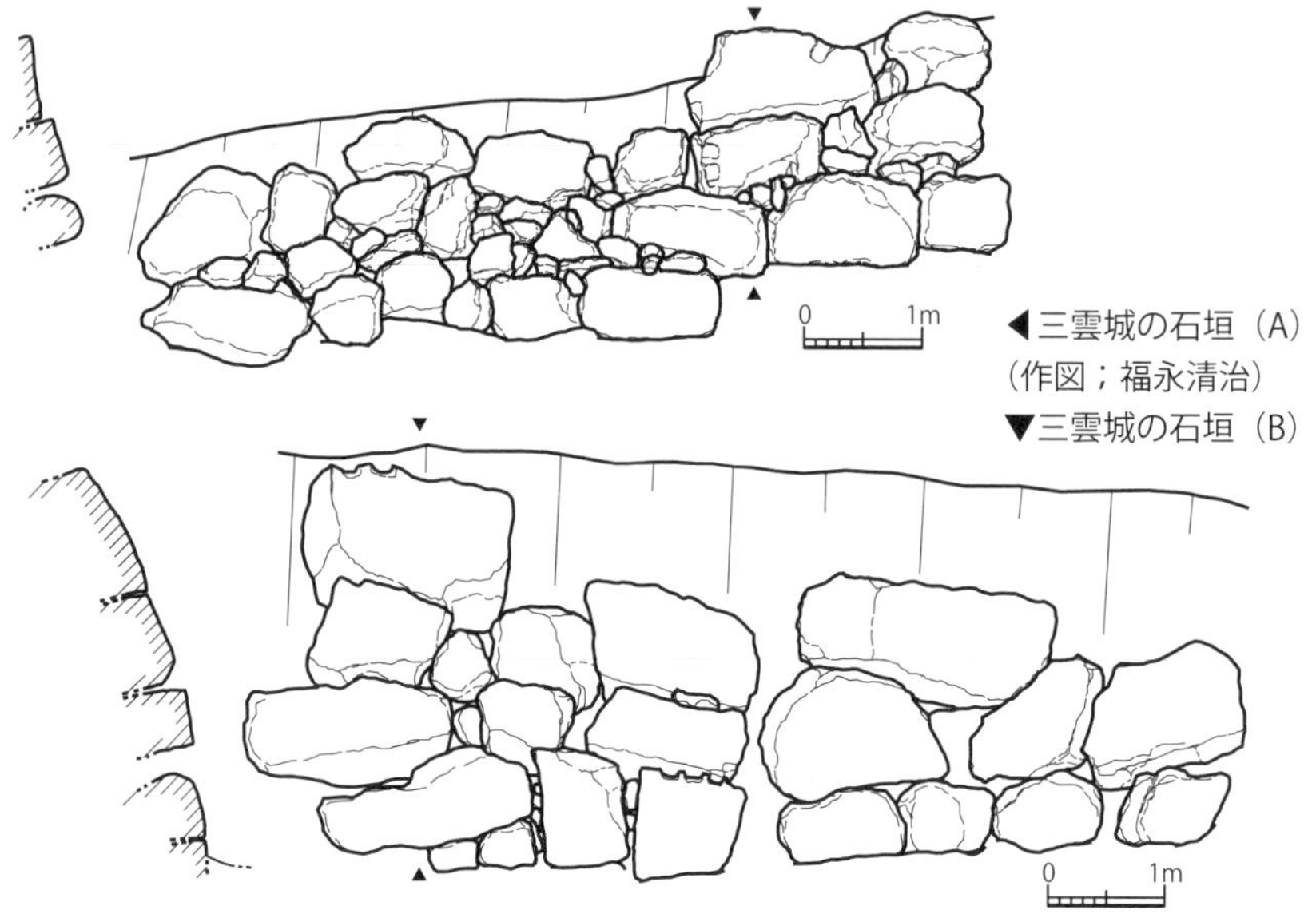

図3　三雲城の石垣Ａ・Ｂ

石垣Ａは、残存の長さ約6㍍、残存高約2．1㍍の規模である。全体の立ち上がり勾配は約75度である。主体となる築石表面は、縦0．5㍍前後、横0．7～1．0㍍の大きさで、表面からは横置きに層を成して積み上げられる。石材の割面や自然石の平面を表面に据える石材が多いが、中には丸みを帯びた石材も使用される。築石間のほぼ一石分に相当する間隙を埋めるため、あるいは層高や目地を合わせるため、0．2～0．3㍍程度の石材がまとまって使用される箇所もある。ただし、上下に隣接する築石間を固定する間詰石の使用は少なく、こうしたところで築石間の間隙が目立つ。

石垣Ｂは枡形虎口の内面に築かれており、入隅で直角に折れる部分を含めて長さ約27㍍、残存高の最高所は約2．6㍍の規模である。全体の立ち上がり勾配は約80度である。主体的な築石表面は、縦0．5～0．7㍍、横0．7～1．7㍍の大きさで、基本的に表面からは横置きに積み上げられるが、目地の通りは不明瞭である。一石あたり二～三の矢穴痕を有する石材も多く認められ、自然石を主体としながらも割石も多用する。表面の仕上がりは自然石の平面や割石の割面によって面合わせがなされるが、石垣Aと同様に間詰石をほとんど使用せず、石材間の間隙は多い。

石垣Cは、曲輪Ⅲの枡形虎口外側から北側の塁線にかけて構築され、残存の長さ約10㍍、残存高約3.0㍍の規模である。この石垣は石材の大きさと形状が特徴的で、縦0.9〜1.1㍍、横1.7〜2.1㍍の大型石材が使用される。また、口幅が14〜17㌢、深さ約12〜19㌢の大型の矢穴が連続して穿たれており、割面を表面に据えて構築される。積み上げは三石程度であるが、石材自体が大型であるため、視覚的効果を特に強調した石垣であるといえる。

②**音羽氏城**　城主の音羽氏は、伊賀惣国一揆を形成した中心的な在地領主の一家とされる。伊賀惣国一揆の一部の領主は兼ねてから六角氏と連携しており、元亀から天正初年までの争乱を経て、六角氏は最終的に伊賀国に退去している。

城の構造は、山のピークを背にした方形主郭の三辺に土塁をめぐらせる。全体的にはこの地域の城館に共通する単郭方形の城郭であるが、主郭虎口(石垣A)と主郭土塁の内面(石垣B)を中心に石垣が構築されている。

石垣Aは、主郭東辺土塁にある虎口北面の石垣で、長

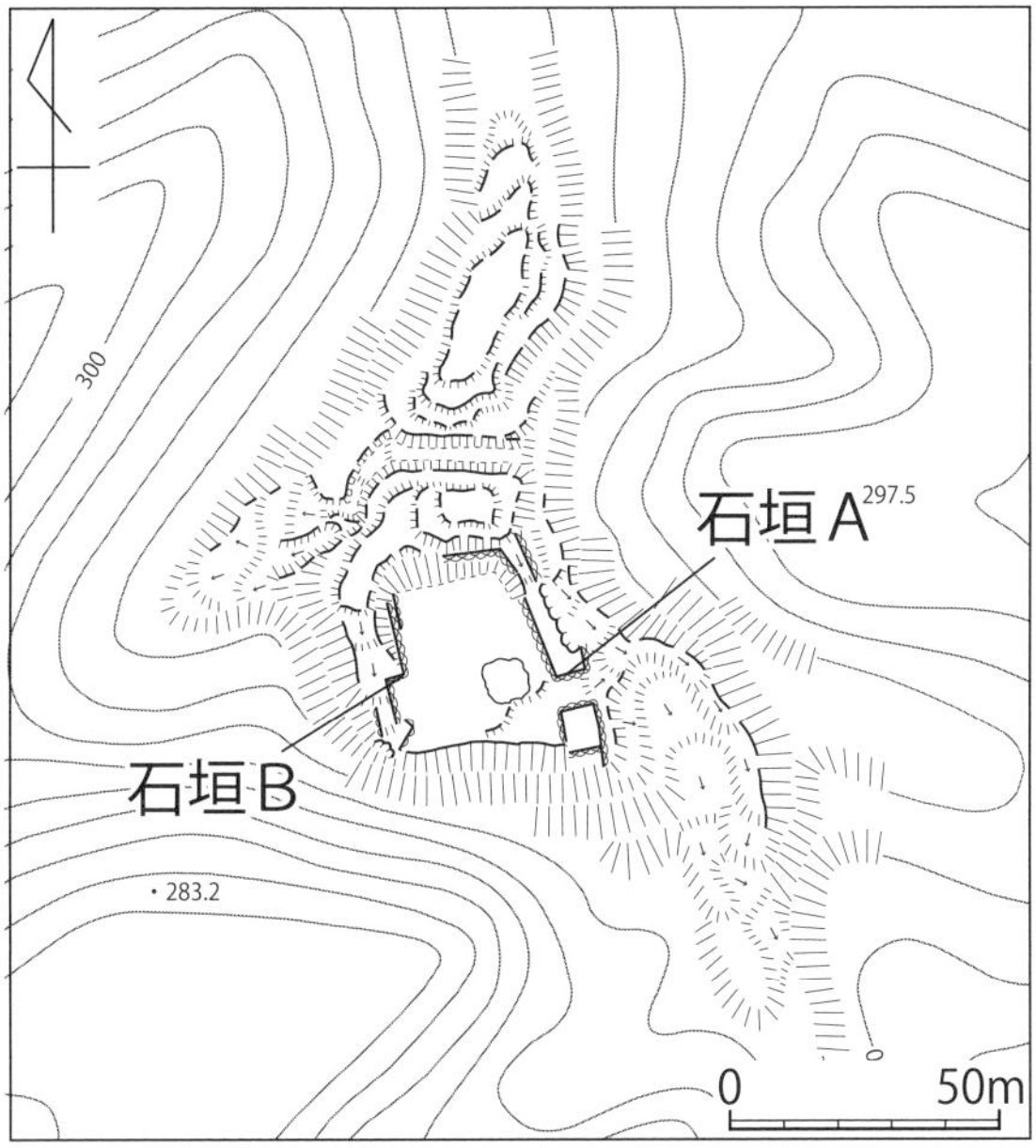

図4　音羽氏城概要図(作図：福永清治)

さ約7㍍、残存高約1．4㍍の規模である。全体の立ち上がり勾配は約80度である。主体となる築石の表面は、縦0．6〜0．8㍍、横0．8〜1．2㍍の大きさである。表面では石材を横置きにして積み上げられるが、目地が通らず層を形成しない。石材の平面を表面に据えて積み上げる意識はあり、一石につき三〜四の矢穴痕を持つ割面を表面に据える石材が二石確認できる。また、上下に隣接する石材間に間詰石はほとんど使用されず、こうした箇所で石材間の間隙が目立つ。

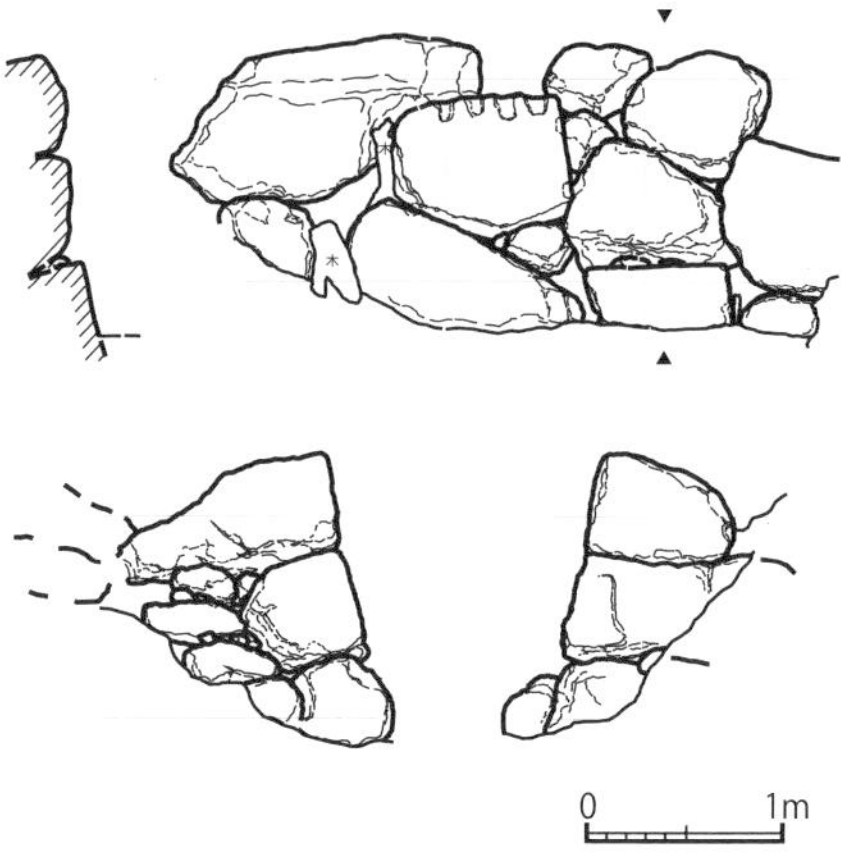

図5　音羽氏城の石垣（作図：福永清治）
上：石垣A　下：石垣B

石垣Bは、主郭西辺土塁の内側に築かれた石垣で、長さ約26㍍、残存高約1．8㍍の規模である。全体の立ち上がり勾配は約80度である。全体の残存状況は良くないものの、西辺土塁のほぼ中央部における内面石垣の塁線が短くクランクする箇所で、出隅部分がかろうじて残存する。この隅部は地表面で三石分の残存であり、明確には捉えがたいが、算木状の配石を採用しているとみられる。また、直角の両面にわたって丁寧な面合わせを施している。

③　三雲城・音羽氏城の石垣における石材使用法の発展段階

両城で石垣が残存する条件・地点・範囲は異なるものの、築石部で見られる石材の使用法の発展段階は近似すると思われる。個々の石材の大きさや、一部に割石を使用した石垣表面の仕上がりも両者で一定の共通性がある。両城とも石材間の間隙が多く間詰石が少ない状況は、上下の石材の接触点が石垣の奥側に存在し、基本的にはこの接触点に重点を置いた石材の座らせ方、積み方

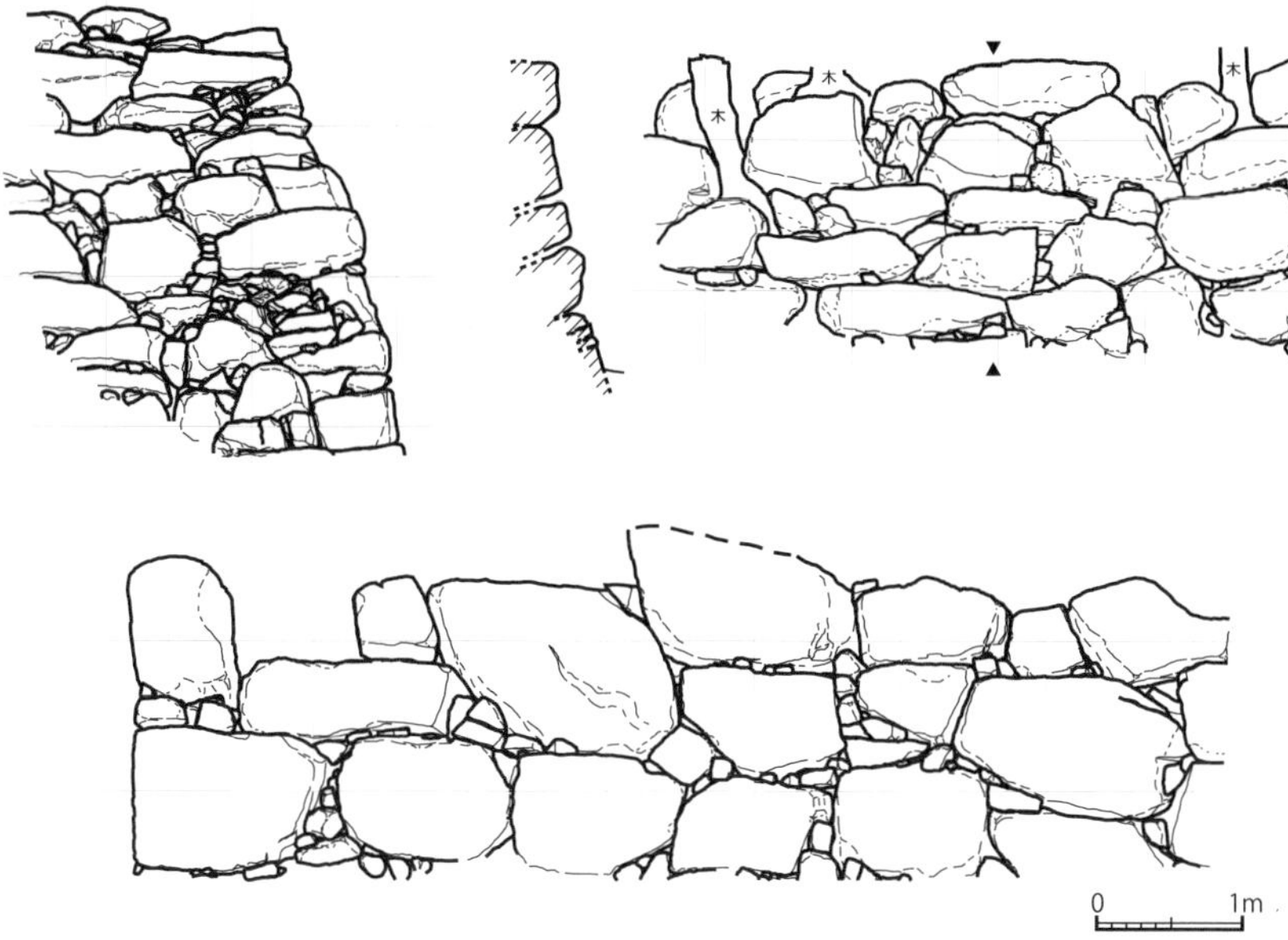

図６　観音寺城の石垣（作図：福永清治）
右上；伝三国丸　左上；伝後藤邸　下；伝平井丸

によるものであろう。こうした積み方は、高さ2㍍程度の石垣を短時間で積み上げるには容易であろうが、石材を支える一石あたりの接触点が少ない状況では安定性を欠き、それ以上の高さの石垣構築には適さないと思われる。

3　評価と考察
—観音寺城の石垣との併行関係—

観音寺城は山麓を含めて広大な城域であり、膨大な量の石垣が残存する。これらの石垣は、一時期の一斉構築ではなく、おそらく一定の時期幅での技術の発展過程が存在するのであろう。実際に普請を担った工人らも、限られた集団によって組織されたのではなく、技術的にも階層差のある多様な集団がさまざまな工程に関与していたことが想定される。このような中で、これまで取り上げた三雲・音羽氏両城の石垣の石材使用法の発展段階で併行的な関係にある石垣は、観音寺城伝三国丸の石垣であると考える。

① 観音寺城伝三国丸　伝三国丸は、繖山の山頂付近に

存在する曲輪である。観音寺城は、繖山の尾根筋に曲輪を連続させ、主に南斜面に膨大な数の平坦面を配置する。伝三国丸は尾根筋に展開する曲輪群の最高所に配置されており、平面的には曲輪群の基点のような位置にあたる。

石垣は、四辺形の曲輪の南東辺と「鎬」の隅部を有する北辺に残存する。残存の長さは約45㍍、残存高約2．1㍍の規模で、全体の立ち上がり勾配は約80度である。主体となる築石の表面は、縦0．3～0．6㍍、横0．8～1．3㍍の大きさである。石材を横置きにして積み上げられた表面は、部分的に横目地が通る。左右に隣接する石材間の空隙には二～三石の小型石材が配されるが、上下に接する石材間には間詰石が少なく、石材間の間隙が目立つ。以上の特徴は、三雲城・音羽氏城で指摘した特徴と近似する。

なお、三雲・音羽氏両城の石垣の細部で、観音寺城の石垣と共通する特徴を持つ事例として以下を指摘しておきたい。

②**観音寺城伝後藤邸**　繖山南斜面中腹の現観音正寺の直下にある平坦面群の中に隅部を有する高さ約3㍍の石垣が存在する。この石垣隅部は、算木状の配石を採用しているが、積み上げに際して適切な規模・形状の隅脇石を選択できなかったためか、数石の小型石材を使用することで隣接する隅石の微妙な角度調整をおこなっている。部分的ではあるが、音羽氏城の石垣Bにも同様の手法を認めることができる。

③**観音寺城伝平井丸**　繖山山頂から南西側に伸びる尾根上にある。曲輪の名称に家臣名を付して伝承されているが、伝本丸と合わせて六角氏当主の山上の居所とも目される曲輪である。この曲輪の虎口は両側が石塁となり、外側にある石垣にはひときわ大型の自然石を使用する。しかも、形状に規則性のない大型の自然石を主体としているにもかかわらず、石材間にほとんど隙間のない表面のツラ合わせを完成している。城域内の中枢部としての視認性と象徴性を特に強調した石垣である。三雲城の石垣Cにおいても、ひときわ大型の石材を使用し、割面を表面に据えて石垣の平面を形成する。加えて、石材表面

の縁辺には他の箇所よりも大型の矢穴痕を多数連続させ、大型石材の切り出しを特に強調する。石垣の構築手法自体は異なるが、主郭虎口外面に特に視認性・象徴性に優れた石垣を構築する状況は、観音寺城伝平井丸の石垣とも共通する要素として付言しておきたい。

④併行関係の背景　三雲・音羽氏両城と共通性をもつ観音寺城伝三国丸の石垣は、観音寺城全域で見ればその類例は少ない。観音寺城の石垣を機能面で大別すると、繖山の南斜面を造成した平坦面の縁辺に築かれた石垣(Ⅰ)と、平坦面背後の斜面崩落を防ぐための石垣(Ⅱ)、そして山頂や尾根に配された曲輪の縁辺に築かれた石塁等の石垣(Ⅲ)に分類できる[伊庭 二〇一四]。全体的な傾向として、Ⅰの石垣は繖山の一定の斜度・比高差のある斜面を造成するために高い石垣を構築する必要性があり、その石垣には石材を高く積み上げても崩落しない強度が要求される。また、Ⅲの石塁については、例えば曲輪内側の屋敷内からの視覚など、日常的に人目に触れる頻度も高いことから、美観の上でも慎重で手間をかけた配石がなされる。

総じて言えば、これらが同城の石垣の技術的な到達点として評価できる。一方、伝三国丸は、山頂付近の比較的変化の少ない地形上に設けられた小規模な造成段である。その縁辺に築かれた石垣は表面のツラ合わせが曖昧で、間詰石などの築石を固定させる石材の使用が当初から少なかったか、あるいは簡単に抜け落ちてしまったため、築石間の間隙が多くなっている。これらの特徴と、山内の南斜面の石垣や東西両側の尾根上で多く築かれた石塁などの石垣の特徴とを比較すると、伝三国丸の石垣は石材を安定的に積み上げる意識が乏しく、古相で技術的にも過渡段階にあたると考えられる。

三雲城・音羽氏城と観音寺城伝三国丸の石垣を比べると、石垣の構築技法には共通点が多く、技術的にはほぼ並行する発展段階にあると言える。これに対し、伝平井丸の石垣などとは明らかに技術の差が確認できる。若干の時期差はあるかもしれないが、この石垣の構築技術の違いは、築城の主体者や曲輪での用途による使い分けであった可能性は考えてよいだろう。言い換えれば、手間と経費をかけて築かれる石垣と低コストの石垣の差であり、結果として両城の石垣には高度な技術が本格的には導入・提供されなかったと考えられる。

本来、戦国期の近江では、観音寺城以外の城郭での石垣使用は限定的であって、城郭への本格的な石垣普請は六角氏による独占的な様相を呈していた。その中で、伝三国丸と技術的に併行関係にある三雲城・音羽氏城の石垣よりも、伝平井丸などの石垣の優位性が顕著な状況からは、戦国期における近江周辺の城郭石垣が政治的・社会的な規制を受ける構造物であることを改めて認識させてくれる。

一方、甲賀・伊賀の「国一揆（惣国一揆）」の城から考えるならば、城郭への石垣普請が伊賀・甲賀に与えた影響はきわめて限定的であったといえる。しかし、三雲城・音羽氏城の石垣は、虎口・土塁などと密接に連動して築かれており、石垣を築くことの指向性は明らかに強い。三雲氏・音羽氏は、甲賀・伊賀の一揆衆に対し、六角方にくみする意図を明確に発信するメッセージとして、城郭に石垣を築いたのではなかろうか。これが三雲氏・音羽氏の主体的な働きかけなのか、六角氏の指示を受けてのことなのかは、今後の検証に委ねたい。

おわりに

村田修三氏によれば、戦国期の伊賀・甲賀は、一揆の構成員があらゆる外部勢力との等距離外交を維持することによって中立状態を生み出し、戦国末期までの命脈を保ったとされる［村田 二〇一〇］。おそらく、一揆の構成員であった伊賀・甲賀の同名中はさまざまな手段を用いて外部諸勢力との関係構築をおこなっていたと考えられる。従来考えられているように、六角氏と一揆勢力の一部との連携については、城郭の縄張りにおける石垣構築を具体的な現象の一つとして認めることができるであろう。

これまで取り上げてきた事例で、近江の三雲氏は自身の領域に隣接する甲賀郡中惣にも影響力をもつ六角氏の重臣であり、伊賀の音羽氏は伊賀惣国一揆の有力構成員である。三雲城と音羽氏城の石垣は一揆勢と六角氏との連携の糸口を表わすものであり、それぞれの城郭石垣の比較検討から見るならば、その関係性については観音寺城を上位とした序列的なものであると解釈される。その上で、一揆勢力の内部に対しては、両城の石垣が六角氏との連携や同氏の政治力を可視化した象徴として機能していたのではないかと考えられる。

参考文献
伊庭　功　二〇一四「観音寺城跡の石垣―観音正寺と観音寺城跡（3）―」『織豊城郭』第十四号　織豊期城郭研究会
中西裕樹　二〇一〇「畿内近国の城」「甲賀の城」第一章第二節『甲賀市史』第七巻
福永清治　二〇〇七「寺院における石垣技術の変遷を追う―近江湖東・湖南地域を中心に―」『忘れられた霊場を探る二―山寺のうつりかわり―』報告集　栗東市文化体育振興事業団
村田修三　二〇一〇「城郭から見た甲賀の世界」『大築城時代と甲賀―甲賀市史第七巻「甲賀の城」刊行記念シンポジウム記録―』甲賀市教育委員会

伊賀の中世城館と惣国一揆

笠井賢治

はじめに

三重県の西部に位置し、四周を山々に囲まれた伊賀地域は、東西約30㌔、南北約40㌔の範囲に六五〇カ所以上の中世城館が確認されていて、全国的にも中世城館が濃密に分布するところとして知られている。

伊賀における中世城館の本格的な調査・研究の契機となったのは、三重県教育委員会による悉皆調査とその成果である『三重の中世城館』の刊行である〔三重県教委 一九七六〕。地表面観察、縄張図の作成といった調査は、その後、福井健二氏を中心とする伊賀中世城館調査会によって続けられ、その成果は『伊賀の中世城館』としてまとめられ〔伊賀中世城館調査会 一九九七〕、現在も活動が続けられている。

伊賀中世城館調査会の調査によって確認された中世城館の分布と形態について、山本雅靖氏は、大字（近世村）に複数箇所、場合によっては連続するように分布していることを特徴とし、形態については87．4％が方形で四方を土塁で囲むもの（方形城館）としている〔山本 一九八四a〕。山本氏の分析以後、福井氏らの調査によって確認された城館数は増えたものの、その傾向に大きな変化は見られない。また、山本氏は、城館跡の規模の違いを「伊賀惣国一揆」を構成する「諸侍」「武者大将」「惣国奉行」の諸階層と関連づける分析をおこなった〔山本 一九八四b〕。さらに、この頃から圃場整備事業等の開発事業の増加により、発掘調査資料も蓄積されることとなった。駒田利治氏はこの発掘調査例を総括し［駒田 一九八七］、森川常厚氏は検出された遺構から郭内の建物配置の規則性を検討した［森川 一九九五］。

一方、伊賀惣国一揆については、石田善人氏が「惣国一揆掟書」が伊賀国で作成されたものであることを明らかにされて以降［石田 一九六二］、中世後期に畿内近国で出現した一国単位の一揆、惣国一揆として多くの研究者により取り上げられてきた。伊賀惣国一揆の範囲については、伊賀一国とするものと伊賀国北東部とする見解もあって［久保 一九八六］、筆者も後者の立場に立ち［笠井 二〇一二］、伊賀惣国一揆を構成したのは伊賀国北東部の惣荘・惣郷であると考えている。そしてその基本となったのは惣荘・惣郷に住み、「惣国一揆掟書」や『兼右卿記』などの史料に登場する「諸侍」であったのである。

ここでは、伊賀の特徴である集落内に方形城館が点在する景観が残る壬生野地区川東集落の城館群と、中世壬生野惣荘の諸侍のありようを探り、発掘調査例として箕升氏館跡と菊永氏城跡について紹介したい。

1　壬生野地区川東集落の城館群

伊賀と伊勢を分ける布引山地の北端、霊山から派生する丘陵先端に伊賀市の壬生野地区がある。壬生野地区は、近世村から続く川東・川西・山畑・西之沢の各集落から構成されるが、中世壬生野惣荘の中心は春日神社の所在する川東集落と、滝川を挟んだ川西集落であったと思われる。そして、川東集落内には現在も方形城館が点在している。

川東集落には、北から沢東館跡、沢西館跡、ほぼ中央に五百田館跡と大深館跡、その南にはやや規模の大きい沢村館跡、一部の土塁が残存する三根館跡がある。また東側の丘陵の先端には壬生野城跡、丸山城跡がある。そして春日神社の北、裏山に位置するところに春日山城跡がある。

集落内に点在する方形城館の規模は、いずれも一辺50

㍍前後で、土塁で囲まれた内側には現在も住宅が建つものもある。たとえば沢東館跡では、高さ2．5㍍ほどの土塁が四周をめぐり、南側の中央部が開口する。東側は宮川、西側は段差のある地形となっていて、高低差のない北側には横堀を設けて遮断している。大深館跡と五百田館跡は隣接しており、南側を除く三方に高さ2㍍程度の土塁が残り、五百田館跡では北側に二重の土塁の残痕、大深館跡では堀跡が残る。四周をめぐる土塁が良好な形で残り、川東集落でひときわ目を引く沢村館跡は、南北の中央部が開口して、北側には伏流水を水源とする水堀がある。北西隅の土塁はやや高く、平面三角形状を呈しており、見張台のような施設があったのかも知れない。

丘陵の先端に位置する壬生野城跡・丸山城跡も平面は方形を基本としている。壬生野城跡は、丘陵が続く北・東側に堀を設け高い土塁を築いているが、地形による高低差のある西・南の土塁は低くなっている。北・東の土塁は所々窪んでおり狭間の役割を果たしていたとも思われている。丸山城跡も東・北・南の丘陵に続く部分に高い土塁を設け、特に虎口を設けた南側の土塁は高く防御を厳重にしている。壬生野城跡・丸山城跡は、集落から離れた丘陵上に立地することや防御性の高さから、集落内にある住居の用途とは異なり、戦時に備えた詰城のようなものと理解されている。

春日神社の背後にある春日山城跡は、東側から延びる丘陵全体に築かれ、東西約160㍍、南北約130㍍を測る。主郭は尾根の屈曲するところに設けた大きな堀切を挟んで西郭と東郭からなり、東郭はその東端を堀切と土塁で尾根を遮断し、南北に帯郭を配置している。西郭は南北に長く、北側は小区画と横堀、西側から南側にかけて数段の帯郭で防御を固めている。春日山城跡は、四周の土塁を設けた伊賀に多い方形城館とは異なり、横堀や竪堀で要所を固めるなど縄張りには新しい要素が見られる。この城は壬生野惣荘の中心、春日神社の神域に築かれていることから、春日神社の宮座を紐帯とする壬生惣荘の諸侍によって築かれたとされていて、その時期はこの地域に緊張状態がもたらされた天正九年（一五八一）

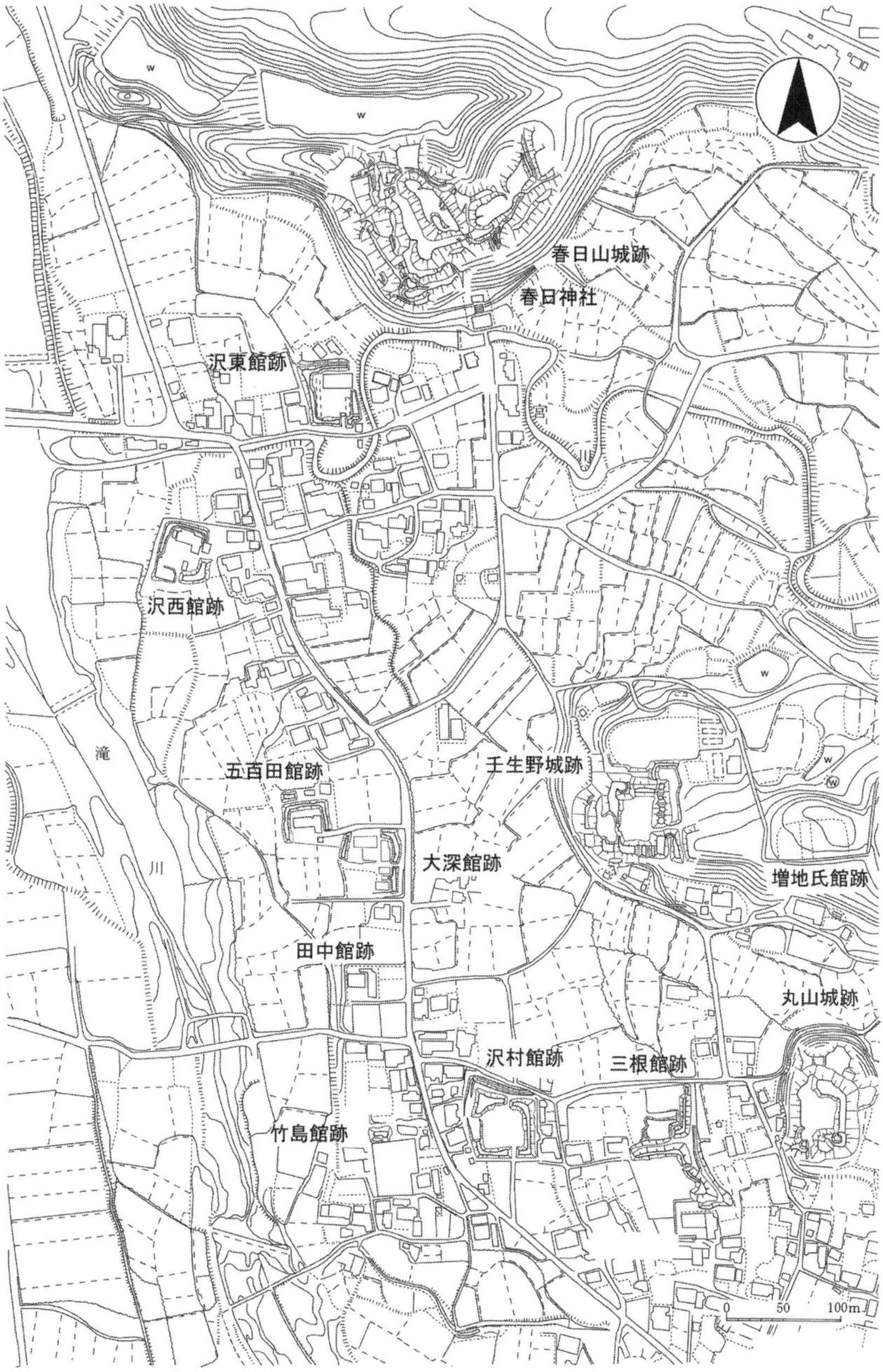

図１　川東集落の中世城館（伊賀中世城館調査会 1997 をもとにトレース）

の織田信長による伊賀国侵攻に備えて築城された可能性が指摘されている〔寺岡 一九九五〕。

2　壬生野惣荘の諸侍

現在の伊賀市川東・川西を中心とする壬生野惣荘は、平安末期には春日社領の荘園として成立していた（『中右記』元永二年五月二日条）。惣荘の中心となる春日神社は、神護景雲二年（七六八）、鹿島神（武甕槌命）が春日の御蓋山に遷る際に遷座したとされる由来を有し、神社祭礼にかかわる頭番帳などの古文書が残されている。

〔史料1〕　春日神社神事頭番帳

（『伊賀市史』第四巻二章三―三）

春日まつり新衆御人数之事

（中略）

天正拾三年乙酉正月七日分也

お新衆

つかわきノ少若丸

吉六殿

長介ノこてち丸

天正拾三年乙酉正月七日之御頭人

富増喜八郎殿

澤村吉蔵殿

天正拾三年乙酉九月十七日之御頭人

内山小三郎殿

山際一作殿

（後略）

史料1は、天正十一年（一五八三）から寛永十五年（一六三八）までの春日神社の祭礼にかかる「御頭人」（当屋）と、その年に宮座に加わった「御新衆」の名前が記されている「春日神社頭番帳」のうち、天正十三年（一五八五）の部分である。天正十三年の御頭人は、富増喜八郎殿と澤村吉蔵殿、九月は内山小三郎殿と山際一作殿である。以降も「殿」付けで呼ばれる者が御頭人を勤めており、彼らによって春日神社の祭礼が執行されていたことがわかる。

〔史料2〕　壬生野地奉行借米覚書
（『伊賀市史』第四巻二章一―六八七）

天正十三年乙酉卯月十三日
御借米の事、四月十三日に拾四石五斗を十一石九斗にはかりたて申し候、
右この分、上野にてはかりたて申し候者也、
その時上野へ参り候地奉行の次第
平地殿　山際殿　五百田殿　左衛門尉御殿
天正十三年乙酉卯月廿七日
御借米の事、卯月廿七日に合て廿石六斗を十六石四斗六升にはかりたて申し候、いずれもこの分上野にてはかりたて申し候者也、
その時上野へまいり候地奉行は、越後守殿・城米殿・弥助殿・中林殿
以上両四人也、

史料2は、壬生野惣荘が借米した際にそれを返済するあたって作成された覚書で、その経緯が記されている。返済は天正十三年四月の十三日と二十七日の二回に分けておこなわれていて、上野で計りたてると十四石五斗が十一石九斗、二十石六斗が十六石四斗六升となったとあるから、上野と壬生野では異なる枡を使用していたのであろう。そして、この借米の返済に当たったのが平地殿・五百田殿・中林殿らの「地奉行」である。地奉行は「地下御地奉行」「壬生野地奉行」ともみえ、「春日神社頭番帳」に登場する諸侍でもある。地奉行は、壬生野惣荘の代表者であったと考えられるが、四月十三日と二十七日では構成員が異なっていることから固定されたものではないことがわかる。壬生野惣荘の諸侍は、御頭人として春日神社の祭礼の執行に当たるだけでなく、資金調達・返済といった運営面でも中心的な役割を果たして

いた。

さらに、春日神社には天正十一年（一五八三）五月に伊賀国に侵攻した筒井順慶を撃退したことを祈念して出された立願状「壬生野荘惣中願文案」（『伊賀市史』第四巻二章一―六七一～六七五）が残されている。壬生野一庄惣から春日大明神・一宮大明神など五社へ出された願文であり、包紙には「壬生野一庄諸侍中」とある。先にみた「殿」付けで呼ばれる侍衆が「諸侍」と表記される存在であり、彼らは願文を捧げ地域の安全を願ったのである。

このように、中世末期の壬生野惣荘では諸侍により春日神社の祭礼をはじめ地域運営がおこなわれていたのである。そして、彼ら諸侍は、兵農分離後も藤堂藩政下に

表１　川東集落の中世城館と史料の記載

『三国地志』※１	「頭番帳」※２	「無足人帳」※３	『伊賀の中世城館』※４
大森氏宅址			不明
山城氏宅址			不明
音地氏宅址	●		不明
増地氏宅址	●		増地氏館
脇野氏宅址	●		不明
田中氏宅址		●	田中氏館
福木氏宅址			不明
五百田氏宅址	●	●	五百田氏館
米嶋氏宅址	●		不明
大深氏宅址	●	●	大深氏館
竹嶋氏宅址			竹島氏館
澤村氏宅址	●	●	沢村氏館
峯氏宅址	●	●	三根氏館
奥氏宅址	●		不明
本城氏宅址	●		不明
清水氏宅址	●		壬生野城ヵ
近藤氏宅址	●		不明
記載無し		●	沢氏東館
記載無し		●	沢氏西館

※１　『三国地志』　宝暦13年（1763）
※２　「春日神社神事頭番帳」（天正11（1583）～慶長13（1608））
※３　「伊賀国無足人帳」弘化２年（1845）
※４　『伊賀の中世城館』平成７年（1995）

おいて禄を持たない在村の武士、「無足人」として位置づけられて存続していく。

ところで、川東集落に点在する方形城館は、「春日神社頭番帳」に記載される諸侍が築城主体であったと考えられるが、諸侍と彼らが拠った方形城館が近世以降どのようになったのか。近世中頃の記録『三国地志』の方形城館を示す「宅址」の記載を基点として、「頭番帳」に記載される諸侍の苗字と、近世藤堂藩の無足人を書き上げた「伊賀国無足人帳」の苗字を表1にまとめた。五百田氏や大深氏、沢村氏のように三つの史料に登場し、中世から近世へのつながりが見える場合もあれば、音地氏や米嶋氏のように無足人帳には見られず中世から近世へつながらない場合、沢氏のように無足人帳にのみ見えて近世以降に登場する場合もある。この沢氏は宇陀の国人沢氏が当地に来住したという伝承もある。表1から窺えるのは、現在私たちが目にしている方形城館は中世の諸侍によって築かれたものが、近世に再編された無足人の屋敷として存続したものであり、そこには中世と近世の連続と断絶があることを再認識する必要がある。そして、近世に至っても土塁で囲まれた屋敷を維持し続けたのは、それが身分指標の役割を果たしていたからと考えられる。

3　発掘された方形城館

伊賀の中世城館の大多数を占める方形城館について、発掘調査事例からその規模や構造を紹介したい。

伊賀市のほぼ中央部、「万町の沖」といわれる広い沖積地に位置する羽根集落の北方に所在した箕升氏館跡は、一九九二年にほぼ全面が発掘調査された方形城館である（図2）〔三重県埋文セ　一九九三〕。

館跡は堀の外側で東西約52㍍、南北約60㍍の規模である。堀跡の全容は明らかでないが、北・東側で幅約8㍍、深さは1.4〜1.7㍍で、東側には土橋状の入口がある。四周をめぐる土塁は基底部幅6〜9㍍程度、北側に残存する土塁の郭内との比高差は約2.6㍍で、東端は一段高くなる。

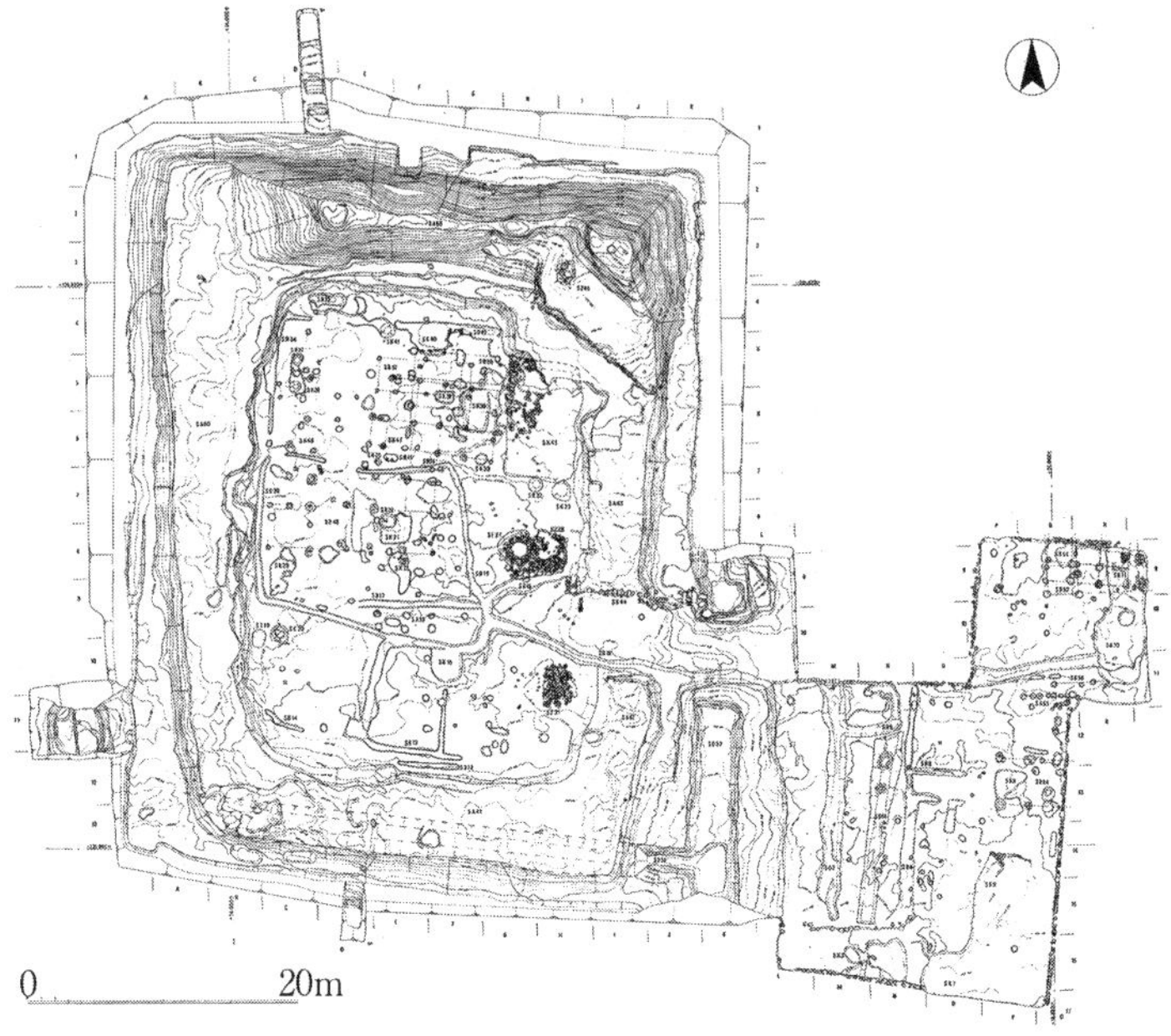

図２　箕升氏館跡遺構図

郭内の遺構は、北よりのところに建て替えも含む掘立柱建物四棟があり、うち二棟は礎石建物である可能性が指摘されている。また、建物と入口との間を遮るように柵列があり、石組井戸一基、土坑などもある。さらに、館跡の東側にも建物跡と溝が検出されていて、被官層が居住した付属区画と推定されている。館の存続時期は十六世紀中頃から後半にかけての時期とされている。

ところで、伊賀地域は羽根集落のような盆地中央部の沖積地を除けば、大半が低丘陵の中山間地域である。伊賀市の東北部、上友田集落の南側の丘陵上に所在した菊永氏城跡（図３）は、一九八六年に主郭の大半と付属する郭の半分程度が発掘調査された［阿山町教委 一九八七］。

主郭は入口のある南側が広くなる台形状を呈し、規模は土塁下端で東西55㍍、南北55㍍である。北側の堀は上端幅5・0～6・3㍍、深さ2・8㍍の断面台形を呈し、調査結果から西・東に続くと推定されている。四周をめぐる土塁は、基底部幅10㍍程度の大規模なもので、東側土塁は郭内との比高差3㍍を測る。土塁の上端部は平坦で、南東・北東隅は広くなっている。北・西側土塁は、東側と比べ一段低いが、北西隅が櫓台状の高まりとなり、正面の南側土塁も高くなっている。

主郭内部からは掘立柱建物三棟、井戸一基、溝などが検出された。主屋は主郭の奥まったところにあり、中央と南よりのところにも建物跡が二棟検出された。また、東側に井戸と土坑を確認しているほか、郭内の区画・排水のための溝も検出されている。

菊永氏城跡の調査では、主郭南側の平坦地からも掘立柱建物が複数検出された。主郭の南側に開口する虎口は

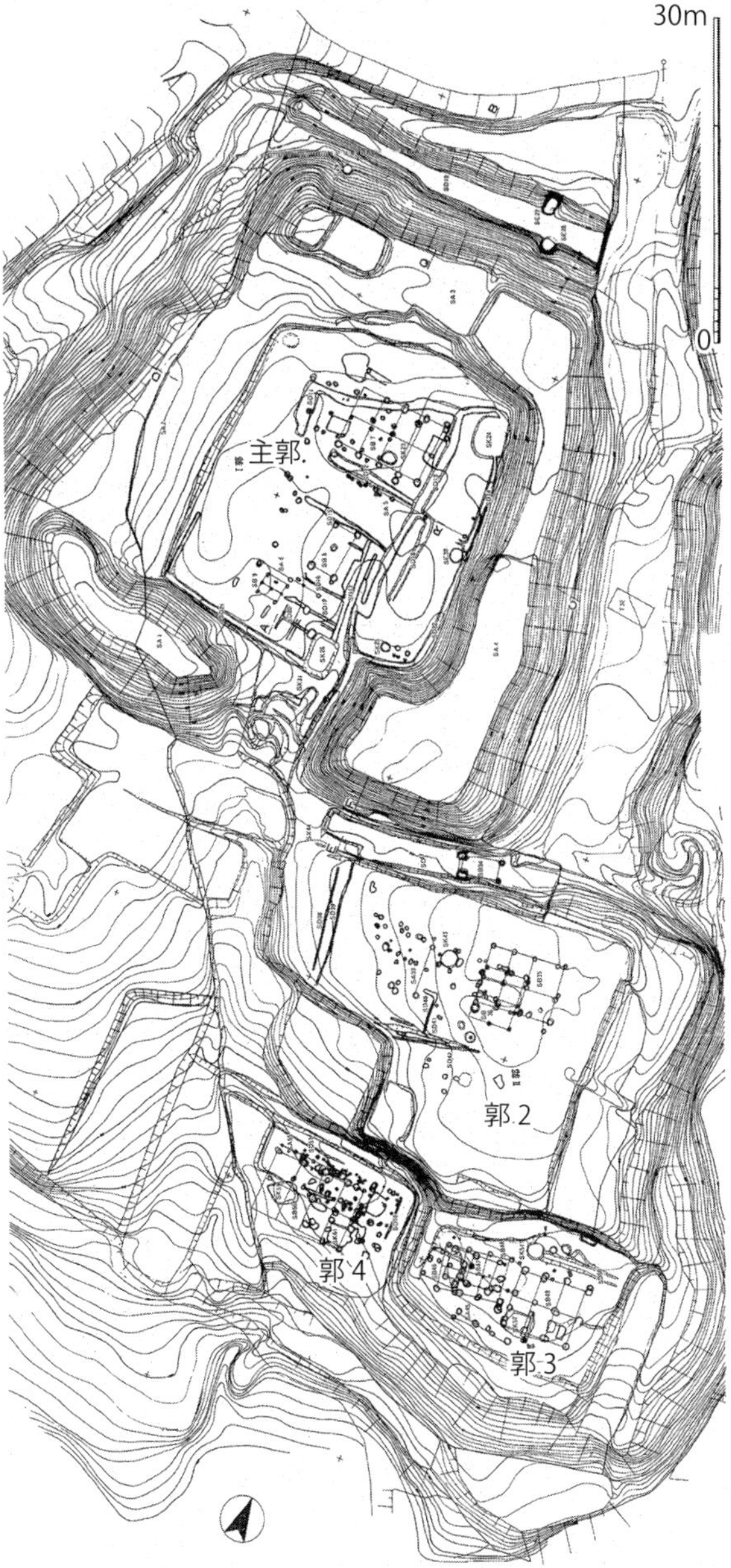

図3　菊永氏城跡遺構図

食い違いとなっていて、通路の両側を掘削して土橋状となって郭2に通じる。さらにその南側に郭3・4が階段状に続く。郭2～4では、掘立柱建物が複数検出されるなど遺構密度が濃く、一定量の遺物も出土している。郭2～4は、その位置と規模から主郭に対して従属的な位置にあって、そうした立場の者が居住する区画であったと想定される。なお、郭2～4の西側は主郭へつながる通路と想定され、この通路は主郭入口手前で屈曲していることや郭2から横矢が効くよう配置されるなど、主郭への侵入を阻むように防御の工夫を凝らしている。

菊永氏城跡は、一辺50㍍程度の方形城館を基本に複数の付属区画を有することが明らかになった発掘調査事例であり、城跡の存続時期は、十六世紀前半後葉から十六世紀後半とされている。

おわりに

伊賀の中世城館は、これまでの調査・研究で明らかにされてきたとおり、一辺50㍍前後の方形城館が主体で、川東集落で例示したように集落内に複数所在する。その時期は発掘調査から十五世紀後半～十六世紀にかけての戦国期である。発掘事例のなかには、四方を土塁で囲まれた主郭の従属的な位置にある付属区画が検出されたものもある。

川東集落を含む壬生野惣荘では、神社祭祀や地域運営は「殿」付けで呼ばれる諸侍によりおこなわれていた。中世伊賀国では、壬生野惣荘のほかにも服部郷諸侍、島ヶ原諸侍といった、諸侍が中心となり一定の範囲を領域とする惣荘・惣郷が各地にあったことが史料から窺えるが、諸侍が拠ったのが方形城館である。惣荘・惣郷のなかに同規模の方形城館が複数あるのは、「諸侍」の表記が示すとおり突出した権力が惣荘内に存在しなかったことを示している。

中世後期になると、畿内を中心に各地で一揆が結ばれ、一揆を構成する国人や地侍衆らによりそれぞれの規模の中世城館が築かれた。伊賀国の場合、一揆を構成していたのは「惣国之諸侍」であり、一辺50㍍前後の方形城館の規模が彼らの階層性を示している。

参考文献
阿山町教育委員会・阿山町遺跡調査会　一九八七『菊永氏城跡発掘調査報告』
伊賀中世城館調査会編　一九九七『伊賀の中世城館』
石田善人　一九六二「甲賀郡中惣と伊賀惣国一揆について」『史窓』京都女子大学史学会（のち『中世村落と仏教』思文閣出版、一九九六年所収）
笠井賢治　二〇一二「伊賀惣国一揆と信長」『織田政権と本能寺の変』塙書房
久保文武　一九八六「伊賀惣国一揆掟書」『伊賀史叢考』同朋舎
駒田利治　一九八七「伊賀の中世城館跡—発掘調査事例の検討—」『菊永氏城跡発掘調査報告』阿山町教育委員会・阿山町遺跡調査会
寺岡光三　一九九五「伊賀町川東の春日山城について」『研究紀要』第四号　三重県埋蔵文化財センター
三重県埋蔵文化財センター　一九九三「箕升氏館跡（北城遺跡）」『伊賀国府跡・箕升氏館跡ほか』
三重県教育委員会編　一九七六『三重の中世城館』
森川常厚　一九九五「伊賀地域中世城館の郭内区画と遺構配置」『研究紀要』第四号 三重県埋蔵文化財センター
山本雅靖　一九八四a「伊賀における中世城館の形態とその問題」『古代学研究』一一七 元興寺文化財研究所
山本雅靖　一九八四b「伊賀惣国一揆の構成者像—中世城館築造主体の性格をめぐって—」『大阪文化誌』一七 大阪文化財センター

北方一揆と北伊勢の城・館

竹田憲治

はじめに

伊勢国は伊勢湾の西岸に位置し、南は志摩国・紀伊国と、西は鈴鹿・布引山地を挟んで近江国・伊賀国・大和国と、北は木曽三川を挟んで尾張国・美濃国と接している。文化的には、近畿・東海の要素の両方を備える地域である。

中世後期の有力な領主は、南伊勢（一志・飯高・飯野・多気・度会五郡）に北畠氏、中伊勢南部（安濃・奄芸二郡）に長野氏、中伊勢北部（鈴鹿・河曲二郡）に関氏がおり、それぞれ勢力を扶植していた。

一方、北伊勢（桑名郡・員弁郡・朝明郡・三重郡）には、北畠・長野・関氏といった複数の郡を支配する領主がいなかったことを江戸時代の軍記物が簡単に紹介している。たとえば『勢州四家記』には、「一　北方の諸家とは三重郡千種家（中略）、次是等百騎五十騎。或は二百騎の大将四拾八家あり。何も一味同心して諸事軍配せり。各足利将軍家に仕し侍也。[1]」、『勢州軍記』には「一　北方諸侍事　北方諸家者。（中略）北方諸侍在四十八家云々。各為足利家之侍。一味同心[2]」とある。

戦国時代の北伊勢に対する江戸時代の歴史認識では、足利氏被官の「北勢四十八家」なる中小領主が「一味同心」して群立しているとみられていたようである。

このような状況について、同時代史料に基づき、北伊勢の室町・戦国期の歴史を考察したのが飯田良一氏で

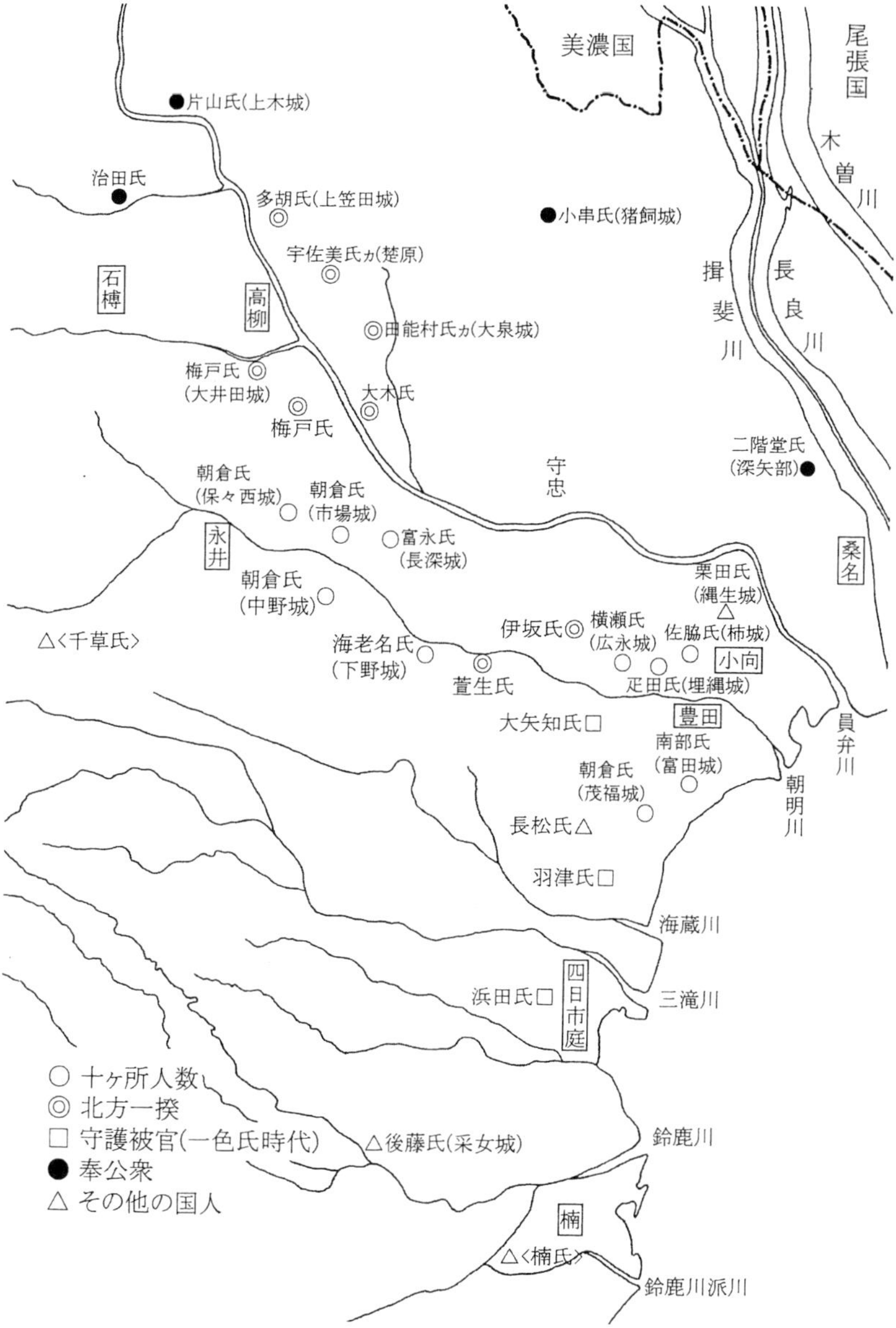
美濃国
尾張国
木曽川
揖斐川
長良川
片山氏(上木城)
治田氏
多胡氏(上笠田城)
小串氏(猪飼城)
宇佐美氏ヵ(楚原)
石榑
高柳
田能村氏ヵ(大泉城)
梅戸氏
(大井田城)
大木氏
梅戸氏
守忠
二階堂氏
(深矢部)
朝倉氏
(保々西城)
朝倉氏
(市場城)
富永氏
(長深城)
永井
桑名
朝倉氏
(中野城)
栗田氏
(縄生城)
△〈千草氏〉
伊坂氏
横瀬氏
(広永城)
佐脇氏(柿城)
海老名氏
(下野城)
小向
萱生氏
疋田氏(埋縄城)
大矢知氏
豊田
員弁川
南部氏
(富田城)
朝倉氏
(茂福城)
朝明川
長松氏
羽津氏
海蔵川
四日市庭
浜田氏
三滝川
○ 十ヶ所人数
◎ 北方一揆
□ 守護被官(一色氏時代)
● 奉公衆
△ その他の国人
△後藤氏(采女城)
鈴鹿川
楠
△〈楠氏〉
鈴鹿川派川

図1　室町・戦国期の北伊勢(飯田 2020)

ある。飯田氏は北伊勢三郡（桑名郡・員弁郡・朝明郡）の「十ケ所人数」「北方一揆」を取り上げ、十ケ所人数は室町幕府によってこの地に配置された足利氏の根本被官等による一揆的結合とした。その活動は十五世紀中頃から十六世紀前半まで確認できるとしている［飯田　一九八四・一九九五・二〇二〇］。

さらに飯田氏は、北方一揆について『花営三代記』応永二十九年九月十九日条に、伊勢参宮に向かう将軍足利義持を新所（亀山市関町）で迎えた伊勢の国人関持盛・雲林院・加太平三郎・長野満高とともに、北方一揆が見えることに注目し(3)、応永三十一年九月二十六日付け将軍御教書にみえる「一揆中」(4)も北方一揆を指すとした。飯田氏はまた、北方一揆の構成員の多くは員弁郡・朝明郡の地名を名字とする地侍層からなっており、十ケ所人数よりも下位の存在であるとした。彼らは「一揆」として中伊勢地域の有力領主とともに将軍一行を迎え、守護の求めに応じた軍勢の派遣や地頭職の沙汰付をおこなっていたとしている。

一揆の活動時期について飯田氏は、十五世紀前半から後半までで、文明年間からの北伊勢の戦乱、一揆構成員間の格差拡大から解体に向かったとしている（図1参照）［飯田　一九八四・一九九五・二〇二〇］。

飯田氏の研究をうけて呉座勇一氏は、北方一揆を次のように評価する。北方一揆は組織の意志を談合によって決定する点、構成員による役割分担が見られる点などから、員弁・朝明両郡の中小領主が結集することで、全体として直勤御家人身分（幕府直臣）と「国人」としての地位を獲得したとする［呉座　二〇一四］。

筆者は、文献史学ではなく考古学の立場から北方一揆に関連する二つの遺跡に携わることができた［三重県埋文　二〇〇三・二〇〇六・二〇一二・二〇一九］。一揆の構成員である伊坂氏に関わる遺跡だろうとされる伊坂城跡と、西ヶ広遺跡の発掘調査である。本稿ではこれまで文献史学で述べられてきた北方一揆の具体的な構成員像を発掘調査の成果から考察していきたい。

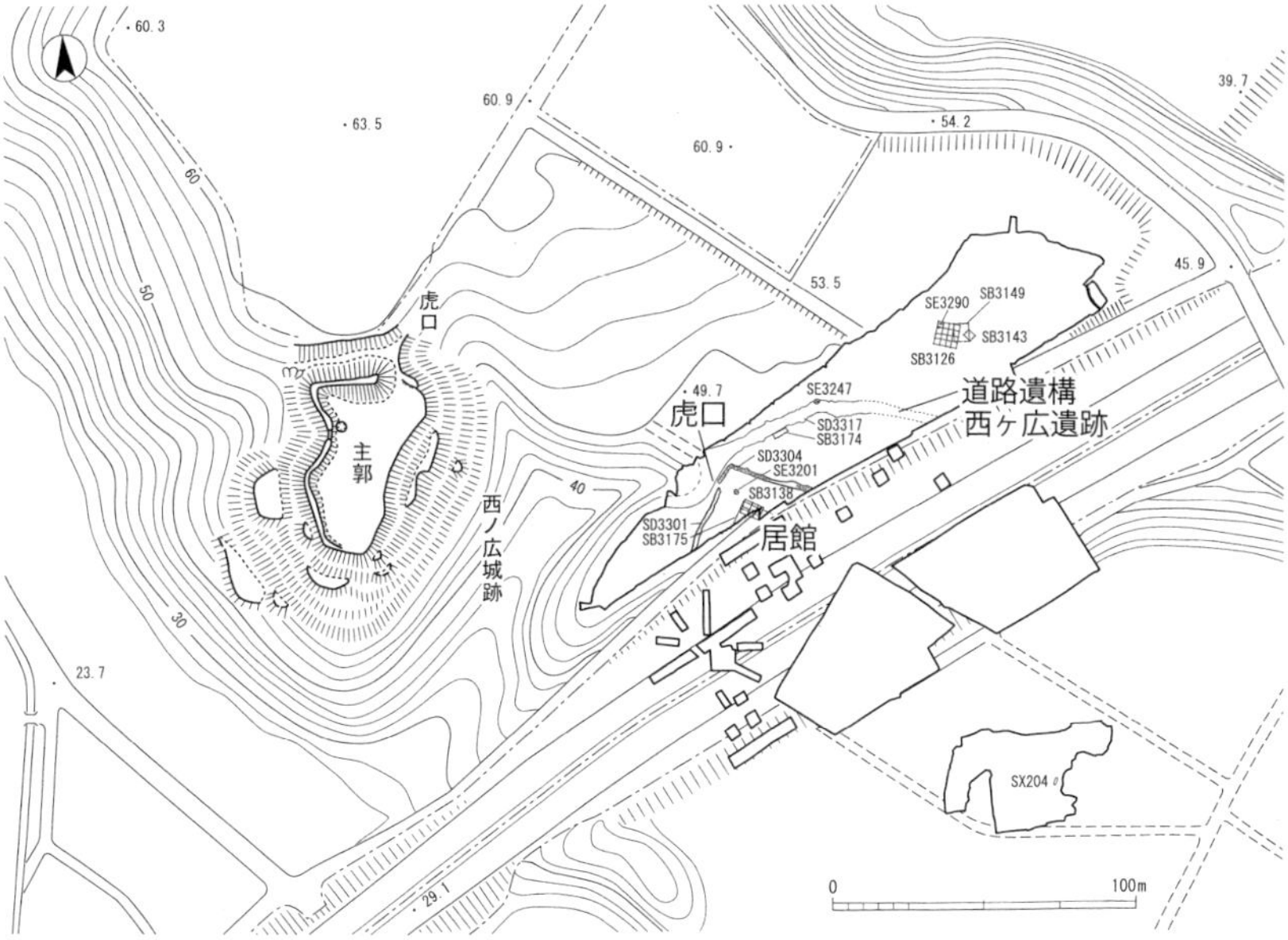

図2　西ヶ広遺跡・西ヶ広城跡（三重埋文 2006）

1　西ヶ広遺跡と中世後期の居館

四日市市伊坂町の西ヶ広遺跡では、昭和四十四年から断続的に発掘調査がおこなわれている。このうち、平成十一年度から十二年度におこなわれた第3次・第4次調査では、中世後期の居館が確認されている。居館内部には掘立柱建物や井戸があり、そのまわりは長さ30メートル以上、幅40センチ、深さ60センチの溝に囲まれていた。一部の溝は道路遺構に向けて開口し、この部分が虎口であったと考えられる。この道路遺構は虎口の近くで二股に分かれ、そのうち一本は西ノ広城跡（未発掘）に向かう（図2参照）。

居館は、出土遺物に基づけば十四世紀中葉から後葉には機能しており、十五世紀末から十六世紀初頭頃には廃絶したと考えられる［三重埋文二〇〇六］。この居館は、十五世紀に北方一揆の一員として活動し、伊坂の地を名字とする伊坂氏のものであった可能性が高い。

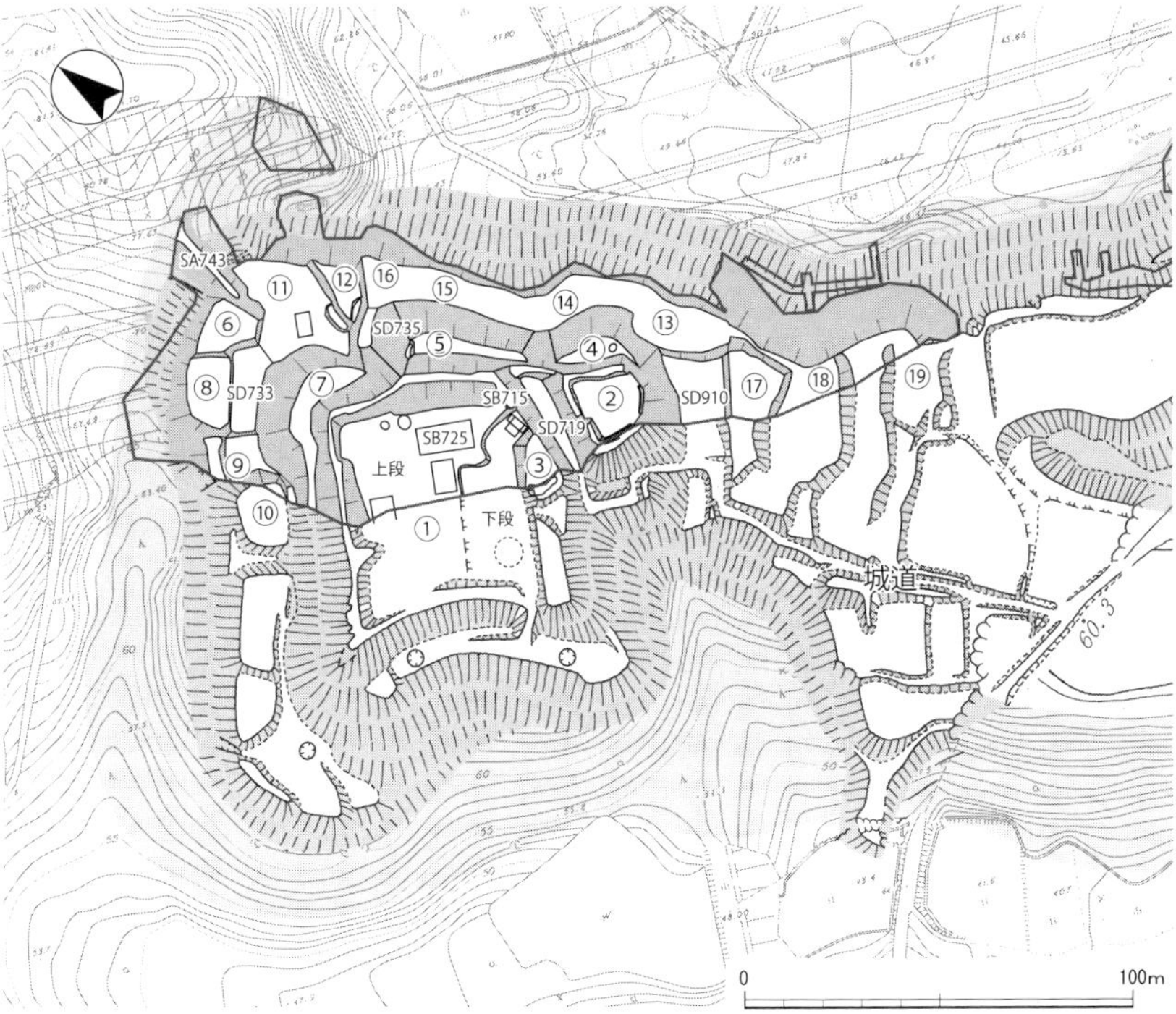

図3　伊坂城跡主郭周辺（三重埋文 2019）

2　伊坂城跡と被官屋敷

同じく四日市市伊坂町の伊坂城跡では平成十一年から発掘調査がおこなわれ、周囲に大規模な土塁がめぐる方形の主郭をはじめとした防御遺構群、その東の尾根上に築かれた区画群が確認されている（図3参照）［三重埋文二〇〇三・二〇一二・二〇一九］。

主郭（曲輪①）は、内法40メートル四方で、内部からは掘立柱建物、礎石建物の門、井戸、区画溝などを検出している。建物は何度かの建て替えがあり、曲輪周囲の堀も改修された痕跡がある［三重埋文二〇一九］。

主郭の東の尾根上には、溝で区画された屋敷地群がある。区画は少なくとも二〇ヶ所見つかっており、区画内には大小の掘立柱建物、井戸などが確認されている。これらは、主郭に居たであろう城主の被官屋敷であると考えられる（図4）。

主郭・被官屋敷ともに出土遺物の年代からすれば、

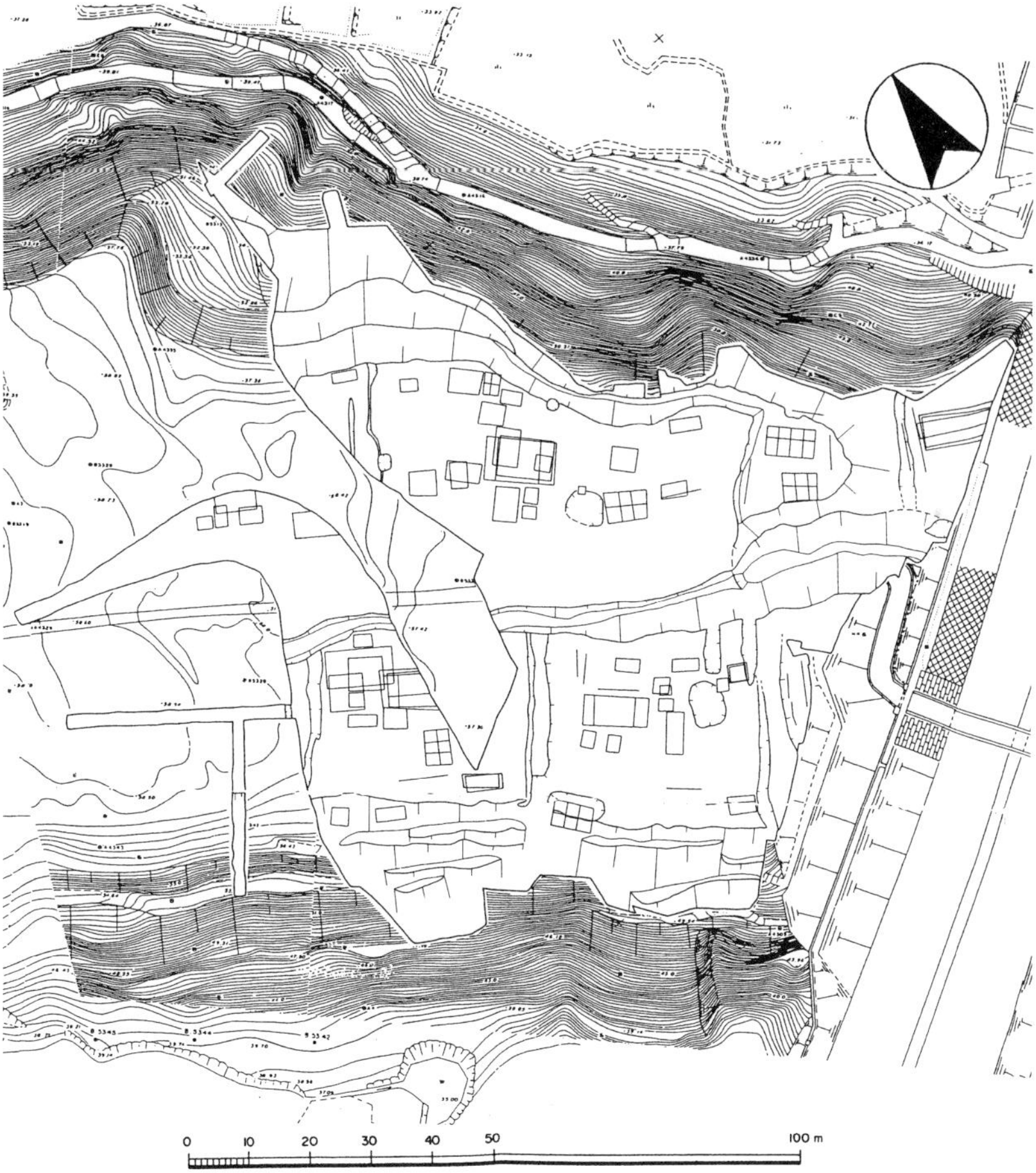

図４　伊坂城跡の被官屋敷（三重埋文 2003）
（調査地は図６参照）

十五世紀末～十六世紀初頭頃には機能しており、十六世紀後半頃まで存続していたと考えられる［三重埋文二〇〇三・二〇一二・二〇一九］。

伊坂城についても、十六世紀後半まで活動が確認できる伊坂氏の城である可能性が高い。

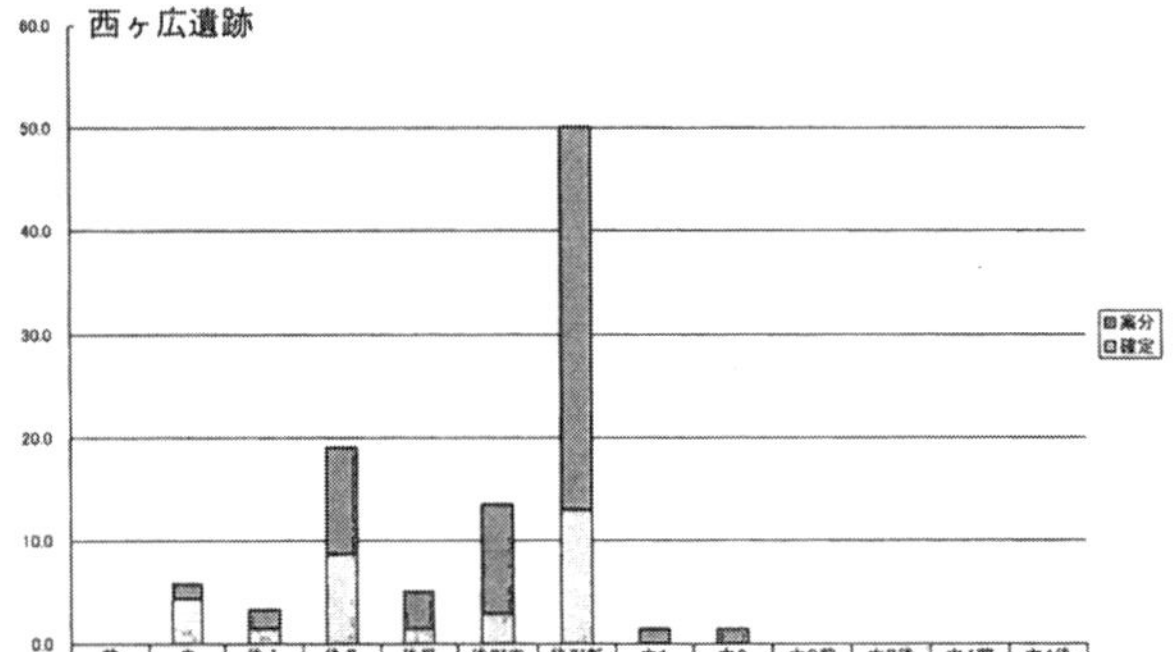

	前	中	後Ⅰ	後Ⅱ	後Ⅲ	後Ⅳ古	後Ⅳ新	大1	大2	大3前	大3後	大4前	大4後
■素分	0.0	1.4	1.9	10.4	3.6	10.7	37.1	1.4	1.4	0.0	0.0	0.0	0.0
□確定	0.0	4.3	1.4	8.7	1.4	2.9	13.0	0.0	0.0	0.0	0.0	0.0	0.0

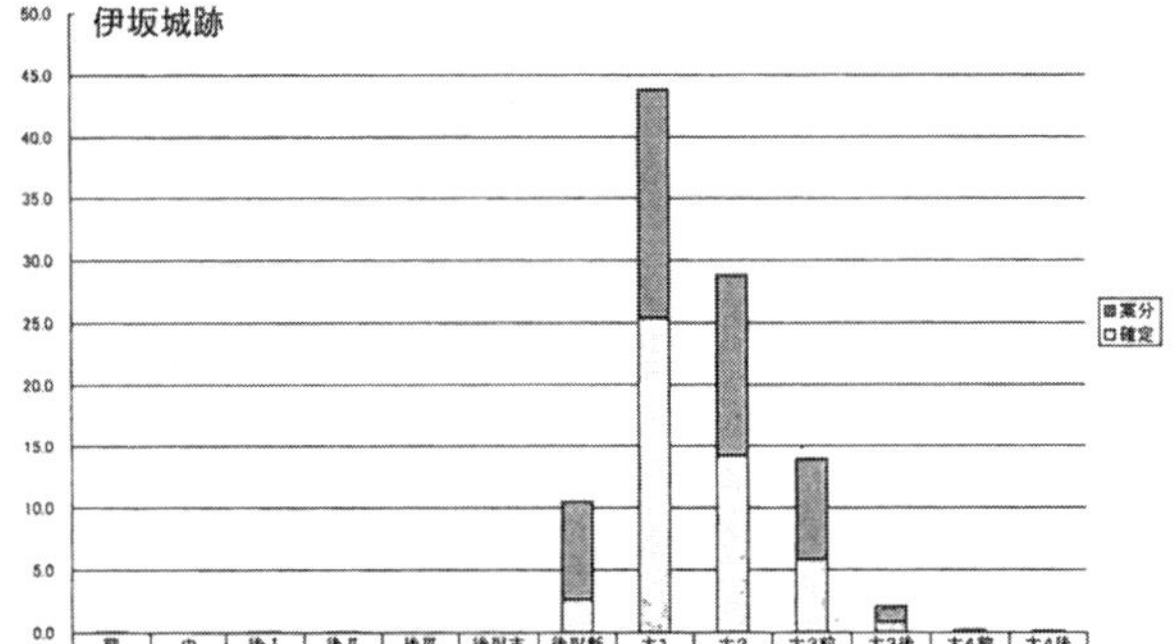

	前	中	後Ⅰ	後Ⅱ	後Ⅲ	後Ⅳ古	後Ⅳ新	大1	大2	大3前	大3後	大4前	大4後
■素分	0.0	0.0	0.1	0.1	0.0	0.0	7.9	18.5	14.7	8.1	1.3	0.0	0.0
□確定	0.1	0.0	0.0	0.0	0.0	0.0	2.6	25.4	14.2	5.8	0.8	0.2	0.1

図5　西ヶ広遺跡・伊坂城跡　瀬戸美濃製品データ
（三重埋文2006）

3　北方一揆の解体と西ノ広城・伊坂城

図5は西ヶ広遺跡周辺と伊坂城跡出土の瀬戸美濃製品の型式（時期）をあらわしたものである。伊坂城跡のデータは尾根上の被官屋敷の遺物であるが、主郭周辺の傾向もほぼ同じである［三重埋文二〇一九］。

これを見ると、西ヶ広遺跡の出土遺物が減少する時期（大窯第1段階：十五世紀末から十六世紀前半）に、伊坂城跡での遺物が増加し始めることが見て取れる。筆者は、この二つの遺跡の消長を、十五世紀末から十六世紀前半頃に西ヶ広遺跡から伊坂城跡への移転がおこなわれたことを表現していると考えている。

図6は西ヶ広遺跡と伊坂城跡の位置関係

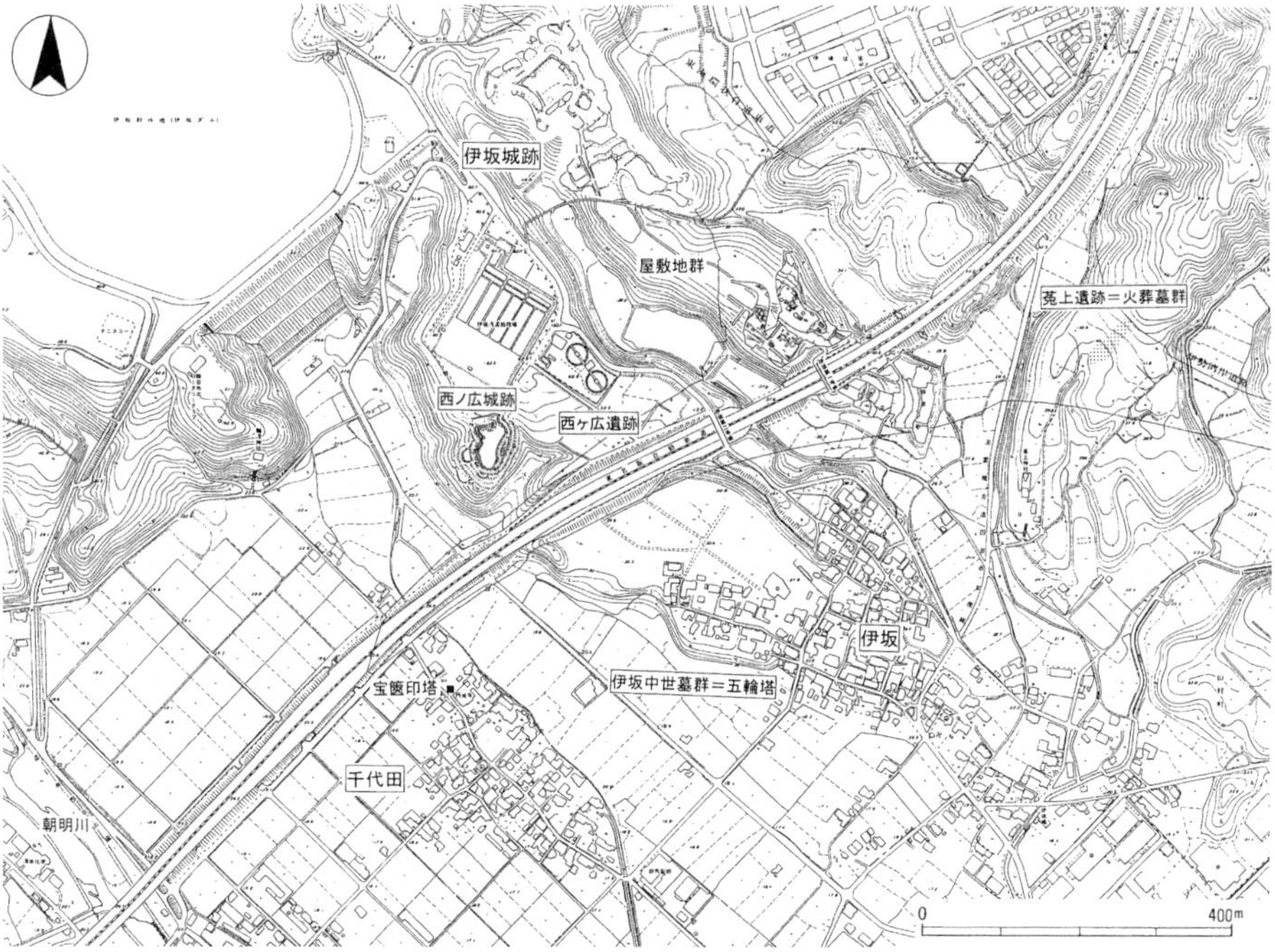

図６　西ヶ広遺跡と伊坂城跡（三重埋文 2006）

を示したものである。これによると、西ヶ広遺跡は伊坂集落の西に近接しており、西ノ広城跡はすぐ西の小ピークに立地しているのがわかる。西ヶ広遺跡の周囲には、発掘調査でも被官屋敷らしい区画は確認されていない。

伊坂城跡はここから直線距離で４５０㍍ほど離れた丘陵上のピークに立地する。発掘調査では主郭の東には多くの被官屋敷が広がっていることが確認されている。

西ヶ広遺跡から伊坂城跡への移転は、規模の大幅な拡張を伴うものであった。この移転に伴い伊坂城は、北方一揆構成員のなかでも最大級の城となっている［伊藤 二〇〇八］。この移転には質的にも大きな変化が認められる。これは既存の集落から離れて、被官の集住を伴うものである。居館（西ヶ広遺跡）と城（西ノ広城跡）が分離していた状況は、伊坂城跡への移転によって山上に城と居館が一元的に築かれる段階に入ったとも考えられる。

西ヶ広遺跡と伊坂城跡の発掘成果は、十五世紀後半から十六世紀前半にかけての伊坂氏の権力伸張を示唆していると考えることができる。

飯田良一氏は、文明年間からの北伊勢の戦乱を経て、一揆構成員同士の格差拡大が要因となって北方一揆は解体に向かったとしている［飯田 一九八四・一九九五・二〇二〇］。飯田氏は、員弁郡の梅戸氏、朝明郡の萱生氏に勢力拡大の様子が文献史料に確認できるとし、ここに格差の拡大を見出している。

西ヶ広遺跡・伊坂城跡の発掘成果でも、同じ時期に伊坂氏に勢力伸長が起きていたことが確認できる。飯田氏が示した一揆構成者間の格差拡大の具体的な現象を考古資料でも追認できるといえよう。

北伊勢では、伊坂城跡以外にも大井田城跡（いなべ市）、保々西城跡（四日市市）などのように、主郭の周囲に被官屋敷が展開する大型城館が存在する。本格的な発掘調査がおこなわれているのは伊坂城跡、西ヶ広遺跡だけであるが、これらの発掘調査成果から類推すると、十五世紀代に十ヶ所人数、北方一揆といった一揆的結合により成り立っていた地域社会が、十五世紀後半から十六世紀前半になり、より大規模な領主による再編成、いわば「戦国化」が進んだと考えることができよう。

このような状況は、十六世紀後半の織田信長の北伊勢侵攻により、さらなる変化が生じる。しかし、北伊勢の領主たちが信長によって滅ぼされたわけではない。『信長公記』天正元年十月八日条に「（前略）いさか・かよふ・赤堀・たなべ・（中略）、何れも人質進上候て御礼申上候。」とあるように、伊坂氏・萱生氏らは信長に人質を出して服属を確認し(5)、さらには本能寺の変、それに続く織田家中の争乱後も「伊坂五左衛門」「伊坂才助」「伊坂長左衛門」「伊坂太郎一」ら伊坂一族は、織田信雄から知行を受けるなどして(6)、生き残っていくのである。

註

（1）『勢州四家記』（『群書類従』第二十輯、合戦部、続群書類従完成会、一九三三年）

（2）『勢州軍記　上』（『続群書類従』第二十一輯上、合

戦部、続群書類従完成会、一九二三年）

（3）『花営三代記』応永二十九年九月十九日条（『群書類従』第二十六輯、雑部、続群書類従完成会、一九三二年）

（4）「沙弥道端管領施行状」（「実相院文書」『四日市市史』第7巻 史料編 古代・中世、四日市市、一九九一年、文書番号二五二号）

（5）『信長公記』天正元年十月八日条（『信長公記』角川書店、一九六九年）

（6）「織田信雄分限帳」（『四日市市史』第7巻 史料編 古代・中世、四日市市、一九九一年、文書番号七五〇号）

参考文献

飯田良一　一九八四「北伊勢の国人領主―十ヶ所人数、北方一揆を中心として」『年報中世史研究』9号

飯田良一　一九九五「室町幕府の成立と北伊勢の国人たち」『四日市市史』第16巻通史編　古代・中世

飯田良一　二〇二〇「北伊勢国人たちの世界」『三重県史』通史編　中世

伊藤徳也　二〇〇八『再発見　北伊勢国の城』東海出版

呉座勇一　二〇一四「伊勢北方一揆の構造と機能」『日本中世の領主一揆』思文閣出版

三重埋文　二〇〇三『伊坂城跡発掘調査報告』三重県埋蔵文化財センター

三重埋文　二〇〇六『西ヶ広遺跡（第3・4次）発掘調査報告』三重県埋蔵文化財センター

三重埋文　二〇一二『伊坂城跡（第3次）発掘調査報告』三重県埋蔵文化財センター

三重埋文　二〇一九『伊坂城跡（第4～7次）発掘調査報告』三重県埋蔵文化財センター

大和国東山内の城館研究

中西　裕樹

はじめに

縄張り研究では、地表面観察の城館遺構を把握し、遺構の有無や立地、縄張り（遺構の平面プラン）などの豊富な情報を得ることで、戦国期のさまざまなテーマにアプローチを試みる。遺構の年代比定が大きな課題であるが、この方法論は数多くの城館跡を研究対象にできることに強みがある。

戦国期に地域的な一揆が成立した伊賀国や近江国甲賀郡では、集落の内部、または接する丘陵上に約半町（50㍍）四方の小規模で均質な城館が多数存在する一方、およそ大規模な山城が成立しないという城館構成が確認されている。この様相は城館を営む領主層が「横並び」の関係にあるという地域構造を示し、縄張り研究に基づいて「一揆の城」を考えるモデルとなった［村田 一九八四］。

畿内近国での「一揆」の構成メンバーを主体とするような地域社会の城館は織田政権の破城で否定され、織豊系城郭を核とする限られた城下町が成立していく。戦国期には甲賀・伊賀の地域的な国一揆のもとで大半の城館が機能していたと考えられるが、織田政権の破城以前においても地域の城館構成に変化はなかったのだろうか。戦国期段階の変化を考えることで、織豊政権の破城の評価も違ってくるだろうし、中近世移行期と地域の城館を考える上でも興味深い論点が導き出せるはずである。

さて、奈良県の北東部に広がる大和高原は東山内と呼ばれ、国中と称された奈良盆地とは区別された。北で山城国、東で伊賀国に接する山間部に小盆地が点在する地域で、およそ奈良市の中～東部、山添村全域、天理市の東部、桜井市の北東部、宇陀市の北部にあたる（図1）。この東山内は、城館に関心がある方にとってお馴染みの地域だろう。それは小規模城館が群在する甲賀・伊賀に関連して論じられたことに加え、学史に残る論考のフィールドになったためである。単郭方形、土塁と堀によるシンプルな縄張りの城館では、遺構の時期を求めることは難しくとも、地域の城館を網羅し、特徴的な縄張りを把握して城館の規模と立地を押さえ、さらに文献史学の知見を組み合わせることによって、東山内では多くの成果を得ることができた。

図1　東山内の位置（甲賀市史7所収図を改変）

本稿では、この東山内の先行研究に過去の拙稿を交え［中西 二〇〇四］、「一揆の城」と評価される地域の城館跡とその変化について考えてみたい。なお、注記のない図面については拙稿からの転載である。

1　東山内の先行研究

(1) 村田修三氏の研究

縄張り研究は、一九七九年度日本史研究会大会における村田修三氏の報告「城跡調査と戦国史研究」で画期を迎えた〔村田 一九八〇a〕。大和国を対象に、村田氏は縄張りに基づく城館の機能と年代の想定、築城主体と支配との関係、地域における城館構成と在地構造などを論じ、城館跡を資料とする視点と具体的方法を提示した。ここで大きく取り上げられたのが東山内の城館であり、縄張りの解釈から城館主体の戦略と対象範囲が理解できる例として、上狭川城（奈良市）が紹介された（図2）。

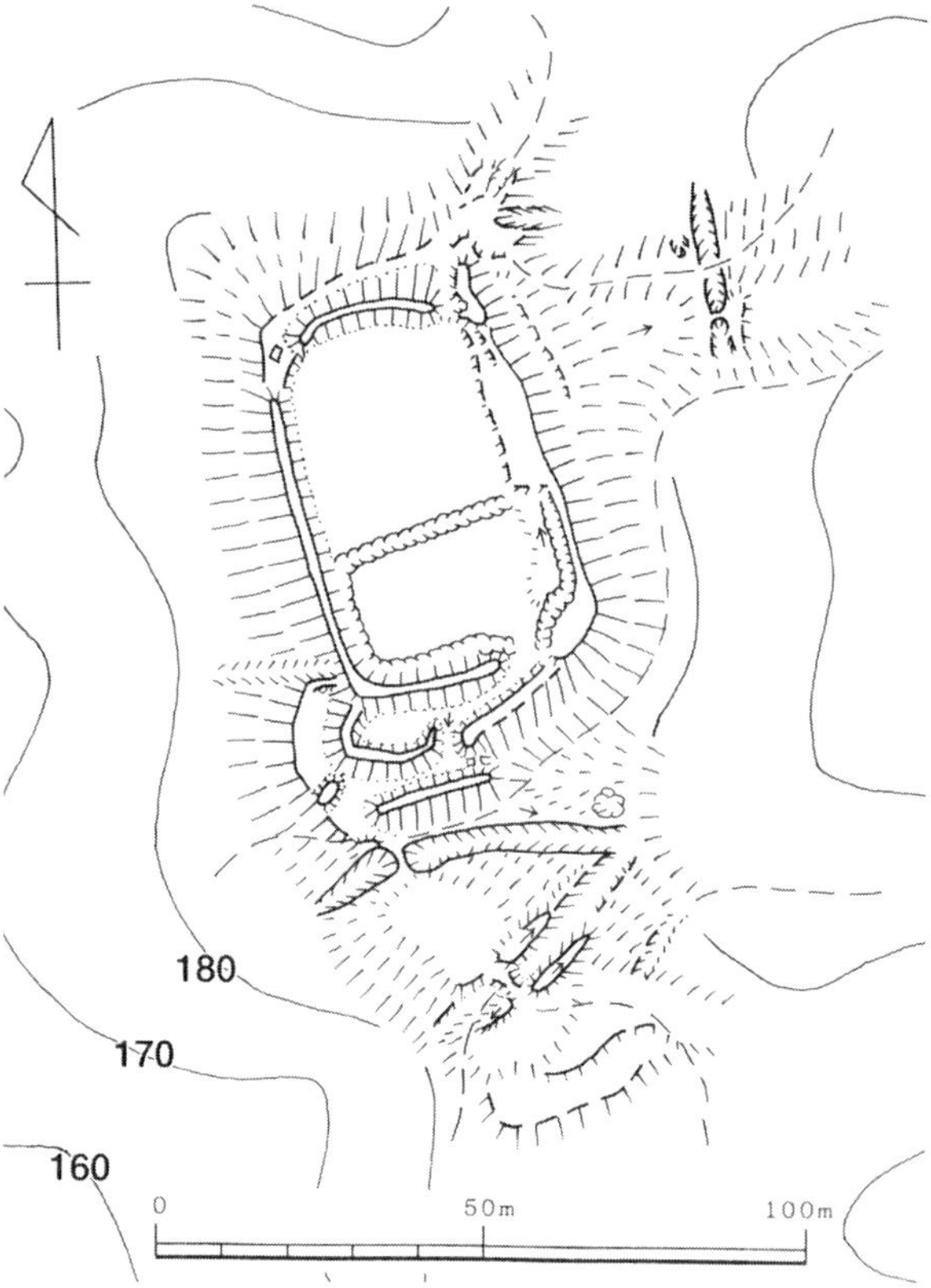

図2　上狭川城跡概要図（中西裕樹作図）

上狭川城は地元の福岡氏を城主に伝え、麓からの比高約70㍍の丘陵上にあり、縄張りは約60㍍×約35㍍の長方形の曲輪をベースとする。南側に防御施設が集中し、土塁や腰郭を用いた巧みな虎口などからその守りが読み解ける一方、北側は急斜面のみである。この縄張りから上狭川城は小勢の攻撃にしか対応できず、「小国人・土豪層相互間の攻防を予想して築かれたものであろう」とされた。つまり小規模な国人領主や村落領主層が主体に想定できると評価したのである。

また、東山内には単郭方形で空堀をめぐらす小城郭が群在するとされ、それは地形的高所よりも集落への近接を優先した場所に立地する。村田氏はこのタイプの城館を「山内型」と呼称し〔村田 一九八〇b〕、居住性に富む

「館城」ととらえて主体の「小国人・土豪」の領主化の低さと村落との密着さを示すとした。例えば、このタイプの水間《みま》城（奈良市、図3）は約40㍍×約35㍍の方形で空堀をまわす曲輪が中心で、特に虎口等の縄張りの発達はみられない［内野二〇一五］。東山内では「山内衆」とも呼ばれた「小国人・土豪層」が一揆的に連合して行動し、「山内型」の分布は接する伊賀にもみられるため、この様相は一揆地帯の城館タイプと評価された。

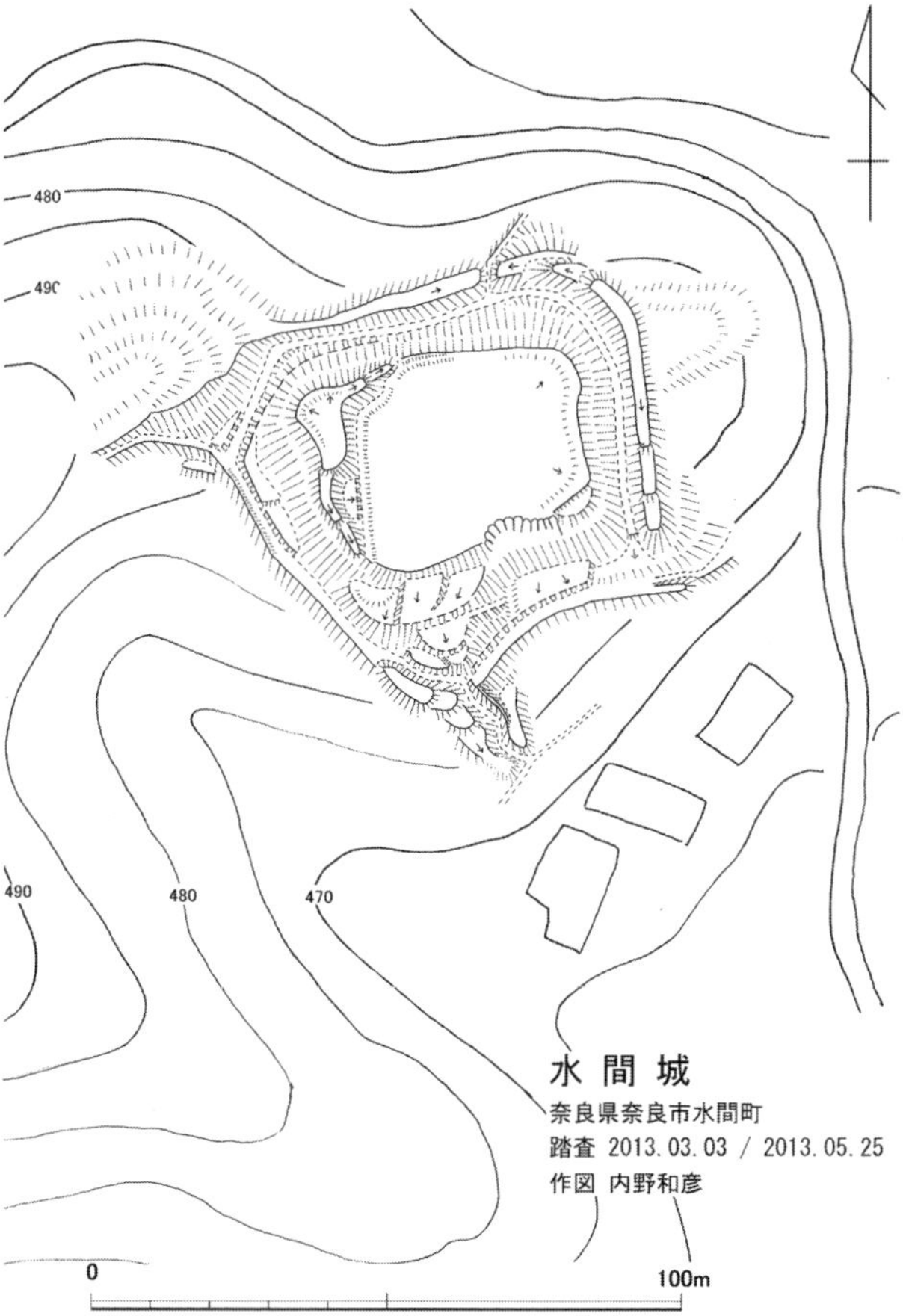

図3　水間城跡概要図（内野和彦氏作図）

ただし東山内の城館構成は「山内型」ばかりではなく、筒井氏や古市氏、十市氏らの国中に本拠を置く有力国人の直接的な勢力圏、支配地域であり、集落から離れた場所の小規模な非方形の山城はその支城と考えられる。また少数だが周辺を見通す独立峰には大規模な連郭式山城が存在する。このタイプの城館は一揆から抜け出し、有力国人と結んで勢力を拡大した諸氏の城であった。「山内型」をベースに曲輪などを拡張したケースもあり、これは主体の領主的な成長への対応ととらえられる。

さらに先の筒井氏らは国中の本拠を失うと東山内に没落し、その場を軍事的な後背地として国中との境に「山ノ城」という大規模な山城を築いた。この山城は本拠奪還の足掛かりとなり、やがては勢力圏内の支配の要になった〔村田 一九八五〕。東山内は異なる支配がせめぎあい、大規模山城と単郭小規模山城に両極分化する傾向があると評された。

⑵　多田暢久氏の研究

村田氏の成果を受け、東山内の城館構成への理解を深化させたのが多田暢久氏であった〔多田 一九九〇・一九九二〕。多田氏は城館跡の悉皆調査をふまえ、立地や縄張りに基づく分類を行い（以下「分類」）、その分布上の特徴をとらえることによって東山内という地域の特質を明らかにしようとした。それは特徴のない縄張りが大半を占める、地域社会の城館をとらえるモデル構築を意図するものでもあった。この分類について、著者なりの理解を示したい。

A．方形単郭型（山内型）。一辺25㍍～50㍍の一つの方形郭を基本とするもの。事例に水間城などがある。

B．方形郭改変型。Aに構造や立地でプラスの特徴を持つもの。これはさらに三分類が可能。

a　方形単郭詰城型。横矢や畝状空堀群などの進んだ縄張り技術を備え、集落から遊離した立地となるもの。事例に上狭川城と多田佐比山城（宇陀市。図4。横矢と畝状空堀群の場所は○で示した）がある。

b　背後拡張型。Aの背後高所に曲輪を持つもの。

c　改変型。複雑に発達した虎口や塁線の横矢が認められるもの。事例に福住中定城（天理市。図5。横矢の場所は○で示した）がある。

C．不定形単郭型（番城型）。地形に合わせた曲輪の形でAよりも小規模な単郭山城。多くは山頂に立地し、眺望に優れて居住施設の館・屋敷が周辺に確認できないもの。事例に大平尾《おびらお》城（奈良市。図6）がある。

D．連郭式山城。事例数は少ない。規模は城域全体でも100㍍を越えるもの。なお、これは「山ノ城」も該

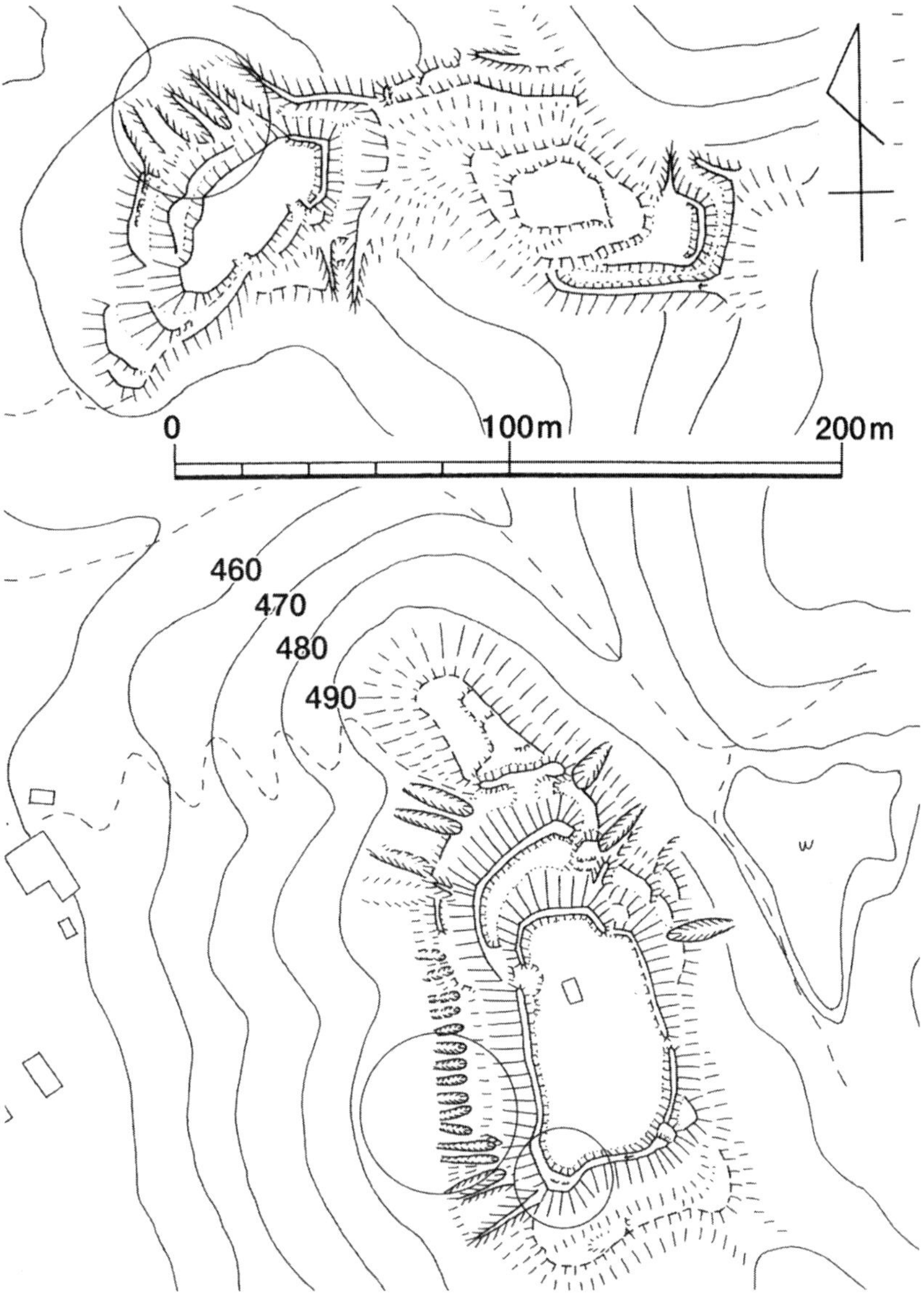

図４　多田佐比山城跡概要図（中西裕樹作図）

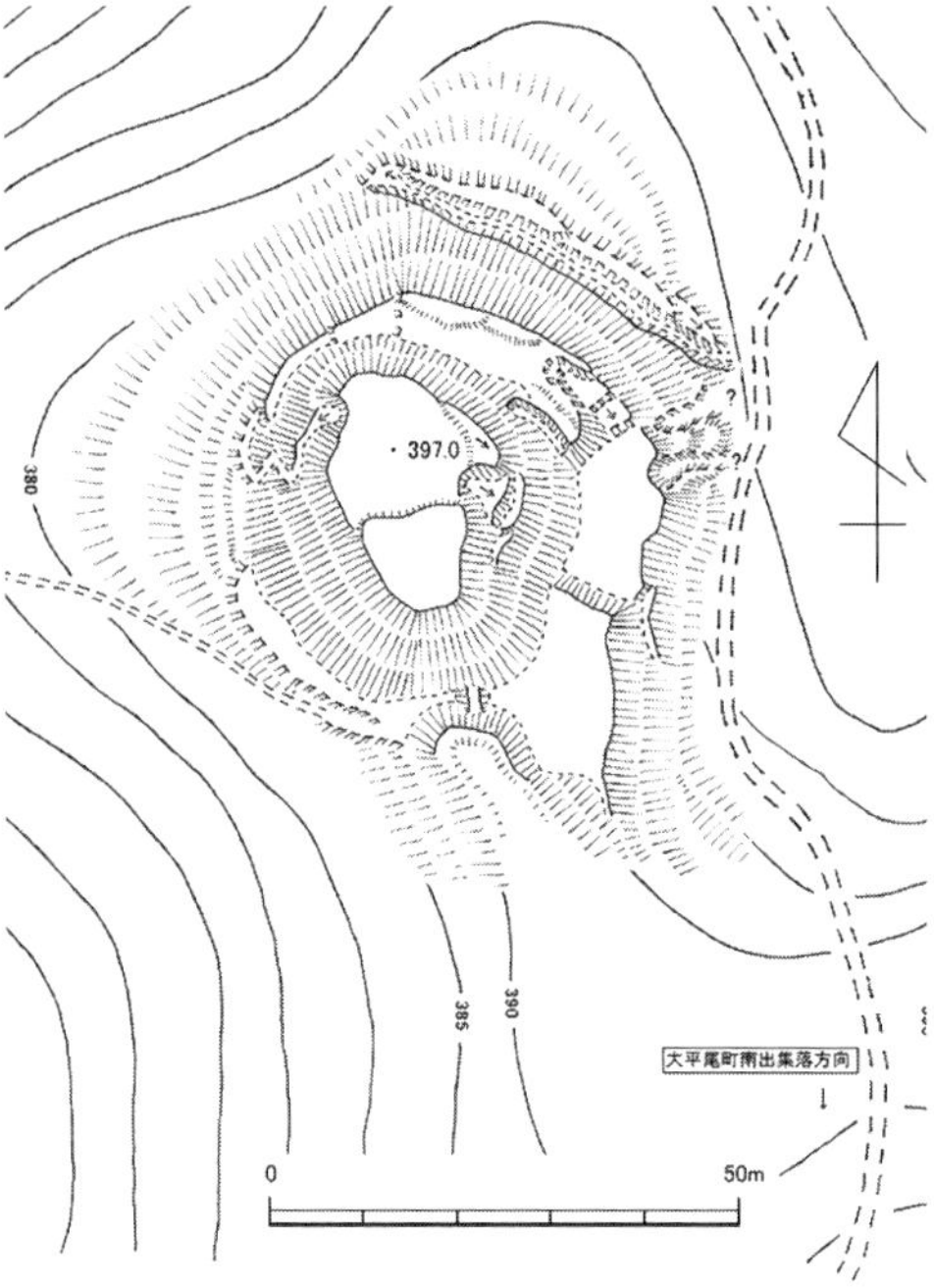

図6　大平尾城跡概要図（内野和彦氏作図）

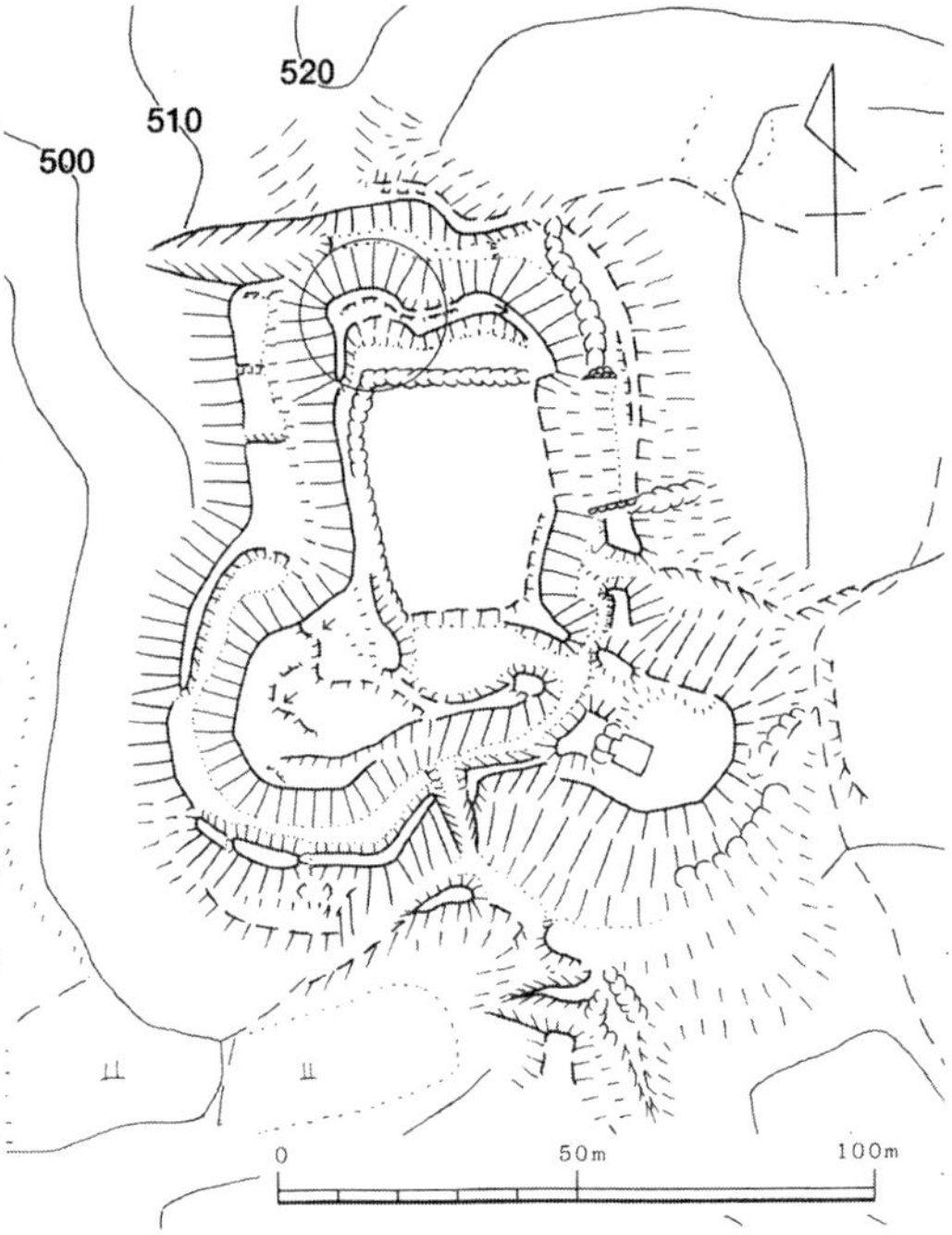

図5　福住中定城跡概要図（中西裕樹作図）

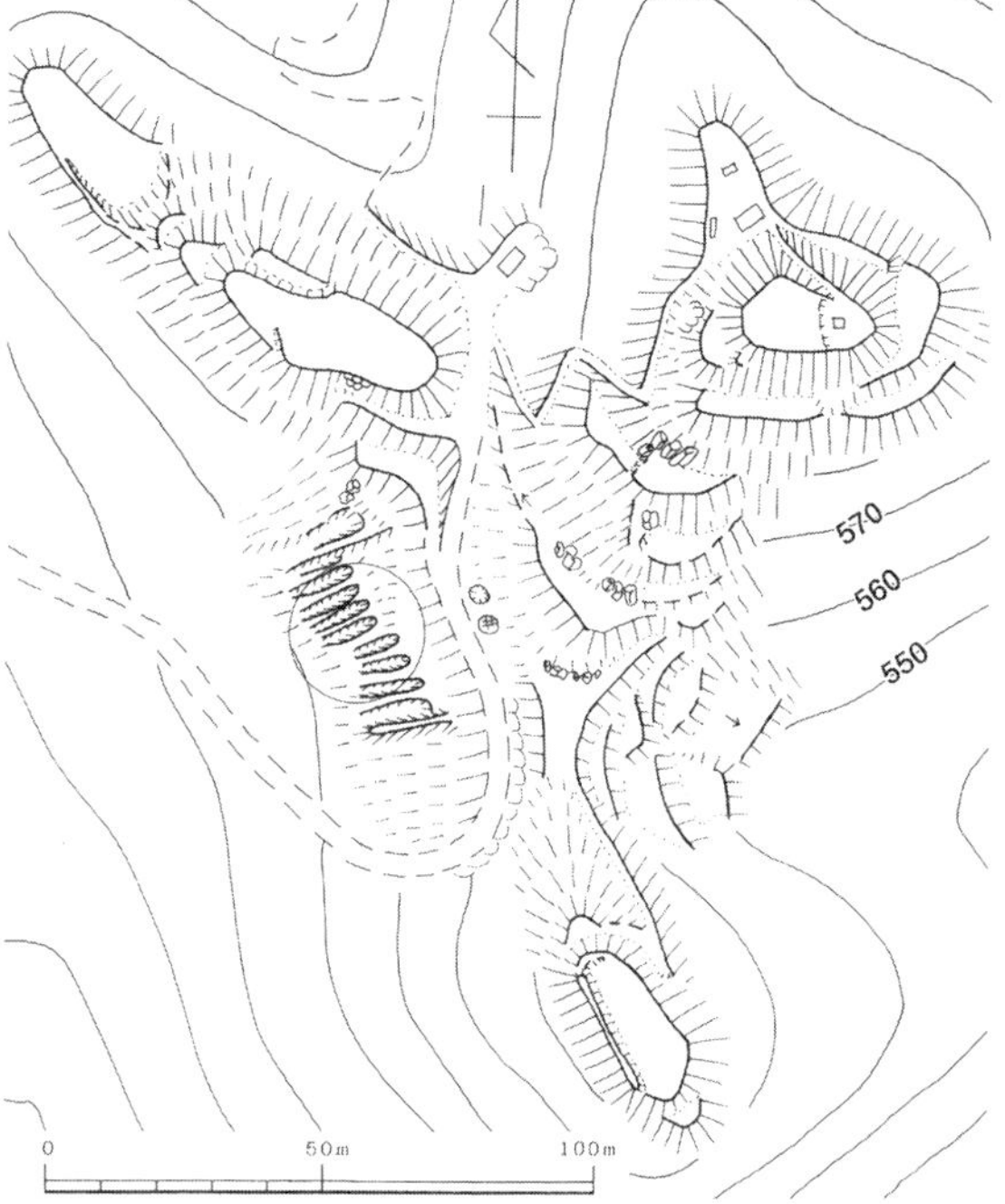

図7　貝那木山城概要図（中西裕樹作図）

当する。事例に貝那木山城(奈良市。図7)がある。

分類は城館の比高に対応し、低い順からA→B→Dとなるが C は比高にとらわれない。分布では方形単郭型(A)の群在地域、方形郭改変型(B)・連郭式山城(D)がセットになる地域、不定形単郭型(C)が散在する地域が抽出され、多田氏は文献史学の知見をふまえて方形単郭型(A)の群在を村落領主層の地域的一揆体制による相互規制が城館に働いた地域とし、方形郭改変型(B)・連郭式山城型(D)のセットを城館の主体とするのは国中の国人と結びつくなどして支配を拡大した地域、不定形単郭型(C)の散在を国中国人による広域支配の地域、という地域構造の反映として読み解いた。

これは分類の違いを権力差、分布を地域構造の差ととらえたものだが、多田氏は縄張りなどの違いには時期差もあるとの含みも持たせてもいる。

2 縄張りと城館の分布

(1) 畝状空堀群と横矢の土塁

東山内の先行研究は城館跡の縄張りや立地が主体者の性格、地域構造、時期差を示す可能性を示してきた。多田氏の分類では進んだ縄張り技術として畝状空堀群、土塁の張り出しによる横矢、虎口の複雑化などが方形郭改変型(B)の指標とされたが、これらは他の分類にも確認できる。

畝状空堀群とは竪堀と脇の竪土塁を三本以上並べたものを指し[千田 一九九三]、大和国では天文十年代(一五四一~一五五〇)に一つのピークがあったとされる[村田 一九八五]。城館の規模を問わない縄張り技術とされ、分布には偏差が認められている[福島 一九九六]。また、多くの城館跡で確認できる土塁は、中近世移行期における堀切に面した部分での櫓台の形成が注目されるが[福島 二〇〇三]、方形郭改変型(B)の指標となった横矢の土塁は同じ場所に築かれている。横矢は限られた城館でしか確認できず、およそ戦国末期の発展がイメージされている[中城研 二〇一二]。畝状空堀群と横矢の土塁は汎用性がありつつ使用が限定され、時期が下るという点において地域の城館の変化をとらえる際の糸口になり得るように思う。そこで、この二つの縄張り技術に注目し、その分類と分布との関係を考える。

なお、おおむね虎口の複雑化についても戦国末期(織豊期)に引き付けた解釈がなされ、千田嘉博氏が織豊系城郭の編年案を示している[千田 一九八七]。ただし、千田氏が上狭川城の虎口を織豊系城郭のものとして天正四年(一五七六)~同八年に時期を比定するのに対し、村田氏は天正八年まで時期が下る可能性はあるとしつつ織豊系城郭ではないと反論している[千田 二〇〇八、村田 二〇一五]。織田政権による大和での破城は天正八年であり、前後の縄張りの理解は在地か織田かで大きな違いとなるが、現時点ではこの違いがうまく説明できていない。そこで、今回は対象から外したことを断っておきたい。

さて、畝状空堀群は10件の城館で確認され、曲輪周囲を取り巻く横堀・帯曲輪から派生するI型、単独で斜面に使用されるII型に分けられる(以下、各遺構概要図を参考。畝状空堀群の場所は○で示した)。

I型は多田佐比山城(図4)、小夫《おおぶ》城(天理市。図8)、菅生城(山添村。図9)、畑城(山添村。図10)で認められる。多田佐比山城は方形郭改変型(B)だが、I型の畝状竪堀群は北側の出城にあり、この部分だけだと分類は不定形単郭型(C)となる。小夫城は方形郭改変型、菅生城・畑城も使用部分は不定形単郭型であり、I型全体の数は方形郭改変型で1例、不定形単郭型で3例となった。

II型は方形郭改変型(B)の多田佐比山城の主城部(図4)の他は、貝那木山城(図7)と鉢伏城(奈良市。図11)、椿尾上城(奈良市)、龍王山城の北城部(天理市)と全て連郭式山城の分類Dになる。また、東山内に接した山城国南部の笠置城(京都府笠置町)の畝状空堀群はII型、分類は連郭式山城(D)である。笠置城は大永四年(一五二四)に東山内の狭川氏と小柳生氏の争いを原因に攻撃を受け、

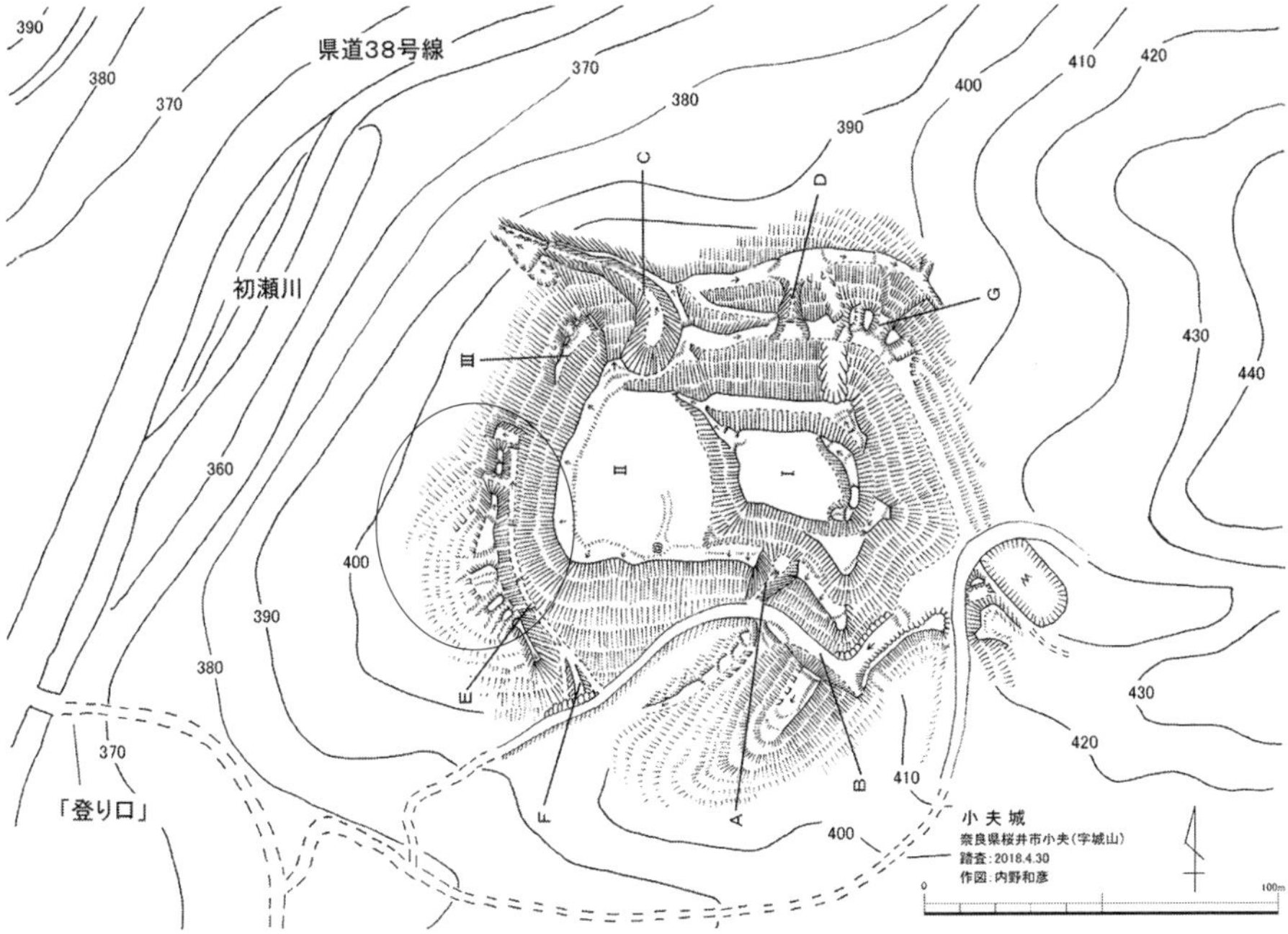

図８　小夫城跡概要図（内野和彦氏作図）

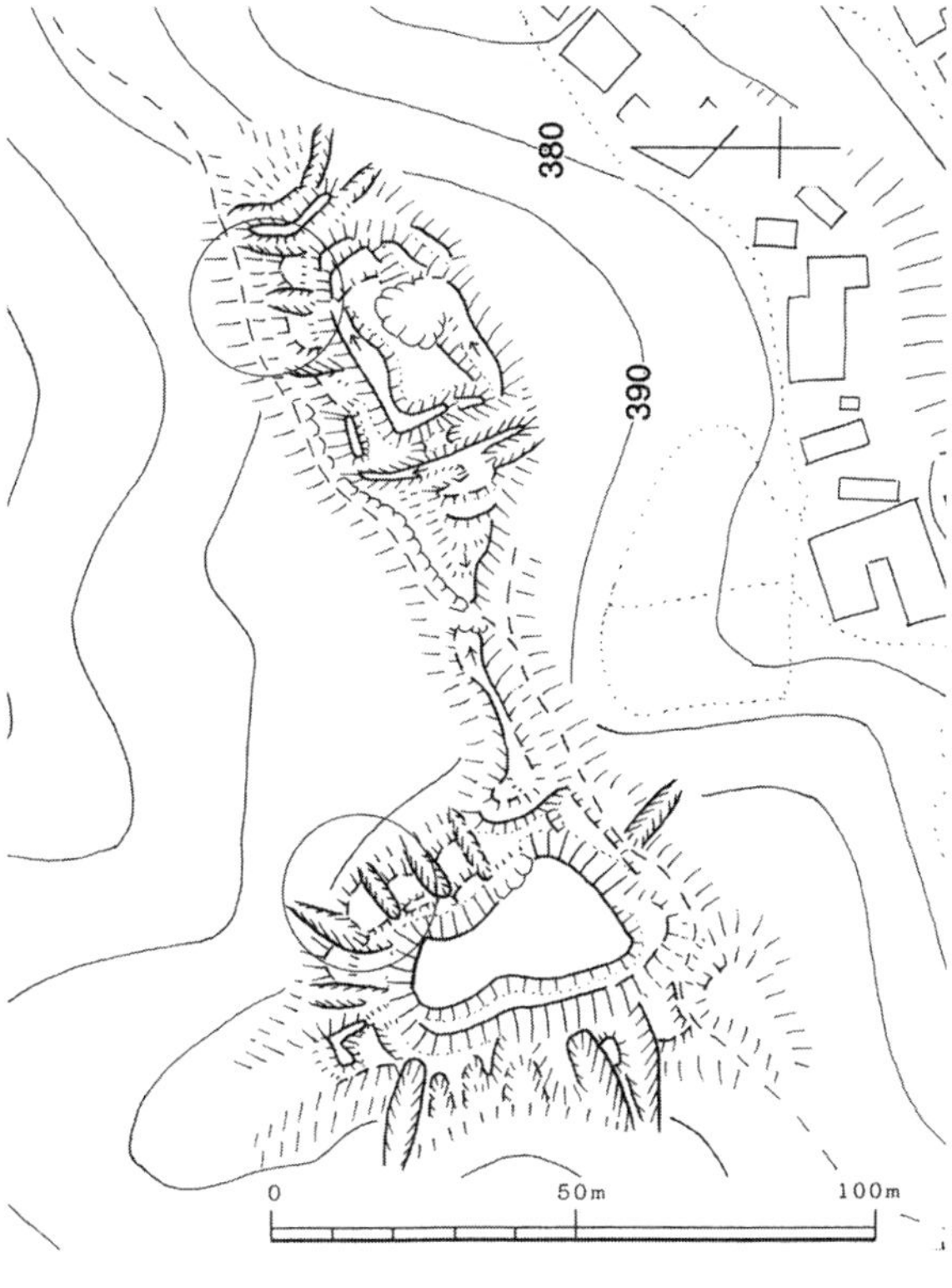

図９　菅生城跡概要図（中西裕樹作図）

天文十年の大和を支配した木沢氏が籠城した際には東山内の箕川氏と小柳生氏の裏切りが落城の契機となってい

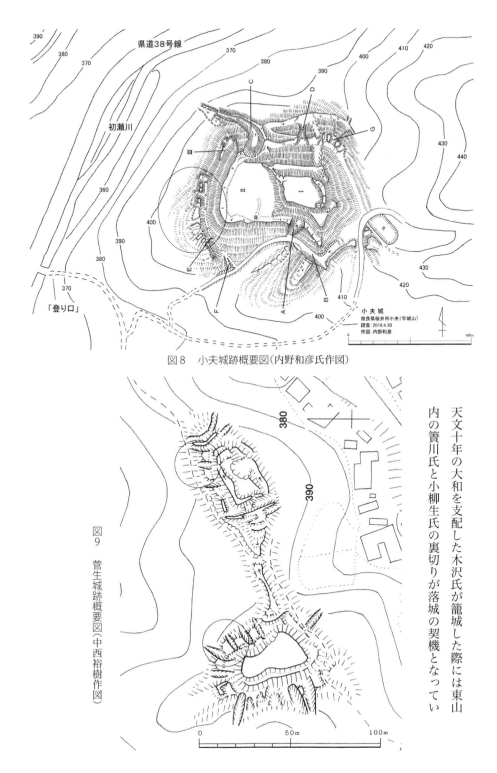

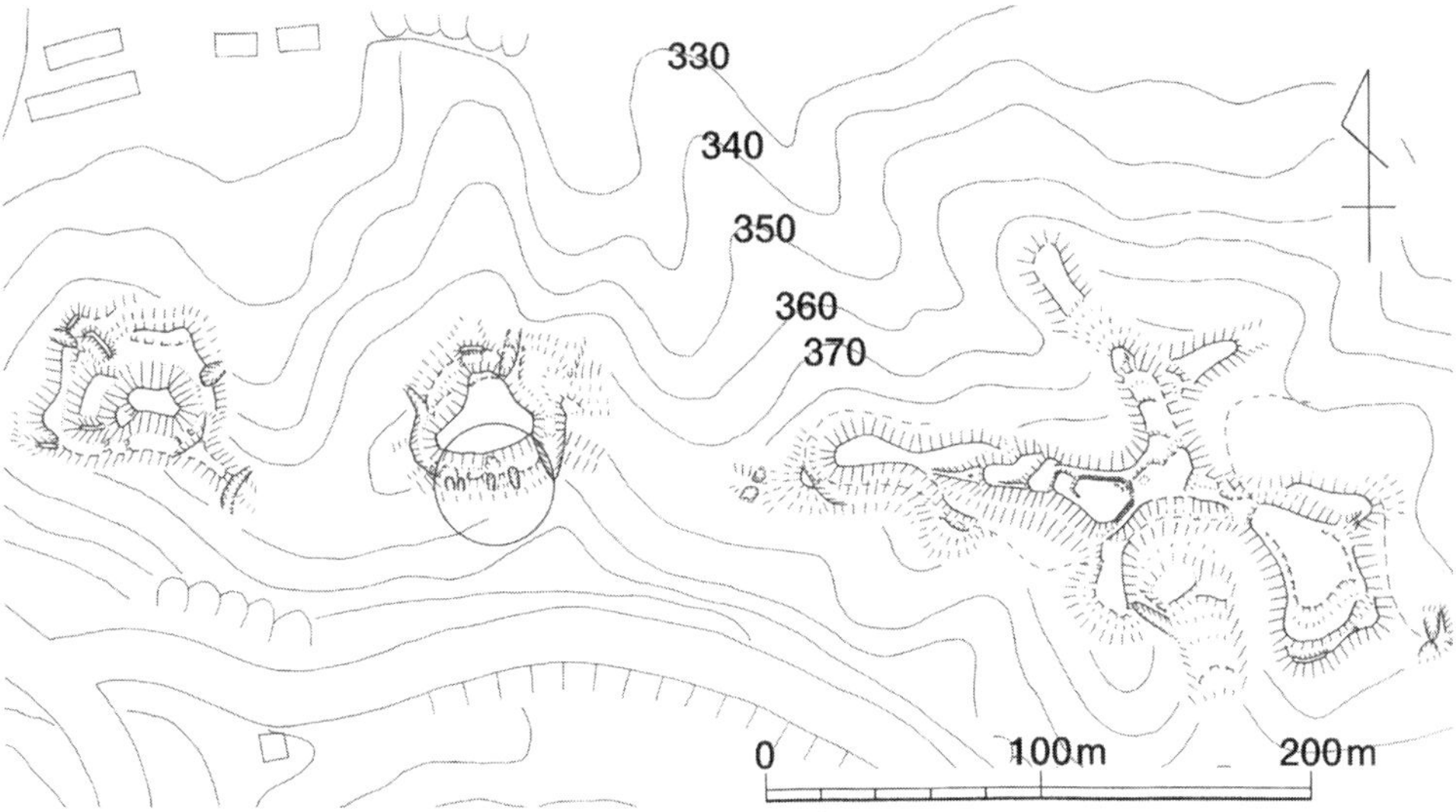

図10　畑城跡概要図（中西裕樹作図）

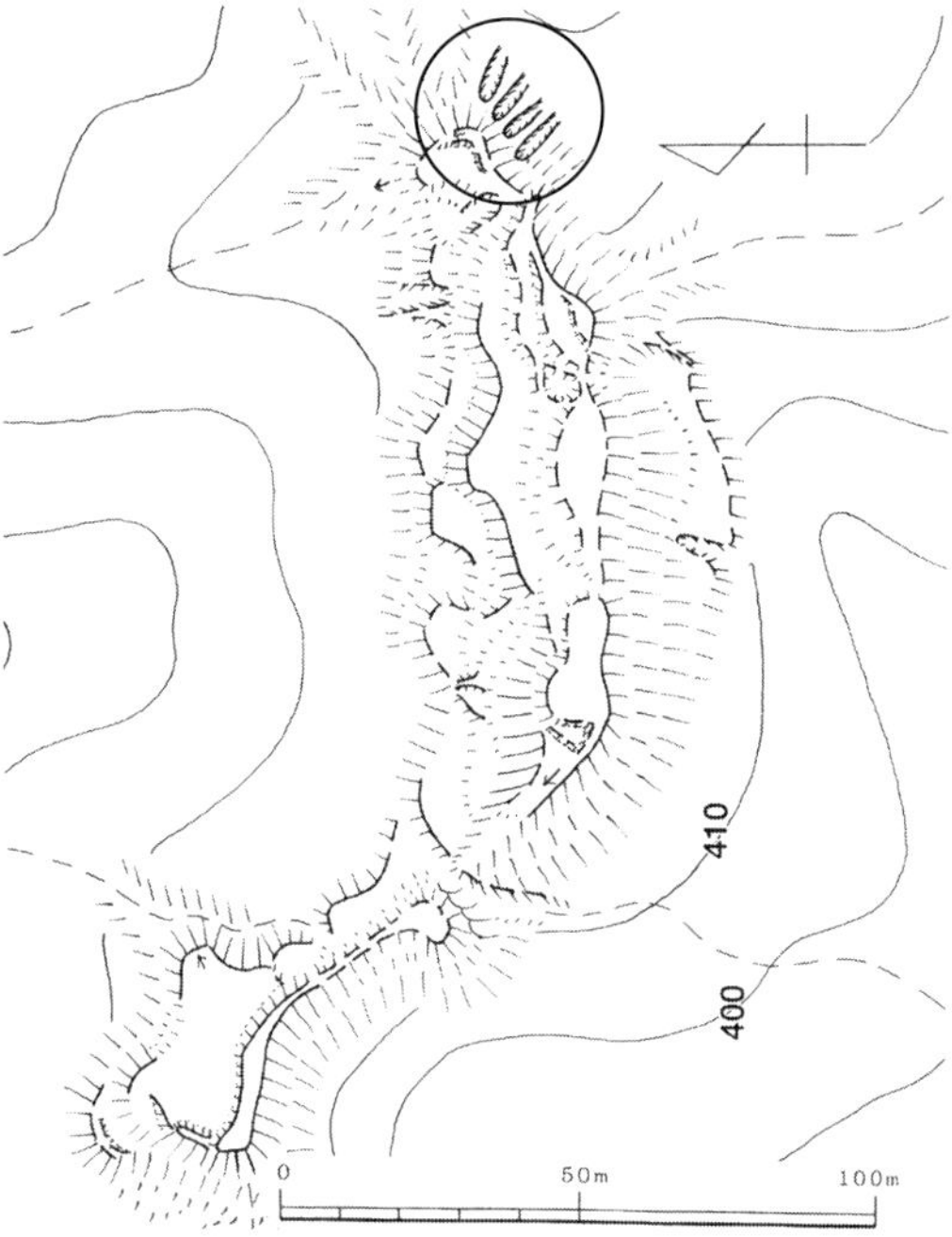

図11　鉢伏城跡概要図（中西裕樹作図）

る［中西 二〇〇四］。笠置城は東山内との関係が深いといえ、これを事例に含めるとII型全体の数は方形郭改変型（B）で1例、連郭式山城（D）で5例となる。

I型は不定形単郭型（C）、II型は連郭式山城（D）で使用される傾向にあり、I型＝小規模、II型＝大規模な城館での使用としても理解できる。多田氏の研究では不定

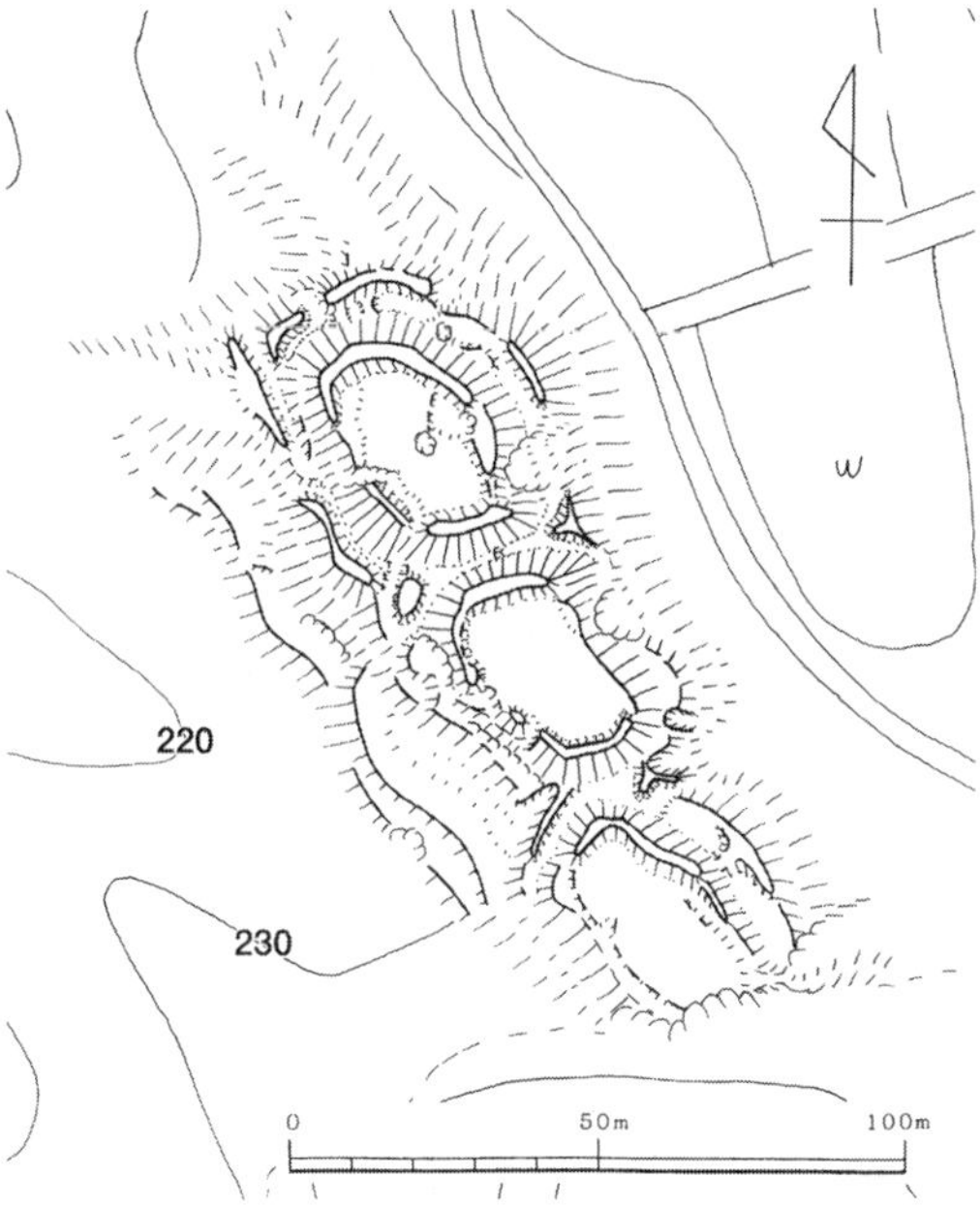

図12　藤尾城跡概要図（中西裕樹作図）

形単郭型（C）を14例、連郭式山城（D）を9例として分布を示しているが、前者に多田佐比山城と畑城、後者に笠置城と一九九一年に永井隆之氏が確認した藤尾城（奈良市。図12）を加え［永井　一九九六］、さらに城域が大きく北城と南城に分かれる龍王山城を2とカウントすると、合計で不定形単郭型（C）が16例、連郭式山城（D）が12例となる。この数をふまえると、畝状空堀群の使用率は不定形単郭型が約19％、連郭式山城が約42％となり、全体的に大規模山城で顕著に使用される技術と見做されよう。

続いて横矢の土塁を取り上げると、東山内では方形単郭型（A）で土塁が曲輪の北側に使用される傾向があり、要因には居住性の確保が想定されている［多田　一九九〇］。一方、連郭式山城（D）では土塁の使用自体が消極的となる（図7・10・11）。横矢の機能を持つ土塁は方形郭改変型（B）の多田佐比山城の主城部（図4）と福住中定城（図5）に確認でき、ともに堀切とセットになる土塁が張り出して横矢を効かせ、周囲よりも幅広い櫓台状となる。

連郭式山城（D）の椿尾上城では、横堀に横矢を効かせた櫓台状の土塁があり、石垣を使用した直線的な曲輪の形状から元亀年間（一五七〇～一五七三）の所産と評価されている［村田　一九八五］。同じく連郭式山城の藤尾城（図12）では、横堀と組み合わせた土塁があり、その時期については永井隆之氏が在地の狭川氏が筒井氏と結んだ天文年間（一五三二～一五五五）、もしくは松永氏と結んだ永禄年間(一五五八～一五七〇)という幅広い時期で解釈する[永井 一九九六]。しかし藤尾城でも、横矢の機能を有する土塁は確認できず、方形郭改変型(B)で虎口の時期が天正八年(一五八〇)に下ることが想定される上狭川城でも、このタイプの土塁を採用していない。戦国期後半に時期が想定される城館であろうと、横矢の機能を有する土塁の使用は限られる。

(2)縄張りと城館の分布

次に分類別に畝状空堀群、横矢の土塁を反映した城館分布(図13)をみていきたい。多田氏は方形単郭型(A)が多く分布する地域があるとするが、図中の任意の破線円で示したように連郭式山城(D)の周辺では分類のA・B・Cが展開し、不定形単郭型(C)は連郭式山城(D)とセットになる傾向も読み取れる。また主に畝状空堀群は連郭式山城の分類D、つまり大規模山城で使用される技術としたが、Ⅰ型の不定形単郭型(C)もこの円内にあり、Ⅱ型の方形郭改変型(B)も同様である。不定形単郭型が国中国人の支城とされることをふまえると、特に大規模山城周辺が軍事性の高い城館を生み出す地域性を帯びていたことを示すように思う。

一方、数が限られる横矢を意識した土塁は、東山内でも西南部に分布する。事例の少なさから有意な傾向を引き出すことはできないが、椿尾上城は国中の有力国人筒井氏の「山ノ城」であり、ここでは同氏の軍事的後背地となった福住の福住中定城でも認められる点に注目したい。同地の福住氏は、地域の村落領主層との一揆的な活動よりも筒井氏との結びつきが強く、元亀元年(一五七〇)には筒井氏と敵対して大和を支配した松永氏の攻撃を「福住城」で受けている(『多聞院日記』元亀元年六月六日条)。この翌年に筒井氏は攻勢に転じて松永氏を追いつめ、天正二年(一五七四)に織田政権下で大和支配を担うようになる。横矢の機能を有する櫓台状の土塁は、前後の時期の筒井氏を軸とする軍事動向の中で用いられた縄張り技術の可能性があるだろう。

畝状空堀群は、大規模山城に関わる築城技術であった。

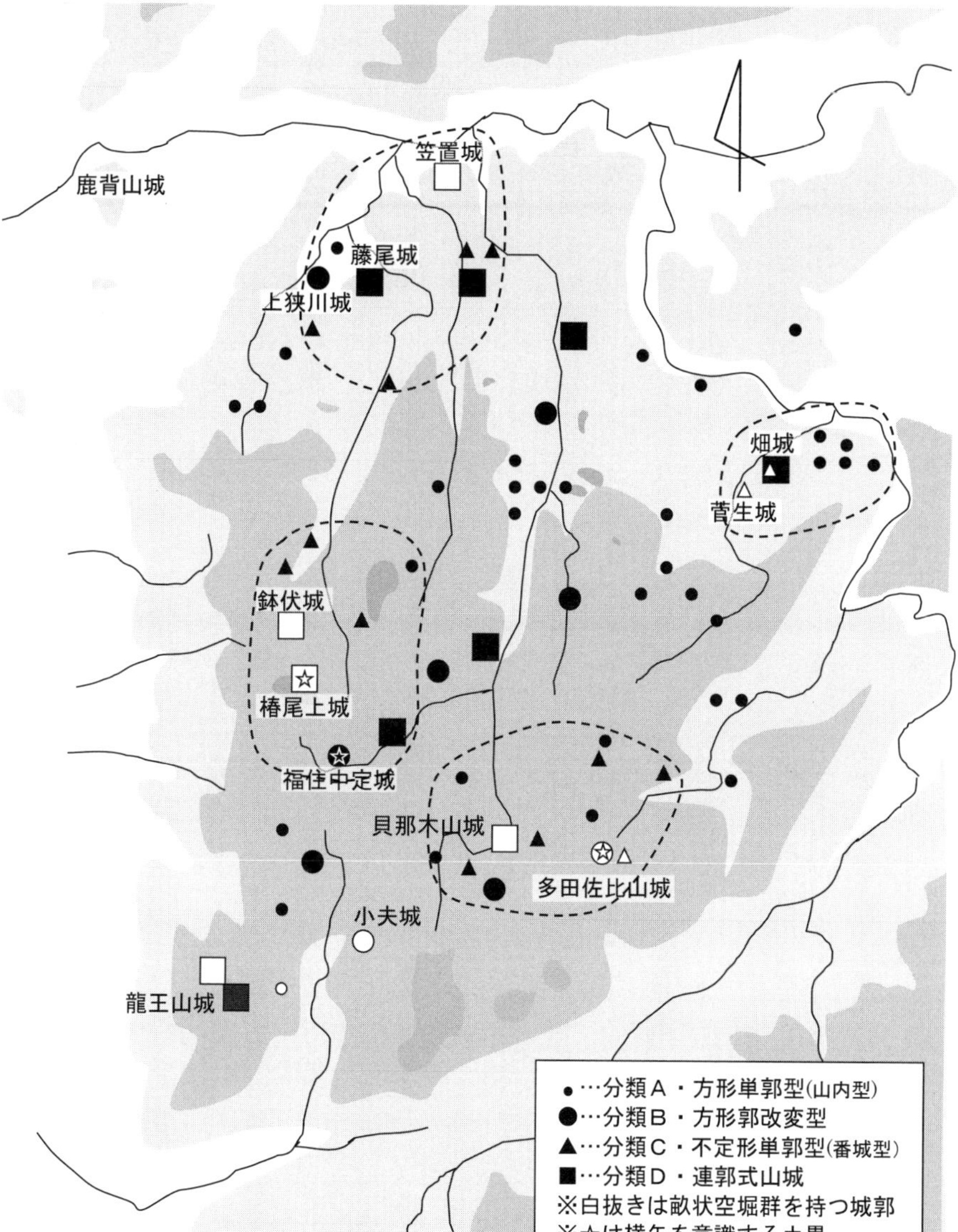

図 13　東山内の城館分布図

村田・多田両氏の見解から、この大規模山城の主体は地域の一揆から抜け出した村の領主層である。確認数と分布の隔たりから、横矢の土塁はさらに限定された城館に用いられた技術であると考えられ、およその時期については畝状空堀群は天文十年代（一五四一～一五五〇）、横矢は戦国末期の築城技術とみられている。

これらをふまえると、天正八年（一五八〇）の織田政権による破城以前の東山内においては、まず村落領主層の城館をベースとする単郭方形型（分類A）が中心となる城館構成があり、続いて一揆から抜け出した村の領主層や国中の有力国人による連郭式山城（分類D）を中心とする地域の城館構成が生まれ、やがて分類とは無縁に城館が選定される段階へと変化してゆくという流れを想定してみたい。

おわりに

東山内は、城館研究の学史上、大きな役割を果たしてきたフィールドである。村田修三氏が縄張りの読み込みから地域社会の実態をとらえた上狭川城をはじめ、多くの縄張り研究の方法論がここから示された。多田暢久氏の研究手法は、地域の城館構成をとらえる上でのモデルとなった。一方で小規模城館の群在という状態については、やはり東山内を事例に永井氏が筒井氏らの支配＝築城規制とする理解を提示して久しい〔永井 一九九六〕。

本稿は、東山内の城館研究を紹介し、縄張りから地域史と城館構成の変化を考えてみようとしたものである。雑駁な検討にとどまり再考の余地は大きいが、同じような検討は各地域での城館構成、さらに城郭史を考える上では不可欠であると考える。これは「一揆」と城を考える好事例とされてきた伊賀、そして甲賀においても同様で、今後の課題にしたいと思う。

〔付記〕本稿作成にあたり、内野和彦氏の協力を得た。記して深謝申し上げたい。また、奈良県では「城郭談話会」のメンバーを中心に調査を実施した『奈良県中近世城館跡調査報告書』が二〇二一年に、髙田徹編『奈良中世城郭事典』（戎光祥出版、二〇二二年）も刊行されている。この成果については十分に反映できなかったが今後に活かしていきたい。

参考文献

内野和彦　二〇一五「水間城」中井均監修・城郭談話会編『【図解】近畿の城郭』Ⅱ 戎光祥出版
内野和彦　二〇一七「誓多林城・大平尾城」中井均監修・城郭談話会編『【図解】近畿の城郭』Ⅳ 戎光祥出版
内野和彦　二〇一八「小夫城」中井均監修・城郭談話会編『【図解】近畿の城郭』Ⅴ 戎光祥出版
千田嘉博　一九九三「中世城館を地表面から調査する」千田嘉博他『城館調査ハンドブック』新人物往来社
千田嘉博　一九八七「織豊系城郭の構造」『織豊系城郭の形成』東京大学出版会　二〇〇〇年所収
千田嘉博　二〇〇八「山城の調査」小島道裕編『史跡で読む日本の歴史7 戦国時代』吉川弘文館
多田暢久　一九九〇「城郭分布と在地構造―戦国期大和国東山内の動向―」村田修三編『中世城郭研究論集』新人物往来社
多田暢久　一九九二「大和東山内の城館構成―小規模城館の構成を中心に―」『シンポジウム「小規模城館」研究報告編』第八回全国城郭研究者セミナー実行委員会
中世城郭研究会　二〇一一「〈シンポジウム〉横矢掛りから考える」『中世城郭研究』第二五号 中世城郭研究会
永井隆之　一九九六「室町・戦国期大和国東山内北部の政治構造―狭川・簀川氏を中心に―」『戦国時代の百姓思想』東北大学出版会　二〇〇七年所収
中西裕樹　二〇〇四「大規模山城の展開と後背地」『筒井城総合調査報告書』大和郡山市教育委員会
福島克彦　一九九六「畿内近国における「小規模城館」について―京都府域を中心として―」『中世城郭研究』第一〇号 中世城郭研究会
福島克彦　二〇〇三「中世城館における櫓台の成立と展開」『城館史料学』創刊号 城館史料学会
松岡　進　二〇〇二『戦国期城館群の景観』校倉書房
村田修三　一九八〇a「城跡調査と戦国史研究」『日本史研究』第二一一号
村田修三　一九八〇b「東山内の城」『日本城郭大系』第一〇巻 新人物往来社
村田修三　一九八四「中世の城館」永原慶二他編『講座・日本技術の社会史』第六巻土木 日本評論社
村田修三　一九八五「大和の「山ノ城」」岸俊男教授退官記念会編『日本政治社会史研究』下 塙書房
村田修三　二〇一五「上狭川城」中井均監修・城郭談話会編『【図解】近畿の城郭』Ⅱ 戎光祥出版

Ⅱ部

現代語訳 大原同名中与掟条々

訳註
桜井 英治
清水 克行
村井 章介

巻子題簽と見返し　巻子天地 30.0cm　本紙天地 27.7cm

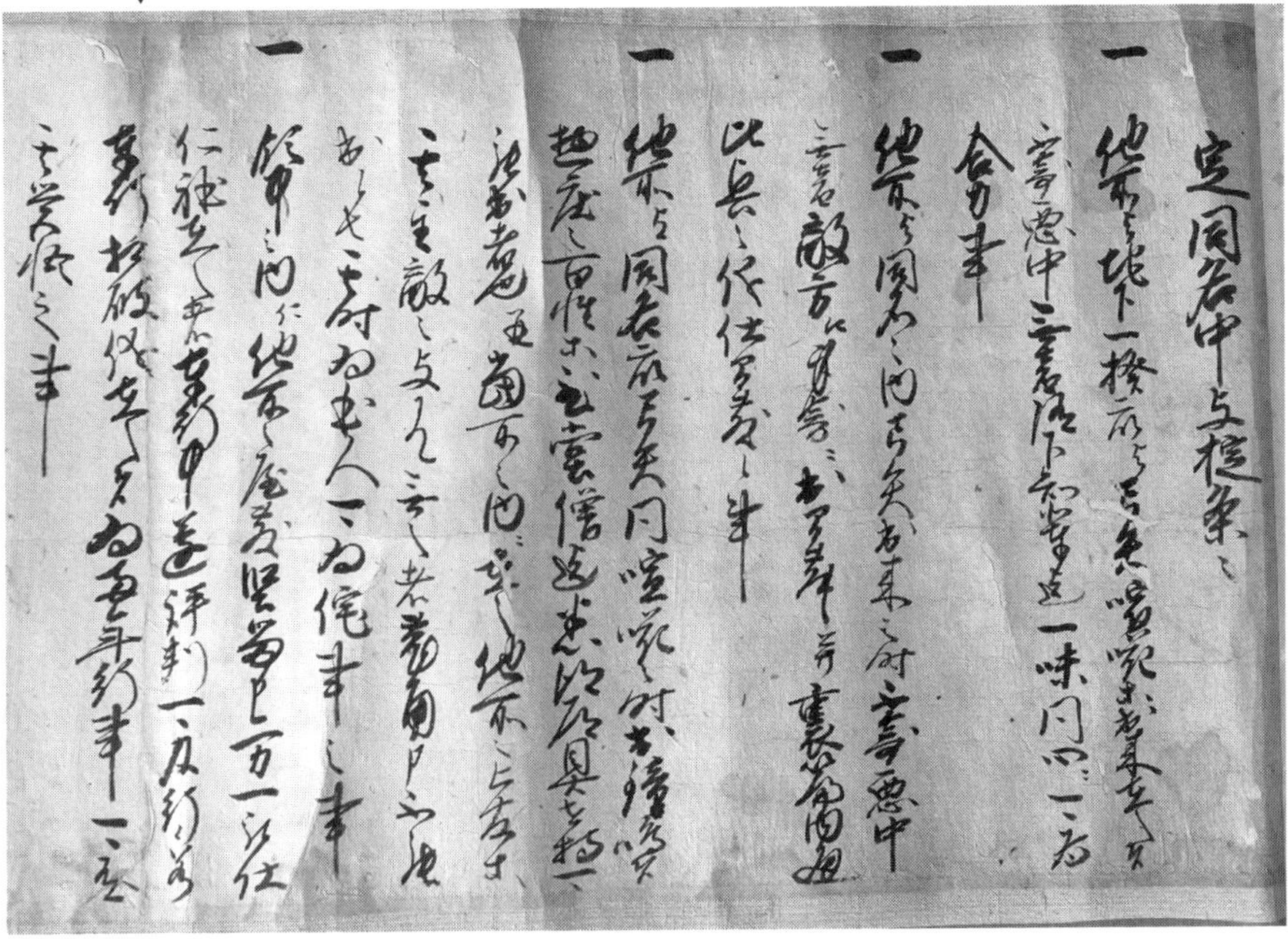

定 同名中与掟条々

第１紙　左右 36.3cm（▼：継紙位置　以下同）

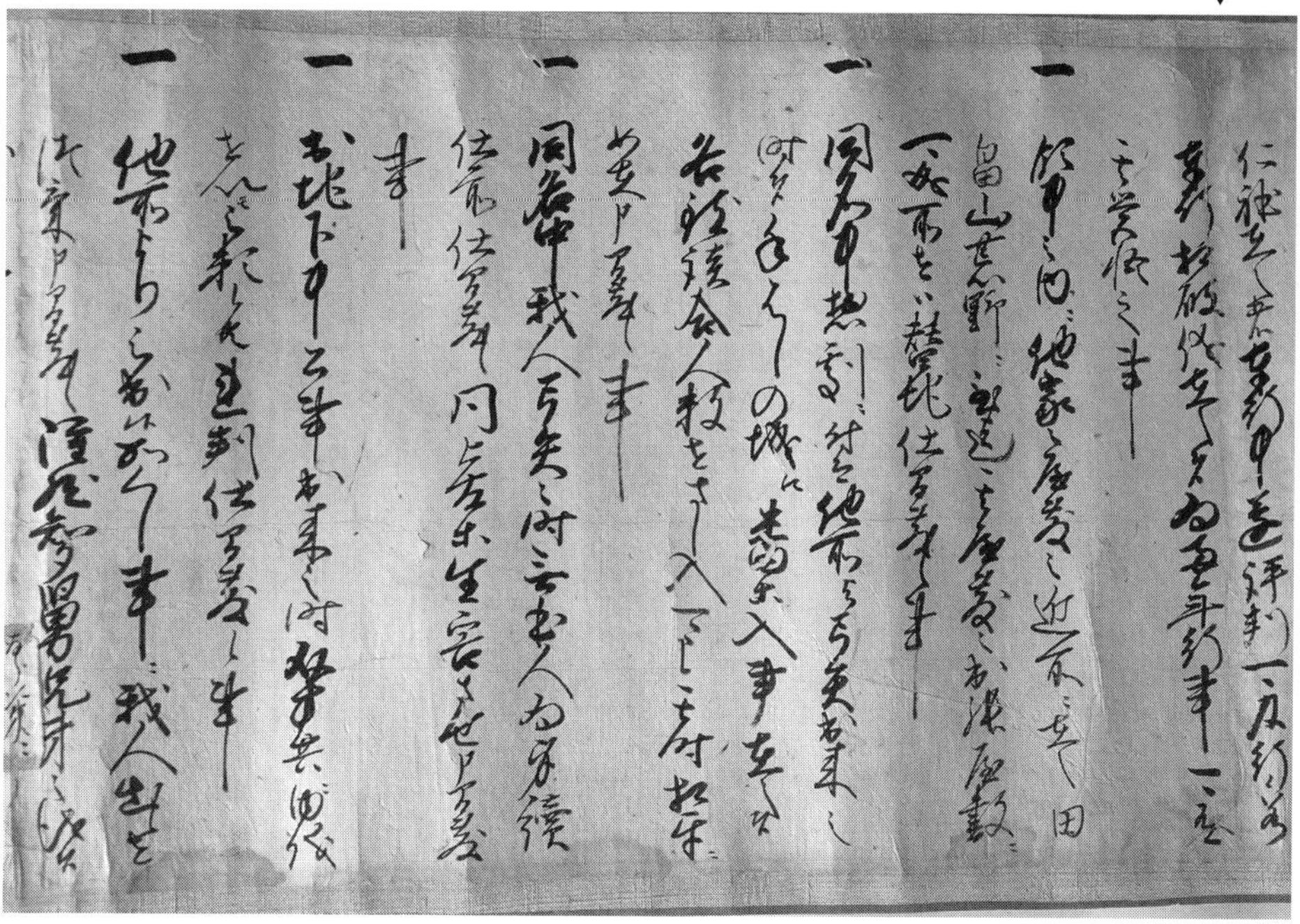

第 2 紙　左右 39.9cm

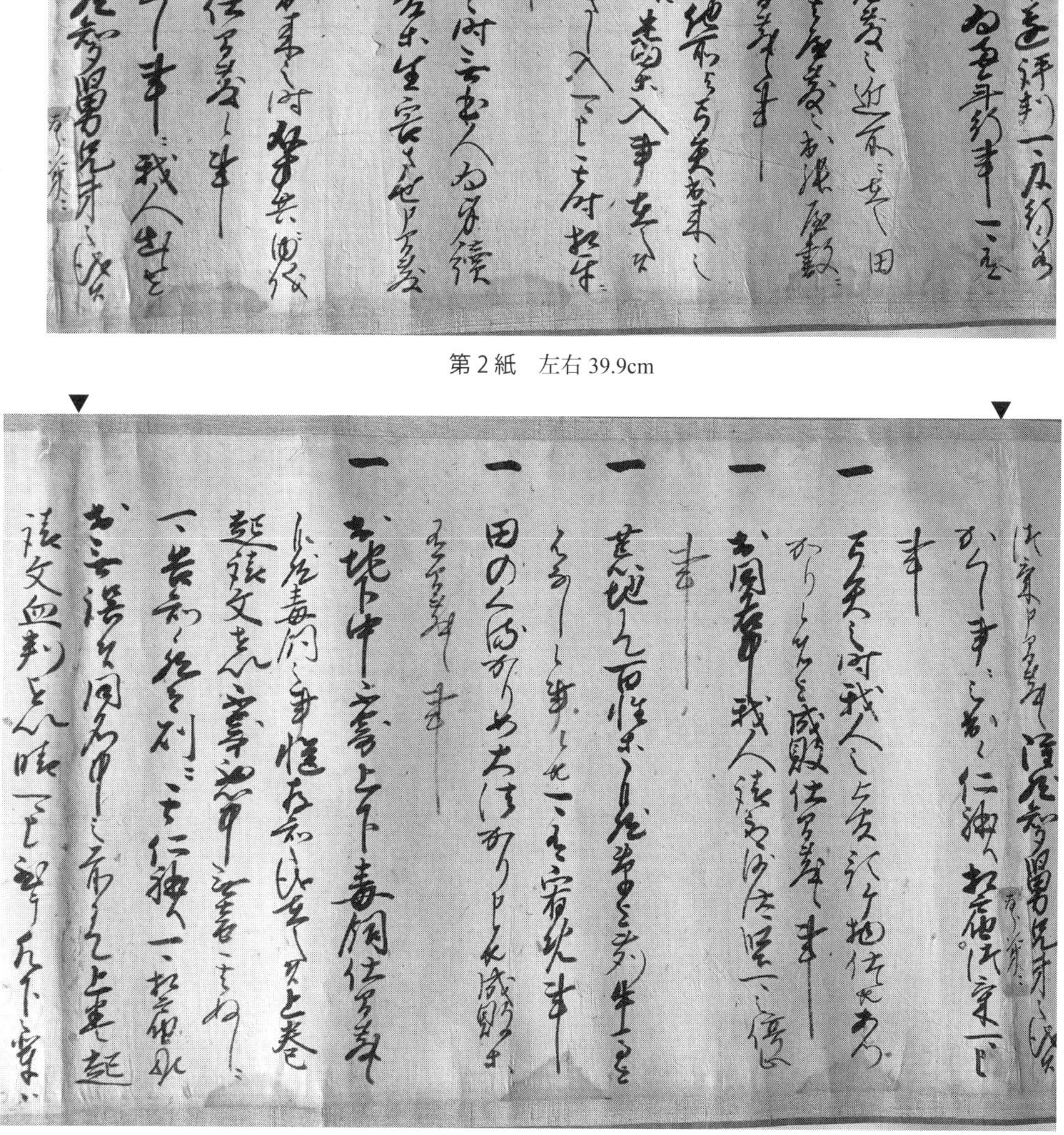

第 3 紙　左右 39.9cm

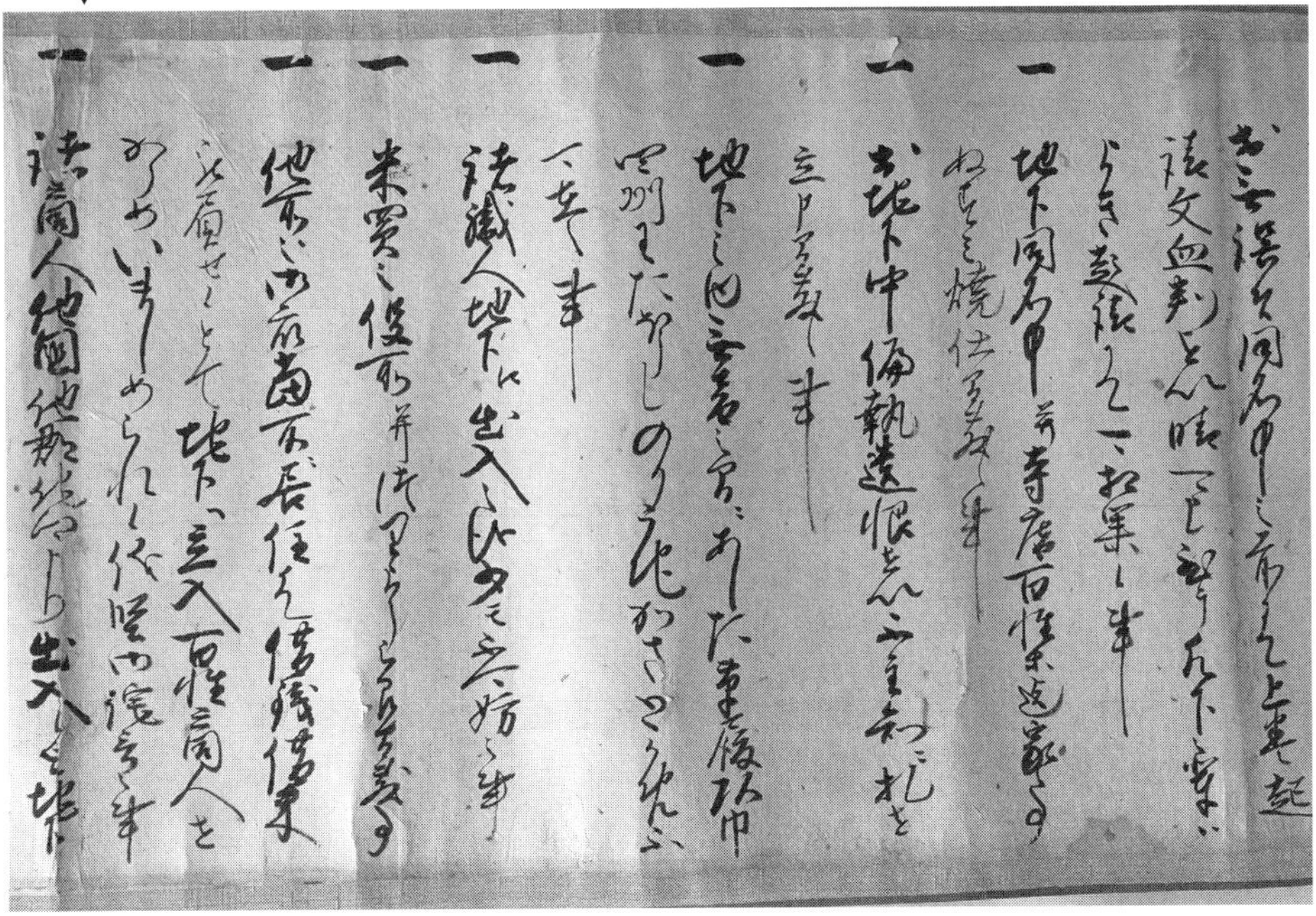

第４紙　左右 39.5cm

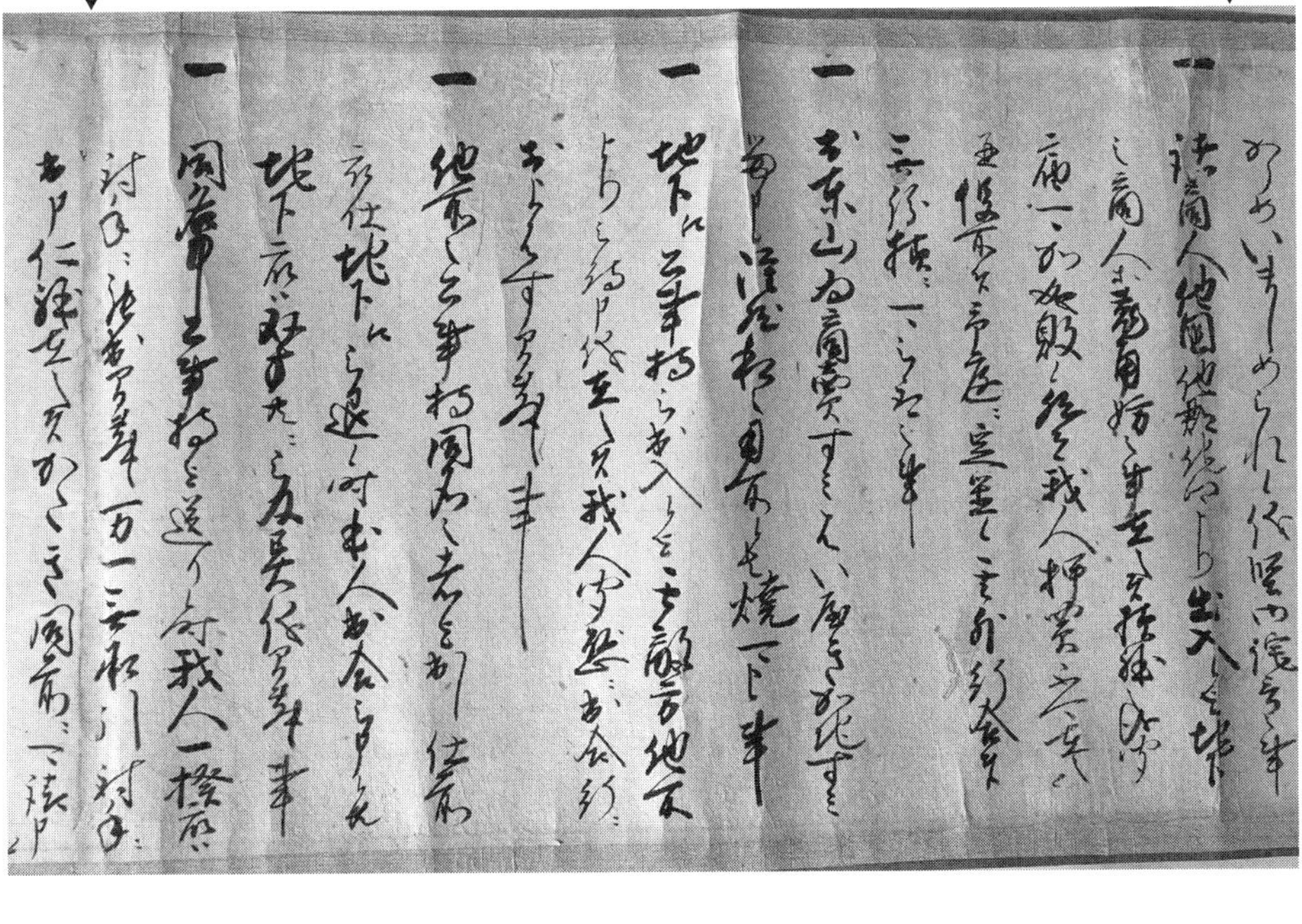

第５紙　左右 39.5cm

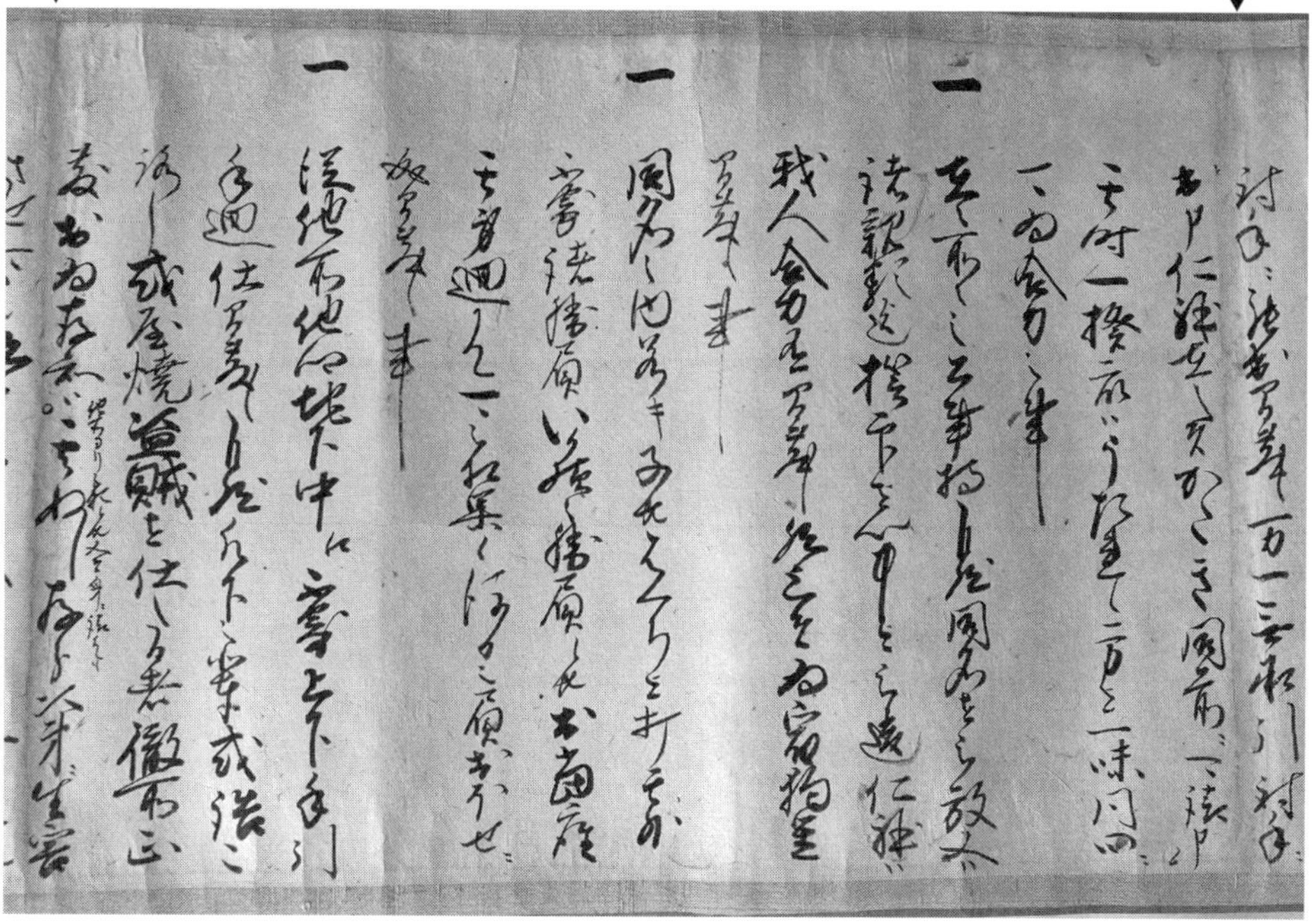

第6紙　左右 39.7cm

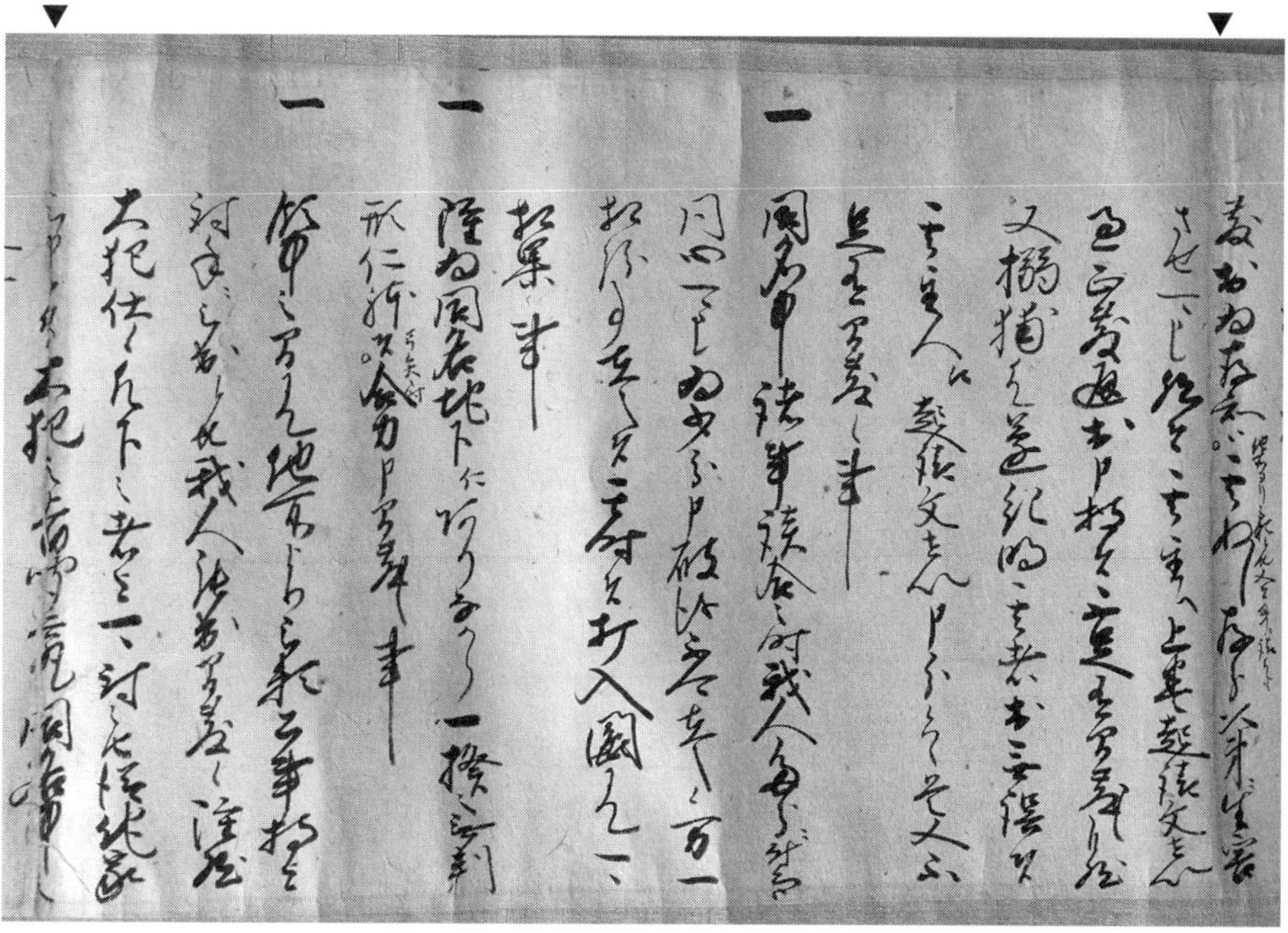

第7紙　左右 39.5cm

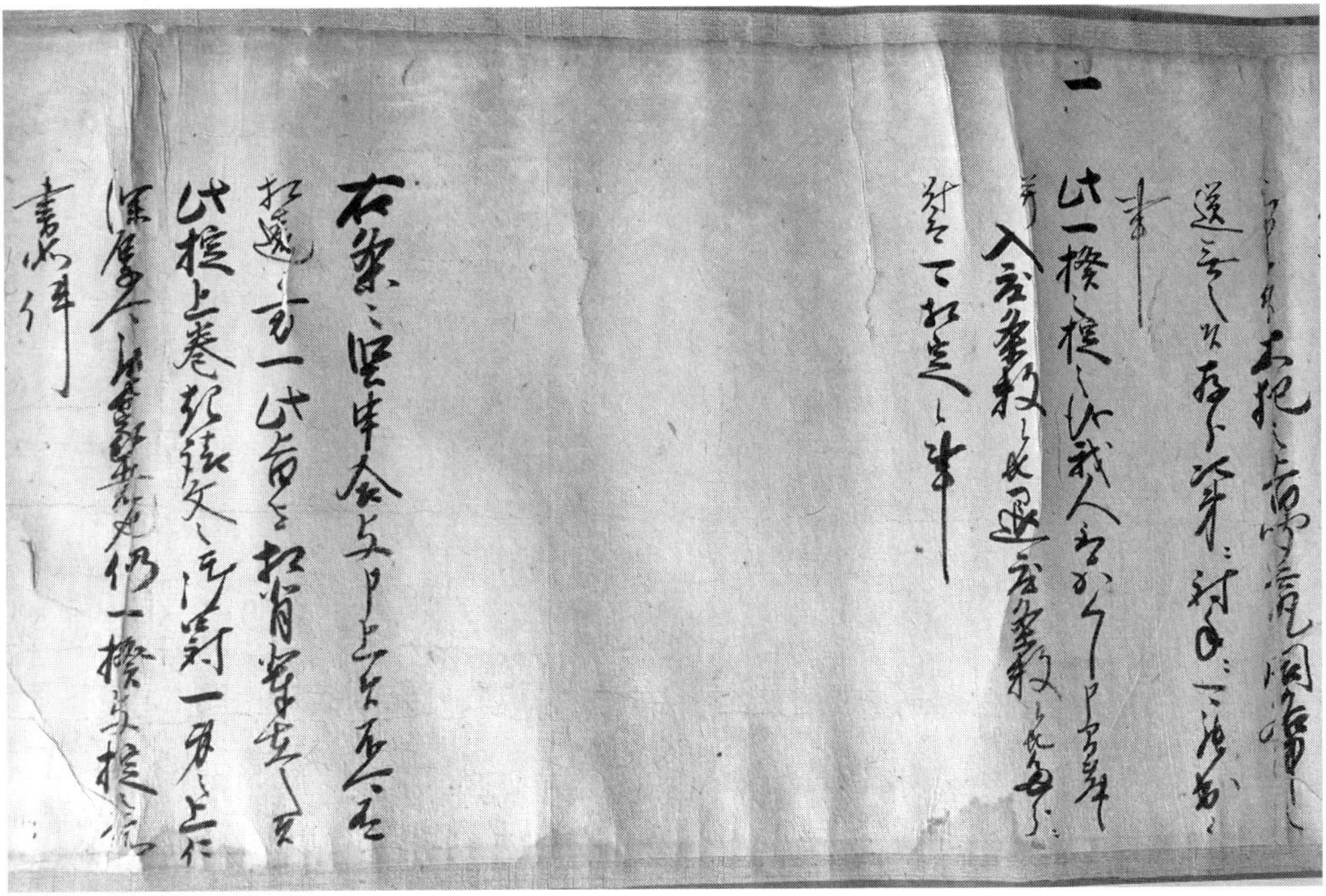

第8紙　左右 40.1cm

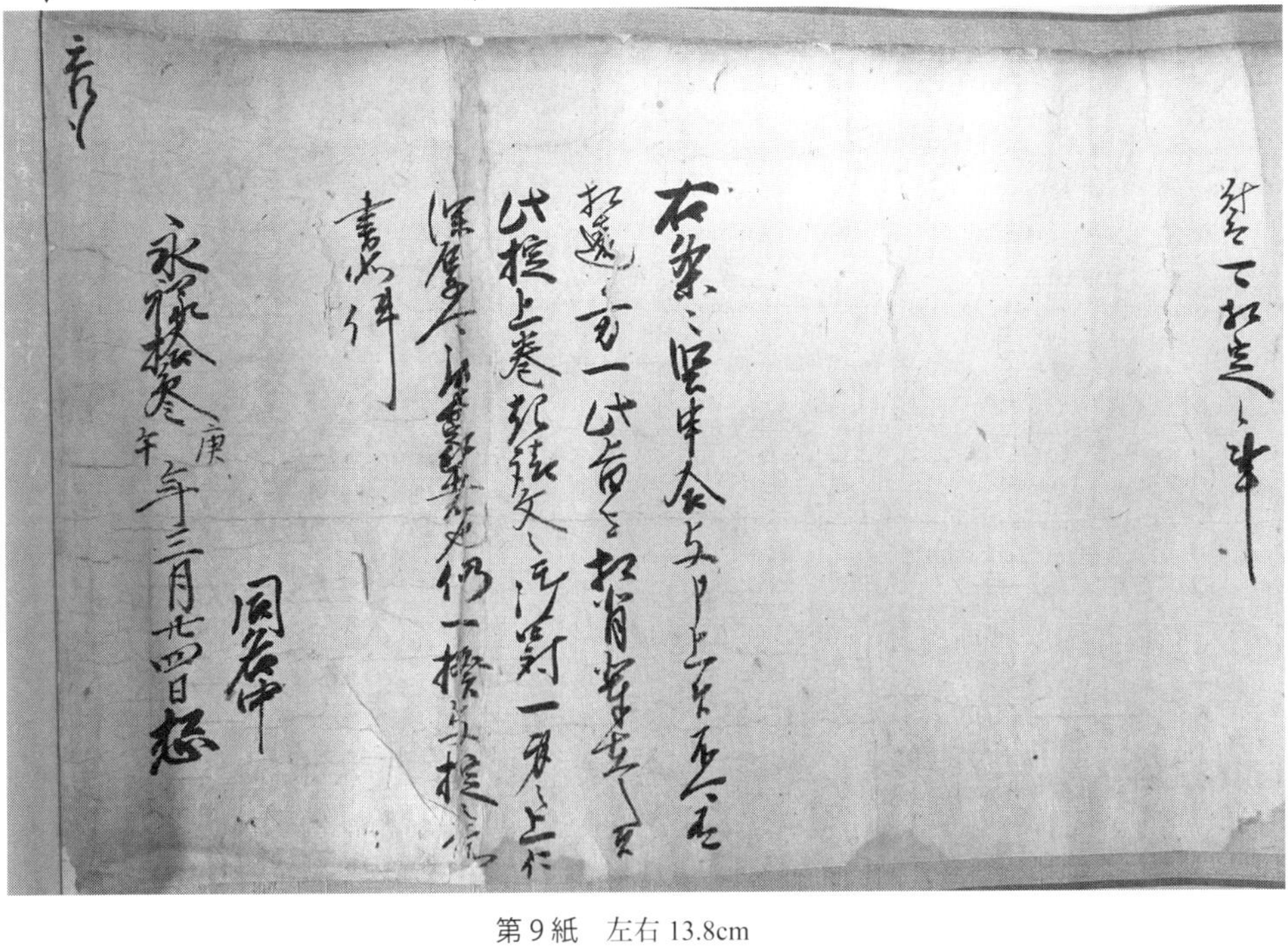

第9紙　左右 13.8cm

地図１　甲賀郡内の主な城跡分布
（『甲賀市史 第二巻 甲賀衆の中世』所収図を一部改変）

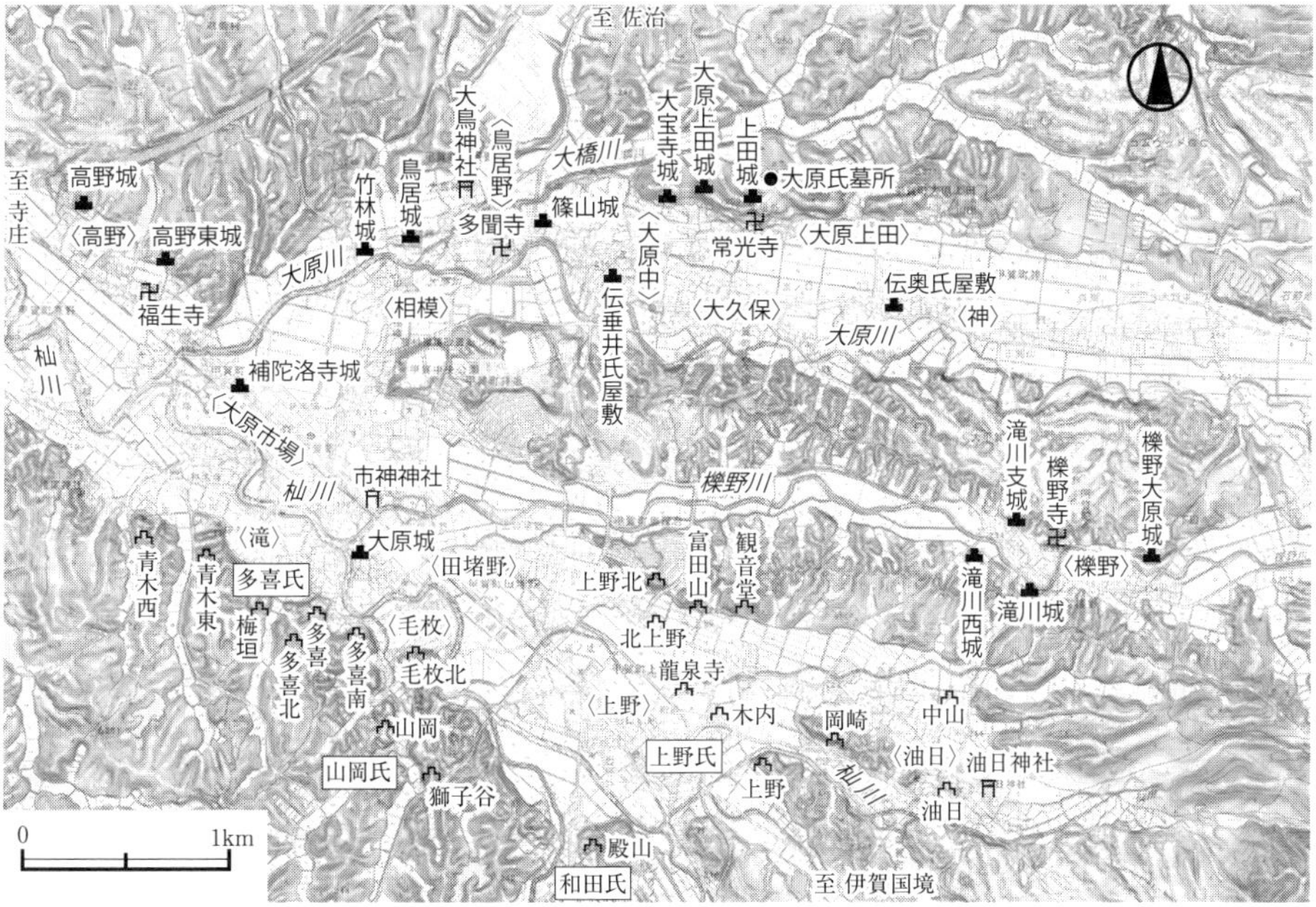

※ゴシック体：旧大原村内の主な城跡・寺社・地名等

〈　〉内は小字名　大原同名中関連の城跡・屋敷跡は ▟

※明朝体：旧大原村に隣接する旧油日村等の主な城跡（城の文言は割愛）・寺社・地名等

〈　〉内は小字名　関連の城跡は ⺇　四角囲いは各侍衆の名乗り

地図２　旧大原村内の主な城跡・寺社・地名等の分布略図
（『甲賀市史 第七巻 甲賀の城』『甲賀郡志 上・下巻』を参考に作図）

凡例

一、写本と底本

1　大原同名中与掟条々は、大原勝井家文書（勝井景一・義景氏所蔵）と田堵野大原家文書（国文学研究資料館所蔵）の二本の写本がある。以下、名称は「勝井本」「田堵野本」と略す。勝井本の末尾には田堵野本にある神文・署名が欠けているが、田堵野本より脱字が少なく、推敲による挿入句も多く見られることから、より良質な写本と判断される。

2　勝井本の全文翻刻は『中世法制史料集』（第五巻、武家家法Ⅲ、七一二号）、田堵野本の全文翻刻は長谷川裕子「「大原同名中与掟写」にみる「同名中」領の基礎構造」（以下長谷川論文と略す）にそれぞれ掲載されている。

3　底本は勝井本を使用し、史料の文言は原本調査で確認した。ただし、神文と連署者名は田堵野本だけに残るので、本書では合わせて掲載する。

4　勝井本の史料情報は以下の通り。【形状】現状は巻子装（複製本が一本別にあり）。九紙を貼り継いでいる。継紙の位置は写真版を参照。【料紙】楮紙。【法量】写真版参照。

二、編集方針

1　各条文は原文・読み下し文・現代語訳の順に配した。原文の改行位置は　」で示した。原文の傍注（　）は武家家法Ⅲを参考に付したもの。原文の傍注〈　〉は田堵野本との異同を示す。勝井本の文言にあって、田堵野本にない文言は傍注〈　〉内に×を、欠損文字には□を付した。

2　各条文の冒頭には、条文番号が理解しやすいよう算用数字を付した。

3　解釈のカギになる文言・文節に関しては、補註で解説を加えた（見出語は読み下し文を採用）。なお、読み下し文には難読文字にルビを適宜付した。

4　史料解釈が複数に分かれる場合は、①案・②案と両論併記を採用した。併記は現代語訳に示すか、補註に示した。補註では訳に採らなかった解釈も適宜補っている。

5　現代語訳では、意訳したところがある。また、原文にない言葉を補って文意が理解できるように配慮した。現代語訳の（　）内は訳註者の補いである。

6　本史料に関連する他の史料は、「Ⅲ部 参考史料」として掲げた。「1大原勝井家文書」は新たに翻刻した二八点の文書を掲載し、「2他地域の関連史料」は史料集等より九点の文書を掲載している。なお、補註での略称は「Ⅲ-1勝井文書番号」「Ⅲ-2-文書番号」とした。

7　補註で頻出する参考文献の略号は以下の通り。

日国→『日本国語大辞典 第二版』（小学館）

武家家法Ⅲ→『中世法制史料集』（第五巻、岩波書店）

武家家法Ⅱは同書第四巻の略

日葡→『邦訳 日葡辞書』（岩波書店）

8　補註で参照した参考文献は、文中（　）内に著者名「論文名」、著者名『書名』を記し、本書末に参考文献一覧を付した。

〔追記〕　現代語訳は二〇二三年一月二十七日・三月一日・六月三十日に検討会（於：高志書院）を実施して作成したものである。三月十五～十七日には甲賀市の現地調査、五月十九日には勝井本の原本調査とあわせて、参考史料に掲載した大原勝井家文書の史料調査をおこなった（於：甲賀市役所）。現地の案内には編者の中井均氏と甲賀市教育委員会の伊藤航貴氏、史料調査には同教育委員会の伊藤誠之氏・水谷光希氏、所蔵者の勝井義景氏のお世話になった。大原勝井家文書の翻刻にあたっては、村井祐樹氏（東京大学史料編纂所准教授）のご協力を得た。記して感謝申し上げます。

概要　同名中と与掟

同名中

同名中《どうみょうちゅう》とは、同じ名乗りをもつ侍身分の集団をさす。大原同名中は大原氏を名乗る侍衆で、大原上田・大原中などの小字単位の領主(小領主、村落領主など)と、領主に年貢を納めて軍役も果たす地侍層(地主を含む)で構成される。たとえば、大原勝井家文書には「大原廣森殿・大原繁見殿・大原宗玉坊・大原向山殿・大原勝井殿・大原宗徳房・大原太郎右衛門尉殿・大原大口殿・大原一八郎殿」(III-1勝井7)などと「殿」付で呼ばれる二重名乗りの侍衆を確認できる(名乗りと小字地名は一致しない)。このうち繁実(見)・向山・勝井・大口の名は本史料の連署者に見える。ほかに写本伝来の田堵野の大原氏や、織田信長家中の滝川一益も「大原瀧川」の二重名乗りをもつ大原同名である(III-1勝井225)。

大原同名中の全容は不明ながら、現甲賀市内の大原川・櫟野川の流域に広がる谷筋には、同名中の拠点となる複数の城跡・屋敷跡があり(地図2参照)、大原上田・大原中・鳥居野周辺に遺跡が集中している。

大原全域を支配する領主の拠点は確認できず、大原上田に勝井氏(古くは上田氏)、大原中に垂井氏、鳥居野に篠山氏の拠点が残る(『甲賀郡志 上巻』)。このあたりが大原の中核をなすエリアであろう。総鎮守は鳥居野の大鳥神社(旧河合社)で、今もなお「大原同苗中」の信仰は篤い(写真1)。大原上田には平安時代の十一面観世音菩薩立像(国重文、秘仏)を本尊とする常光寺、南北朝期の石造層

写真1　大原同苗中の奉献による現在の大鳥神社石柱

塔（大原氏墓所内、写真2）などの仏教文物もある。田堵野を大原の中心とする見方は当たらないだろう。

以下の訳文では「同名中」を活かしたが、補註では侍衆・侍分などを併用しているところもある。

与掟

「与《くみ》」は「組」とも書き、一揆と同義。「掟《おきて》」は規則。与掟は起請文の形で作成され、一揆参加者の契約状にあたる。奥の連署者には侍衆以外の百姓らを含んだ三二〇人の個人名が並ぶものの（後述）、各条文は侍衆の同名中を規制した内容が主体であり、百姓・商人向けの条文は少ない。そもそも同名中に僧侶・百姓・商人らは含まない（15条参照）。大原同名中与掟条々は、同名中に対する規制を目的にしながらも、連署者の配列では侍衆と百姓衆の身分構造を明確に区分していないところに特徴がある。なお、侍衆と百姓衆の一揆契状を分けている伊勢国小倭《おやまと》（現三重県一志郡白山町）の場合、百姓衆の連署は主人別・地域別の配置になる（Ⅲ―2―8・9参照）。

一揆とは個人の力では解決できない問題を集団で対処するために結ばれる運動で、現実には身分や貧富の違いはあっても、平等をタテマエに協力し合う集団をさす。身分の異なる集団が重層的、さらには地域的な連合体としてつくりあげた一揆を「国一揆（惣国一揆）」と呼ぶ。大原同名中は国一揆の典型例とされる（勝俣鎮夫『一揆』一〇〇頁）。

写真2　大原氏墓所内の
石造層塔

定　同名中与掟条々

1
一〈×〉他所与地下一揆衆与〈×〉弓矢喧哗等出来在〈□□〉之者」、不寄悪中無音、随下知輩迄、一味同心ニ〈□□〉可為合力事、」

1
一　他所《よそ》と地下《じげ》一揆衆《いっきしゅう》と弓矢《ゆみや》・喧嘩等出来《けんかとうしゅったい》これあらば、悪中無音《あくちゅうぶいん》によらず、下知《げち》に随《したが》う輩《ともがら》まで、一味同心《いちみどうしん》に合力《こうりょく》たるべき事、

①案

1
一　(同名中は)他所の者と地下の一揆衆(＝百姓衆)との間で合戦や喧嘩などが起きたならば、憎み合っていたり疎遠であったとしても、(同名中の)命令に従う者たちを一味同心して支援するべきこと。

②案

一　他所の者と当地の一揆衆(＝本掟の署判者)との間で合戦や喧嘩などが起きたならば、憎み合っていたり疎遠であったとしても、(同名中の)命令に従う者たちまでもが一味同心して支援するべきこと。

定…条々　以下の三二条全体をさす。この条々を起請文に対する「前書き」と呼ぶ。

1条　外部勢力と地下一揆衆が交戦した時の支援義務を示した条文。

他所　本史料中の用例一三件(1・2・3・4・6・9・20・23・24・28・31条)。他所との合戦は1・2・3・6条。20条に「他所の御衆《おんしゅう》」と敬語を使う条文もあるため、交戦関係にない他所もあり、他所イコール敵方ではない。他所は特定の場所というよりも、自分たちの住む地域の外部(3条にいう惣庄〔大原庄〕の外部)をさすのだろう(地図2参照)。他所の対義語は、当所(3・20条)、地下(15条参照)。

地下一揆衆　用例は本条のみ。①案では、侍以外の百姓衆のこと。これまで本史料をもとに、大原同名中は侍

身分による同名中と百姓身分による地下一揆衆の重層構造をもつ国一揆と理解されてきた（勝俣『一揆』一〇〇頁）。ただし、新たに確認された田堵野本では、末尾に三二〇名の連署者が順不同に名を連ね、侍らしい官途名のほか、善七などの百姓名、至聖坊などの宗教者名、女性とおぼしい「おいと」の名も見える。侍衆だけで三二〇名は多すぎることから、連署者には同名中の被官、百姓、僧侶などを含んでいると考えられる（長谷川論文参照）。

このように末尾の署判者に多数の百姓衆が混在しているとすると、同名中の一揆とは別に地下一揆衆と呼びうるような百姓衆独自の一揆が存在していたかどうか疑念が生じる。そこで別に②案として、地下一揆衆を同名中を含む本掟の連署者全員をさす、と考えてみた。この場合の地下は身分としての百姓ではなく、空間としての大原庄をさす。ただし、②案についても、「同名中与掟」を表題に掲げる本掟のなかで百姓をも包括対象とする本条や3条の趣旨は浮いており、やはり不統一感が否めない。なお、本稿では、空間を示す地下は「当地」と訳した。

悪中無音　用例1・2・14条。悪中は辞書類に見えず、険悪な関係、敵対関係の意に取った。無音は久しく音信をしないこと（日国）。訳では「憎み合っていたり疎遠であったり」とした。二本の写本とも字句は「悪中」としか読めないが、悪中・無音はともにネガティブな表現で、一味同心をしない理由を二つ並列していることに違和感が残る。「不寄」を受ける文言の場合、「不寄上下」（14条）など対照的な文言を重ねるのが通例。文脈からすれば、親疎の意味に取れる文言を重ねたいところ（懇中無音などの誤写の可能性が考えられる）。ここでの悪中無音は同名中の侍衆同士の関係である（支援対象が百姓であったとしても、人間関係の好悪により同名中内で一味同心ができないことを警戒）。なお無音の単独使用は17条参照。

下知に随う輩まで　①案では、下知に随う輩を地下一揆衆（百姓衆）の言い換えととらえ、同名中が支援をする対象と読む。地下一揆衆も下知に随う輩も双方ともに合力される側、合力の客体と解する。地下一揆衆（百姓衆）が紛争に巻き込まれた場合、侍身分である同名中は、日ごろ支配下にある彼ら（下知に随う輩）を一味同心に支援してやるべきである、との趣旨。本来、身分階層として異なる百姓たちの合戦に侍たちが合力する必要はないが、侍衆たるもの百姓を助けるのは当然である、という思想が前提にあるか（身分の高い者は相応の社会的責任と義務を負うとする道徳観。ノブレス・オブリージュ）。あえて「地下一揆衆」を「下知に随う輩」と言い換えた理由は、同名中の共感を得る必要があって、日頃、百姓衆が自分たちと主従関係にあることを強調するためだろう。

②案では、「下知に随う輩」を同名中の配下の百姓ととらえ、支援に参加する主体と読む。地下一揆衆（侍・百姓を問わず署判者全員）が紛争に巻き込まれた場合、侍身分の同名中はもちろんのこと、その下知に随う百姓たちまで一味同心に支援せよ、との趣旨。わざわざ「下知に随う輩まで」という文言を入れたのは、「悪中無音」と並列して、ともに一揆の周縁部分（「悪中無音」は一揆衆のヨコの関係の面、「下知に随う輩」は従者とのタテの関係の面）を例示して、それらも一味同心の例外としない、という意図。第1条において総論的に同名中を超えた一揆メンバー全員の相互支援を規定したものと思われる。

なお、①・②案のほかに、本条を「侍たちと主従関係を結んでいる領外に住む百姓も協力せよ」と読む案もある（長谷川論文）。領中には他所の被官がいるため（3条）、そこから敷衍して領外にも同名中の下知に随う百姓がいると解したのだろうが、一般的には領外に住む百姓が一揆に参加する理由はないので、この案は採りにくい。ただし空間的な領外ではなく、領内に地下一揆衆のメンバーではない下知に随う者たちが存在した可能性はある。

2一 他所与同名之内弓矢出来之時、不寄悪中」無音、敵方江身寄ニ出間敷候、并裏篇内通」比興之儀仕間敷候事、」

2一 他所《よそ》と同名《どうみょう》のうち弓矢出来《ゆみやしゅったい》の時、悪中無音《あくちゅうぶいん》によらず、敵方へ身寄《みより》に出《いで》まじく候、ならびに裏篇《りへんカ》・内通《ないつう》、比興《ひきょう》の儀仕《ぎつかまつ》るまじく候事、

2一 他所と同名内の者との間で合戦が起きたならば、憎み合っていたり疎遠であったとしても、敵方へ①案《親戚関係にあるからといって加担してはならない》、②案《身を寄せてはならない》。また、裏切りや内通などの浅ましいことはしてはならないこと。

2条 外部と同名中が交戦した時の同名中内部の裏切りを禁じた条文。

身寄 用例は本条のみ。「親戚。みうち。縁続き」（日国。ただし用例は二十世紀）。大原勝井家文書にも「弥介方代身寄奥之新介方」（Ⅲ-1勝井5）、甲賀地域の史料でも「彼方身寄五人」（Ⅲ-2-2）、「八郷高野惣身寄中惣（花押）」（Ⅲ-2-4）などの用例がある。この身寄・身寄中もただの関係者というよりは、親戚関係で読むほうが通りはよいことから、親戚関係と訳せる（①案）。

そもそも一揆では、血縁・姻戚に基づく親戚関係を優先するか、地縁的な一揆のメンバーシップを優先するかは非常に大きな問題になり、天秤にかけることも珍しくない。九州五島の下松浦一族一揆契状には、一揆中と一揆外が争ったとき、「たとえ重縁たりといえども、まず一揆外の人をさしおきて、一揆中の方に馳せより」（原漢文、武家家法Ⅱ一〇二号）とあって、重縁（親戚）よりも一揆の方を優先せよと定めている。2条も松浦と似た状況を想定しているならば、敵方に親戚関係にある者がいても、その縁で敵方へ加担してはならないと解釈できる。

ただし、「敵方の身寄に」とあれば親戚関係の意で

よいが、「敵方へ身寄に」とあるので、動詞的に「敵方に身を寄せる」とする解釈もありえる（②案）。とはいえ、「身を投じる」とまで訳すと敵方に積極的に加勢してしまうことになり、後文の「裏篇・内通」と区別がつかなくなる。「身寄」は、敵方に加勢しないままでも「会いに行くこと、ついていってしまうこと」と解釈する余地もある。

裏篇・内通、比興の儀　裏篇は不詳、裏切りと解した。「離反《りはん》」の誤字か。「裏返《うらがえり》」ならば、敵に寝返るの意味がある（日国「寛永刊本蒙求抄」）。比興は、浅ましいこと、みっともないこと（日国）。裏切り・内通は浅ましい行為であるのに対して、前文の「身寄に出る」は浅ましいといわれるほどではない。身寄を親戚関係で解釈すれば、敵方の親戚に味方するのは素朴な行動であって、浅ましいとは明確に区分できる。

3一　他所与同名衆〈名之衆〉弓矢同喧哢之時、於鐘鳴者〈□□〉」、惣庄之百性等、至堂僧迄、悉得道具を持、可」罷〈□〉出者也、并当所之内ニ在之他所之被官等」、其主敵之与にて無之者、菟角申、不罷」出候者、其時為本人可為侘〈言〉事之事、」

3一　他所《よそ》と同名衆《どうみょうしゅう》弓矢《ゆみや》同じく喧嘩《けんか》の時、鐘鳴《かねな》るにおいては、惣庄《そうしょう》の百姓等《ひゃくしょうとう》、堂僧《どうそう》に至るまで、ことごとく得道具《えどうぐ》を持ち、罷《まか》り出《いず》べきもの也《なり》、ならびに当所《とうしょ》の内にこれある他所《よそ》の被官等《ひかんとう》、その主敵《ぬしてき》の与《くみ》にてこれなき者、兎角《とかく》申し、罷《まか》り出《いで》ず候わば、その時本人として侘言《わびごと》たるべきの事、

3一　他所と同名衆が合戦や、同じく喧嘩をした時、鐘が鳴ったならば、惣庄の百姓らや僧侶にいたるまで、みな武器を持ち、駆けつけるべきである。また、当所の内に住む他所の被官らで、その主人が敵に与していない者が、あれこれ申し

て駆けつけなければ、そのときは当人が申し開きをすべきこと。

3条　2条と同じく外部との交戦時の相互支援を規定した条文。2条との違いは総動員態勢での交戦を想定していることで、一揆メンバーの百姓・僧侶に呼びかけている。

惣庄　大原庄のこと。用例は本条のみ。大原庄の荘園領主は不明。荘園の範囲も定まらないが、旧大原村がほぼ惣庄にあたるか(旧大原村は明治二十二年の町村制施行により発足。地図2参照)。

鐘鳴　鐘が鳴らなければ侍衆だけの合戦で済むのだろう。鐘が鳴ると「百姓・僧侶にいたるまで」の総動員となる。鐘の場所は総鎮守の大鳥神社(旧河合社)に限らず、同名中の城・屋敷や村堂に鐘があったか。

得道具　取扱いを得意とする武器(日国)。当時は百姓・僧侶でも刀・槍などの武器はもっていた。

罷り出べきもの也　駆けつける場所は同名中の城・屋敷で、同名中の各領内に住む百姓・僧侶らが対象か。

当所　惣庄(大原庄)の言い換え。

本人　当地に住む他所の被官当人のこと。「主人が敵に与していなければ」と条件を付け、主人が敵に与していたら動かなくてもよいと留保している。敵方でもない他所の被官は中立のニュートラルな立場で、合力しないのは当然の動きである。ただし、後文の「侘言」をみると、他所の被官であっても一揆に加わっていたようである。

侘言　「当人に責任を負わせて謝罪させる」と解するのは重すぎで、本人が申し開きせよと訳した。

4一　領中〈内〉之内仁他所之屋敷、堅留申候、万一被仕」〈□〉仁躰在之者、奉行中遂評判、可及行候、若」奉〈行□〉行相破儀在之者、為両年行事、可有」其覚悟之事、」

4一　領中《りょうちゅう》の内に他所《よそ》の屋敷、堅《かた》く留《と》め申し候、万一《まんいち》仕《つかまつ》らる仁躰《にんてい》これあらば、奉行中評判《ぶぎょうちゅうひょうばん》を遂《と》げ、行《てだて》に及ぶべく候、もし奉行相破《あいやぶ》る儀これあらば、両年行事《りょうねんぎょうじ》として、その覚悟あるべきの事、

4一　領中のうちに他所の者が屋敷を構えることは、堅く禁止する。万一建造する人物があるならば、奉行中で審議して実力行使すべきである。もし奉行中で意見が分かれることがあれば、両年行事が、その判断をするべきこと。

4条　領中に他所者が屋敷を構えることを禁じた条文。4・5条は平時の対応を規定。

領中　5・31条に用例がある。当所とは若干ニュアンスが異なり、同名中の各所領をさす。

他所　敵対関係にあるとは限らない他所。敵対しているときは弓矢・喧嘩と出てくる。

堅く留め申し　他所の屋敷を差し押さえるのではなく、建造禁止の意味。通常なら11条のように「停止」を用いる。

万一仕らる　「仕らる」は敬語表現。居住することを「仕らる」とはいわないので、屋敷を建造することと解した。ここでは、他所の者に対して敬語が使われている。

仁躰　用例は4・9・14・25・30条。4条はただの居住者ではなく、「仕らる」と敬語を使うべき相手で、一定の高い身分の人物をさす(塵芥集23条を参照)。後文で「仁躰」に対する奉行中の対応の足並みがそろわなかった際の規定があることからも、4条の「仁躰」はある程度の要人であった可能性がある。

奉行中　甲賀地域では、事件・紛争が起きたとき、複数

の侍たちが担当の奉行となって審議し、その結果に基づいて、調停案(意見状・判状)を示し、問題解決をはかる慣習がある。奉行の人数、選任の基準などの詳細は不明(『甲賀市史第二巻』、石田善人「甲賀郡中惣と大原同名中惣について」。以下石田論文と略す)。大原勝井家文書では二十名が奉行中として名を連ねている永禄二年卯月二十七日　大原同名中奉行中惣置文(Ⅲ-1勝井5)のほか、五月二十六日　大原滝川一益書状写(Ⅲ-1勝井225)にも「奉行中」の文言がみえる。

評判　批評して是非を判定すること。批評して判断すること。評定(日国)。訳では審議とした。

行(てだて)　戦国時代の史料では軍事的な意味合いがある。ただし軍事行動と解釈するのは強すぎで、「対処」の訳でも弱く、実力行使と訳した。「てだて」はかなり強い表現であり、屋敷の撤収・撤去を求める行為か。

もし奉行相破るる儀…両年行事…その覚悟　「破」の解釈で二つの案に分かれる。①案は「相破るる儀」と読んで、「意見が分かれた」「審議決裂」「判定不能」の意味に取り、訳文に採用した。②案は「相破る」と読み、奉行中の取り決め不履行と解し、「覚悟」を処罰と理解すれば、「もし奉行中で取り決めに従わない者が現われたら、両年行事が処罰をする」と解釈できる余地もある。「破」には「城破《しろわり》」(破城のこと)の用例があるように、「てだて」と同じく強い表現で、「破」の文言を用いているのは気になるところ。なお、両年行事は奉行中の責任者二人で、通常一年交替の役職。両年行事の選任方法は不明だが、同名中が輪番で務めたらしい(『甲賀市史第二巻』、石田論文参照)。大原勝井家文書の永正二年七月六日　大原宮年行事衆幕注文写(Ⅲ-1勝井2)にも大原宮の役職と思われる「宮年行事」という文言がみえるが、これと両年行事の関係は不明。

5一　領中之内ニ、他家之屋敷之近所ニ在之田」畠・山・荒野ニ至迄、其屋敷之出張屋敷ニ」可成所をハ、替地仕間敷候事、」

5一　領中《りょうちゅう》の内に、他家《たけ》の屋敷の近所にこれある田畠・山・荒野《あれの》に至るまで、その屋敷の出張《でばり》屋敷に成《な》るべき所をば、替地《かえち》仕《つかまつ》るまじく候事、

5一　領中の内で他家の屋敷の近所にある田畠・山・荒野に至るまで、その屋敷の出張屋敷になりかねない場所は、替地として提供してはならないこと。

5条　領中に他所者の屋敷が拡大するのを阻止する条文。平時の規定。

他家の屋敷　他家は31条に用例があり、他所を他家に言い換えている。「他家の屋敷」も「他所の屋敷」の言い換えと解した。そもそも4条で「他所の屋敷」を禁止しているのに、5条の「他家の屋敷」が領中にあるのはあり得ない。「他家の屋敷」はあくまで他所にあり、屋敷の主人は大原同名中ではない他所者の可能性がある。

出張屋敷に成るべき所　「出張屋敷」は未詳の文言だが、他所の屋敷から派生した別宅をさすのだろう。屋敷自体は他所にあるが、そこに隣接するかたちで当地内に田畠・山・荒野が展開しており、その場所に越境して出張屋敷が建てられる。

替地仕るまじく　替地は土地の交換。当地内の田畠・山・荒野が替地によって他家の出張屋敷になるのを禁じているのは、領有関係が不明確になり、また軍事的な脅威にもなるからだろう。

6一 同名中惣劇ニ付而、他所与弓矢出来之」時者、手はしの城江番等入事在之者」、各致談合、人数をさし入可申候、〈×〉其時相互ニ」如在申間敷候事、」

6一 同名中惣劇《どうみょうちゅうそうげき》について、他所《よそ》と弓矢出来《ゆみやしゅったい》の時は、手はしの城へ番等入《ばんとうい》ることこれあらば、各々談合《だんごう》をいたし、人数をさし入れ申すべく候、そのとき相互に如在《じょさい》申すまじく候事、

6一 不穏な世情により同名中で他所と合戦が起きた時、前線の城へ番衆などを配備することがあれば、(同名中は)それぞれ談合して、人員を派遣するべきである。そのとき相互にいい加減な対応をしてはならない。

6条 外部との交戦時に同名中内の城番配備を取り決めた条文。

惣劇 「惣劇」は正しくは「忩劇」で、混乱すること、いざこざによる世の騒ぎの意(日国)。「同名中惣劇」を同名中の仲間割れが起きたと解釈すると、後文の他所との合戦にそぐわない。訳文では同名中が「惣劇」(世情不穏)で他所と合戦が起きた時と解し、同名中を下におろした。この与掟条々の成立した永禄十三年(一五七〇)前後には、織田信長と近江六角氏との交戦があり、織田方に抵抗する「甲賀衆・伊賀惣国」の同盟も噂され(『多聞院日記』永禄十二年九月七日条)、成立の二ヶ月後には六角承禎父子が甲賀郡の石部城(現湖南市石部)に入るなど(『言継卿記』永禄十三年五月二十二日条)、世上は不穏だった(本書中西裕樹論文を参照)。なお伊賀惣国一揆掟書は参考史料(Ⅲ−2−6)を参照。

手はしの城へ番等入ること 城番を組む「手はしの城」は場所をさす。「臨時の城」と解する案もあるが(中井均「手はしの城」)、辞書類に用例はない。「手はし」を「手近」と読み、自分の屋敷近くにある「近所の城」で解釈すると、自分の被官だけで番を組むことになるので、同名中内で揉めるはずはない。通常、城

番の対象地は敵方との交戦地帯に近い城、戦略的に重要な城のはずであることから、意訳して「前線の城」とした。「手はし」は「手近」と理解するのではなく、手元に対する「手端」と読むほうがよい。文脈からすれば、「手はしの城」には普段、城番がおらず、臨戦状態のときだけ番を組んで配備することになるか。平時は誰も住んでいないかもしれない。大原地域で言えば、他所との境目にあたる高野・櫟野・田堵野の城跡のどれかが候補になるが（地図2参照）、現地を訪れても「手はしの城」を確定するにはいたらなかった。

相互に如在申すまじく　「相互」は同名中の侍衆同士、「如在」は手落ち・手抜かりの意。談合するのは同名中で、城番派遣の調整に手抜かりがあってはならないの意。

7一　同名中我人弓矢之時、無本人為身続」仕前仕(舞)間敷候、同被官等生害させ申間敷」事、」

7一　同名中我人弓矢《どうみょうちゅうわれひとゆみや》の時、本人なく身続《みつぎ》として仕舞《しまい》仕《つかまつ》るまじく候、同じく被官等生害《ひかんとうしょうがい》させ申すまじく事、

①案

7一　同名中で互いに合戦になった時、当人でもない助勢者に決着をつけさせてはならない。同じく被官などを（身代わりとして）殺害させないこと。

②案

一　同名中で互いに合戦になった時、当人でなく助勢者を巻きこんだ合戦にしてはならない。同じく被官などを巻き添えにして殺害させないこと。

7条　同名中内部の合戦での対応を規制した条文で、二つの解釈に分かれる。①案は、同名中内部の合戦では解《げ》死《し》人《にん》（身代わり。24条参照）による決着を禁じた条文と解釈する。②案は、同名中内部の合戦では当事者本人同士の一対一での決闘を奨励する条文と読む。「弓矢の時」とあるので、紛争解決の手段ではなく、戦い方自体を問題にしていると解する。

我人　自分と他人の意（日国）。辞書には「我人（わひと）」の意もあるが、二人称単数で「おまえ」「あんた」の意味になり文意が通らない。本史料に「我人」は一一件の用例があり、すべて同名中の侍衆メンバーに限定できる。本稿では「互いに」「われわれ」などと訳す。

身続　「身寄」（2条参照）と同じく親戚、縁者・身内の可能性も考えられるが、「見継」（助勢すること、援助すること）の当て字と考え、助勢者と訳す。

仕前（舞）　決着をつけること。方をつけること（日国）。傍注の「舞」は武家家法Ⅲの校訂。24条の仕前は刑事犯罪のケース。①案の解釈は訳文の通り決着と読んだ。②案では意訳気味に「本人でなく、敵味方双方の助勢者が応援にかけつけて大きな合戦にしてはならない」と読む。

被官等生害　①案は当事者でもない被官を身代わりとして差し出し、生害させて決着を付けることの禁止と解釈する。②案は被官を合戦の巻き添えにして生害させてはならないと読む。同名中内部の合戦は一時のもので、戦いさえ終わればもとの関係に修復されるのが前提にある。②案では修復不可能になるようなことはせず、助勢者も手出しをしないで、一対一の決闘を奨励しているのではないかと読む。ただし、もっと違う書き方がありそうなところは気になる。

8一　於地下中公事出来之時、双方共ニ、内儀」を以モ《〈も〉》被頼候共、連判仕間敷候事、」

8一　地下中《じげちゅう》において公事出来《くじしゅったい》の時、双方ともに、内儀《ないぎ》をもっても頼まれ候とも、連判《れんぱん》仕《つかまつ》るまじく候事、

8一　地下中(＝百姓間)で訴訟が起きた時、双方から内々であったとしても支援を求められても(同名中は)連判に加わってはならないこと。

8条　百姓間の訴訟において同名中の侍衆が一方に加担することを禁じた条文。7・8条はセットで、7条は同名中内部の争い、8条は百姓内部の争い。百姓同士の秩序に同名中は干渉できないため、そこに侍衆が個別にコミットすることを禁じている。

公事　盗み・殺人・放火等の刑事事件、金銭トラブルなどの民事事件などの訴訟。紛争。用例は8・23・24・25・26・31条。文脈からして雑税・夫役のことではない。

双方ともに　訴訟における正当な側と不当な側。不当な側への肩入れは論外だが、正当な側への肩入れは免責される余地があることから、あらかじめそれを否定したのだろう。

連判　一方の百姓側の一味に加盟し、契状などに連署すること。

9一　他所より被出候かくし事ニ、我人出候を」つけ申間敷候、雖然、聟・舅・兄弟之儀者」、かくし事ニ被出候仁躰へ〈ハ〉相届、○存分次第ニ〈ヌ〉つけ可申候」事、」

9一　他所《よそ》より出《いだ》され候隠し事に、我人出候《われひといで》を告げ申すまじく候、然《しか》りと雖《いえど》も、聟《むこ》・舅《しゅうと》・兄弟の儀は、隠し事に出《いだ》され候仁躰《にんてい》へ相届《あいとど》け、存分次第に告げ申すべく候事、

9一　他所から流れ出た風説について、（風説のなかに）同名中の名前があったとしても互いに告発してはならない。しかし、（自分から見て）聟・舅・兄弟の間柄については、風説に名前の出た本人に確かめたうえで、それぞれの判断に任せて告発するべきこと。

9条　外部の虚偽情報による相互不信を予防した条文か。不思議な条文であり、ふつうは告発を奨励するはず。

隠し事　うしろめたい場合にいう言葉。人に知られると都合の悪い事柄(日国)。「隠し事」には「不確定な情報」のニュアンスがあるので、訳では「風説」とした。秘密事項と訳しては不確定要素のニュアンスが伝わりにくく、内通・共謀の訳では「出る」「出られる」の関係と合わないので採らない。情報の内容が犯罪か内通かは未考だが、いずれにしても同名中内部の疑心暗鬼、相互不信を増幅させる性格のものと思われる。

我人出候を告げ申すまじく　風説に同名中の個人名があり、名前の上がっている人にとって不利益な情報になる。本来なら告発しなくてはいけないのに、告発を禁じているのは、外部からの不確定情報に撹乱されて、同名中内で疑心暗鬼になるのを避けたいとの趣旨か。逆に「当所の内より出られ候かくし事」ならば内部告発を奨励するのだろうか、未考。

聟・舅・兄弟　親と子が出てこないのは、子の処置は親の一存で決め、子は親を告発できないからだろう。微妙な距離にあるのが姻戚関係にある聟・舅と、兄弟の

間柄。

隠し事に出され候仁躰へ相届　「隠し事に出され候仁躰」とは、外部からの風説を知った告発者からみて聟・舅・兄弟をさす。「相届」は、名前のあがった「聟・舅・兄弟」に連絡を取って確かめると訳した。「相届」を尋問と訳すのは強すぎる。「られ(被)」は受け身の表現とも取れるが、「出候仁躰」でも意は通じるので、敬語表現の可能性もある。

存分次第に　28条に用例があり「其ぬし存分次第ニ生害させ」るとあるので、判断権を持っている人間の一存に任せるという意味。本条の場合は、告発者の存分、風説に名前の出てきた本人の存分、いずれの可能性もある。存分次第なので、告発せずに握りつぶすこともあり得る。親族間の自立性と独自裁量をある程度認めて、親族間の自己責任で告発するかどうかを決めるのだろう。なお、勝井本では「存分次第ニ」は押紙による挿入句となっているが、田堵野本では本文になっており、「存分次第ニ」の「ニ」が無い。

10一　弓矢之時、我人之被官預ケ物仕候共、あつ〈預〉」かり候者を成敗仕間敷候事、」

10一　弓矢《ゆみや》の時、我人《われひと》の被官《ひかん》預《あず》け物《もの》仕《つかまつ》り候とも、預かり候者を成敗《せいばい》仕《つかまつ》るまじく候事、

10一　合戦の時に、互いの被官が預け物をしたとしても、預かり主を成敗してはならないこと。

10条　戦国時代には、戦禍を避けて財産を他所に預託する「預物《あずけもの》」の習俗が広く見られた。合戦後には敗者の預け物を勝者側が没収する「預物改め」がおこなわれ、預け物を死守しようとする預かり主と、引き渡しを要求する側でしばしばトラブルが生じた(藤木久志「村の隠物」)。ここでの預かり主を成敗する事態も、そうしたトラブルが背景にあるか。

ただし、預かり主を成敗する主体が、①預け物を預かった被官の主人であるか、②戦乱の勝者であるか、で内容理解が分かれる。①案は、同名中内部の合戦時に、被官相互間の預物習俗に主人が介入することを禁

じた条文と読む。②案は、同名中内部の合戦時に、預物改めを理由にした勝者側による預かり主の成敗を禁じた条文と読む。

弓矢の時　直後の「我人」という文言からも、同名中内部の合戦に限定できる。他所との合戦では、勝者の同名中が敗者である他所の預け物を没収するのは当然の行為であり、拒絶する預かり主を成敗しても何ら問題はなく、預物改めによる成敗を禁じる理由がない。

我人の被官預け物　「我人」は同名中をさす。いくつかの状況が想定しうるが、前記の①案は交戦している同名中の被官がお互いに預け物をする状況、②案は同名中の被官がどこか安全な場所に預け物をする状況。もう一つ別の案として、被官そのものを人質のように預け物にして、敵味方で交換すると解釈できる余地もある。ただし合戦時の人質交換は「質」「質人《しちにん》」であって、預け物とはいわないので採りにくい。

預かり候者　①案の預かり主は同名中の被官、②案の預かり主は同名中と特に主従関係をもたない土倉《どそう》（金融業者）・商人など。

成敗仕るまじく　成敗の用例は三件（10・13・21条）。成敗される者は、10条は預かり主、13条は百姓、21条は商人。成敗は正規な処罰行為というよりも「斬り捨て御免」のニュアンスに近く、侍が被官・百姓・商人らを斬ることを言っている。

①案では、無関係な第三者の預かり主が預物改めで成敗されることが不自然であると考えて、自分の被官が敵方の物を預かっていると想定する。主人が被官に預け物を引き渡せと命じても、拒んだからといって成敗してはならないと読む。

②案は、勝者側の侍が敵方被官の預け物を没収しようと出向き、預かり主の土倉・商人に拒絶されても、敵の物を預かっているというその理由だけで、成敗してはならないと解釈する。7条の②案と同じく、同名中内部の合戦では事を荒立てるようなことはするなの意。

11一　於同名中、我人請取沙汰、堅可被停止」事、」

11一　同名中《どうみょうちゅう》において、我人請取沙汰《われひとうけとりさた》、堅《かた》く停止《ちょうじ》せらるべき事、

11一　同名中において、互いの請取沙汰は堅く禁止すること。

11条　請取沙汰を禁じた同名中向けの条文。

請取沙汰　中世の訴訟で、本来の訴訟当事者の委託を受けて第三者が表面上当事者となり、有利な解決をはかること(日国)。弱い立場の人の代わりに自分がトラブルを請け負うことは止めなさい、という意味。武家家法Ⅲ七六五・七七三・九七〇号などに用例あり。「寄《よせ》沙汰《ざた》」の対になる表現。寄沙汰は委託する側からみた語、請取沙汰は請け負う側からみた語になる。同名中は紛争解決を他人に委託するよりも常に請け負う立場にあり、自己規制の意図から請取沙汰と表現したのだろう。この場合の紛争・訴訟には刑事・民事両方ある。

12一　荒地にて、百性等自然草を苅、牛馬を」はなし候事候共、可有宥免事、」

12一　荒地《あれち》にて、百姓等《ひゃくしょうとう》自然《しぜん》草を苅り、牛馬を放《はな》し候こと候とも、宥免《ゆうめん》あるべき事、

12一　荒地で百姓らが、かりに草を苅り、牛馬を放牧することがあったとしても許容してやること。

12条　准無主地での百姓の生産活動を許容する条文。同名中の自己規制法。

荒地　無主の地とまではいえないが、准無主の地。放牧地として利用された。牛馬が耕作地を荒らした場合の処罰については、塵芥集156条、板倉氏新式目44条などに見える。

13一　田のくるかり（苅）、如大法かり（苅）申候共、成敗等」有間敷候（×）事、」

13一　田のくる苅、大法《たいほう》のごとく苅り申し候とも、成敗等《せいばいとう》あるまじく候事、

13一　田の畔草《あぜくさ》苅りついては、大法に従い、苅っていたとしても、成敗などをしてはならないこと。

13条　12条と同じく、准無主地での百姓の生産活動を許容する同名中の自己規制法。

くる苅　畔苅（くろかり。田のあぜに生える草を苅り取ること。日国。ただし用例は一八八〇年）の転訛と思われる。田は私有地であるのに対し、田のあぜは境界的な場所。そのため、百姓があぜ草を苅っていることに対して、田の所有者が言いがかりをつけることがあるのだろう。紀州方言ではあぜを「ぐる」と呼んでおり（日国）、本条の「くる」も「ぐる」であった可能性がある。「る」は「流」の変体仮名で「ろ」の誤記ではない。

大法　一般的な慣習のこと。明文化された法ではない。

14一　於地下中、不寄上下、毒飼仕間敷候」、自然毒飼之事、慥存知之儀在之者、上巻」起請文を以、不寄悪中無音、其ぬしニ」可告知候、然者則ニ其仁躰へ可相届候」、於無誤者、同名中之前にて、上巻起」請文血判を以、晴可申候、至于凡下之輩ハ」、よき起請にて可相果候事、」

14一　地下中《じげちゅう》において、上下《じょうげ》によらず、毒飼《どくがい》仕《つかまつ》るまじく候、自然毒飼の事、慥《たし》かに存知《ぞんち》の儀《ぎ》これあらば、上巻起請文《じょうがんきしょうもん》をもって、悪中無音《あくちゅうぶいん》によらず、その主《ぬし》に告げ知らすべく候、然《しか》らばすなわちに、その仁躰《にんてい》へ相届《あいとど》けべく候、誤りなきにおいては、同名中《どうみょうちゅう》の前にて、上巻起請文血判《ちばん》をもって、晴らし申すべく候、凡下《ぼんげ》の輩《ともがら》にいたりては、よき起請にて相果《あいは》たすべく候事、

14一　地下中（百姓間）において身分の上下を問わず毒殺を謀ってはならない。もし毒殺のことを明

らかに把握しているならば、霊社上巻起請文を書いて、憎み合っていたり疎遠であったとしても、被疑者の主人に通報すべきである。その後、(主人は)すぐにその当人に確かめるべきである。(被疑者が)身に覚えがないならば、同名中の前で霊社上巻起請文を血判で書き、疑いを晴らすべきである。(被疑者が)凡下の者たちならば、「よき起請」(鉄火起請)で決着をつけるべきであること。

14条　百姓による毒殺禁止と通報義務を規定した条文。

地下中において、上下によらず　地下中は百姓身分の集団を示し(8・16条参照)、上下は百姓内の身分のこと。後文で侍衆を主人にもつ百姓と凡下に書き分けている。毒殺禁止は百姓・凡下に限定され、同名中を対象外にしているのは、侍身分ならば毒殺は許されていたのか、侍は毒殺をしないのかは未考。甲賀地域の中世史料(Ⅲ−2−5)には、「一　毒害等取扱仁躰、同罪たるへく候事」の条文があって、毒を所持しているだけで同罪とも読める。中世の甲賀地域では毒殺が横行していた節がある。

毒飼　毒殺。「飼」の漢字に意味をおき、マムシや毒蛇・毒虫などの毒物の飼育をさすとする先行研究もあるが当たらないだろう。マムシ毒は経口毒性が低いので、毒殺には使用できない。中世の毒は自生の多年草、トリカブトであり、植物の飼育を中世では「飼う」ともいわない。「毒飼」の表記は珍しくなく(『信長公記』首巻二九)、対象者の口に毒物を入れることを「飼」と表現したか。「毒害」の用例も多い(Ⅲ−2−5)。石見銀山などの鉱物系の毒は近世以降のこと。

上巻起請文　正しくは霊社上巻《れいしゃじょうがん》起請文。戦国期、近江地方に多く見られた起請文形式。神文が長いのが特徴(千々和到「霊社上巻起請文」)。本史料の末尾の起請文はその典型例。同名中の前で血判起請文を書くのは、侍と主従関係をもつ百姓になる。

相届　尋問ではなく、被疑者に確かめること（9条参照）。

凡下　28・31条に用例あり。侍身分に対置される百姓身分をさす身分用語。法律用語として使用されることが多い。凡下は同名中に起請文を提出する資格がない。凡下には主人がいないようにも読めるが、28条の凡下は主人持ちである。量刑が問題になっているので法制度的な凡下という用語を使ったのだろう。

よき起請　武家家法Ⅲでは「湯」の傍注を付し、湯起請（熱湯に手を入れて火傷の具合で真偽を判定する神判）とする。「よき起請」の「き」を衍字《えんじ》（語中に誤って入る不要な字）と見て、「湯」がなまって「よ」となったと解したのだろう。湯起請の可能性もあるが、「斧器起請」（斧を熱した鉄火起請。斧は「よき」と読む）の可能性がある（鉄火起請に斧を使うことは『信長公記』首巻二八など）。時期的に永禄年間ころは湯起請の収束期で、鉄火起請が一般化しつつある（清水『日本神判史』）。ただし中世史料中で、他に「よき起請」の文言が見えないのは気にかかる。

15一　地下、同名中并寺庵・百性等迄、家之事」、ぬす（盗）ミ・焼仕間敷候事、」

15一　地下《じげ》、同名中《どうみょうちゅう》ならびに寺庵《じあん》・百姓等《とう》まで、家の事、盗み・焼き仕《つかまつ》るまじく候事、

15一　当地の同名中ならびに寺庵・百姓らまで、家について、盗みや放火はしてはならないこと。

15条　盗犯・放火を禁じる条文。同名中・僧侶・百姓衆らの身分に書き分け、同名中に僧侶・百姓らが入らないことがわかる。

地下、同名中…百姓等まで　15・17・18・27条の「地下」は空間をさすため、「当地」と訳した。「地下、同名中」を「地下中と同名中」の意味で理解すると、次の「百姓等」と重なってしまうので意味が採れない。原則的には同名中・地下中などと「中」の文言が付けば、人間集団・身分集団をさすものと理解してよい。

家の事　家に限定した理由は、家を存続させなければならないとする意識の高まりか。

盗み・焼き　「盗焼き」の用例は小倭百姓衆起請文案（Ⅲ－2－8）に「家門等并盗焼隠殺」があるが、「盗み・焼き」の併記と読む可能性もある（28条補註参照）。また盗みも放火も単独で重罪であり、あえて連語にして強盗放火事件を強調する意味はない。15条の主題は「家の事」にあるか。

16－　於地下中、偏執遺恨を以、不主知ニ札〈礼〉を」立申間敷候事、」

16－　地下中《じげちゅう》において、偏執《へんしゅう》・遺恨《いこん》をもって、主《ぬし》知らずに札を立て申すまじく候事、

16－　地下中（百姓間）で、個人的な妬みや恨みがあるからといって、匿名で「札を立てる」ことはあってはならないこと。

16条　百姓間の脅迫や誹謗中傷を禁じた条文か。

主知らずに札を立て　「不主知ニ」は「主に知らせずに」と読み、「主」を「主人」と解釈する余地もあるが、それだと主人が許容すれば「札を立てる」ことが可能になり説明がつかない。「札を立」は、字句だけみると点札（家屋や田畠の差し押さえ）が浮かぶが、百姓が私的な復讐目的で点札をおこなう事例は確認できない。検断（警察・裁判）の権限をもつ者の名が明記された点札は有効だが、偏執・遺恨を告発するために札を立てても、誰が書いたのか明記しない札は、ただのいたず

ら、嫌がらせにしかならず、そもそも法的効力がない(向井裕知「点定札木簡について」)。しかし、あくまで札を立てるのは百姓であり、その目的は偏執・遺恨を告発することか。

なお、田堵野本の「礼を立てる」の字が正しいとすれば、報復のことを「還礼《わんれい》」ともいうため、「礼を立てる」で復讐を意味する可能性もある。また、呪詛の札は埋めるか流すものであり、「札を立てる」例はない(東野治之「『古律書雑篇』の訓読」、水野正好『まじなひの研究』)。

ちなみに16条の「不主知」と同様の表現は、甲賀地域の三方起請文(Ⅲ-2-5)の第1条に「夜討・強盗・山賊、ならびに不知主人ヲ害する仁躰、上□によらず、生害をなすべき事」とある(主と知の位置は逆)。これも「主人に知らせずに」の意味で取り、主人の許可なく殺人を犯すと読む余地もあるが、夜討・強盗・山賊とならぶ大罪としては弱い。また「不知」を「扶持」の誤記として、自分の主人を殺害する大罪と読む案もあるが(『甲賀市史 第二巻』)、解釈としては強引だろう。むしろ、「不知主人ヲ害する」は「主知らずに人を害する」と読んで、殺す相手を特定しないで誰かれかまわず人を殺すこと、悪質な無差別殺人・通り魔的殺人と読むべきか。あるいは、加害者が正々堂々名乗り出ずに相手を闇討ちにすることか。この三方起請文の解釈を踏まえて、16条の「不主知ニ札を立」も「主知らずに…」と読み、札を立てた本人(加害者)が自分の身元を特定せずに「匿名で札を立てる」と訳した。

17一　地下之内無音之間ニ、あした《（足駄）》・草履・頭巾」・四州わたほうし《（綿帽子）》・のりうち《（乗打）》・かさとかめ《（笠咎）》不」可在之事、」

17一　地下《じげ》のうち無音《ぶいん》の間に、足駄《あしだ》・草履《ぞうり》・頭巾《ずきん》・四州綿帽子《ししゅうわたぼうし》・乗打《のりうち》・笠咎《かさとが》め、これあるべからざる事、

17一　（同名中は）当地のうちで、事情を知らないのに、（百姓の）足駄・草履・頭巾・四州綿帽子・乗打・笠咎めをしてはならないこと。

17条　百姓に対する侍の行き過ぎた統制を規制する条文。百姓の装束を規制しているのではない。

無音の間に　「事情を知らない間柄で」という意味に取り、特に通りすがり百姓の分不相応な振る舞いを侍が咎めだてするのは不当であると解した。百姓であっても主人の侍などから過分の振る舞いを許されている場合もあるため、その事情を知らない侍が無用な咎めだてをするとトラブルに発展する危険があったのだろう。

足駄…四州綿帽子　足駄（下駄）・草履は履物。頭巾・四州綿帽子は被り物。四州綿帽子は未詳。綿帽子は真綿を延ばして丸形や舟形に作った防寒具で（日国）、四州とあるので四国の特産品か、流行り物か。

乗打　馬・駕籠など乗り物から降りないでそのまま通り過ぎること（日国）。

笠咎め　道の途中、他人のかぶっている笠が自分の笠に触れた無礼を咎めだてすること。また、身分の低い者が笠を着けたまま高貴の人の前を通りすぎる無礼を咎めだてすること（日国）。本条では後者の意味。

末尾の「咎」が足駄以下すべてを受けて、足駄咎め・草履咎め・頭巾咎め・四州綿帽子咎め・乗打咎めなど、主人でもない者が無関係な百姓の身なりや振る舞いの無礼を咎める行為を禁じた条文と解釈した。ただし乗打が笠の前に置かれ、身につける物の間に割って入るのが気になるところ。

18一　諸職人地下江出入〈×〉之儀、少モ〈も〉不可妨之事、」

18一　諸職人《しょしょくにん》地下《じげ》へ出入《でい》りの儀、少しも妨《さまた》ぐべからざるの事、

18一　諸職人が当地に出入りすることについて、少しも妨害してはならないこと。

18条　外来の商人・職人を保護する条文。諸職人の出入りを妨害する主体は当地の職人だろう。

19一　米買之役所并つりよう（津料）、被召間敷事、」

19一　米買いの役所ならびに津料、召《め》さるまじき事、

19一　米の購入に対して関銭や津料を徴収してはならないこと。

19条　輸入米への通行税の徴収を禁じた条文。関銭・津料を取るのは侍衆と思われるため、同名中向けの規制になる。

役所　中世、関所の異称（日国）。「役所を取るべからず」という表現もあり（武家家法Ⅱ三八七号）、関所から意味が拡大して「関銭」の意味もある。ここでは関銭の意味。米以外の商品には関銭・津料の徴収が認められているか。

津料　川からの荷降ろしにかける附加税のこと。関銭と津料を徴収する場所は現在の字大原市場周辺が想定される（21条参照）。その場合、米の輸送は現在の杣川と櫟野川の合流点あたりでなされたか。

20一　他所之御衆当所ニ居住候て、借銭・借米」被肩〈負〉せ候とて、地下へ立入、百性・商人を」から〈搦〉めい〈誡〉ましめられ候儀、堅御詫〈侘〉言之事、」

20一　他所《よそ》の御衆《おんしゅう》、当所に居住候いて、借銭《しゃくせん》・借米《しゃくまい》負《お》わせられ候とて、地下《じげ》へ立ち入り、百姓・商人を搦《から》め誡《いまし》められ候儀、堅《かた》く御詫言《おんわびごと》の事、

20一　他所の方々が「当所に居住していたとき、借銭・借米の貸しがある」とおっしゃって当地へ立ち入り、百姓や商人を拘束・拘禁した場合は、堅く(相手側に同名中が)交渉すること。

20条　百姓・商人が外部と負債トラブルを抱えた場合、同名中が交渉窓口となることを定めた条文。

他所の御衆　本条では他所の「御衆」に対して「御詫言」などと、必要以上の敬語表現が使われている。同名中として配慮を必要とする相手だったか(現水口町柏木に拠点をもつ山中氏などが想定しうるか。「御蔵本者山中大和守殿」山中文書二二二号等参照)。

借銭・借米負わせられ候とて　「当所ニ…借銭・借米…負わせられ候」までが御衆のセリフ。「られ(被)」は間接話法の敬語表現。本条のシチュエーションは、かつて大原庄内に居住していた他所の御衆が百姓・商人に銭・米を貸しており、その後、引っ越したものの、まだ負債が返済されていないので、取り立てのため「地下に立ち入」る事態となる。「借銭・借米負せられ」と「せ」があるから、百姓らが御衆に借銭を「負わせた」ことになる。借金した人間が債権者を拘禁して暴れまわるのもおかしな話なので、御衆は債権者、百姓・商人が債務者である。

ただし、この解釈では、なぜ他所の御衆は債権を回収しないまま大原庄から引っ越し、後日になって回収に乗り出したのか、説明がつかない。そこで「当所」を他所の御衆の直接話法と考え、他所の御衆が現住する土地と解釈して、「(かつて債務者が)うちの土地に住んでいたときの借銭・借米の貸しがある」と訳せる可

能性もある。しかし、この解釈では「当所」を直接話法とする一方、「負わせられ候」を間接話法としている点で解釈に一貫性を欠く。

御詫言　敬語を使ってへりくだっている御衆に対して、「抗議」と訳すのは強すぎ。「嘆願」はへりくだりすぎなので、「交渉」と訳した。詫言の意味から離れてしまうが、百姓・商人の拘束状態を解いてくださいと謝罪を込めて交渉するのだろう。しかし、借金支払いの延期や同名中の肩代わりまでは本条では問題にしていない。

21一　諸商人、他国・他郡・他郷より出入候を、地下」之商人等、菟角妨之事在之者、様躰之儀聞」届、可加成敗候、然者、我人押買不可在之候」、并役所者市庭ニ〈×〉定置候、其外行合者」、無紛様ニ可被取之事、」

21一　諸商人《しょしょうにん》、他国・他郡・他郷より出入《でいり》候を、地下《じげ》の商人等、兎角《とかく》妨《さまた》げのことこれあらば、様躰《ようたい》の儀《ぎ》聞き届け、成敗《せいばい》を加うべく候、然《しか》らば、我人押《われひとおし》買《か》いこれあるべからず候、并《なら》びに役所は市庭《いちば》に定め置き候、そのほか行き合う者、紛《まぎ》れなきように取らるべきの事、

21一　諸商人が他国・他郡・他郷より出入りするのを、当地の商人らがあれこれ妨害することがあったならば、状況を聞き届けたうえで成敗を加える。そうである以上、われわれも押買いをすることはあってはならない。また、関所は市場

に設置する。市場に立ち寄らない行商人からは、

取り紛れなく（営業税を）徴収するべきこと。

21条　他国商人の保護と関所の設置を規定した条文。20条とは反対に当地の商人が他所とトラブルを起こす状況が想定されている。

諸商人…出入候　本条全体にかかる状況設定。後文の関所の設置の前提にもなっている。

兎角妨げ　商売上のナワバリをめぐる営業妨害。当地の商人が他国商人から営業税を取り立てることではない。

我人押買い　我人は同名中の侍衆。押買とは商人の意に反して買い手が無理強いに買い叩くこと。押し売りの反対。侍衆は当地商人の営業妨害に対して成敗権を行使しながら、他国商人への押買いを自分たちで律している。自己規制の一文。

役所　関所のこと。19条の役所は関銭と訳したが、本条では市場に置かれた施設をさす。現在も字大原市場には「市神神社」が祀られている（写真3、地図2参照）。関所は通行税を取る場所でもあるが、「役所は市庭に定め置く」とあるので、他国商人らは市場の関所で営業税を支払うものと定めている。

そのほか行き合う者　市場以外で商売をする者。行商人（振り売）・訪問販売者など。ただの通行人ではない。「行き合わば」と読むのは意が通じない。

紛れなきように　「もれなく」営業税を取りなさいの意味ではなく、他国の行商人から営業税の二重取りをしないように禁じているか。営業税を関所で取ると定めているので、行商人も関所に納めてから商売するのだろうか。

写真3　大原市場の市神神社

22一　於東山、為商売すミ（炭）・はいやき（灰焼）・かちすミ（鍛冶炭）」
留申候、雖然、私之用所候者、焼可申候事、」

22一　東山において、商売のため炭・灰焼き・鍛冶《かじ》炭留《すみど》め申し候、然《しか》りと雖《いえど》も、私《わたくし》の用所《ようしょ》候わば、焼き申すべく候事、

22一　東山においては、商売のための炭・灰焼き・鍛冶炭を禁じる。しかし、個人的な必要であるならば、焼いても構わないこと。

22条　炭焼きによる山林乱伐を規制する条文。

東山　本史料中の固有名詞は「東山」のみ。比定地は未詳。「油日大明神縁起」（個人蔵、成立年未詳、室町期カ、『甲賀市史 第二巻』）に「大原御新庄上野東山嶽造立」とみえるものの、本史料との関連は未考。上野は大原同名中ではなく、上野氏の拠点（地図2参照）。

灰焼き　肥料としての草木灰や、染色に用いる紺屋灰の製造。

鍛冶炭　鍛冶屋の使う炭。和炭《にこずみ》とも。松・栗など軟らかい材で作る。火力は弱いが、炎のよく立つ炭（日国）。

23一　地下江公事持被出入候を、其敵方他所」より被待申儀在之者、我人聞懸〈ヾ〉ニ出合、行ニ」〈およばす而〉およはす間敷候事、」

23一　地下《じげ》へ公事持《くじもち》出入りせられ候を、その敵方《てきかた》他所《よそ》より待ち申さるる儀《ぎ》これあらば、我人《われひと》聞きかけに出合《であ》い、行《てだて》におよばすまじく候事、

23一　当地へ公事持の者が出入りしたのを、その敵方が他所から付け狙うことがあれば、われわれは聞きつけ次第に駆けつけ、(敵方の報復を)実行させないようにすること。

23条　当地内での私的報復の実行を侍衆が阻止する条文。
公事持関連の条文は23～26・31条。

公事持　辞書類・中世語に用例がない。「公事」は刑事・民事の裁判をさすので、「公事持」は訴訟沙汰を抱えている容疑者、トラブルを抱えている人になる。処罰されていない状況もあって「犯人」とは言い切れず、「罪人」「咎人」では強すぎる。「お尋ね者」は上位権力から指名手配されている人間なので適さない。公事持は被害者である敵方やその支援者による報復が黙認されている限りなくクロに近い容疑者。伊達家分国法の『塵芥集』に登場する「生口《いけくち》」は容疑の濃い証人で若干ニュアンスが異なる。

中世では、現代の警察・裁判所にあたる公的機関が未成熟で、殺人・放火・盗みなどの犯罪が発生した場合、被害者とその支援者が容疑者(犯罪者)を自分たちの手で捕まえて処刑・処罰するのが正当な行為として認められており(私的成敗)、被害者による報復は必ずしも犯罪行為ではなかった(自力救済という)。また、容疑者の属する村落などが独自に「高札《たかふだ》《こうさつ》」(公開指名手配)や「勧賞《かんしょう》《げんしょう》」(懸賞金)を定めることもおこなわれており、しばしば容疑者の逮捕・処断は任意の者に委ねられた(藤木久志「落書・高札・褒美」)。いずれも現代では起こり得ない事態であり、訳文では現代語での表現が難しいため、「公事持」を用いた。ただし、補註

の説明では理解しやすいよう容疑者を併用する。

本条の公事持(容疑者)は他所の人物、「敵方」は他所の被害者側をさす。実力報復(行＝てだて)がおこなわれる可能性のある現場は、当地(地下)である。

出入りせられ　出没のこと。もめごと・いざこざの出入りではない。「出入りせられ」と後文の「待ち申さるる」はともに敬語表現。他の条文でも他所の人に対しては敬語を使う傾向にあり、他所の容疑者(公事持)もその被害者(敵方)も、侍身分かもしれない。

その敵方他所より待ち申さるる　容疑者を待ち伏せして付け狙うのは、被害者である敵方の他所者。

出合い　用例は23・24条。ともに「出て来る」ことで、武力に及ぶわけではない。駆けつけると訳した。

行におよばすまじく候　行(てだて)は4条参照。「およばす」は「及ぶ」の使役形。正しくは「行におよばせまじく候」になる。田堵野本では「およばす而」とあるが、「およばすして、まじく」では意味が通らない。「まじく」を使った二重否定の表現で文章は作れないので、「およばず、まじく」とも読めない。「行＝てだて」(実力報復)を「およばす、まじく」＝「実力報復をさせない」の意で取った。

「行におよばれまじく」と「す」を「れ」の誤写と取って、実力行使の主語を「我人」(同名中の侍衆)と解し、「侍衆は敵方(被害者)の待ち伏せを聞いただけで駆けつけ、よく確かめもせず実力行使に及んではならない」と解釈できる余地はある。ただし、この解釈では、「侍衆は敵方の報復を妨害しない」の意味になり、敵方の報復を容認して当地での殺害を放任することになる。その場合、領内での公事持殺害を禁じた25条や31条前半部の趣旨とも矛盾するので、「行(てだて)」の主語は他所の敵方と理解し、「行におよばせまじく」の解釈で訳した。他所者が領内で私的報復を実行するのは自領の検断権の侵犯に繋がることから、同名中としても黙認できなかったのだろう。

24一　他所之公事持、同名之者を出し仕前（舞）」被仕、地下（地下地下）江被退候時、本人出合被申候共」、地下衆ハ双方共ニ、被及異儀間敷候事、」

24一　他所《よそ》の公事持《くじもち》、同名《どうみょう》の者を出《いだ》し仕舞《しまい》仕《つかまつ》られ、地下《じげ》へ退《しりぞ》かれ候時、本人出合《であ》い申され候とも、地下衆《じげしゅう》は双方ともに、異儀《いぎ》に及ばれまじく候事、

24一　他所に住む公事持が同名の者を（身代わりに）差し出して決着をつけて、（われわれが）当地へ引き揚げた後になって本人が現われたとしても、百姓衆は（本人・身代わり）双方ともに手出しをしてはならないこと。

24条　中世では犯人の身代わりを解死人《げしにん》と呼び、紛争解決の一般的な手続きとして広くおこなわれていた（解死人習俗）。解死人は加害者側が被害者側に差し出すもので、通常、解死人は殺されずに戻ってくる。本条は解死人による解決を蒸し返すことを禁じた条文。25条と合わせると、解死人習俗などの政治的解決については、侍衆よりも百姓衆のほうにわだかまりが残ったようだ。7条の①案では、同名中内部での解死人による紛争解決を禁じていたが、外部との紛争では依然として解死人による解決が採用されているのがわかる。

他所の公事持　容疑者は他所の人、被害者は当地の人。とある事件に当地の人が巻き込まれた状況になる。事件現場は当地・他所のいずれもあり得る。当地の人が他所で事件を起こしたと解釈し、容疑者を当地の人、被害者を他所の人に解する案では、後文の百姓衆による手出しが説明しにくいので採らない（後述）。

同名の者を出し仕舞　他所の同名中が侍身分の者を身代わりに当地に差し出して事件の決着をつける。この一文で他所の容疑者・身代わりの解死人が侍分であることがわかる。

地下へ退かれ候時　「退かれ」の主語は同名中の侍衆。条文では省かれているが、この文言を前文の流れから解釈すると、「大原の同名中が紛争解決のために容疑

者の住む他所に出向いて交渉し、解死人によって決着を付けることが決まったので、同名中が当地に引き揚げてきた時」と読める。同名中が他所とのトラブルで交渉役をつとめるのは4条・20条を参照。甲賀地域では、侍衆が仲介に入って他所との紛争解決に努める例がある(Ⅲ-1勝井5、Ⅲ-2-1～4参照)。本条では、事件自体は解決済みなので(容疑内容は不明)、侍衆が解死人を連れて当地に戻ってくると解さなくてもよい。解死人は被害者側が受け取りに行くのではなく、容疑者・加害者側が連れてくるもの。

本人出合い　解死人での解決が決まった後になって、他所の容疑者本人がノコノコと当地に出てくること。出合いを武力行使と解するのは当たらない。

地下衆は双方ともに　地下衆は当地の百姓衆。双方とは他所の公事持(容疑者本人)とその解死人(身代わり)をさす。

異儀に及ばれまじく候　異儀は手出しすること、危害を加えることと解した。当地の百姓衆は、直接被害を受けた当事者でなくともよい。中世では、盗みや殺人のような罪の意識が現代とは異なり、在地の住人が秩序維持の観念から犯罪を許さないことがままある。本条のケースでは、他所の容疑者本人が当地に現われて、百姓衆が危害を加えることはあり得るが、解死人が恨みを買うのは少々考えにくい。

しかし、それ以上に容疑者・解死人を当地の人で解釈できないのは、当地の容疑者に対して百姓衆が「おまえのためにどれだけ迷惑したと思ってるんだ!」と危害を加えることはあり得ても、解死人になってくれた当地の人に危害を加える理由が立たない点にある。そのため、容疑者は他所の人以外にあり得ない。

本条の主たる目的を整理すると、「他所との事件は侍衆が主導して解死人で決着をつけたのだから、百姓衆は話を蒸し返して容疑者本人を咎めだてしてはならない」となる。これは他所の立場でみれば、「解死人で決着したのに、本人まで痛めつけられた」と受け取られ、紛争が再燃する危険がある。

25一　同名中公事持を送り候時、我人一揆衆ハ」、討手ニ罷出間敷候、万一無承引、討手ニ」出申仁躰在之者、かたき（敵）同前ニ可請申候」、其時一揆衆ハ、うたれ候方を、一味同心ニ」可為合力（×）之事、」

25一　同名中《どうみょうちゅう》公事持《くじもち》を送り候時、我人《われひと》一揆衆《いっきしゅう》は、討手《うって》に罷《まか》り出《いず》るまじく候、万一承引《まんいちしょういん》なく、討手に出《いで》申す仁躰《にんてい》これあらば、敵《かたき》同前に請け申すべく候、その時一揆衆は、討たれ候方を、一《いち》味同心《みどうしん》に合力《こうりょく》たるべきの事、

25一　同名中が公事持の者を護送するときは、われわれ一揆衆は討手として駆けつけてはならない。もし納得せずに討手として駆けつける人物がいたならば、敵と同様とみなす。そのとき一揆衆は討たれた側を一味同心して支援するべきこと。

25条　公事持の護送妨害を禁じた条文。同名中が護送者と討手に分かれたケースで、23条と同じく、当地内での私的報復を禁じる意図が貫徹している。

同名中公事持を送り候時　ここで護送されている公事持は、同名中内部の者の場合と外部の者の場合と両様あり得る。内部の者の場合、侍衆の私領から私領への移送であり、当地の一揆衆が討手となる理由は、彼らが被害者であり、その憤懣が収まらずに討手に出る場面が想定される。その場合、同名中も決して一枚岩ではなく、復讐の制御をめぐって同名中内でも対立を抱えていたことがうかがえる。

一方、外部の者の場合、同名中による護送は公事持の本来の居住地、もしくは犯行現場への身柄の引き渡しであると考えられ、それを当地の一揆衆が襲撃するのは、彼らが被害者である場合や、他所の被害者からの復讐依頼に応じた場合、あるいは賞金稼ぎ目的などが想定される（指名手配犯の追捕には、しばしば勧賞が懸けられた。藤木論文）。同名中与掟では原則的に当地内

での私的報復は禁じており（23・31条）、いずれにしても護送中の公事持に対する襲撃は同名中として許容できるものではない。

なお、「同名中の公事持を送り」と読んで、護送される公事持を同名中メンバーに限定する余地もあるが、31条をみると、「同名中が公事持を護送する」任務にあたっていたことがわかる。「送る」の文言は重みのある行為であり、侍衆の責任で容疑者を護送するとき、外から襲撃されるのは侍衆の名誉を傷つけることにもなる。

我人一揆衆　同名中のこと。「我人」の文言に百姓身分を含まないのは7条参照。

万一承引なく、討手に出申す仁躰　容疑者護送で事件が解決しているのに、被害者に近い人などが納得せず、討手に出て容疑者を殺す。

敵同前に請け申すべく　討手に出た人を敵と同様にみなす。応戦といった具体的な行為ではない。

討たれ候方　過去形の表現。護送中の容疑者も討たれたかもしれないが、同名中が容疑者に一味同心する義理はなく、護送していた同名中の誰かが討たれたのだろう。

一味同心に合力　護送役の同名中が協力して討手を処罰する。

26一　在々所々之公事持、自然同名を被放、又ハ」諸親類迄、誓印を以中を被違仁躰ハ」、我人合力有間敷候、然上者、為宿拘置」間敷候事、」

26一　在々所々《ざいざいしょしょ》の公事持《くじもち》、自然同名《どうみょう》を放たれ、又は諸親類まで、誓印《せいいん》をもって中《なか》を違《たが》えらるる仁躰《にんてい》は、我人合力《われひとこうりょく》あるまじく候、然《しか》る上は、宿《やど》を為《な》し抱え置くまじく候事、

26一　どのような公事持であれ、もし同名中から追放されたり、または諸親類までから起請文によって絶交を宣告された人物は、われわれは支援してはならない。そうである以上、宿を提供して保護することもあってはならない。

26条　公事持（犯罪者）の庇護を禁じた同名中向けの条文。

在々所々　複数のトラブルを抱えているのではない。どのような内容の犯罪であろうとの意。

誓印をもって中を違え　起請文で絶交を宣告される。神仏への誓いとして、その宣告は絶対化された。

27一　同名之内、若キ〈き〉子共はくち（博奕）を打、其外」不寄諸勝屓〈負〉、いか〈何〉様之勝屓〈負〉候共、於当座」、其身廻にて可被相果候、後日之屓〈負〉おほせニ」成間敷候事、」

27一　同名《どうみょう》のうち、若き子共博奕《ばくち》を打ち、そのほか諸勝負《しょしょうぶ》によらず、いかようの勝負候とも、当座《とうざ》において、その身廻《みまわ》りにてあい果《は》たされべく候、後日の負けおほせになすまじく候事、

27一　同名のうちで若者が博奕を打ったり、その他の諸勝負を問わず、どれほどの勝ち負けであったとしても、その場、その所持品の範囲内で（負けた賭け金を）支払うべきである。後日の債務とならないようにすること。

27条　判断力が未熟で支払い能力もない青少年が博奕で法外な債務を背負うことを禁じた条文。賭博自体の禁止ではない。

若き子共　幼児ではなく、若者の意。

子共博奕　結城氏新法度の1条に「こどもばくち」の用例がある。「「も」は、「に」と訓めないこともない。「も」ならば、この部分は子供博奕双六宿の規定になるが、「に」ならば「殊に」の意となる」との注がある（佐藤進一「結城氏新法度」頭注）。結城氏新法度1条は賭博を禁じた条文だが、本条を参照すれば「殊に」ではなく、「子供博奕」の可能性がある。博奕相手は若者同士に限らず大人もまじる。大人相手にいかさまにでも遭ったか、負けがこんでいる状況が後文にある。

そのほか諸勝負　双六などのほか、弓の的当てなど、銭をかけての勝負事。勝井本の「屓」は「負」の異体字で意味は同じ。

いかようの勝負　賭けた金額のこと。「どれだけ負けが込んでいようとも」の意。

身廻りにてあい果たされべく　「身廻り」は衣装など身のまわりの細かいもの（日国）。「あい果たす」はその場で負けた分を支払うこと。負けがこんで身ぐるみ剝

がされたら若者の賭け事は終わりになる。「見廻り」を若者の関係者、「果て」を処刑と読むことはできない。

後日の負けおほせになすまじく　「負けおほせ」は「負けおわせ」で、博奕の敗者に負債をおわせること。若者の博奕なのだから後日の債務にはならないよう、その場かぎりできちんと支払いなさいの意。思慮が浅く支払い能力もない若者が博奕によって法外な負債を背負うことのないよう、その場かぎりでの負債の精算を意図したのだろう。

28一　従他所・他郷、地下中江不寄上下、「手引」手廻仕間敷候、自然凡下之輩、或詰〈詰〉「こ」ろし、或屋焼・盗賊を仕たる者、徹所正」敷於為存知ハ、○他所ヨリ〈より〉被頼候共、又者身ニ請候ても、其ぬし〈主〉存分次第ニ生害」させ可申候、然者、其主へ上巻起請文を以」、過正敷通於申披者、不足有間敷候、自然」又搦捕候て遂糺明、其者於無誤〈音誤〉者」、其主人江起請文を以申分候ハヽ、是又不」足有間敷候事、」

28一　他所《よそ》・他郷より地下中《じげちゅう》へ、上下によらず、手《て》引《びき》・手廻《てまわ》し仕《つかまつ》るまじく候、自然凡下《ぼんげ》の輩《ともがら》、あるいは詰《つ》め殺し、あるいは屋焼《やや》き、盗賊を仕りたる者、徹所正《てっしょまさ》しく存知《ぞんち》たるにおいては、他所より頼まれ候とも、または身に請け候ても、その主《ぬし》存分次第に生害させ申すべく候、然《しか》らば、その主《ぬし》へ上巻起請文《じょうがんきしょうもん》をもって、過正《とがまさ》しき通りに申しひらくにおいては、不足あるまじく候、自然また搦《から》め捕《と》り候いて糺明《きゅうめい》を遂《と》げ、その者誤りなきにおいては、その主人へ起請文をもって申し分け候わば、これまた不足あるまじく候事、

28 一　他所・他郷から百姓中が身分の上下を問わず手引きや手回しをしてはならない。もし凡下の者たちが（手引きをして、）あるいは暗殺、あるいは住宅放火や盗賊をした当人を知っている証拠が明らかならば、他所から依頼されたとしても、あるいは自分から買って出たとしても、その主人の判断次第で（手引きした者を）処刑するべきである。そうなったならば、（被疑者は）その主人へ霊社上巻起請文をもって（手引きの）罪を明らかに晴らしたならば問題はない。もしまた捕縛して糾問を遂げた場合でも、その被疑者に罪がないならば、その主人に起請文によって陳弁すれば、これもまた問題はない。

28条　敵方内通の禁止と処罰を規定した条文。14条の毒殺禁止と関連する。殺人・放火・盗み自体を禁じた条文ではない。

地下中へ、上下によらず　百姓内の身分をさす（14条参照）。

手廻し　前もって用意すること。事が起こる前にその手くばりをすること。手はずを整えること。準備。手配。手回り（日国）。

自然凡下の輩　凡下の用例は14・28・31条。「自然」の解釈で二つに分かれる。①案は、手引・手廻しという一般的な利敵行為を禁じる主文を受けて、暗殺以下のより重大な案件を例示するのに「もし万一」の意で解釈する。①案では、暗殺などの実行犯を凡下が手引したと読む。

②案は自然を「たまたま」と解し、凡下の者が犯行現場をたまたま目撃したと読み、凡下は手引者ではなく、目撃者と解する。ただし、原文の「盗賊を仕りたる者、徹所正《てっしょまさ》しく存知《ぞんち》たるにおいては」の文脈から凡

下を手引の目撃者だと補うのは、原文の大きな変更であり、かなり無理な解釈になる。訳は①案を採用した。

詰め殺し・屋焼き・盗賊　「詰め殺し」は密かに、しゃべらせずに殺すこと（日葡）。小倭百姓衆起請文案（Ⅲ－2－8）にも「盗・焼・隠殺」が併記されており、暗殺・住宅放火・盗賊は在地社会の大犯三ヶ条として重大視された。これらの実行犯は、「他所・他郷」の人間である。当地の人が他所・他郷の人を手引して、当地で犯罪が発生している状況。凡下は実行犯ではない。

徹所正しく存知　「徹所」は明らかなしるし、はっきりした証明、証拠（日国）。後文の「生害させ」までにかかる文言。凡下が犯罪の証拠を知っているのではなく、凡下と実行犯が知り合い同士・旧知の仲であることをさすか。「徹所正しく存知」の主語を「その主」と理解して主人が証拠をつかんでいると読むのは、後文の処罰規定と矛盾するので採らない。

他所より頼まれ…または身に請け候ても　「頼まれ」と「身に請け」は対になる。手引を他所から頼まれたり、自分から買って出たりと読む。「頼まれ」と「身に請け」の主語は手引者。なお、勝井本では当該箇所は挿入句となっているが、田堵野本では本文になっている。

その主存分次第に生害させ　処罰規定の原則。証拠の明らかな手引者をその主人が処刑する。主人と凡下は対の関係にあり、生害されるのは手引した凡下。なお、14条の凡下には主人がいないようにも読めるが、本条の凡下は主人持ちである。主人の有無と凡下は別問題なのか、検討を要する。

本条では、この原則のほかに、「然らば」以下で二つのシチュエーションを設定している。ケース1は手引の被疑者が自らの無罪を主張して認められる。ケース2は尋問の結果、無罪の認定を受ける。

その主へ上巻起請文　起請文は形式的なものではなく、神に誓うのは重い意味をもつ。ただし、14条の凡下は同名中の前に起請文を提出する資格はなく、鉄火起請であるのに対して、本条の凡下は主人に起請文を提出している。14条の毒殺と本条の敵方内通の容疑で対応が異なる理由は不明。

過正しき通りに申しひらく　「過」は手引の罪、「正《まさ》しき」は明白、「ひらく(披)」は弁明。「手引の罪を完全に否定できた」の意味。手引の被疑者は潔白であるとの主張を起請文に書いて主人に誓う。被疑者が手引の罪を正直に認めたわけではない。手引の証拠が明らかならば生害させるとしながらも、被疑者に弁明の機会を与えている。

不足あるまじく　無罪のこと。手引の被疑者は自らの無実を自ら立証できた。以上がケース1。

自然また搦め捕り…糾明…誤りなき　「自然」をたまたまの意で取る。事件が起きたときにたまたま犯行現場にいた人間が実行犯といっしょに捕まるなどして、手引の嫌疑をかけられる。実行犯が逃亡していれば手引者はわからないが、捕まえた実行犯を尋問して手引者の不在を白状させれば、手引の嫌疑をかけられた人の無罪が明白になる。あるいは、手引の嫌疑をかけられた人物が拷問に耐えぬくなどのパターンも考えられる。なお、勝井本の「誤」の字の部分に田堵野本では「音」とも記されており、「誤なきにおいては」を「無音においては」としている。この場合は、糾明の結果、被疑者の自白が取れなかったという意味になり、それでも意味は通る。ただし、田堵野本では「音」の脇に「誤」とも併記されており、最初に書いた「音」を「誤」と修正しているようでもある。いずれにしても、尋問の結果、手引の無罪が他律的に証明されたのがケース2で、被疑者が主人への起請文によって自律的に無罪を証明したケース1と対になる。

起請文をもって申し分け　「申し分け」と書いてあるので、捜査の結果、無実だとわかった上で起請文を書いている。ケース1では上巻起請文(神文が長い大仰な形式)であるのに対し、ケース2ではただ起請文としているのは、ケース2の起請文提出が形式的なものであったたか。

29一　同名中諸事談合之時、我人多分〈文〉ニ付而〈而ハ〉」、同心可申候、為少分申破儀、不可在之候、万一」相紛事在之者、其時者、打入鬮にて可」相果事、」

29一　同名中諸事談合《どうみょうちゅうしょじだんごう》の時、我人《われひと》多分《たぶん》について、同心《どうしん》申すべく候、少分《しょうぶん》として申し破《やぶ》る儀、これあるべからず候、万一《まんいち》あい紛《まぎ》るることこれあらば、その時は、打入鬮《うちいれくじカ》にてあい果《は》たすべき事、

29一　同名中で諸事談合の時には、われわれは多数意見に従い同心するべきである。少数意見を押し通して多数意見を覆すことは、あってはならない。万一紛糾することがあれば、その時は打入鬮で決定するべきこと。

29条　多数決の重視を取り決めた同名中向けの条文。

申し破る儀　少数意見を強引に押し通そうとする行為。本条は後文の打入鬮まで含めて、一つの談合の席上であり、多数決で確定する前の状況である。多数意見で決めたことを少数意見の者が守らないという意味ではない。

あい紛るること　話し合いでは結論が出ないこと。紛糾と訳した。

打入鬮　文脈からは、多数決が実施できない場合のクジ引きによる決定とも考えられる。ただし、奈良薬師寺の史料に類義語と思われる「打入起請」という習俗があり、「今度領中博奕以之外倍増之条為糺明、打入起請在之、而探重、其内両人被作生害、住屋放火在之」(『薬師寺上下公文所要録』永禄元年七月三日評定)、「此両人打入起請ニ重科之由現行《ママ》」(『同』永禄元年七月三日評定)、「盗人以外倍増条、打入起請、以催三輩集会成敗之儀相定」(『中下臈検断之引付』天正十年十二月二十五日評定)などと見える。ここでの「打入起請」は落書(無記名投票)を意味しており、「打入」は「無造作にひょいと入れる」(日国、用例は竹取物語など)から転じて落書の意味で使われたかと想像される。ここか

ら類推すれば、本史料の「打入鬮」もクジ引きではなく、個人名を伏せたかたちでの多数決投票を意味した可能性もある。

あい果たす　殺すではなく、決定すること。

30一　雖為同名、地下仁ありなから、一揆之無判形仁躰者、○弓矢候〈×〉時合力申間敷候事、」

30一　同名《どうみょう》たりと雖《いえど》も、地下《じげ》にありながら、一揆《いっき》の判形《はんぎょう》なき仁躰《にんてい》は、弓矢《ゆみや》候時、合力《こうりょく》申すまじく候事、

30一　同名であったとしても、当地にありながら一揆に判形を加えなかった者は、合戦のときに支援してはならないこと。

30条　一揆不参加者の合戦時の非協力を規定した条文。

一揆の判形なき仁躰　一揆契状に署判していない同名中がいることがわかる。

弓矢候時　当該箇所は勝井本では挿入句となっているが田堵野本では本文(「候」がない)。

31一　領中之間にて、他所より被頼、公事持を」討手ニ被出候共、我人罷出間敷候、雖然」、大犯仕候凡下之者を可討之由、従他家」被申候者、大犯之旨聞究、同名中之」送無之者、存分次第ニ討手ニ可罷出候」事、」

31一　領中《りょうちゅう》の間にて、他所《よそ》より頼まれ、公事持《くじもち》を討手《うって》に出《いで》られ候とも、我人《われひと》罷《まか》り出《いず》るまじく候、然《しか》りと雖《いえど》も、大犯《たいぼん》仕《つかまつ》り候凡下《ぼんげ》の者を討つべきの由、他家より申され候わば、大犯の旨聞き究《きわ》め、同名中《どうみょうちゅう》の送りこれなくば、存分次第に討手に罷り出《いず》べく候事、

31一　領中の間で、他所から依頼されて、公事持の討手として駆けつけることになっても、われわれは駆けつけてはならない。しかし、大犯を犯した凡下の者を討つように他家から求められた場合は、大犯の内容を聞き届けたうえ、同名中の護送がないならば、判断次第で討手に駆けつけてもよいこと。

31条　領中での私的報復の実行を原則的に禁じつつも、例外的に私的報復を認める事案を例示した条文。31条は前後の条文と関連性が薄く、むしろ内容的には公事持関連の23〜26条に連なるはず。最後の32条も将来の改訂手続きを規定した条文であり、31条と32条は追加法的条文の可能性が高い。

領中の間　領中は空間概念として少し特殊なニュアンスがあり(4条参照)、所領間の問題をさすか。後に「他所より頼まれ」とあるので、大原同名中と他所の他家所領との間と解せる。

他所より頼まれ　他所から容疑者が大原に逃げたから捕縛してくれと依頼がくる。甲賀地域では、容疑者逮捕のために他所より依頼されて「山狩り」のように動員することがあるのだろうか。

我人罷り出るまじく　他所から頼まれて討手に出る人が

いても、同名中は討手に出てはならないの意。大原同名であっても一揆に加わっていない侍衆がいるので（30条）、一揆不参加の侍衆は討手に出るのだろう。

然りと雖も　本条の前半部分は、公事持への私的報復を禁じたもので25条の趣旨の繰り返し。本条の主題は、むしろ後半部分「然りと雖も」以下の、大犯、凡下身分、同名中の護送がない、という条件を満たした場合のみ例外的に私的報復を認めるという点にある。23〜26条で書き洩らした例外的措置に力点をおいている点も、本条が追加法的条文であることを示す。

大犯仕り候凡下の者　「大犯」とは、屋焼き・人殺し・盗み（日葡）。他所の凡下が放火・殺人・盗みの大罪を犯している。28条の凡下は当地の人であり、犯罪者の手引が問題になっているところに本条との違いがある。

他家　他所の言い換え。大原同名中ではない。

同名中の送りこれなくば　同名中が護送している場合は、尊重しなければならないという観念が背景にある。領中では、容疑者が他所から来ても討手には出ず、同名中の責任で領外に容疑者を引き渡すのが大原則。他所から頼まれもせず、同名中が容疑者を処刑してしまうと、他所とのトラブルに巻き込まれる恐れもあるため引き渡す。当地内にうろつく容疑者を野放しにしているわけではない。

32一　此一揆之掟之儀、我人取かくし申間敷候」、并入度条数候共、退度条数候共、多分ニ」付而、可相定候事、」

32一　この一揆《いっき》の掟《おきて》の儀《ぎ》、我人《われひと》取り隠し申すまじく候、ならびに入れたき条数《じょうすう》候とも、退《の》けたき条数候とも、多分《たぶん》につきて、あい定むべく候事、

32一　この一揆の掟について、われわれは隠し立てはしない。また、新たに付加したい条文があったとしても、削除したい条文があったとしても、多数意見にもとづき決定するべきこと。

32条　掟の遵守と改訂手続きを規定した条文。

取り隠し申すまじく候　本掟に違犯した者があとで条文を知らなかったとシラを切る事態を禁じているか。あるいは、一揆の外部の者(=将来的に一揆に加盟する可能性のある者)に対しても本掟の内容を広く公示することを宣言しているか。いずれにしても、法の実現には一揆に参加している同名中が掟の内容を知っていることが大前提であり、複数の写本が伝来するのもそのため。

余白　勝井本をみると、本条の後、「右条々…」以下の罰文の間に、二〇センチ以上の不自然な余白がある(写真版第8紙参照)。さらなる条文の追記を想定した空白かと思われる。

右条々、堅申合与申上者、不可有」相違候、万一此旨を相背輩〈×〉在之者」、此掟上巻起請文之御罰、一身之上仁〈に〉」深厚可罷蒙者也、仍一揆与掟〈×〉之前」書如件、」

永禄拾参庚午年三月廿四日
同名中　惣

忝も」

右条々、堅《かた》く申し合わせ与申《くみ》すうえは、相違あるべからかず候、万一《まんいち》この旨をあい背く輩《ともがら》これあらば、この掟上巻起請文《おきてじょうがんきしょうもん》の御罰《おんばつ》、一身《いっしん》の上に、深厚《じんこう》に罷《まか》り蒙《こうむ》るべきもの也、よって一揆与掟《くみおきて》の前書き件《くだん》の如し、

永禄拾参庚午年三月廿四日
同名中　惣

忝《かたじけなく》も

右の条々を堅く約束して結束した以上、違犯することはありえない。万一この趣旨に背く者たちがいれば、この掟の霊社上巻起請文の御罰を深く厚くその身に蒙っても構わない。一揆与掟の前書きは以上のとおりである。

永禄十三年（一五七〇年）〈庚午《かのえうま》〉三月二十四日　同名中惣

恐れ多い事ながらも

右条々　同名中与掟条々のこと。

※神文と連署者名は田堵野本（長谷川論文所収）による。
※」記号は改行の位置、』記号は継紙の位置を示す。
※連署者の改行位置は原文通り。

敬白天罰灵社上巻起請文之事

謹請散供、再拝々々、惟当来年号者永禄十三年、大」歳
者庚午、月並者十二ヶ月、日数者凡三百五十余ヶ日、撰定」
吉日良辰、致信心謹奉勧請、忝掛上者、奉始梵天、帝釈、」
四大天、日光菩薩、月光菩薩、三千之星宿、却四天、八天、
十二天、」十二神将、七千夜叉、三十三天、廿八部、第六
天魔《マ》王、聖衆天、二」十八宿、地之三十六禽、百億須故〔弥〕、
百億、梵天、帝釈、鉄囲山、」大海江河火々魔法王、諸天々
上間〔閻〕浮提、十六大国、五百中国、」十千小国、無量粟散国
文中在々ル大小神祇、上者有項〔頂〕天、」中者無縁法界、下堅
窂〔牢〕大地神、金輪際迄仏神皆」番招請驚白言、下者堅窂地神、
薬師如来十王十躰、」摩利支尊天、々一神、太山〔泰〕符〔府〕君、司命、
司録等、倶生神、」元辰星、南斗、北斗、一曜星、破軍星、
羅喉星、計都星、」巳《キョ》文星、明星、七夕星、四法、四仏、
五法、五星仏、三宝荒神、」摩利支天、宇賀神、斗賀神、
多門〔聞〕、持国、増長、広目、諸」仏、諸菩薩、諸善神、東
方降三世明王、南軍駄〔荼〕利夜叉」明王、西方大威徳夜叉明王、
北方金剛夜叉明王、中央大日、大」聖不動明王、金剛蔵王、
身蚫帝王、大聖金剛童子、普天」率土、五道冥官、冥亢《衆乎》、
有勢無勢、大弁才天女、大黒天神、』愛梁《ゼン》明王、妙見菩
薩、金剛界七百全尊、治〔胎〕蔵界五百全」尊、過去未来現在、
三世諸仏、四三星、八葉星、本命星、一万五《八》」千軍神、
二万八千軍神、三万八千軍神、四万八千軍神、五万八」
千軍神、六万八千軍神、七万八千軍神、八万八千軍神、
九万八千」軍神、乃至十万八千五（ママ）諸軍神等、二千八百天
童子、山神」護法荒灵全軍等、二万燈明仏、三万燈明仏、
文殊、普賢」十六善神、八万四千夜叉神、日本国中、伊
勢天照大神宮内」宮外宮風宮諸末社等、八幡三所大菩薩、
春日四所大明」神、平野大明神、吉田大明神、立田大明神、
勢〔熱〕田大明神、広」田大明神、王城鎮守三十番神、山王廿
一社、住吉大明神、天」王寺、熊野三所太権現、若一王子、
四所明燈〔王カ〕〔五脱カ〕、帝王子、金峯」山、蔵王権現、子守勝手大明神、

関東守護神、伊豆、箱根、」両所権現、三嶋大明神、鹿嶋大明神、富士山大権現、白山」妙理大権現、立山大菩薩、鞍馬山毘沙門天王、諏訪上下」大明神、賀茂下上大明神、北野天満大自在天神、土公神、」法華経廿八品、羽黒大明神、葛木〔城〕大明神、出雲大社、三」輪大明神、松尾大明神、中堂薬師如来、稲荷大明神、」油日大明神、檜尾大明神、矢川大明神、新宮権現、河』合寺、牛頭天王、梅宮大明神、大原野大明神、貴布祢大」神、多賀大明神、丹生大明神、伊賀一官《宮》大明神、荒木大明」神、其外、当社氏之神、惣而大日本国中、六十除〔余〕州大小神」祇、地蔵菩薩、陀羅尼菩薩、龍樹菩薩、旃檀香仏、太」病神、八万四千鬼神、天神、地神、大恩神、権行人神嵗破」神、大疫神、広巴神、権徳神、大嵗神、夜気神、天蘇神、」生気神、土神、妙見神、八万四千鬼神、六百五十余神、金山六」十万鬼神、父天狗、母天狗、愛宕山四生明神、太郎房、九」億四万三千四百九十余神之眷属、吉祥天女、禅弐師」童子、八所大明神、善皆房、善鬼房、次郎房、八万七千眷」属、飯縄、魄三万二《三》千、視目駒形酒王子、三凢王子、智羅」天狗、十二八天狗、山々獄々岑々之大天狗、小天狗、諸眷属」等、指集而正路鑑給江、若此旨私曲偽有者、於今生者、」麦白癩黒癩ノ重病ヲ、弓矢冥加七代尽仏神三宝」祈誠言共不可有叶事、後世来世者、阿鼻無間地獄」堕在、未来永劫雖経、無浮事、仍霊社上巻起請文」如件、若、此起請文之旨私曲偽申者、於一身之上御罰於立』所深厚可被蒙者也、仍上巻如件、

永禄十三年庚午三月廿四日

善七	玉順	久次	弥介
源兵衛	久賀	山城	弥右衛門
定かう	孫七郎	柵右衛門	又右衛門
孫太郎	長治	権八	左一郎
五郎二郎	新六郎	新左衛門	忠右衛門
与一郎	新六	又六郎	又五郎
久兵衛	与三郎	三烝	一右衛門
伊助	勘三郎	勘二郎	友丸
丹後守	たんこ	与九郎	鷲野

米治　九兵衛　弥八郎　彦左衛門
金六郎　五郎　三郎九郎　小五郎
助左衛門　千助　新右衛門　勘六郎
筑前守　甚太郎　伝右衛門　麦木
長門守　十郎左ヱ門　右兵衛　万次郎』
竹嶋　長岡　久七　吉右ヱ門
清兵衛　藤五(吉)郎　藤一郎　中道
珠学　東順　金右衛門　村山
九郎次郎　小与一　五郎右衛門　三太郎
稲淵　岩尾　六郎左ヱ門　竹内
頭右ヱ門　喜右衛門　伯順　聒枡助
与三兵衛　善三郎　久平　恵杏(善乎)
久右ヱ門　十左衛門　彦烝　宗(春乎)(兵ヱ乎)
奥　半次　孫八郎　小十郎』
清三　徳右衛門　宗岳　勝三郎』
（裏書）
与一(郎哉又右ヱ門)　八蔵　善九　伝十郎
市六郎　楽右衛門　勘七　五介

阿さむし　玉順　平次郎　(畠)藤左ヱ門
三蔵　絲《マゴ》介　南　(忠)小十郎
半七郎　磯　三二郎　吉八郎
九十郎　祝井　徳永　六郎
大口　孫五郎　助八郎　稲森
八郎兵衛　木俣　一左ヱ門　勝井
蔵持　甚兵衛　宗法　弥太郎
吉田　藤治　乾　勘四郎』
二右ヱ門　理内介　伝八　珠旭
孫七郎　平三郎　斉介　九蔵
若八　乾井　伝七　勝八
佐内　久八郎　対馬　神保
宗右衛門　源内　久兵衛　九一郎
平吉　福森　宗介　宗六
作蔵　金大郎　南　八助
浅井　宗端　出雲守　馬場
弥三郎　宗左ヱ門　柄助　広屋
繁実　助蔵　宗丸　吉右衛門

寿那志　高屋　太郎　越前守
源一郎　三八郎　平田　助二郎
一介　伊右エ門　友勢　新三郎
藤左エ門　源一郎　越前　三八郎
大蔵　宗永　甚助　三七郎
三吉　勝蔵　主殿　源五』
正木　主殿　孫三郎　五郎
久内　左内　久八郎　左衛門三郎
清吉　賀介　左衛門尉　主計
絲《孫平》七郎　主税　城　左吉
源助　肥前守　因幡　孫九郎
五右エ門　お辰　竹林　寿徳
佐々山　勘兵衛　徳順　伊太郎
至聖坊　法明坊　蓮蔵坊　紀伊
円丸　永丸　慶円　慶林
泉井　大膳　万右エ門　五郎右衛門
吉井　三九郎　三五郎　三郎左エ門
慈全　丸山　淡路守　備中守

若狭守　勘八郎　与一　一郎左衛門
勝見　半六　松中　法永
孫丞　勘丞　宗保　又七
与左エ門　甚内　広岡　玄蕃丞
北田　久九郎　与助　向山』
六郎右衛門　久三郎　竹意　助右エ門
源丞　久六　忠助　おいと
実土　吉蔵　善一郎　新兵衛
小十郎　久左衛門　六右エ門　与左衛門
越前　円宝　十太郎　とう屋小
兵七　徳泉　加賀　万八郎
万吉　拾八郎　玉木　佐渡守
次郎左エ門　吉蔵　重内　彦平治
九郎右門（衛脱）　権八郎　源治　藤治郎
寿阿　長蔵　勘右衛門　平吉
久五郎　理平治　平三郎　源五郎
新八　一内　久蔵　甚八郎
彦　九郎太郎　彦太郎　三治郎

Ⅲ部　参考史料

1　大原勝井家文書

「大原同名中与掟条々」が含まれる大原勝井家文書のうち、「条々」の理解に有益と思われる史料二八点を厳選して、以下に翻刻を掲げる。文書番号は勝井家蔵「大原勝井文書目録」に付された通し番号を用いた。ちなみに「条々」は番号8である。選定の基準は、①中世文書（2、4～7、9、225、240、243）、②一族中・人数・惣・同名（苗）等の文言が見えるもの（10、12、20、21、134、136、205、214、246-11、264、281）、③その他興味を惹くもの（1、13、14、18、191、263、300、314）の三つとした。当然ながら①には②にも該当するものが含まれている。以下に翻刻文書の目録を掲げる。

1　十月二十四日　近衛信尹書状（継紙）
2　永正二年七月六日　大原宮年行事衆幕注文写
4　天文十八年二月二十五日　安松春久田地寄進状
5　永禄二年四月二十七日　大原同名中奉行中惣置文
6　永禄五年正月八日　勝井家家来小組衆請文
7　永正十一年三月十五日　岩室内毎野土佐入道畠地売券
9　元亀二年九月十一日　宗慶田地寄進状写
10　元和三年正月二十四日　大原伝左衛門覚書（前欠）
12　寛永十六年十二月（慶長五年十二月）　大原十右衛門定書写
13　寛永二十一年　某定書写（後欠）
14　寛永二十一年十二月二十日　某定書写
18　慶安五年五月二十七日　大久保村茂田増左衛門娘ちやらう定書写
20　明暦三年五月二十日　大原同名中連署覚書写（折紙）
21　明暦三年五月二十日　広岡筋右衛門覚書写（折紙）
134　天明二年八月　大原同名中回書留写（継紙）
136　年月日欠　甲賀二十一家古士由緒書（後欠）
191　正月四日　南某書状（切紙）
205　三月五日　笹山景勝書状（継紙）

214 四月二十一日 山門執行代善学院智川書状(折紙)
225 五月二十六日 大原滝川一益書状写(折紙)
240 七月二十八日 足利義昭御内書写
243 八月十六日 足利義昭御内書写
246-11 十月十八日 勝井三之助書状(継紙)
263 十月一日 山本新右衛門一家中書状(折紙)
264 十月五日 勝井三之助書状(綴紙)
281 十二月九日 林市郎右衛門書状(折紙)
300 大原勝井家系図写
314 年月日欠 高屋某書状

院号	法名	歿年月日	通り名	実名
	道覚	文亀元年(一五〇一)六月二十七日	城五郎(尉五郎)	家親
浄勝院	徳叟道全	永正十六年(一五一九)三月八日	城之佐(尉之助)	景則
	養心	天文八年(一五三九)十月十日	城権守	景重
	績叟道専	永禄二年(一五五九)十月八日	城之進	景信
松月院	浄皎映寿 (道喜)	文禄元年(一五九二)五月八日 (文禄二年八月二十七日)	図書	景吉
	妙覚 (妙為)	元和二年(一六一六)十月二十一日 (元和元年十月二十日)	左馬之助	景福
	道白	寛永十四年(一六三七)十一月十三日	意竹斎	景就
	秀山 (常照)	慶安三年(一六五〇)十一月十二日 (慶安元年十二月二十日)	佐左衛門	景之
聴霜院	心徹道閑 (浄閑)	寛文三年(一六六三)八月十三日 (万治四年(一六六一)二月朔日)	三之佐 (三之助)	景當
	道休	天和三年(一六八三)十月十一日 (天和三年八月十一日)	酒慶 (前名佐左衛門)	景元
即到院	証誉諦安誠益	正徳四年(一七一四)八月二十七日	三之助	景冨(景治)
清明院	天誉須益了和	元禄十二年(一六九九)十二月十二日	佐左衛門	景一(景則)
清香院	詫誉受生蓮池	正徳五年(一七一五)十一月四日	宗七	景光

勝井家の人物比定に資するため、310勝井家先祖戒名書上を軸に、299大原勝井家歴代戒名・300大原勝井家系図写等を参照して、戦国時代～近世前期の歴代の呼称と没年月日を一覧表にして掲げる。大禅定門・居士の二語は省略し、異伝のあるものは括弧書きした。この歴代は父子相承を示すものではなく、元禄三年(一六九〇)四月の45勝井家親類書によれば、佐左衛門景一の曽祖父は図書景吉、祖父は佐左衛門景之、父は三之助景冨である。

1　近衛信尹書状（継紙）

廿六日ニハ鵜兵と大徳寺へこし申候、興庵ハ一昨夜来臨
候、其方にての酒于今さめす候、

精入候て、懇札感悦之至候、彼有増之事者、中〱☒〔廿カ〕六
日にてハ無之候、只今参候て様躰聞届、やかて左右可申
候、又祐法ハ、昨日夢想之連哥興行にて、（山岡）甫庵なとも出
座にて候、万障候ての事なと候故、珍重にて候事、〔候脱〕満座
にて候、返〻種々肝煎之趣忻悦候、明日委様躰可申越候、

（慶長七年カ）十廿四日　（花押）

（山岡景宗）山修理殿

2　大原宮年行事衆幕注文写

定幕之叓

不出

但惣之御用時者、何時茂可被出候、結三月四月際江者、
御出可有之、亡頭江者出ス間敷候、仍所定如件、

永正弐年乙丑七月六日宮年行叓衆

大原惣一族中之幕也、

久米岡書印
杉尾　印
堀　印
伴六　印
泉井　印
廣屋　印
勝井　印
高屋　印
北田　印

4　安松春久田地寄進状

永代河合社へ奉寄進私領田地之事

合壱所者、徳分納八斗三舛三合三才福満殿之納斗定也、

在江刕甲賀上郡大原野口之前有之、

右件之寄進田地者、安松孫右衛門先祖相傳之雖為私領、
為妙継禅定尼菩提、寄進申所実正明白也、命月ハ雖為正
月十八日、毎年十二月十八日ニ、如先例於庵室法華講御
さた候て、可被懸御意候、正明にハ、安松孫右衛門・高

屋重見、此人数家續中惣領一人宛、後々末代可被出、然上者、法華講無懈怠可被讀之儀肝要候、則本文書ヲ相制〔副〕進候上者、於此田地違乱煩他妨不可有候、若又作人年貢以下ふさた在之者、正明之御衆成敗候て、無相違様ニ頼入候、仍為後日支證文書寄進状如件、

天文十八年己酉二月廿五日　春久（花押）安松

河合寺衆徒中参

5　大原同名中奉行中惣置文

櫟野藤岡後室、一期之後ニ常光寺へ就寄進地、證名を被付、寄進状被相認候處ニ、弥介方被申事候て、時宜遅々可仕砌りニ、為奉行中かたく相届申、其始末申分候へハ、無是非弥介方被申事被相留、末代寄進落付申候、其時使者、弥介方代身寄奥之新介方・同大郎二郎方也、弐十人ハ

源兵衛　徳田　青木　勘右衛門尉　深忢　森澤
繁実　九郎五郎　磯　勝井　大口　一八郎
向山　源介　勘五郎　彦大郎　忢井　橘二郎
藤左衛門尉　一郎左衛門尉

此人数中請取申、彼寄進状ニ弥介方返事折帋相副、双方共ニ帳箱ニ入置申、無如在之段、為後日如件、

永禄弐年己未卯月廿七日

奉行中
惣（花押）

6　勝井家家来小組衆請文

御請一札事

一此たび三刕ゟ御うつて（討手）ニ御下リ被遊候ニ付、御家来御供の面々御うけ書差上ケ候様被仰出、御請たてまつり候、其時ニなり御断申あげましく候、若わづらい中候而御断申候ハヽ、御見分のうゑニて御ゆるし可被下候、為後日如件、

御家来小組者共

永禄五年壬戌
正月八日

新五衛門（略押）
二郎九郎（略押）
角　平（略押）
三郎□□（略押）

忠大夫（略押）
平左衛門（略押）
勘左衛門（略押）

勝井左門殿

7　岩室内毎野土佐入道畠地売券

永代賣渡申私領畠地之事
合壱所者、徳分参斗五舛マスハ水口舛也、毎年大豆年貢之定、
在江州甲賀上郡頓宮領之内字かう畠之内ニ之、
限四至　東ハ道ヲ　西ハト井ヲ
南ハ道ヲ　北ハ今宿九郎左衛門尉殿畠
同市場孫七　畠
同頓宮七郎衛門尉　畠
同毎野形卩　畠ヲ
右件之畠地者、雖為我等先祖相傳之私領、依直用々有、水口舛之現米貳石九斗一舛五合慥請取申、各々御手へ永代賣渡申処実正明白也、然上者、縦天下一同之御徳政行候共、於甲賀中私徳政行事候共、於此畠地者、我等子々孫々違乱煩不可申候、他之妨在之者、子々孫々罷出唠わきまへ可在候者也、仍而為後日賣券證文如件、
永禄拾一戊辰年三月十五日　岩室内毎野土佐入道（花押）
大原廣森殿　大原繁見殿　大原宗玉坊
大原向山殿　大原勝井殿　大原宗徳房
大原太郎右衛門尉殿　大原大口殿　大原一八郎殿

9　宗慶田地寄進状写

（端裏書）「傳宗庵　」
奉寄進田地字ねそ田六十かり五斗、又しやうじ田〇四十かり三斗、合八斗者、舛ハ常光寺かなふせ、此二ケ處之田地ハ傳宗庵之田地也、作之儀ハ、栖雲より質物ニ取なかし申候間、うわまい八斗御座候、われら一期後者、為菩提傳宗庵きしん申候、われらそんじやう（存生）の内ハ、われら方へ可被下候、一期後者、此證文ニまかせ、たいてん（退転）なきやうニ奉頼候、證明者岩尾殿・同九郎二郎・われら弟子宗永比丘尼、此三人おつけ申候、仍為後日寄進状如件、
又見山口柿の木一本きしん申候、作人之事ハ、九郎二郎ニ子細あり申付候間、可被成御心得候、

元亀二辛未年九月十一日宗慶(花押影)

常光寺

御年行事まいる

10　大原伝左衛門覚書

(前欠)

相そゑられ、我等前之女房衆のかい(戒)名者姉圓申候、我等同惣処、かい名者けつミやく(血脈)ニ有、高野にて月はい両三人之をやうしんを御頼候て、御上頼申候、右之料足、同松丸ふれあきないのかね、右之通ニたり不申候ハヽ、壱分判其様ノかわふくろニ置申候間、御たし可被成候、これハ右其方へゆつり申候外ニて候事、

元和三年

丁巳正月廿四日　大原傳左衛門(花押)

大原八蔵殿まいる

12　大原十右衛門定書写

さだめ

御寺常光寺江ぬす人はいり候而、銀さび脇差ニ而切り候ゆへ、御惣名御ゆるし下され有難、御寺之義朝ばん(晩)ともちよさい(如在)なく相つとめ可申候、為後日如件、

寛永十六卯　十介事

~~慶長五年~~　大原十右衛門判

~~子~~十二月

高屋太郎五郎殿

青木　左門殿

勝井　佐左衛門殿

大口　四郎左衛門殿

上田　宗玉坊

角　与五郎殿

大口　三郎五郎殿

福嶋　藤次殿

依御望写遣申候、他見有之間敷候、

13　某定書写(後欠)

定一札之事

一今度三八ぬすミ仕候、やと（宿）いた（致）し我等之迷惑仕候處ニ、藤右衛門殿・忠三郎殿・清右衛門殿頼、御詫事仕候ヘハ、御ゆるし被下、忝可奉存候、我等一代之御おんニうけ申候、此上ハ貴殿様御身之上ニ付キ、少しも御如在仕間敷候、則かけひなたなくあつかり、慮外申間敷候、不及申ニあくぎやく（悪逆）之くわたて仕間敷候、何ニ而も御用可承候、自然右之通り少シ成共相違候ハヽ、右御ゆるし被下候いたつら、何時ニ而も御さた可被成候、其時一言之御理り不申、及迷惑ニ可申候者也、仍而為後日一札如件、

寛永弐拾壱年

（後欠）

14　某定書写

定一札之事

一貴様ニかり申米金過分ニ罷成候処を、御理り申きわめ（究）申候、来とり（酉）の十一月中ニ、納京舛四斗入三俵可進之、同来るいぬ（戌）の正月ゟ、我等女共田作之内、かのぜ六拾かり高壱石三斗余之所を、いぬの春ゟ卯ノくれまで六年之間、貴様へ御作被成、右之借米御済シ可被下候、其内右之田作ニ付キ、何方ゟも六ケ敷儀有間敷候、若なにかと申もの候ハヽ、我等罷出相さばき、右之きわめ之通可進候者なり、仍為後日状如件、

寛永弐拾壱年

申ノ十二月廿日

18　大久保村茂田増左衛門娘ちやらう定書写

定一札之事

一我等之田作かならせ六拾苅、高壱石三斗余之所を、大原傳兵ヘニとらせ申候ヘ共、貴様ヘ金子借用申、其しち物ニ入置、返弁仕不申故、右之田作ながれ申所ニ、大原十右衛門殿を頼、いろ〳〵御理り申候ヘハ、為御合身京舛弐斗五升被下候、内壱斗ハ春米、残而壱斗五升ハ秋米也、但シ我等之壱代斗ニ而候、若我等相はて候ハヽ、右之御合身米を不被下候究也、為後日之一札如件、

慶安五年　　　大久保村
　　　　　　　　茂田増左衛門むすめ
　辰ノ五月廿七日　　　ちやらう（略押）
　右之御使大原十右衛門殿也、
　　勝井佐左衛門（景二）様
　　同　三ノ助（景冨）様
　　　　参
右之借用申元米ハ三俵ニ而候、六年之元利仕候へハ、京
舛五石七斗九升弐合ニ罷成候、但三わりニして、

20　大原同名中連署覚書写（折紙）

猶々令養子候共、江州廿一家之侍之外ハ、以誓紙可為
同心事、以上、
大原同名家名之事、たとひ雖為同名、家名之分ハ一圓ニ
向後譲申間敷事、仍為後日如件、
　明暦三丁酉年
　五月廿日
（四十名の連署略、中に「勝井酒慶（景元）」「同三之助（景冨）」
あり）
廣岡筋右衛門殿へ遣候、

総書
　以上　　惣判

21　広岡筋右衛門覚書写（折紙）

私親大原神村古六兵衛ニ廣岡ヲ免候處ニ、御同名中無用
之由被仰候付、早々取返シ申候、以来迄も名乗セ申間敷
者也、仍為後日如件、
　明暦三丁酉年
　五月廿日　　　廣岡筋衛門
　　　　　　　　　　判
大原御同名中参

134　大原同名中廻書留写（継紙）

大原同名中廻書留

誓

一先年ゟ河合寺牛頭天御境内休足所（ママ）、大原庄同名中羽織
袴ニ而致□□出會、諸事之取〆等仕候處、延□□（享年カ）中ゟ公
事出来及中絶、漸去々年落着ニ付、今年大久保村當番ニ
御座候条、各々様へ以廻書得御意候、先規之通御出會被
来候ハヽ、右之連名へ御印形被成、聊之御神酒料御出可

被成候、勿論先年ハ二月三・八月三日ニ出會仕候、右為
御相談如此御座候、以上、

（58名の連署あり）

員数五十八人

天明二壬寅年八月吉

136　甲賀二十一家古士由緒書（後欠）

乍恐甲賀弐拾壱家古士由緒を以奉願口上書
一大権現様（徳川家康）未参州御住國之刻、御敵御同国之住人鵜殿
藤太郎（長照）御退治之儀、永録（ママ）五年二月戸田三郎四郎（勝隆）殿・
牧野傳藏殿御両使を以、甲賀弐拾壱家之者共被為成
御頼候ニ付、早速御請申上、甲賀之者共參夘江罷
越、同廿六日之夜鵜殿ヵ城江夜討ニ入、鵜殿ヵ首を取、
子共弐人生捕仕、名有家来弐百餘人焼討仕、其節土
呂・針崎之御堂迄踏落候得者、不斜被為御感悦遊、
依之甲賀之者共
御前江被為　召出、御盃被為成下、自今以後甲賀
之者共餘所ニ者被為遊　御覧間鋪之旨、弐拾壱家之
者共茂　御家之儀疎略奉存間鋪由、被為　仰出、自
夫以後数度（後欠）

191　南某書状（切紙）

御手紙拝見申候、其許御百性小介と申もの、年貢不埒致
し、家出仕り、手前領中いより（居寄）候ニ付、被仰越之趣、御
尤と存候、近々百性掟之節ニ相成候得ハ、おこない之節
改候様ニ、百性へ可申渡候、手前領下ニも近年ハ左様之
もの相見候、無心元候、若左様之節ハ、御互之義ニ候間、
掟之通頼入候、其元百性中へも御申聞置可下候、以上、
正月四日　南ち
勝井殿へ

205　笹山景勝書状（継紙）

一筆致啓上候、昨日者預御吟来、忝奉存候、何之風情も
不致、残念ニ奉存候、弥貴公御家門増御清福ニ可被成御
座、奉恭《ヅ》㐂候、次私無異事罷在候、乍憚御安□可被下候、
一本系圖相改にて申候所、成程貴公御先祖之事相知申候、

併シ勝井之字替り候而、　加津井五郎則親ト御座候、家名ニ付ケ様之例ハ、数多有之事ニ御座候、何様未ニ而御座候故、貴公之御家は相つり□申候事、心易存候間、左様ニ御心得可被成候、

一先達而御物語申候高屋氏之系圖も致拝見、引合せ可申旨申候、将亦此義ニハ私存寄御座候故、此義ハ御止メ可被成候、手前方之系圖ハ、有論成事ハ有間敷と奉存候、其上高屋氏ハ、本ハ御同苗之義ニ候得共、一向数代打絶、御同苗之ちなみ于今無之義ニ候故、高屋氏之系圖一見仕抔トハ、憚多事ニ御座候、又此方之系づ高屋入御覧抔ト申事ハ、右之存寄も有之候故、得仕間敷様ニ奉存候、貴公御家之義ハ、数代御念比ニ仕候故、成程御互ニ御相談之上相写し置可申も、如何に罷在候、夫ニ而も御互ニ神文仕、親子兄弟タリトモ、又ハ同苗之内ニ而も、分家之面々江ハ一切他言他見致間敷ト之罰文仕、密々ニ而御相談不仕候、右之存寄故、高屋氏之系圖御取寄被成事、必御無用ニ可被成候、系圖相認候事ハ、御舎兄様へも御咄、又ハ御覧抔ト申事ハ、神以御許シ不申候様ニ奉存候間、左様ニ御心得可被下候、恐惶謹言、

笹山数馬

三月五日　景勝（花押）

加津井三之介様

玉机下

214　山門執行代善学院智川書状（折紙）

（包紙ウハ書）

「（墨引）　山門

大原同名中　善学院」

一筆令啓達候、然者當山末寺河合寺出入之儀、此節大切之場所之至、雑用等之義氏子中江申談候処、別紙書付之通申候ニ付、別當共致方無之致難義、依之往古之由緒を以、無拠筋各江相頼候處、専要之場無餘儀被存、被得其意候段、於當山令喜悦候、尚別當共後代迄、厚恩更可申候、尤此上預御心添度候、右為御挨拶如此候、恐々不宣、

山門執行代

善学院

卯月廿一日　智川（花押）

大原同名中

225　大原滝川一益書状写（折紙）

急度令啓上候、仍而岩室方・大野方相論之宮、寂前走舞
相定、以理非之上可有其沙汰之由候之處、去廿四日彼宮
之木従岩室方被伐由、申来候、内々承候条、岩室方へ自
拙者かたも走舞次第可然之旨、以折帋相届候處、無承引
如此之躰、失面目候、然上者、郡中之法度も可相破候、
急度被及御讃談、実々右之分、心を郡中被成御堅尤候、
雖然大野方相違も在之事候哉、彼走舞被召出、違變之方
へ可被及御行候、来四日五日比、可被納　御馬候之条、
拙者も直其地へ走参、郡中一同ニ成次第可相働候、無御
由断急度其以前、大津邊迄可有御左右候、恐惶謹言、

五月廿六日　　一益（花押影）
　　大原瀧川

大原
　御奉行中様
　　人々御中

240　足利義昭御内書写

就入洛之儀、為供奉近日織田尾張守（信長）出張之条、郡内路次
等、在陣中無異義様、各可令馳走事頼入候、然者其刻即
馳参抽忠節者、弥可為神妙、猶藤長（一色）・藤英（三淵）可申也、

（永禄九年）七月廿八日　（花押影）
　　大原同名中
　　甲賀諸侍中

243　足利義昭御内書写

至當國被移御座、入洛之儀被　仰出處、則信長（織田）可供奉旨、
雖然江州依難叶道路、来ル五日先於彼國可進発候、先々
任請状旨、信長令入魂、此刻各抽忠節者、可為神妙候、
為其指越惟政（和田）・公廣（大草）、猶兩三人可申也、

（永禄十一年）八月十六日　（花押影）

246―11　勝井三之助書状（継紙）

追啓、前方ちよと御咄申上候大久保屋敷之儀、ちよと繪
圖ニ而御覧ニ入申候、此朱引の邊ニあの方ゟ垣いたし申

候、此垣此方ゟやぶり可申候と存候得共、やふりニ而も又あの方ゟ致し可申候、いつ迄も子共の致し候様なる事ニ而、世上ニ而も評判もきのとく(気毒)候、則此茂左衛門西の屋敷、覚兵衛と申者の持屋敷、是も垣ハ不致候得共、木竹など茂左衛門ゟ此度切り候故、是ハ私とは違イ木竹取返しニ参、つかミ(摑)合候よし噂御座候、右申上候通、私了簡ニは、とかく世上の噂ニわらべ(童)敷申もうるさく、とかく役人之見分ニ掛候得は、慥ニわかち申事故、役人へ見分うけ可申と、其圖ニ致候所ニ、玄碩折節被参候、右之儀、茂左衛門も隣家の事、手前も念頃ニ致候事故、あつかひ見申度、かれこれと世話致居り候ゆへ、私了簡ニも、殿様より御目かけさせられ被下候私故、少々之事ニ而公事かましき事思召も如何、又合点づくニ而さい(際)目くらい少なと遣シ申御事、先祖へも申わけ立申事と、了簡付候而、玄碩被申候通、玄碩ゟ書付ニ而も参候ハヽ、少々之事ハ了簡可仕返答申候所、先貴様へ其段玄碩ゟ被申候所、先貴様了簡ニは、只世間なミ私方よわねと存候了簡ニ相見へ、玄碩世話の通ニ得合点不致之由、玄碩ゟあつかひ戻し被申候ゆへ、其後庄屋㐂八へ付届ケいたし候處ニ、相心得申候段申来候分ニ而、今ニ其通ニ而御座候、尤其砌、藤助殿御方へ水口へ参候序ニ立寄、右之御咄あらまし致候得共、入組候事ハ申候而も先祖へ之わけ立チ不申之、何ンのかのと申事出候而は、御役目之儀故、藤助殿ニも氣立可申候、第一殿様へたいし慮外と存候ゆへ、一通りニ御咄置帰り申候くらい故、貴公様思召次第ニ而、宇右衛門様へ御内意申上候而もくるしからぬと思召候所ヲ、御口上ニ而一通御咄ニ御申上被為下候ハヽ、千万忝可奉存候、元来私大久保村ゟ只今ニゆい(由緒)所有之、神事の節もおどりニ参候わけハ、右の屋敷、丈之進殿高野ニ在城之節、大久保村領地之時分ゟ之下屋敷ニ而御座候故、只今わけなしニ屋敷ヲ人ニ少ニ而も取られ候而は、中頃之誠益(勝井景富)居士へも立不申候、又御存の通、廿一家中候間、上甲賀・下甲賀共ニ、御名代様御通りの節ニは、出會も致申御事ニ御座候得は、折々先祖ヲ大切ニと申候事も、互ニ申合候事ニ御座候へは、古代之屋敷の事候故、どうも此儘ニ而捨置候事得不仕候、第一貴公様之御氣ニも入り申間敷、

きのとくニ存候得共、勝井の家ヲ立テ居申私事故、此儀
御了簡御捨免可被下候、とかく其々之様へは、御懇意被
遊被下候宇右衛門様の御事ニ御座候へは、何卒あなたの
御口からニ而、村役人存寄り違可申候間、何卒〳〵宜御
内意御願上可被為下候、あなたの御了簡ニも及不申候事
ニ御座候得は、是悲ニ不及事故、詰り之所の覚語ハ仕居
候得共、何卒あなた様ノ御了簡ニ埒明キ申候得は、何申
事も無之、とかく宜様ニ御取成ニ而、首尾好被為仰付被
為下候様ニ、御願可被為下候、此状御参上仕御咄申上度
奉存候得共、貴公様ニもケ様の事ハ外之御用、當分差掛
り居申候ゆへ、御序ニも留り候様ニ、御咄ハいつ参り見
申候而も御隙無之候故、御てすき（手隙）之時分此手紙御覧被為
下候而、御考宜様ニ宇右衛門様へ御咄可被為下候、しか
し御覧の後火中可被為下候、至極御内證の事ニ御座候、
以上、

十月十八日　　三之助（勝井景徳カ）

七右衛門様

263　山本新右衛門一家中書状（折紙）

尚々我々も頓而之内ニ伺公可仕候間、其元様ニも御思案被
遊候様ニ奉願候、

一筆令啓上候、先以其以後者久々得御意不申上、無沙汰
仕候、然者其御地貴公様全御機嫌能可被遊御座由、恐悦
至極ニ奉察候、次ニ爰元相替儀無御座候間、乍憚御心安
思召可被下候、然者名字之儀、先達而御聞被遊之通、村
方と論儀ニ罷成申候、唯今迄いか様にも被仰付も無御座
候、當年御代官衆御異見ニ御出被遊候而、當月廿九日ニ
名字つぶせ（潰）候様ニ被仰付候ニ付、村役人昨日つぶし申候、
此儀何とも心得がたく候、我々伺公仕、委細申上度候へ
共、彼是仕延行ニ罷成候ニ付、惣別便りニ出用申上候間、
御聞被遊可被下候、近所ニ新宮村と申所ニか様之義御座
候、せんぎ（僉議）ニ罷成、當村之通ニ、支配所ゟつぶせ之被仰
付ニ而、名字つぶし申候、夫故段々論儀ニ罷成、其上名
字ゆるし被置候仁ゟ、相手ニ罷成被申候而、右ほり付之
通ニ、又名字付申候間、左様ニ思召可被下候、恐惶謹言、

十月朔日　山本新右衛門
　　　　　　一家中
鷹家傳七様

264　勝井三之助書状（綴紙）

宮川与兵衛殿下女ニまき申女、七月ニはしり申候故、はしり日より四日か五日か仕り、道休方（勝井景元）参候而、ぬしもさきへも不参、迷惑仕り候間、命御たすけ被下候様ニと、道休ニ申故、存候様、只今此女与兵衛殿へ出シ候ハヽ、与兵衛殿せいはい（成敗）可被仕候かと道休存候、只今出し申筈ハ有間敷之様ニ存候故、左候ハヽ、少之間のけ置候而、其内与兵衛殿心もやわらき、理り申候ハヽ、同名へも参可申之様ニ存候故、伊賀上野ニまきめあねむこ（姉婿）御座候様ニ承候ニ付キ、左候ハヽ、其間あねむこ方へ預申候故、其内与兵衛殿被聞申ニ付キ、佐ゝ山久兵衛よひニ出シ、か様の分別ニて上野ニ預置申候間、与兵衛殿へ道休理り申段延引仕候を、不被届様ニ思召候ハん間、佐々山久兵衛ニ理り申給候様ニて、道休ニ頼申故、久兵衛拙者方へ被参候而、道休か様ニ申段物かたり被仕候ニ付キ、拙者も迷惑仕り、久兵衛と同道仕り与兵衛殿へ参候而、まきめ儀道休右之通ニ存候故、上野へ預ケ置申候間延引仕り、故不被届様ニ可被思召之段、近比御尤ニ候間、御かんにん（堪忍）被下候様ニと申候へハ、道休方手前ハ不及是非〳〵と被申、同名被☒候、道休方ハ相済申候へ共、上野へまきめ越申迄、九郎右衛門と申者女房ニまつと申女、まきめ宿仕候故、まつめいたつらもの（徒者）ニ御座候間、せめ申候て預主も出させ、まつ・預主共ニいたつらニ可申付候と、与兵衛殿被申候故、其後佐ゝ山六太夫・徳田吉之丞・福崎彦右衛門三人之衆罷被出、まつめニ御せめ可有之と思召候處も御尤ニ候へ共、まつめ儀御かんにん可被下候様ニと理りニ候へは、まつめ儀も同名ニて埒明申上ニ、岩尾三郎助と申もの申様、与兵衛殿・道休出入之儀ニ付キ、道休をかけニて道休ひけ之様ニ百性共取さた仕候間、同名寄参會仕り可申候と申、大原助之丞・大原甚五郎・十右衛門を、徳田木工右衛門・同八左衛門・同甚吉へ遣申候而、参會仕り不叶事と申故、徳田木工右衛門・同八左衛門・同甚吉被申様ハ、右三人之衆へ与兵衛殿と出入候別儀も無御座、相済申候、道休ひけハ有間敷候へ共、参會是非寄可申と、三郎助申上候、大寶寺ニて参會可仕候と、右三人之衆返事ニて候故、大寶寺ニて参會御座候、三郎助壱人とさきいき不仕候様ニ、様〳〵申候へ共、是ハ埒明申候、此儀ニも委敷ハ書不申候、大たヽい計の様子ニ候、委敷は佐ヽ山久兵衛可被申上候、扨又三郎助申様、此七八年以前ニ中村ニ居申候大重と申者之處ニて、道休勝負仕候上ニて、ひけ☒御座候と承申と、三郎助申候ニ付キ、道休申様、其時之儀大酒給、其上二三日も夜もふせり不申故、様子ハおほゑ不申候、道休申故ニ、其座敷ニ居合見物仕り居申故ニ、中村里左衛門と申者よひよせ尋申候へハ、里左衛門申様、其様子ハ道休勝負ニまけ申故、神村次左衛門と申者ニ金壱歩請合いたさせ申候、又ハ四五貫ハ残之者共打おいニかり（借）申故、勝負之あいて道休へ申様、か様ニおせ申迷惑ニ候間、算用可仕と申ニ付キ、道休申様、此おい（負）申銭ハ算用ハ仕間敷候、其様子ハぬき申候間、銭やり申間敷候と道休申候へハ、次左衛門取可申候と申、道休ハやり申間敷候はりやい（張合）仕候、道休迷惑と申、脇指ぬき申候へハ、中村里左衛門と申者、是ハ道休なに事仕候そ、かんにん仕り候様ニと申、道休ニ里左衛門だきつき、道休をいこ（動）かせすちうにん（仲人）仕候處、次左衛門、里左衛門うしろよりおよびこし（及腰）ニ、道休脇指を次左衛門ニ取申候、故ニ道休次左衛門へ申様、其脇指しち（質）物ニ取申を、とらせ申事ニてなく事候と道休申候へハ、次左衛門申様、我等請合申、壱分之金子済シ不申、しち取可申候筈と申故、道休申様、其壱分之金子之事、遣可申候へ共、残之銭ハ算用申間敷候と道休候へハ、次左衛門申様、其銭之事ニて候哉、其銭ハ算用なくとかまい不申候、我等之壱歩金子□事計ニ候由申故、道休、其壱歩金子ハ済シ申筈之金子ニ候間、済シ可申候と申故、扨脇指道休取もとしさし、何之子細も無之候、則中村里左衛門申様、残りの者共なに様ニ申候へ共いつわりニて候、右之通少も違不申候由申候へ共、三郎助申様、なにかわ無候、道休ひけニ候由申、いちくさりひけと申候へ共、三郎助同名衆へ様〳〵の事申おとし申故、同名之者共一傳不申、弥ヽ埒明不申候、三郎助左様申子細ハ、道休ニ外

之事ニていこん（遺恨）御座候と見申候へ共、別かくこ道休へ申
候て、はたしやい（果合）不申候てハ不成候故、同名をかたらい、
道休を迷惑被致可申候と之分別ニて御座候、むりを申右
之通ニ候故、三郎助こしぬけひきやう（卑怯）者ニて御座候へ共、
同名一傳不申、其上せけん（世間）之思わく（惑）かんにん不成候故、
こしぬけあいてニ仕候而相はて申段、近比むねんニ奉存
候へ共、不及是非仕合ニ候、殊更　　殿様御用ニ
立不申相はて、迷惑千万ニ候へ共、不及是非事ニ御座候、
拙者私ニ龜之丞と申候て壱人御座候、道休田畠不残承被
仰付可被下候、わきへ少も相違仕候様ニ、拙者相はて申
とはや被仰付、龜之丞へ可被下候、あとの儀者乍慮外御
両人様奉頼候、　　殿様へハいか様ニ申上候而可然候
哉、もはや拙者可申上候様も無御座候間、可然様ニ乍恐被
仰上可被下候、御両人様奉頼存候、右之通かならす〳〵
奉頼存候、恐惶謹言、

十月五日　勝井三之助（景當カ）（花押）

寺田甚兵衛様
土生三右衛門様
人々御中

（25万治三年十月十八日亀丞宛道休譲状以前の成立）

281　林市郎右衛門書状（折紙）

尚々御内儀さまへも乍恐御心得奉頼候、女共方へ御傳
書申聞候、忝かり申候て、いかんも無事ニ居被申候、御
きつかい（気遣）被成間敷候、申ても〳〵あやまちすきと無御
座候内ハ、むさとよるなと御ありき（歩）候御事御無用ニ存候、
晝夜御きつかい可有候、申度事山〳〵、早〳〵申残候、
以上、
遠路御太儀ニ而、土山八郎兵衛殿御越被成候、其元御
家内御無事、珎重ニ存候、爰元相替儀無御座、同名甚
内も江戸ゟ無為ニ罷上り候、可御心安候、
一殿様今月五日ニ御上國ニ而御座候、竹腰山城守（正信）も同六
日ニ為御使と江戸へ被罷下候、今月中ニ被罷登候はづ
ニ而候へ共、　上儀ニ候間、来正月迄相のひ候ハんも
しれ不申候、貴様も山城被登次第、爰元へ御越可有候、

其御心得可被成候、奥田太郎左殿へ内意きゝ申ゆへ、八郎兵衛殿を一日とめ申候、一段と首尾よく御座候、可御心安候、
一其元ニ而不慮成なんき《難儀》、岩尾孫貴様へ申被懸候へとも、同名衆寄合せんき《僉議》被致候へハ、きよせつ《虚説》ニ而御座候由、拙者迄大慶不過之ニ存候、申迄無御座候へ共、此上ハ貴様ゟ御かまいなき御分別御尤ニ候、乍去窂人もの其上うわきものと相見へ候、貴様と打はたし候事ハとても成間敷候へ共、何とぞちやうぎ《調儀》をいたし申事可有之間、御油断ハ被成間敷候、御きつかい専一ニ存事ニ候、
一貴様刀大形出来仕候、乍去しあけ無御座候間、助太夫殿ニ進之不申候、とかく今月すへか至来正月ハ、貴様御越可有之間、其節之儀ニ可被成候、将又いつそや爰元へ御もたせ被成候刀、貴様御越之時分、無御失念御かり御越可被成候、我等かい《買》可申候、又御越被成候たるまの《達磨》ゑ、せうたい《正躰》もなくそんじ申候、其元ニて六ケ敷申ニは、何時ニても返進可申候、貴様ゟ被下候ほていの《布袋》ゑ、ひやうぐ《表具》させ候へハ、一段とよく、成大慶仕候、ふぜん甚内方へ御傳書申聞候へハ、忝由ニ御座候、甚内も無事ニ罷上り大慶仕事ニ候、委細を助太夫殿へ申入候間、不能多筆ニ候、頓而御吉左右可仕候、恐惶謹言、

林市郎右衛門
極月九日　実氏（花押）
勝井道休《景元》様御報

300 大原勝井家系図写

系圖写

三之助
景治　正徳四甲午年八月廿七日卒
　即到院證譽諦安誠益居士

佐左衛門
一景則早世　元禄十二己卯十二月十二日卒　景治長男
　清明院天譽順益了和居士

諱梅
二女子　享保十八癸丑九月廿五日卒年七十
　是光單念大姉　高家七右ヱ門景舛室

三女子　同年同月十四日卒　土山岩室七郎右ヱ門室
　栢室妙栄信女

諱房
四女子　宝永二乙酉二月十六日卒年三十三
　日窓院諦ヨ義天妙輝大姉
　佐治将監為祐室
五女子　年月不詳　冨田八左ヱ門室
六女子　〃　大原一學室
二代
宗七
七景光　正徳五乙未十一月四日卒年十九坂下宿法安寺葬
　清香院詫ヨ受生蓮池居士
三代
三之助
景徳　實高家七右衛門景舛四男
　明和五戊子十一月廿七日卒
　摂取院荘与嚴雪清白居士
　實高家七右衛門景逵二男
　母後藤弥藤治女津广

（中略）

景吉（圖書法名映壽）──景福（左馬之助法名妙覺）──景就（意竹斎　法名道白）
─景之（佐左衛門　秀山）──景當（三之佐　道閑）──景元（佐左衛門後洒慶　法名道休）
─景治（三之助　誠益）──景則（佐左衛門　了和）──景光（宗七　蓮池　高家景舛四男）
─景徳（三之助　清白　高家景逵二男）──景傳（三之助改佐左衛門浄然　晩年住京師四條大凉寺葬）──景憲（伊織　良誓）

314　高屋某書状

手紙ニ而申入候、一昨夜浄光寺へ盗人はいり候處、浄光寺小者十介おつかけ（追懸）打とめ申候事、あつはれ手柄ものニ候間、惣名をゆるし可然存候、いつれも御問答候哉、御同心ニ候ハヽ、明日御参會可被成候、南氏へも其元ゟ御呫し可被下候、此方もより（最寄）へハ申遣候、以上、

　　　　　　高屋

勝井殿へ

2 他地域の関連史料

1 青木岩崎殿他宛て花薗二郎兵衛入道安次状

条々

一 檜物下庄井口之儀、於此方領内仁者、一の井口無別儀候、則檜物下庄より給候□□双方百性参会仕、此方於川原に、た人来候事候はかくれなき事、

一 当所と檜物下庄井水之儀申合相極事、代々ヲ不刻候、万一当所地下人同岩根名主百性対正福寺え何様之書物出候共、正に立間敷事、

一 従正福寺榑ヲ入井水遣候事、近年新儀候事、然者其方井口より上へかき可申との儀、一切に無理に候事、

花薗二郎兵衛入道

永禄元戊午年八月三日　安次（印）

青木岩崎殿

同　南殿

同　上田殿

同　石部殿

参

【所蔵】山本順蔵氏所蔵文書（原本の所在は未詳）　【刊本】『甲賀郡志 上巻』二七五頁　【備考】花園の地名は、現湖南市岩根三六四九の高倉神社西側の集落名にある（明治二十五・二十六年二万分の一地形図）。1〜4号は石部三郷と檜物庄の水争いに関連する史料。

2 山中・伴・美濃部三方異見状

今度石部三郷与井水之儀ニ付而異見申条々

一 本訴之儀者、前之判者衆之被得御異見之、可被相果候事、

一 檜物名主中、二階門悉被伐破、可有放火候、若二階門無之候者、内門ヲ可有放火候、并本人名主中家次一人宛、墨衣入道にて、石部三郷名主中得、河田宮鳥居之前にて、可有御礼儀候之事、

一 檜物百姓本人、年老次第ニ、家三十間可有放火候、然者、彼方身寄五人・同人夫二十人罷出候へと申付候間、各々罷下、同前ニ放火可仕候、然者、来十日ニ各々罷下、

御取合可申候、万一於無御同心者、各々彼方江片付可申事、

右之旨、無贔屓偏頗異見申候、若私曲偽於在之者、此霊社起請文御罰ヲ深厚可蒙罷者也、仍前書如件、

【所蔵】神宮文庫所蔵、山中文書四〇六号　【刊本】『戦国期の地域権力と惣国一揆』二四四頁、『豊臣平和令と戦国社会』二二四頁、『甲賀郡誌 上巻』二七六頁。『水口町志 下巻』『三重県史 資料編中世1下』はともに不採。【備考】年次未詳。内容から1号と同年かとされる(長谷川論文)。

3　山中・伴・美濃部三方異見状案

(前　欠)

御請取御無事候様ニ、石部三郷之御本人衆御教訓候て、弓矢之御難有間敷候、若此旨私曲偽在之者、此起請文之御罰深厚可蒙罷者也、仍起請文前書如件、

永禄八乙丑年六月廿九日　山中 惣
伴 惣
美濃部 惣

案文

【所蔵】神宮文庫所蔵、山中文書二三二号　【刊本】『戦国期の地域権力と惣国一揆』二四四頁、『水口町志 下巻』三八三頁。『三重県史 資料編中世1下』は不採。

4　八郷高野惣等連署異見状

条々

一　石部三郷と御取合之儀に付而、伴・山中・美濃部為三方異見上申如判状候、落居して不可有弓矢之御難事、

一　岩根衆中候、同名中将〔侍カ〕討死之儀、御懇之御書不知候へ共、三郷以起請文、是も異見に而、同名中同心中候条、御無事に而、更不可有御難候事、

一　此旨無御同心候者、中違可申候事、

右此旨、無私曲偽異見申者也、仍如件、

永禄八乙巳年七月二日　八郷高野惣
身寄中 惣(花押)
柑子袋衆 惣(花押)
夏見衆 惣(花押)
岩根衆 惣(花押)

【所蔵】山本順蔵氏所蔵文書(原本の所在は未詳)　【刊本】『戦国期

の地域権力と惣国一揆』二四五頁、『甲賀郡史　上巻』二七六頁

5　伴・山中・美濃部三方起請文案

三方以起請文中合条々

一　夜討、強盗、山賊、幷不知主人ヲ害仁躰、不寄上□可作生害事、

一　於三方領中仁盗人之輩至手前可討留事、

一　為其同名咎人申付旨、若違犯之輩在之者、三方一味ニ可成敗事、

一　毒害等取扱仁躰、同罪たるへく候事、

一　咎人告知ル仁躰者、縦雖為同類、除其咎、拾貫・一振可褒美、但依咎可有軽重事、

一　盗賊人之儀、崇敬仕間敷候事、

一　若党幷百姓計之旨之儀、三方同前ニ方々申付可相破候、若三方之外何方へ組候共、可為棄破事、

一　此申合於一義ニ、若相違之仁躰在之者、同名ヲ放シ、永代三方一味ニ用ニ相立間敷候事、

右此旨相背申間敷候、若私曲偽在之者、此霊社起請文御罰ヲ深厚可罷蒙者也、仍霊社起請文前書如件、

永禄九丙寅年十二月十五日

伴同名中　惣
山中同名中　惣
美濃部同名中　惣

何も連判候也

【所蔵】神宮文庫所蔵、山中文書二三五号　【刊本】『三重県史　資料編中世1下』四〇三頁

6　伊賀惣国一揆掟書

惣国一揆掟之書

一　従他国当国へ入るニおゐてハ、惣国一味同心ニ可被防候事、

一　国之物云〔共〕とりしきり候間、虎口より住〔注〕進仕ニおゐてハ、里々鐘を〇〔鳴〕、時刻を不写〔移〕在陣可有候、然ハ兵粮、矢楯を被持、一途之間、虎口不甘様ニ、陣を可被張候事、

一　上ハ五十、下ハ拾七をかきり在陣あるへく候、永陣ニおゐてハ、番勢たるへく候、然ハ在々所々、武者大将ヲ被指定、惣ハ其下知ニ可被相随候、幷惣国諸寺之

老个ハ、国豊饒之御祈禱被成、若仁躰ハ、在陣あるへく候事、
一　惣国諸侍之披〔被〕官中、国如何様ニ成行候共、主同前とある起請文を、里々ニ可被書候事、
一　国中之あしかる（足軽）、他国へ行候てさへ城を取事ニ候間、国境ニ従他国城を仕候て、〔ハ、カ〕足軽として其城を取、忠節仕百性〔姓〕有之ハ、過分ニ褒美あるへく候、そのミ〔身〕ニおゐてハ、侍ニ可被成候事、
一　他国之人数引入候〈る〉仁躰於相定ハ、惣国として兼日ニ発向被成、跡ヲ削、其一跡を寺社へ可被置付候、幷国之様躰内通仕輩あらハ、他国之人数引入候〈る〉同前たるへく候、他国之人数引入候〈る〉とある物云〈共〉之仁躰有之ハ、失之誓段にて《□しん候て》可被曝候事、
一　当国之諸侍、又ハあしかるニ不寄、三好方へ奉公被出間敷候事、
一　国之弓矢判状送リ候ニ、無承引仁躰候者、親子兄弟をかきり、拾ケ年弓矢之用ニ立〈懸〉申間敷候、同一夜之やと（宿）、おくりむかい（送迎）共あるましく候事、
一　陣取之在所ニて、味方らんはう（乱妨）あるましく候事、
一　前々大和より対当国へ、不儀之働数度有之事ニ候間、大和大将分牢人許容あるましく候事、
一　当国之儀ハ無恙相調候、甲〔賀〕かより合力之儀専一ニ候間、○《惣国出張として》伊賀・甲かさかへ目ニ□□〔出合カ〕、近日野寄合あるへく候、

右掟、連判を以定所如件、

霜月十六日

【所蔵】神宮文庫所蔵、山中文書三八六号　【刊本】武家家法Ⅲ六六一号、『伊賀市史 第四巻 資料編 古代中世』六二四号（傍注〈　〉に異同をしめす）。『伊賀市史』では6条の挿入句を「さらし候へく」、11条の伏せ字を「ニて」と読み、（ママ）とする。【備考】年次比定は、天文二十一年～永禄十一年説（石田善人「甲賀郡中惣と伊賀惣国一揆」）、永禄三年説（稲本紀昭「室町・戦国期の伊賀国」）、永禄十二年説（藤田達生『日本中・近世移行期の地域構造』）がある。

7　某書状

（前　欠）

前々足軽ちやうし（停止）の儀、念を入て申越候へ、然者、以其次付城之儀、可申旨申極て置候、其使帰候、今度之

あしかる衆ちやうしの儀、惣国へハ不相届段眼前候、
みふの（壬生野）・さなこ（佐那具）・河井〈川合〉三軍〈里〉へ、右之旨最前、従郡中申送
候へ共、惣国へハ不申届候、其子細者、織田（信長）当郡へ可令
乱入と申砌、郡中より伊賀衆申調令同心処、程なく不及
案内、織田と申談候間、左様之出入、対郡中申て置候、
然処、以福地、郡中より重而存分申候条、いかさま可令
馳走と、福地ニ物語候様ニ申たる旨と聞成候、
一　右之趣ハ、為此方申遣、有様可返事候、此方之使仁
一両人伊州之者とも物語候、此分の世上に候ハヽ、対
甲賀必定信長存分可申候、其時分郡中ハ不可有正躰候
か、左様之砌、俄伊州へ申来候共、はか不可行候、左
様ニ候ハヽ、郡中ハ可相果候、左候ハヽ、そくさに伊
州も可相果候、其段ハ眼前に分別候、あわれ此砌、国
中と郡中と申談候て置度との、はしく〱申分と聞成候
て、わけ聞ため申事候、我々思候ハ、織田永原辺まて
来て、存分申候ハヽ、とやかくやゝし候間ニ、郡中之
儀ハいかゝ可在候之分、従兼而伊州申談、一左右次第
仁、さかい目まて人数出候ほとに候ハヽ、公事もあい
すむへく候かと思候、取乱候へハ、何事も不成物候、
今程郡中堅固仁覚悟候事ハ無之候か、菟ニ角ニせんニ
もあくニも郡中固候て、無別儀候へハ、此方之為も可
然候、あしく分別候ハヽ、此次仁此方之手向能様に、
身うちニ申様、皆共存てハいかゝと思候間、口外不可
然候、先此次を以有様申候、とても事に、伊州之儀
被相分被置候ハヽ、郡中之為可為珍重候、此書状候て、
合点不可行候か、追而存分可申、如右之、見事ニ被申
固、寄方候処、無尽期様ニ自然被存候てハと、堅態使
をも不進候、雖然、伊州之躰自然具無存知てハと思候
間、為覚悟申候、返々今度之才覚、きとくさ更々難申
尽候、先度以春木、大形存分申候処、庶而調意儀被申
越候間、左様之儀にあまへ候て申事候、不可有退屈候、
一　公方様御様躰無是非儀候、京都　御退座之儀、藤雪
と云者、又本将両人被差下、被　仰出候、右之両人存
知之者候間、御退座不可然旨事、於■（愚）申上たる事候、
雖然、無御了簡候か、又ハ京都ニ　御座候へハ、織田
と被　仰談候筋ニ弥相極候条、諸国之御筈（ママ）ニ、真木嶋

可被移　御座旨被仰

（後　欠）

【所蔵】神宮文庫所蔵、山中文書四一九号　【刊本】『三重県史 資料編 中世1下』四一二頁、『伊賀市史 第四巻 資料編 古代中世』七五五頁（異同を〈 〉内にしめす）【備考】年次は足利義昭の京都退去の内容から天正元年に比定されている（伊賀市史）。

8　小倭百姓衆起請文案

真盛上人様依御教化難有存」、於末代成願寺江如在仕間敷」候、小山倭百姓衆、以起請定申条々事、」

一　就田畠山林広野等、境をまきらかし」、他人作職を乞落、一切作物を盗、」穏〔隠〕作物を、荒地畠、諸事猛悪無」道なる事、不可仕、」

一　大道を損、むめつち（埋土）に不可取之、」

一　家門等并盗焼隠殺、其外」隠而互成悪事、自今以後不可有之、」

一　盗賊悪党不可仕、并不可打博、」

一　当質可取事ありとも、本主か、可然ハ」可取其在所」

右、此条々互不見穏〔隠〕、各々可有糺」明、若此旨令違犯者、忝、」

天照太神宮、八幡大菩薩、春日大明神」、別而山雄田白山、気多、若宮、祇園」等蒙御罸、現世ニハ悪病、於来世ハ」無間地獄落可申候、仍起請文如件、」

明応三季甲寅九月十五日

聖寿寺披官〔被、以下同ジ〕

参頭　三郎衛門　八郎大夫
大郎大夫　宮内大夫　七郎大夫
若大夫　三郎太郎　衛門二郎
五郎大郎　三郎大夫　九郎三郎
衛門太郎　左衛門二郎　二郎三郎
おこの二郎　六郎太郎　せと
一郎大夫　鶴若　小松
形〔刑、以下同ジ〕部大郎

瑞聖寺披官
五郎兵衛　三郎衛門　太郎衛門
藤二郎　又五郎　平二郎
五郎衛門　与二郎　千熊

妙音庵披官
藤内大夫　若大夫　二郎大夫
形部大夫　孫次郎　鶴石
松房　こさふ　石鶴
秋石　むこ
薬師院披官
三郎大夫　四郎大夫　若衛門
若大夫　二郎衛門　右馬大郎
藤二郎　二郎大郎　七郎
いぬ
大喜庵披官
三郎大夫　かもん　衛門大郎
二郎大郎　左衛門二郎　三郎
七
引接院披官
兵衛五郎　衛門三郎　大郎二郎
二郎大郎　衛門　衛門大郎
五郎大郎　八郎四郎　大郎衛門

大夫四郎　まこ　かろいし
若大夫入道　二郎大郎　二郎
小入　三郎二郎　さこの大郎
又二郎　形部二郎
福沢披官
弥二郎　左衛門四郎　藤内二郎
孫大郎
小山口披官
三郎兵衛　三郎二郎　左衛門大郎
新三郎　鶴石　鶴熊
中披官
左衛門五郎　衛門大郎　福松
山下披官
孫五郎大夫　孫大夫　小二郎
孫大郎　若衛門　左衛門大郎
又二郎　孫三郎　太二郎
松石
一坂披官

衛門大夫　孫衛門　右馬兵衛
二郎大夫　七郎左衛門　八郎大夫
孫左衛門　形部大郎　六郎二郎
形《くほノ》部大郎　左近《稲垣》大夫　大郎大夫
孫三郎　宮内　三郎二郎
二郎衛門　大郎衛門
慈雲寺披官
左衛門二郎　左衛門大郎　孫《稲垣》太郎
二郎太郎　彦三郎　新二郎
孫大郎　孫四郎　又二郎
二郎四郎　松　衛門二郎
稲垣百姓衆
若衛門　五郎　市石
四郎衛門　弥大郎　五郎大夫
宗二郎　新四郎　衛門大郎
熊　乙千代　禅興入道
弥三郎　藤五郎　左衛門四郎
太郎四郎　二郎五郎　三郎大夫

さか二郎　大郎衛門　衛門二郎
藤法師　宮内二郎　衛門五郎
千鶴
佐田村衆
一郎大夫　熊　八郎左衛門
三郎大夫　衛門二郎　太郎三郎
衛門二郎　五郎　千代松
三郎大夫　彦六　兵衛
五郎二郎　三郎五郎　助八
垣内衆
孫大夫　三郎大郎　彦大夫
二郎四郎　一若　孫四郎
形部大郎　藤二郎　孫六
左衛（ママ）二郎　大郎大夫　六郎兵衛
兵衛大郎　五郎　衛門二郎
衛門五郎　亀石　衛門三郎
大村衆
一郎大夫　八郎三郎　若大夫

大郎兵衛　七郎兵衛　形部大夫
助太郎　八郎大夫　若大夫
兵衛大郎　若衛門　衛門大郎
左衛門大郎　五郎左衛門　衛門大郎
五郎二郎　十郎太郎　五郎三郎
左衛門二郎　三郎五郎　衛門大郎
衛門二郎　左衛門四郎　兵衛大郎
大郎兵衛　孫大夫　左衛五（マヽ）郎

大仰衆

二郎大郎　形部大夫　衛門大郎
彦四郎　弥七　又五郎
道祐　二郎衛門　兵へ大郎
石　五郎大夫　彦五郎
三郎大郎　二郎大郎　彦五郎
五郎大夫　形部二郎　藤内二郎
衛門三郎　六郎二郎　衛門三郎
又大郎　三郎二郎　二郎大郎
兵衛五郎　兵衛大郎　衛門三郎

八郎大夫　形部二郎　三郎大郎

八対野衆

八郎三郎　形部大郎　三郎二郎
鍛冶　左衛門大郎　左衛門三郎
六郎二郎　兵衛大夫　兵衛五郎
彦大郎　左衛門五郎　兵衛大郎
左衛門大郎　又二郎　衛門大夫
九郎二郎　鶴若　兵衛大郎
二郎大郎　若大夫　八郎四郎
平内大郎　右馬二郎　二郎大郎
新三郎　衛門三郎　道言
市若

稲垣衆

若大夫　左近大夫　衛門
宮田　衛門　孫大郎
二郎大郎　二郎三郎　三郎大夫
彦大郎　若衛門　大郎大夫
孫九郎　大郎大夫　二郎大郎

又大郎　孫三郎　源大夫
三郎大夫　衛門二郎　二郎兵衛
左近大郎　太二郎　衛門大郎
形部二郎　形部大郎　四郎大夫
谷杣衆
二郎大夫　源大夫入道　衛門三郎
四郎衛門　又三郎　彦五郎
小五郎　左衛門二郎　おこの大郎
又二郎　左近二郎　左近四郎
又四郎　左馬五郎　太三郎
源三郎　三郎二郎　源二郎
三郎二郎　助大郎
常光寺界外
地蔵堂道善　法橋　出羽
美濃　珍光　加賀
相模　兵衛三郎　藤二郎
若石
以上三百廿一人

三賀野衆
形部四郎　左近大郎　四郎大夫
道仁　二郎大夫　形部四郎
形部大夫　八郎兵衛　左近ノ大郎
左近ノ大夫　左近兵衛　二郎衛門
衛門大夫　弥六　八郎大夫
はん大夫　左近大郎　三郎大夫
六郎大夫　藤二郎　善左衛門
六郎　七郎兵衛　三郎大夫
孫三郎　孫四郎　若衛門
大夫二郎　二郎衛門

【所蔵】神宮文庫所蔵、成願寺文書　【刊本】武家家法Ⅱ補注一一六、三五一頁、『荘園と村を歩く』一〇一～一〇五頁、写真版は『荘園制と中世村落』一〇三～一〇四頁（ただし連署部分は除く）【備考】「は改行位置を示す。連署の改行は原文通り。本文書は一巻に成巻されている。

9　小倭衆連署起請文案

真盛上人様江申上候条々之事、」

一　於此人数之中、自然公事出来之儀」在之者、為一家中
任理非可有裁許」、縦雖為親子兄弟、不可有贔負〔屓〕」偏頗
事、若為対公事不及分別者」、山雄田於神前、可為御
鬮、」
一　此衆中構非儀、無同心之儀者、放一揆、則」敵方可
有合力、他家之儀可為同前、」
一　此人数之中、万一致盗賊放埒之儀」在之者、為衆中
可有糺明事、」
一　此衆中之被官、於他所并小倭庄内」致悪党者、扶持
人之方江不及届、則」可加誅罰事、」
一　於此連衆者、互成水魚思、可存」親子兄弟芳契、此
衆中於子孫、可」守此旨也、」
一　雖有可取当質事、就国質」、無謂方不可取之、本主、
不然者、可取其在所事、」〇コノ条、前条下余白ニ細書ス
右、此条々違変之仁躰在之者、忝、」
両宮八幡、別者当所白山妙理権現」蒙御罰、於後生者、
可堕無間三悪」道、此旨　真盛上人様相叶御内証」者、
此衆中可開喜悦之眉者也」、仍為自今以後、連判之
状如件、」

明応三年甲寅九月廿一日

石見入道　尾張入道　越前　備中　福屋
上林　民部　掃部助　三賀野　西山
北　甚右衛門　東　藤二郎　弥三郎
中嶋　甚兵衛　弥二郎　又二郎　岡成
孫二郎　向　蔵地　弥八　多気兵部丞
河原　池田堀池　松岡　今堀　堀内
中務　松尾　彦五郎　孫六　山城二郎
弥大郎　弥五郎　窪田　十郎
入野　巽　又三郎
山城　岡松　田那部　荘

【所蔵】神宮文庫所蔵、成願寺文書　【刊本】武家家法Ⅱ二一五号、『三重県史 資料編 中世2』三三〇頁、写真版は『荘園制と中世村落』一〇五～一〇六頁　【備考】「　」は改行位置を示す。連署の改行は原文通り。本文書は一巻に成巻されている。

参考文献一覧

伊賀市編『伊賀市史 第四巻 資料編 古代中世』(伊賀市、二〇〇八年)
石田善人「甲賀武士団と甲賀忍術」(『萬川集海』解説書、誠秀堂、一九七五年)
石田善人「甲賀郡中惣と大原同名中惣について」(『中世村落と仏教』思文閣出版、一九九六年)
石田善人「甲賀郡中惣と伊賀惣国一揆」(『中世村落と仏教』思文閣出版、一九九六年)
勝俣鎮夫『一揆』(岩波新書、一九八二年)
稲本紀昭「室町・戦国期の伊賀国」(『国立歴史民俗博物館研究報告』第一七集、一九八八年)
甲賀市史編さん委員会編『甲賀市史』第二巻(甲賀市、二〇一二年)
甲賀市史編さん委員会編『甲賀市史』第七巻(甲賀市、二〇一〇年)
佐藤進一「結城氏新法度」頭注(『中世政治社会思想 上』岩波書店、一九七二年)
佐藤進一・百瀬今朝雄編『中世法制史料集』(第四巻、武家家法Ⅱ、岩波書店、一九九八年)
佐藤進一・百瀬今朝雄編『中世法制史料集』(第五巻、武家家法Ⅲ、岩波書店、二〇〇一年)
滋賀県甲賀郡教育会編『甲賀郡志 上巻』(一九二六年、のち名著出版より一九七一年に復刻)
滋賀県甲賀郡教育会編『甲賀郡志 下巻』(右同)
島田次郎『荘園制と中世村落』(吉川弘文館、二〇〇一年)
清水克行『日本神判史』(中公新書、二〇一〇年)
千々和到「霊社上巻起請文」(『國學院大學日本文化研究所紀要』88、二〇〇一年)
東野治之「『古律書雑篇』の訓読」(『南都仏教』46号、一九八一年)
中井　均「手はしの城」(『戦国期城館と西国』高志書院、二〇二一年)
水野正好『まじなひの研究』(高志書院、二〇二三年)
長谷川裕子『中近世移行期における村の生存と土豪』(校倉書房、二〇〇九年)
長谷川裕子「「大原同名中与掟写」にみる「同名中」領の基礎構造」(『戦国期の地域権力と惣国一揆』岩田書院、二〇一六年)
藤木久志「落書・高札・褒美」(『戦国の作法』平凡社、一九八七年)
藤木久志「村の隠物」(『村と領主の戦国世界』東京大学出版会、一九九七年)
藤木久志『豊臣平和令と戦国社会』(東京大学出版会、一九八五年)
藤木久志・荒野泰典編『荘園と村を歩く』(校倉書房、一九九七年)
藤田達生『日本中・近世移行期の地域構造』(校倉書房、二〇〇〇年)
三重県編『三重県史 資料編中世1下』(三重県、一九九九年)
水口町志編纂委員会編『水口町志下巻』(水口町、一九五九年)
向井裕知「点定札木簡について」(『石川県金沢市　南森本遺跡』金沢市埋蔵文化財センター、二〇二三年)

執筆者一覧

Ⅰ部

中井　均　奥付上掲載

小谷徳彦（こたに のりひこ）　一九七五年生れ、甲賀市教育委員会。［主な論文］「発掘調査成果から見た水口岡山城」（『織豊城郭』第18号、織豊期城郭研究会）、「近江における織豊期の城郭瓦」（中井均先生退職記念論文集刊行会編『城郭研究と考古学』サンライズ出版）、「発掘成果から見た安土城出土軒瓦の再検討」（『織豊城郭』第20号、織豊期城郭研究会）

中西裕樹（なかにし ゆうき）　一九七二年生れ、京都先端科学大学特任准教授。［主な著書論文］『戦国摂津の下克上 高山右近と中川清秀』（戎光祥出版）、『芥川城跡―総合調査報告書―』（共編・高槻市）、「聖地への築城と地域社会・城主 近江国野洲郡の小堤城山城を事例に」（中井均先生退職記念論文集刊行会編『城郭研究と考古学』サンライズ出版）

福永清治（ふくなが きよはる）　一九七四年生れ、城郭談話会会員。［主な論文］「近江における山寺境内を包摂した山城の縄張りについて」（『文献・考古・縄張りから探る近畿の城郭』戎光祥出版）、「近江国野洲郡古城山城（桜本坊）の再検討」（『野洲市歴史民俗博物館（銅鐸博物館）研究紀要』第24号、野洲市歴史民俗博物館）、「釈迦山百済寺（近江国愛知郡）の石垣」（中井均先生退職記念論集刊行会編『城郭研究と考古学』サンライズ出版）

笠井賢治（かさい けんじ）　一九六九年生れ、伊賀市教育委員会。［主な論文］「「市場」地名に関する試論」（『都市をつなぐ（中世都市研究13）』新人物往来社）、「伊賀惣国一揆と信長」（『織田政権と本能寺の変』塙書房）、「伊賀市域における人口減少とまちづくり」（『歴史遺産が地方を拓く2』清文堂出版）

竹田憲治（たけだ けんじ）　一九六三年生れ、皇學館大学非常勤講師。［主な論文］「伊勢国松ヶ島城と松坂城」（中井均先生退職記念論集刊行会編『城郭研究と考古学』サンライズ出版）、「伊勢国司北畠氏と多気」（『守護所と戦国城下町』高志書院）、「伊勢国の中世都市と城館」（『中世都市研究』第13巻、新人物往来社）

Ⅱ部・Ⅲ部

桜井英治（さくらい えいじ）　一九六一年生れ、東京大学大学院総合文化研究科教授。［主な著書］『室町人の精神』（日本の歴史12、講談社）、『贈与の歴史学』（中公新書）、『交換・権力・文化』（みすず書房）

清水克行（しみず かつゆき）　一九七一年生れ、明治大学商学部教授。［主な著書］『戦国大名と分国法』（岩波新書）、『日本神判史』（中公新書）、『喧嘩両成敗の誕生』（講談社選書メチエ）

村井章介（むらい しょうすけ）　一九四九年生れ、東京大学名誉教授。［主な著書］『中世史料との対話』（吉川弘文館）、『中世倭人伝』（岩波新書）、『分裂する王権と社会』（中央公論新社）

【編者略歴】

中井　均（なかい ひとし）

1955年、大阪府生まれ。龍谷大学文学部史学科卒業。米原市教育委員会、長浜城歴史博物館館長を経て、滋賀県立大学人間文化学部教授。現在、滋賀県立大学名誉教授。専攻は考古学。

主な著書・論文

『戦国の城と石垣』『中世城館の実像』『戦国期城館と西国』（以上、高志書院）、『織田・豊臣城郭の構造と展開 上・下』（戎光祥出版）、『秀吉と家臣団の城』（角川選書）、『城館調査の手引』『ハンドブック 日本の城』（山川出版社）、『戦国の山城を極める 厳選22城』（共著・学研プラス）、『中世城館の考古学』（共編著・高志書院）など、多数。

戦国の城と一揆

2023年12月10日第1刷発行

編　者　中井　均

発行者　濱　久年

発行所　高志書院

〒101-0051 東京都千代田区神田神保町2-28-201
TEL03(5275)5591　FAX03(5275)5592
振替口座　00140-5-170436
http://www.koshi-s.jp

印刷・製本／亜細亜印刷株式会社

ISBN978-4-86215-243-5

中世史関連図書

戦国法の読み方【2刷】	桜井英治・清水克行著	四六・300頁／2500円
戦国民衆像の虚実	藤木久志著	四六・300頁／3000円
新版中世武家不動産訴訟法の研究	石井良助著	A5・580頁／12000円
新訂白河結城家文書集成	村井章介・戸谷穂高編	A5・620頁／17000円
戦国の城と石垣	中井　均著	A5・190頁／2500円
中世城館の実像	中井　均著	A5・340頁／6800円
戦国期城館と西国	中井　均著	A5・300頁／6000円
戦国期の交通と権力	中村知裕著	A5・250頁／5500円
中世後期の領主と民衆	田代　脩著	A5・350頁／8500円
中世水軍領主論	高橋　修著	A5・250頁／5000円
戦う茂木一族	高橋　修編	A5・250頁／3000円
海の領主忽那氏の中世	山内　譲著	A5・250頁／2500円
伊達稙宗	伊藤喜良著	A5・250頁／3500円
動乱と王権	伊藤喜良著	四六・280頁／3000円
家と村社会の成立	坂田　聡著	A5・310頁／6500円
中世村落と名主座の研究	薗部寿樹著	A5・640頁／12500円
鎌倉街道中道・下道	高橋修・宇留野主税編	A5・270頁／6000円
奥大道	柳原敏昭・江田郁夫編	A5・300頁／6500円
平将門の乱と蝦夷戦争	内山俊身著	A5・400頁／8000円
日本のまじなひ	水野正好著	A5・230頁／2500円
まじなひの研究	水野正好著	A5・620頁／18000円
金山衆と中世の鉱山技術	萩原三雄著	A5・300頁／7000円
寺社と社会の接点	菊地大樹・近藤祐介編	A5・246頁／5000円
中世の北関東と京都	江田郁夫・簗瀬大輔編	A5・300頁／6000円
天下人信長の基礎構造	仁木宏・鈴木正貴編	A5・330頁／6500円
戦国期境目の研究	大貫茂紀著	A5・280頁／7000円
土石流と水害	笹本正治著	A5・300頁／10000円
国宝　一遍聖絵の全貌	五味文彦編	A5・250頁／2500円
中世的九州の形成	小川弘和著	A5・278頁／6000円
中世の河海と地域社会	藤本頼人著	A5・300頁／6000円
琉球の中世	中世学研究会編	A5・200頁／2400円
九州の中世Ⅰ島嶼と海の世界	大庭康時他編	A5・186頁／2200円
九州の中世Ⅱ武士の拠点鎌倉・室町時代	大庭康時他編	A5・296頁／3000円
九州の中世Ⅲ戦国の城と館	大庭康時他編	A5・360頁／3800円
九州の中世Ⅳ神仏と祈りの情景	大庭康時他編	A5・200頁／2500円
博多の考古学	大庭康時著	A5・250頁／5500円

［価格は税別］